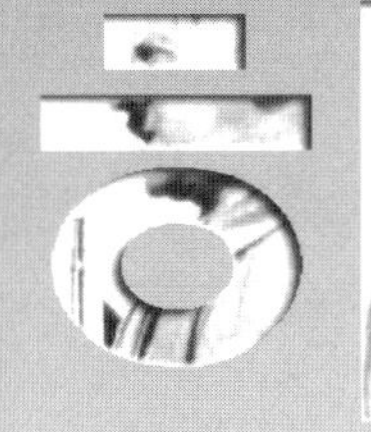

나는 히틀러를 믿었다

귀도 크놉 지음
신철식 옮김

● 히틀러의 조력자들

울력

나는 히틀러를 믿었다: 히틀러의 조력자들

지은이 | 귀도 크놉
옮긴이 | 신철식
펴낸이 | 강동호
펴낸곳 | 도서출판 울력
1판 1쇄 | 2011년 7월 15일
등록번호 | 제10-1949호 (2000. 4. 10)
주소 | 152-889 서울시 구로구 고척로 4길 15-67 (오류동)
전화 | (02) 2614-4054
FAX | (02) 2614-4055
E-mail | ulyuck@hanmail.net
값 | 20,000원

ISBN | 978-89-89485-86-5 03920

· 잘못된 책은 바꾸어 드립니다.
· 옮긴이와 협의하여 인지는 생략합니다

일러두기

1. 이 책의 원제는 Hitlers Helfer(Guido Knopp, C. Bertelsmann, 1998)이다.
2. 이 책의 편집은 원서의 체제를 그대로 따랐다. 원서에서 이탤릭체로 표시된 부분은 중고딕체로 표시하였다. 그리고 책과 신문 등은 『 』으로 표시하였고, 영화나 예술 작품 등은 〈 〉으로 표시하였다.
3. 옮긴이의 주는 본문 중에 [ ]로 처리하였으며, "옮긴이"의 것임을 표시하였다.
4. 본문에 표시된 인명의 원어는 찾아보기를 참고하기 바란다.

아주 특별한 범죄자들인가?

보어만, 쉬라흐, 프라이슬러, 아이히만, 리벤트로프 그리고 멩겔레 — 이 여섯 명의 히틀러의 조력자들은 히틀러의 생각을 실행에 옮긴 집행인들로 저마다 아주 상이한 면모를 보여 주고 있다. 그들에게 공통점이 하나 있는데, 그것은 그들 모두가 히틀러와 그의 광기에 빠져 있었다는 점이다. 그들은 그들이 저지른 행위가 옳지 않은 행위였음에도 불구하고 그 행위를 정당하다고 여겼다. 그들은 부당한 일을 저지르고 있다는 의식조차 없이 범죄자의 길로 빠져들었다.

어떻게 이런 일이 가능했을까? 그들은 악마 같은 스승이 생명의 혼을 불어넣어주자 스스로의 힘으로 그 모든 악의 에너지를 펼친 사악한 제자들일까? 그렇다면 그들 역시 매우 특별한 범죄자들일까? 아니면 그들은 단지 우연한 계기에 범죄 독재 정권의 일원이 된 매우 평범한 독일인에 불과할까?

히틀러의 비서인 **마르틴 보어만**_Martin Bormann_으로 이야기를 시작해 보자. 그는 히틀러의 마지막 몇 년을 그림자처럼 따라다닌 인물이다. 마지막에 히틀러는 그를 "가장 충실한 동지"라고 불렀다. 그는 항상 "제3제국"의 막후 실력자로 남아 있었다. 사람들은 대개 그런 자들을 간과하게 된다. 하지만 그는 남들의 눈에 띄지 않는 바로 그 모습 때문에 아무런 방해도 받지 않고 권력을 장악할 수 있었다. 보어만에게는 권력만이 주된 관심사였다. 엄밀히 말하면, 그것은 남으로부터 빌린 권력이었다. 이 권력을 얻고 행사하기 위해 그는 강력한 권력을 가진 히틀러에게 복종했다. 하지만 그는 이렇게 권력자를 그림자처럼 수행하면서, 한때 유럽에서 가장 강력한 권력을 휘두른 사람들 중 하나가 될 수 있었다.

독재 정권 하에서 이상적인 출세주의자가 갖춰야만 하는 성격들을 모두 갖춘 그는 아랫사람에게는 잔인했고, 윗사람에게는 비굴했다. 그는 냉정하고 계산적이었으며, 냉혹하고 권력욕이 강한 사람이었다. 또한 그는 끈기 있고 부지런했으며, 교활한 음모를 꾸미는 술책가이기도 했다. 그러나 그는 통치자 입장에서는 꼭 필요한 사람이었다. 히틀러는 신속하고 확실하게 처리해야 하는 지시 사항들을 혼잣말로 중얼거리는 것을 좋아했기 때문에 항상 자신에게 귀를 기울이고 충성을 다하는 조수를 대동하고 다니는 것이 유용하다고 생각했다. 주지하다시피 히틀러는 게으른 통치자였다. 그는 사무실 업무를 성가신 것으로 여겼다. 히틀러는 "정말 탁월한 사고 하나가 서류 더미에 파묻혀 한평생을 사는 것 이상의 가치가 있다"고 생각했다.

보어만은 서류 업무들을 처리했다. 그는 항상 주머니 속에 메모 노트와 필기도구를 갖고 다녔다. 그는 모든 지시 사항과 질문들뿐만 아니라, 히틀러가 느닷없이 내뱉은 발언까지도 부지런히 기록했다. 히틀러가 식사 시간에 나누었던 대화 기록들을 우리가 접할 수 있는 것도 이런 식으로 열심히 기록한 비서 덕분이다. 보어만은 언제나 자신의 안전을 강구했다. 하지만 "제3제국"에서는 법이 안전을 가져다주지 않았으며, 허울뿐인 법조문이 안전을 담보해 주지도 않았다. 그러나 비록 의미 없이 던진 말이라도 히틀러의 말이라면 안전을 보장해 줄 수 있었다.

그는 히틀러가 명령을 내리기 전에 그 명령을 제대로 수행하기 위해 비밀리에 기록한 독재자의 발언들을 통해 앞으로 상황이 어떻게 전개되고 그가 어떤 의중을 가지고 있는지 예측하고자 노력했는데, 아마도 이런 방식이 절대적 통치권을 갖고 있는 독재자에게 복종하는 최고의 방식이 아니었을까? 히틀러가 갑작스럽게 어떤 사건이나 사람에 대해서 무언가를 알고 싶어 할 때, 메모를 통해 지시 사항을 전달받은 보어만의 부하들은 비록 한밤중일지라도 그가 원하는 정보를 제공해야만 했다. 그리고 어떤 지시 사항이라도 중요하지 않은 것이 없었기 때문에, 보어만은 지체 없이 전력을 다해 그 지시 사항을 처리했다. 한 번은 새벽 2시 반에 히틀러가 1901년도 시중 계란 시세를 알고 싶어 했는데, 보어만은 새벽 3시에 이를 조사해 보고했다.

히틀러는 "나는 보어만이 잔인하다는 것을 알고 있다. 하지만 그가 일을 처리하는 방식은 흠잡을 데가 없다"라고 말했다. 히틀러의 비서는 점차 독재자의 재정 문제까지도 맡아 보게 되었다. 보어만은 "독일산업기부기금"을 관리하고 있었다. 히틀러는 돈이 필요할 때 보어만을 불렀는데, 이런 돈은 오버잘츠베르크[히틀러의 별장이 있는 오스트리아의 알프스 지역: 옮긴이]의 티하우스 건축 자금으로 쓰이거나 에바 브라운[히틀러의 연인으로, 히틀러는 죽기 전에 그녀와 결혼했음: 옮긴이]을 위한 새 금목걸이를 구입하는 데 사용되었다.

보어만에게 명예와 명성은 그다지 중요한 것이 아니었다. "총통"이 "전쟁에서 승리하기 위해 나는 보어만이 필요하다"고 말하고 있는 한, 사람들이 그를 미워하고 싫어한다고 해도 그에게는 상관없는 일이었다. 보어만이 히틀러를 필요로 한 것과 마찬가지로, 히틀러 역시 그 열성적인 비서가 필요했다. 보어만은 총통의 장막이 되어 "예술가"[히틀러의 비유, 히틀러는 꿈이 화가였다: 옮긴이]가 더 이상 보려고 하지 않는 것을 감추어 주었다. 보어만은 히틀러가 바깥 세계와 접촉하는 것을 의심의 눈초리로 통제했다. "그 누구도 나를 통하지 않고는 총통을 만날 수 없다!" 그렇게 보어만은 암암리에 히틀러에 대한 지배권을 행사했다.

그는 정치, 특히 이데올로기와는 근본적으로 어울리지 않았다. 그는 냉정하고 야비하게 일을 처리하면서, 세계관이 개입되는 정치나 이데올로기에는 관심을 두지 않았다. 그래서 히믈러의 열정이 보어만에게는 낯설게 여겨졌을 것이다. 보어만의 장점은 명령을 실행하는 것이지 "머리를 써서 계획을 만들어 내는" 것이 아니었다. "국가사회주의"는 보어만에게 종교가 아니라 단순한 개념에 불과했다.

그는 자신의 애정 행각을 위해 나치 이데올로기를 이용하기도 했다. 이 악명 높은 바람둥이는 자신의 일탈 행위를 당의 요구라고 정당화시켰다. 그 요구에 따르면, 향후 전쟁으로 인한 피해를 줄여 나가기 위해서는 될 수 있는 대로 많은 독일 남성들이 여러 명의 부인을 거느리고 그들을 행복하게 해주어야 했다.

히틀러의 그림자였던 그는 자신만의 방식으로 유대인 학살에 협력했다. 그는 자발적인 집행인들에게 "총통"의 의지를 전하는 사자使者의 역할을 했다. 또한 히틀러에게 집행인들에 대한 온갖 정보를 제공하는 정보원의 역할과 집행인들이 누구를 처리하고 무슨 임무를 수행해야 하는지 잊지 않도록 감시하고 도와주는 메모리(기억 장치)로서의 역할도 했다.

종전되기 2년 전부터 보어만은 권력의 정점에 서게 된다. 그는 정적들에게 호의를 베풀기도 하고 거두기도 했다. 또한 정적들을 칭찬하기도 하고 제거하기도 했다. 그때마다 그는 히틀러의 발언을 금과옥조인 양 비장의 카드로 사용했다. 정적들은 그와 싸우는 것이 위험하며, 오히려 그와 좋은 친분 관계를 얻고자 노력하는 것이 더 현명하다는 사실을 깨달았다.

결국 보어만은 자신이 항상 열망하던 자리, 즉 "총통" 곁의 유일한 충복의 자리를 차지하게 된다. 콘크리트 벙커 안에서 보어만은 다른 측근들보다 더 가까이서 히틀러를 보좌하게 되었는데, 이는 예전에 없던 일이었다. 전쟁이 끝나기 전, 히틀러가 통제할 수 있는 구역이 제국수상청사 좌우 몇몇 거리에 불과하게 되었을 때, 보어만은 자신이 바라던 목표였던 유일한 충복의 자리에 도달하게 되었다. 하지만 더 이상 소용없는 일이었다.

히틀러의 조력자들 중에서 어느 누구도 태어나면서부터 전범자는 아니었다. 상당수의 사람들은 스스로 전범자의 길을 택했다. 요아힘 리벤트로프*Joachim Ribbentrop*는 17살 때 단기간의 방문을 목적으로 캐나다로 갔고, 4년간 그곳에 머물렀다. 그가 그곳에 정착했더라면(그는 정착을 바로 눈앞에 두고 있었다), 그는 존경받는 상인으로 생을 마감했을 것이고, 뉘른베르크에서 교수형을 당하지 않았을 것이다.

무엇이 인간을 비인간적으로 만들까?

그는 상류층 여식들과 숙녀들의 마음을 사로잡던 세련되고 호감이 가는 청년이었다. 그는 또한 성공한 주류업자였고, 친구들 중에는 독일 민주 진영의 기대주였던 구스타프 슈트레제만(독일 바이마르 공화국 시대의 정치가: 옮긴이)과 같은 사람도 있었다.

한편, 그는 편협하고 거만한 파렴치한이었고, 자신의 영혼과 육체를 흉악한 독재자에게 맡겨버린 우유부단한 하수인이었다. 어떻게 이 모든 것을 한 사람이 다 갖출 수 있을까?

여기서 다시 한 번 깨달음의 순간이라는 상투적인 내용이 등장하게 되는데, 이는 히틀러가 그의 충신들에게 혼을 불어넣어 깨달음에 이르게 만들었다는 내용이 주를 이룬다. 강력한 추진력을 앞세워 가슴에 응어리진 증오를 풀어내려 한 히틀러를 국가적으로 막아낼 방법이 전혀 없는 상태였으며, 야심만만한 출세주의자 리벤트로프가 어찌해 볼 수 있는 상황도 아니었다. 리벤트로프는 선동가인 히틀러에게 완전히 빠져들었다. 이런 히틀러와의 예속 관계는 1945년까지 유지되었다.

리벤트로프는 빠른 시간 내에 히틀러에게 유용한 사람이 되었다. 1933

년 초에 주류업자인 리벤트로프의 저택에서 중요한 모임이 개최되었는데, 이 모임을 통해 히틀러의 권력 탈취 구상이 마무리되었다. 히틀러는 즉시 이 새로운 인물을 그의 외교 고문 자리에 앉혔고, 그 후에 그를 특사로 임명했다. 히틀러는 자신의 정권에 대해 부정적 시각을 가진 외국의 모든 회의론자들과의 대화를 위해 능력 있는 상류층 인사가 필요했다. 그리고 자신에게 순종하는 조력자가 필요했는데, 외교부의 고집 센 외교관들 중에서는 적격자를 찾을 수가 없었다. 히틀러에게는 자신에게 무조건 헌신하는 국가사회주의 독일노동당 출신 한 명만 있으면 되었다.

사실 리벤트로프는 자신의 정치적 이념을 가지고 있긴 했지만, 언제나 히틀러의 희망을 그의 정치적 이념보다 우선시했다. 그는 결코 히틀러에게 맞서려 하지 않았다. 그럼으로써 그는 히틀러의 총애와 보호를 받았으며, 특히 국가사회주의 독일노동당 내에서 비주류로 벼락출세한 그를 아첨꾼이네 오만하네 비난했던 정적으로부터 보호를 받을 수 있었다. 정적들은 "그는 돈과 결혼했고, 명성도 돈으로 매수한 것이며, 관직도 사취한 것이다"라고 비난했다.

하지만 리벤트로프는 하수인에 불과한 사람은 아니었다. 그는 나치 정권의 전략가이기도 했다. 그는 이미 1933년 5월부터 나치 친위대의 일원으로 활동하며, 하인리히 히믈러와 정치적 인연을 맺게 되었다. 이로써 "리벤트로프에게 맞서는 자는 또한 히믈러와 맞서게 되는 것이다"라는 생각을 정적들도 가지게 되었다. 훗날 리벤트로프는 이에 대한 반대급부로 친위대 출신 인사들을 외교부 요직에 앉혔다. 이런 공범자들의 도움이 없었다면, 히믈러는 결코 히틀러의 유대인 대학살을 체계적으로 조직할 수 없었을 것이다.

히틀러는 리벤트로프에게서 탁월한 영국 전문가로서의 자질을 보았다. 그러나 그것은 잘못된 판단이었다. "리벤트로프 씨, 반코민테른 협정에 영국을 끌어들이시오, 그것이 나의 가장 큰 소원이오!" 하지만 히

틀러의 신임을 받아 런던 주재 대사로 파견된 그는 악수惡手라는 악수는
다 두면서 사태를 악화시켰다. 그는 "나치식 경례"로 영국 국왕 조지 6세
에게 인사했고, 그런 편협한 태도로 인해 그에게 호의적인 사람들조차도
당황하게 만들었다. 더군다나 아무리 뛰어난 외교 협상의 천재라 할지라
도 "아리안 혈통의 형제"를 동맹국으로 만들기는 어려웠을 텐데, 그런
행동을 보였으니…. 영국인들은 혐오스런 독재자와 불안한 동맹을 맺음
으로써 당시 유지되고 있던 "힘의 균형"을 깨뜨릴 생각은 꿈에도 해본
적이 없었다.

그런 다음 리벤트로프가 생각한 것은 "영국과 동맹을 추진하지 않거나
영국에 맞서는 것"이었다. 물론 이런 생각은 결국 "동부전선에서 현 상
황의 변화"를 가져오게 된다. 그러나 리벤트로프는 그의 주군처럼 그렇
게 급진적이지는 않았다. 그는 베르사유 협정에 의해서 확정된 국경의
수정이나, 조금 더 나아가 부크 강[폴란드, 벨라루스, 우크라이나를 관통하여 흐르
는 강: 옮긴이]까지 국경을 확장하는 것이 최상이라고 생각했는데, 리벤트
로프가 볼 때, 이 정도면 충분한 것이었다. 히틀러가 동부전선에서 새로
운 영토 획득을 목표로 삼았던 것에 비하면, 리벤트로프의 목표는 미미
한 것이었다. 그러나 리벤트로프는 이런 광기 어린 히틀러의 구상과는
조심스럽게 거리를 두고 있었다. 소련을 공격하던 날 밤에, 그는 통역사
인 베레쉬코우에게 "나는 이 전쟁을 원하지 않았다고 모스크바에 전해
주시오"라고 속삭이듯 말했다.

우리는 전쟁의 경과에 대해 잘 알고 있다. 전쟁이 진행되는 동안, 그는
샴페인 상인에서 국제 정치가에 이르는 화려한 경력의 정점에 서 있었
다. 히틀러와 스탈린, 두 독재자 간의 상호 불가침 조약이 그와 몰로토프
사이에 체결됨으로써 그의 과감한 시도는 성공적으로 마무리되었으며,
이 조약의 체결로 인해 오스트리아 출신의 도박사[히틀러를 지칭: 옮긴이]가
가지고 있던 마지막 불안감도 사라지게 되었다. "우리는 항상 흥망을 건

승부를 치러 왔으며, 앞으로도 그렇게 할 것이다."

그러나 전함 "슐레비히-홀스타인" 호가 폴란드 그단스크 시의 베스테르플라테를 향해 발포함으로써, 리벤트로프의 조력자로서의 역할도 끝나게 되었다. 이제 최고 군사령관인 히틀러에게 필요한 것은 전쟁을 치를 장군들이었지 외교관들이 아니었다. 그가 필요한 경우는 조약을 통해 점령을 확실히 보장할 필요가 있거나, 점령국 괴뢰 정부들 간의 분쟁을 강대국의 우월한 지위를 이용하여 중재할 필요가 있을 때뿐이었다.

그의 영웅인 히틀러와 후원자인 히믈러에게 자신의 필요성을 입증하기 위한 유일한 방법은 유대인 대량 학살에 적극적으로 참여하는 것이었다. 그동안 나치 친위대 장군으로 진급한 리벤트로프는 유대인 학살과 연관된 국가들에 대해 이른바 외교적 조치를 취했다.

뉘른베르크 재판에서, 그는 그 대가로 교수형을 언도받았다. 하지만 개인적으로 그는 자신의 유죄를 인정하지 않았다. 그가 그의 영웅으로부터 부여받은 임무를 수행하지 않았던 것일까? 그가 때때로 경고를 하지 않았던 것일까? 히틀러가 그의 말에 귀를 기울이지 않는데, 그가 무엇을 할 수 있었을까? 리벤트로프는 "패자는 불행하다"라고 말하며 자신에 대한 혐의를 끝까지 인정하지 않았다. 히틀러의 다른 충복들처럼, 그 역시 히틀러에게 빠져들었다. 그와 히틀러를 연결하는 마력적인 고리가 없었다면 그도 존재할 수 없었다. 히틀러가 존재하지 않았다면 조력자 리벤트로프도 존재 의미가 없었을 것이다.

히틀러 청소년단 지도자인 **발두어 폰 쉬라흐**_Baldur von Schirach_는 뉘른베르크 재판에서 유죄를 인정했다. "수백만 명을 살해한 죄인인 히틀러를 따르라고 청소년을 가르친 것이 저의 죄입니다. 저는 그 사람을 믿었습니다. 이것이 제가 면책받기 위해 드릴 수 있는 진술의 전부입니다." 그렇지만 그에게 20년형이 언도되었다.

쉬라흐는 결코 열광적인 나치당원은 아니었다. 그는 괴벨스 같은 극악 무도함, 멩겔레 같은 잔혹함, 아이히만 같은 회계적인 철저함을 가지고 있지 못했다. 하지만 그는 부지런했고, 히틀러의 총애를 얻기 위해서라면, 허세도 부리고 아양도 떨었다. 바이마르 출신으로 처세에 능하고 명민했던 그는 히틀러를 주저없이 괴테와 비교하여 부르고는, 스스로 불러낸 정령으로부터 벗어나지 못하는 「마법사 제자」[1797년 괴테가 지은 담시: 옮긴이] 역할에 빠져들기 시작했다.

쉬라흐에게도 다른 선택을 할 여지는 있었다. 그의 어머니는 미국인이었다. 부유한 월스트리트 은행가인 그녀의 오빠가 1920년대 후반에 젊은 발두어에게 그의 회사에서 일할 것을 제안했다. 쉬라흐는 그 제안을 거절했다. 오래 전부터 그는 다른 유혹에 빠져 있었다. 쉬라흐는 영혼의 포획자인 히틀러에게 봉사하기 위해 자신의 영혼을 바쳤다. "총통 각하! 언젠가 독일 역사상 가장 큰 청소년 조직을 당신을 위해 육성할 것입니다." 그리고 그는 그 일을 실행에 옮겼다. 600만 명의 히틀러 청소년단원들은 전쟁 발발 전에 쉬라흐의 명령을 하달 받았다. "우리의 깃발은 죽음 이상의 의미다." "전쟁은 우리를 또 다른 전쟁으로부터 지켜 주었다." 쉬라흐의 시 구절은 비극적 의미를 내포하고 있었다. 이 청소년 지도자는 결코 청소년단의 일부였던 적이 없었으며, 실제로 히틀러 청소년단에서 인기있는 사람도 아니었다. 쉬라흐는 금욕주의자라기보다는 탐미주의자였기에 텐트 생활보다 호텔을 선호했고, 완두 수프보다 레스토랑 메뉴를 선호했다.

쉬라흐는 활달한 성격의 소유자이기보다 병적으로 한 가지에 빠져드는 괴짜에 가까웠다. 그는 청소년을 꾀어 모으는 자리에 있었지만, 그 솜씨는 형편없었다. 쉬라흐가 청소년을 모은 방법이라고는 히틀러의 이름을 판 것이 전부였다.

쉬라흐는 히틀러를 선전하는 모든 기법을 완벽하게 자기 것으로 만들었다. 쉬라흐는 "총통" 우상화를 시작한 괴벨스보다 더 적극적으로 "총통" 숭배 의식을 거행했다. "당신은 독일의 미래이기 때문에, 당신만이"라는 구호를 통해 그는 청소년들에게 섬뜩하면서도 멋진 느낌을 경험하도록 했는데, 이는 단원 선서 의식의 일부였다. 쉬라흐는 청소년들에게 그들이 아주 특별한 존재이고, 훗날 "강대국 독일"을 이끌 지도자가 될 것이라고 믿게끔 만들었다. 쉬라흐에게 히틀러 청소년단 지도자들은 "국가사회주의를 전도하는 사제"였다. 그들의 지시나 명령에 비판을 가하는 사람은 죄인 취급을 받을 수도 있었다. "그 때문에 히틀러 청소년단원은 설사 그 자신에게 해가 되는 명령이라 할지라도, 지도자가 내린 명령을 묵묵히 따랐다."

쉬라흐가 히틀러 청소년단의 목표를 비밀에 붙이고 있었다는 주장은 사실이 아니다. 소년들에게는 "우리는 총통에게로 행진할 것이다. 그가 그것을 원한다면, 우리는 그를 위해 행진할 것이다"라는 목표가, 소녀들에게는 "너희들은 새로운 종족의 어머니들이다"라는 목표가 있었다. 물론 실제 목표는 "총통을 위한 총알받이"를 생산하는 것이었다.

폴란드 침공에서 볼 수 있듯이, 쉬라흐의 교육 방법은 결실을 맺고 있었다. 여러 해에 걸쳐서 그는 히틀러 청소년단원들에게 애국심과 전투 준비, 명령에 대한 복종과 희생 의지를 전파하고 있었다. 드디어 준비가 완료되었다. "우리가 너무 늦게 온 것이 아닌가 하고 걱정했다"고 지원병들 중 한 사람이 그 당시를 회상했다. 이 "제국 청소년 지도자" 쉬라흐에게는 자발적으로 전쟁에 지원하는 것 외에 다른 방법이 있었을까? 히틀러는 반년 동안 군 복무를 수행한 쉬라흐를 빈의 대관구 관구장으로 임명했다. 이미 그곳에서는 합병에 대한 낙관적 분위기가 사라져버린 상태였고, 흥분이 고조된 "오스트마르크[나치가 1939~45년 사이 오스트리아를 표기하기 위해 사용한 선전 명칭: 옮긴이] 군"과 "프로이센 군" 사이에 간헐적인 충돌이 일어나기도 했다. 쉬라흐는 자기가 가장 잘할 수 있는 일, 갈등을 봉합하고 당을 대표하는 일을 그곳에서 수행해야 했다.

그는 그 일 역시 성공적으로 해냈다. 유럽 전역에서 싸움이 벌어지고, 사람들이 죽이고 죽임을 당하는 동안, 쉬라흐는 낭독회, 오페라 초연과 연극 주간을 개최하였다. 빈에서 전쟁은 이미 먼 나라 이야기였다. 다만 홀로코스트는 목전에 다가와 있었다. 히틀러 청소년단원 쉬라흐는 사실 광적인 유대인 혐오자는 아니었지만, 스스로를 "의식적인 반유대주의자"로 생각했다. "나는 국가 지도부에서 유대인을 배척하는 것이 절대적으로 필요한 조치라고 생각했다." 지도부에서 유대인 "배척"이 계속 진행되고 비인간적인 계획들이 실행되었을 때, 이 문화 애호가의 마음은 괴로웠다. "나는 반유대주의자들 역시 분별 있게 행동할 수 있을 것이라고 생각한다." 그렇지만 쉬라흐는 권리 침해나 나쁜 행위들에 대해 이의를 제기할 필요성은 전혀 느끼지 못했다. 반대로, 빈의 대관구 관구장인 그는 일찍부터 유대인 강제 추방자로서 두각을 나타냈다. "나는 처리되어야 하는 유대인들이 아직도 빈에 있다고 봅니다." 빈은 "유대인 없는" 도시가 되어야만 했다. 폴란드로 유대인 추방이 진행되었다. 명목상으로는 "소도시로의 이주"였으나, 실제로는 가스실로 향하는 것이었다.

쉬라흐는 살아 있는 동안 줄곧 1943년 10월에 히믈러가 폴란드 포즈난에서 대관구 관구장들 앞에서 행한 연설을 통해서 비로소 유대인 학살에 대해 알게 되었다고 주장했다. 그때까지 그는 "유대인은 추방될 것이다. 그들은 빈에서 새로운 거주 공간으로 이송될 것이다"라고 한 히틀러의 말을 믿었다고 주장했다.

우리는 이런 그의 말을 믿을 수 없다. 1942년 5월부터 빈 대관구 관구장이었던 그가, "폴란드 총독관구"에 있는 유대인들에게 무슨 일이 일어나고 있었는지, 포즈난의 대관구 관구장인 그라이저로부터 소식을 들었을 것이 틀림없기 때문이다.

그렇다면 히틀러는 쉬라흐를 자신의 후계자로 생각했을까? 아마도 그렇지는 않았던 것 같다. 1942년에 쉬라흐의 35번째 생일을 축하하는 전보가 반복해서 인용되고 있지만, 그런 추측을 뒷받침해 주는 증거 자료는 아니다. 축하 전보에서 히틀러는 쉬라흐를 "가장 유능한 부하"라고 했다. 하지만 히틀러는 토시 하나 틀리지 않는 똑같은 표현을 리벤트로프에게도 사용했다. 히틀러 주위에는 "유능한 부하들"이 포진하고 있었던 것이다.

쉬라흐의 부인인 헨리에테가 오버잘츠부르크의 모임에서 네덜란드 유대인 여인들에 대한 취급 방식에 대해 불평을 털어놓았을 때, 히틀러와의 좋은 관계는 다 끝나버렸다. 이전에 그녀는 남편인 발두어에게도 "히틀러가 원한 것은 이게 아니다"라고 말한 적이 있었다. 그런데 그가 그것을 원하였는지 여부는 중요한 것이 아니었다. 쉬라흐 부부의 결혼식 증인이었던 히틀러는 "그것이 당신과 무슨 상관이 있느냐!"고 소리치며, "당신은 증오하는 법을 배워야만 한다!"라고 말했다.

여태껏 히틀러가 그렇게 진노한 경우는 없었기 때문에, 이런 사태에 대해 결국 가족이 공동으로 책임을 질 수밖에 없었다. 남편인 쉬라흐도 당황하며 속죄를 청해야 했다. 그의 숙적이었던 괴벨스는 흐뭇해하면서 "히틀러는 쉬라흐를 결코 좋게 생각하지 않았다"라고 자신의 일기장에 그 당시 상황을 기록했다. "쉬라흐는 2등 시민인 빈 시민으로 강등되어 버렸다."

전쟁이 막바지로 접어든 두 해 동안, 히틀러 청소년단원 쉬라흐의 심리 상태는 결국 전쟁에 패할 것이라는 어렴풋한 인식으로 체념 상태에 빠져 있거나, 그와 반대로 기회가 있을 때마다 다시금 히틀러의 총애를 얻고자 광적인 노력을 기울이는 상태를 오가고 있었다. 쉬라흐는 결코 비인간적인 사람은 아니었다. 단지 기회주의자였을 뿐이었다.

그의 증언에 따르면, 종전이 가까워 오자 대관구 관구장이었던 그는 히틀러 청소년단원들을 전쟁에 개입시키지 않으려고 전력을 다했다고 한다. 그러나 그 스스로 향토방위대의 투입을 명령했으며, 최후에는 나이 든 남성과 미성년자마저도 전쟁에 투입할 것을 지시했다. 쉬라흐는 그 자신이 시구에서 칭송했던 청소년단원들을 빈, 브로츠와프[폴란드 남서쪽 오더 강변에 위치한 도시: 옮긴이], 베를린 전투에 투입시켰고, 그로 인해 사상자가 발생했는데도 불구하고, 죽을 때까지 책임을 느끼지 않았다.

역사에는 아이러니가 반복된다. 쉬라흐는 뉘른베르크 재판에서 그가 개인적으로 결코 인정하지 않았던 범죄 행위, 즉 빈에서 유대인들을 추방한 조치에 대해 유죄 판결을 받았다. 그러나 그는 세대 전체를 나치 이념으로 교화시킨 행위와 관련해서는 유죄 판결을 받지 않았다. 그는 심신이 허약해진 채 삶을 마감했다.

특별재판소 소장인 **롤란트 프라이슬러***Roland Freisler*는 종전 직전에 폭격으로 사망함으로써 자신의 유죄를 인정할 기회조차 갖지 못했다. 그가 살았다 하더라도, 그는 결코 자신의 죄를 인정하지 않았을 것이다. 사법상의 테러로 전제 정치의 버팀목 역할을 했던 히틀러의 사형 집행인인 그는 제3제국이 멸망을 고하기 직전에 사망했다. 법은 히틀러의 통치를 위한 유용한 수단이었다. 그는 부정한 일을 탁월하게 처리하는 데 있어 대가였다. "제3제국" 최고의 이데올로기 재판관이었던 프라이슬러는 법정에서 자신 앞에 서 있던 사람들의 삶을 파괴하려 했지만, 결국 자기 자신의 존엄성마저도 파괴하고 말았다.

그는 모든 이들이 갈망하던 "총통"의 호의를 얻기 위해 노력했지만, 번번이 실패하고 말았다. 프라이슬러는 독재자 히틀러가 삶과 죽음을 초월한 실로 무한한 권력을 그에게 마련해 주었기 때문에, 히틀러가 뭔가 아주 특별한 일을 위해 자신을 선택했을 거라고 생각했다. 그러나 "총통"은 프라이슬러를 말 잘 듣는 도구로 이용했을 뿐이었다. 후방에 있던 최고 군사령관인 히틀러에게는 평온함, 즉 묘지에서 느끼는 것과 같은 적막한 평온함이 필요했는데, 프라이슬러는 이를 위해 심혈을 기울였다. 비록 그가 수단 방법을 가리지 않는 사람이긴 했지만, 열렬히 갈망하던 "총통"의 칭찬을 받지 못했다는 점이 그의 "비극"이었다. 그의 막역한 친구인 괴벨스가 1942년에 프라이슬러를 법무장관으로 추천했을 때, 히틀러는 다음과 같이 말하며 거절했다. "그 옛 볼셰비키를? 안 되오!"

단 한 번도 "볼셰비키"였던 적이 없는 프라이슬러는 일생 동안 "노전사들"의 불신에 시달렸다. 실제로 제1차 세계대전이 끝난 뒤에 소련군에 전쟁 포로로 붙잡힌 그는 수용소 위원이라는 직책을 부여받았을 뿐이었다. 이는 그가 "볼셰비키"여서 그런 것이 아니었지만, 그에게 트라우마로 남았다. 이 "민족주의 성향의" 잔혹한 재판관은 생의 마지막 순간까지 이 트라우마를 극복하기 위해 싸워야만 했다. 프라이슬러는 자신이 히틀러의 가장 충성스러운 추종자였음을 보여 주려 했다.

1918년의 패전은 그에게 "반역"과 같은 것이었고, 이와 같은 일이 독일 역사에서 다시 되풀이되어서는 안 된다고 생각했다. 그래서 그는 언제나 사법부의 최전선에서 "민족공동체"에 해를 끼치는 모든 사람들과 맞서야 한다고 생각했다. 그것이 범죄자이든 반정부 인사이든 전혀 상관없는 일이었다. 그들은 모두 "반역자"일 따름이었다. 반역자, 즉 "민족공동체에 해가 되는 자"들은 근절되어야 했다.

이렇게 그는 "공포의 법관"의 전형이 되었다. 그는 성급하고 소란스러웠으며, 변덕스럽고 무뚝뚝했으며, 자만심이 가득했고 건방졌으며, 한계를 알 수 없을 정도로 뛰어난 역량을 보이기도 했다. 그의 동료들은 프라이슬러를 "미치광이 롤란트"라고 불렀다. 그를 잘 알고 있던 한 법관은 "사람들이 전깃불을 켜듯이, 프라이슬러는 자신에 내재한 광기의 스위치를 켤 수 있었다"라고 말했다.

후방에서 최후의 승리를 위한 전투에 나선 사형 집행인은 죽음의 칼날을 흔들어댔다. 야만적인 사법 기관이 내린 판결을 통해 살인이 자행되었다. 이미 최후의 승리를 의심하기에 충분한 전황이었다. 사람들은 그런 상황을 "방어 능력의 붕괴"라고 불렀다. 판결을 내리는 것이 문제가 아니라, "반역자들"을 처형하는 것이 중요했다. 그러나 만약 신격화된 "총통"과 연관 없는 사건에 대해 자행된 일이라면, 그것이 도대체 무슨 의미가 있단 말인가?

이런 상황은 1944년 7월 20일 히틀러 암살 미수 사건에 연루된 남녀 피고인들을 상대로 한 소송에서부터 비로소 변화를 보이기 시작했다. 구제할 길 없는 이 사형 집행인은 히틀러의 최전선이 무너지는 동안에 비장한 각오로 정의에 대항하는 마지막 대공격을 감행했다. 그는 피고인들에게 고함을 질러댔을 뿐만 아니라, 악의적으로 욕을 퍼부어 댔다. 그는 그들을 비웃음거리로 만들려고 했다. 그러나 잘 살펴보면, 피고인들("파렴치한 반역자들")의 명예가 아니라 프라이슬러 자신의 명예가 실추되었던 것이다. 그곳에 걸린 하켄크로이츠 깃발 앞에 앉은 한 광대가 큰 소리로 욕을 퍼부으며 자신의 광기를 풀어내고 있었다. 그가 얻어낸 것은 도대체 무엇일까? 기껏해야 수치스러운 당혹감, 아니 동정심이 아니었을까. 칼텐브루너[제국보안본부 대장으로 히틀러 암살 사건의 주모자들에 대한 재판과 처형을 담당: 옮긴이] 같은 사람조차도 그 당시에 "이 삼류 코미디 배우 같은 사람이 철저한 무능력자들이자 실패한 암살범들을 순교자로 만들었다. 바로 그가 진행하고 있는 말도 안 되는 재판을 통해서 말이다"라고 말했다.

프라이슬러의 본래의 적은 피고인들이 아니라 진실이었다. 비인간적인 판결들을 통해, 그는 피할 수 없는 종말에 대한 불안감을 극복하려고 했다.

그에게 마른하늘에 날벼락이 떨어졌다. 지하 공습 대피소로 가는 도중에 폭탄 파편을 맞은 사형 집행인 프라이슬러는 그 자리에서 죽고 말았다. 프라이슬러는 특별재판소 앞 도로 위에 피투성이가 된 채로 쓰러졌다. 그가 마지막 사형 선고 판결을 내리고 그 다음 사형 선고를 내리기 위해 준비하던 그날, 이 공포의 법관 자신에게 정의의 심판이 내려졌다.

아돌프 아이히만*Adolf Eichmann*은 그가 수행한 전쟁, 즉 유대인과의 전쟁이 끝난 후 10여 년이 지나서야 비로소 정의의 심판을 받게 되었다.

아이히만은 이스라엘 경찰에게 "나는 결코 반유대주의자가 아니었다"고 강력히 주장했다. 그러나 그는 유럽에서 유대인의 씨를 말리려는 히틀러의 목표를 마치 일생의 과업인 양 수행했다. 마치 멈출 수 없는 모터처럼, 미친 듯이. 이미 패전한 것이나 다름없던 1944년 여름까지도 아이히만은 여전히 학살 대상자들을 열차에 실어 나르기 위해 분투하고 있었다. 아이히만은 폭력의 행사가 아니라 협력을 이끌어내는 데 주안점을 두었던 학살 주모자였다. 그는 희생자를 자신의 조력자로 만들었다. 아이히만의 진술에 따르면, 만일 그에게 명령이 떨어졌다면, 그 대상이 자신의 아버지라도 맹목적이고도 광적으로 살해했을 것이다.

평범했지만 사악했던 이 죽음의 관료는 특별한 인물은 아니었다. 수백만 명에 대한 생사여탈권을 가지고 있었던 그의 "유대인 부서"는 처음에는 추방을 담당하는 주무 부서였지만, 이후 자연스럽게 유대인을 제거하는 주무 부서로 바뀌었다. 아이히만은 유대인의 수송 체계를 조직하고, 그것을 실행에 옮겼다. 냉정하고 효과적으로 그리고 무자비하게 일을 처리했다. 1945년, 그는 한 친구에게 "5백만 유대인의 죽음을 책임지고 있다는 생각이 내게 커다란 만족감을 주고 있다"라고 말했다. 그런데도 그는 이스라엘 법정에서 자신은 유대인 학살과 무관하다고 주장했다. "나는 결코 단 한 사람의 유대인도 죽인 적이 없다." 하지만 결국 그가 그들을 추방함으로써 죽음으로 내몰지 않았던가? "나는 그들을 소개疏開하라는 명령을 받았을 뿐이었다. 그리고 내가 소개시킨 그 사람들 모두가 죽은 것도 아니었다."

아이히만의 변론은 "나는 단지 배차 담당이었을 뿐이다"라는 생각에 따른 것이었다. 하지만 그는 무엇보다도 그 계획을 준비하고 집행한 사람이었다.

민족 말살을 계획하고 준비했던 "반제 회의"에 관해 아이히만은 이렇게 기록하고 있다. "그곳에서 실세들이 명령을 내렸다. 나는 따를 수밖에 없었다." 이 "실세들" ― 여덟 명의 차관, 여섯 명의 경찰 및 공안 전문가, 한 명의 국장 ― 은 노골적으로 그들의 목표를 밝혔다. "그 회의에서 살해, 제거와 말살에 관해서 논의되었다."

아이히만은 "자신은 모든 책임으로부터 자유롭다"고 밝히고 있다. "심판을 내린 사람이 나란 말인가?" 반제 회의 이후, 아이히만의 죽음의 열차는 밤낮으로 강제수용소로 향했다. 대량 학살에 맞추어 기차시간표를 짜면서, 제국철도와 가장 큰 고객이었던 아이히만은 서로 긴밀히 협력했다. 비용은 승객 1인당 1킬로미터에 4페니히였다. 3등석 편도 승차권으로, 돌아오는 차편은 제공되지 않았다. 부서 책임자인 아이히만은 지나치다 할 정도로 꼼꼼하게 죽음의 열차가 정확하게 출발하고 도착하도록 신경을 쓰고 있었다. 출발과 도착이 지체될 조짐이 보이면, 이 관료는 흥분 상태에 빠지곤 했다. 아르헨티나 망명 중에 그가 한 발언에 의하면, "나는 모든 것을 감내할 수 있었다. 하지만 기차 운행 시간이 지연되는 것은 도저히 참을 수 없었다. 왜냐하면 제국철도 네트워크에서 발생하는 다른 열차의 지연에 대한 책임이 내게 전가될 수도 있었기 때문이다."

독일군이 전선에 증원군과 보급 물자를 보내기 위해서는 제국철도에서 쓸 수 있는 모든 기차가 필요했음에도 불구하고, 열차는 다른 곳에 투입되었다. 아이히만은 제국철도로부터 언제나 특혜를 받았던 것이다. 그는 아우슈비츠에서 이 모든 것의 결과를 직접 목격하였다. "그때 나는 속이 메스꺼웠다."

히틀러 군은 1944년에도 여전히 헝가리에 진주하고 있었다. 하지만 계속되는 전쟁 상황에 비추어볼 때, 이는 전혀 무의미한 배치였으며, 실질적으로는 병력을 분산시킴으로써 전력의 약화를 가져왔을 뿐이었다. 하지만 히틀러가 이렇게 한 데에는 그만한 이유가 있었다. 히틀러의 의도는 75만의 헝가리 유대인들을 강제수용소로 보내는 것이었는데, 헝가리 통치자인 호르티[제2차 세계대전 당시 1944-45년까지 헝가리를 섭정한 정치가: 옮긴이]가 그때까지 헝가리 유대인들의 수용소 행을 성공적으로 방어해 왔기 때문이었다.

그리하여 홀로코스트는 1944년 여름에 그 정점에 이르렀다. 아우슈비츠의 굴뚝에서는 나치 친위대의 앞잡이들이 가스실로 몰아넣은 수십만의 헝가리 유대인을 불태운 연기가 강제수용소가 점령되기 직전까지 쉴 새 없이 솟아올랐다. 아이히만의 마지막 희생자들은 포탄 소리를 통해 전선이 가까워졌음을 느끼고 있었다.

헝가리에서 이 유대인 학살자는 자신의 "필생의 사업"을 마무리 지었다. 전쟁 마지막 해에 그를 보았던 동시대 증인들에 따르면, 그는 후회하지는 않았지만 불안에 떨고 있는 것처럼 보였다. 그 당시 그의 사진을 찍거나 촬영하려던 사람들은 그가 신경과민 증상을 보이고 있음을 확실히 느낄 수 있었다. 그는 사진기를 산산조각 내기도 했고, 카메라에서 필름을 꺼내 찢어 버리기도 했다. 아이히만은 자기 자신이 수배중인 범죄자라는 사실을 알고 있었다. "중령님, 몇 명이 죽었습니까?" 1944년에 한 젊은 나치 소위가 그에게 물었다. 아이히만은 "5백만 명 이상"이라고 대답했다. "세상 사람들이 수백만 명에 대해 질문한다면, 어떻게 대답하실 겁니까?" 그러자 아이히만은, "수백 명의 죽음은 일종의 재앙이지만, 수백만의 죽음은 일종의 통계다"라고 대답했다.

히믈러가 1944년 8월 말에 모든 헝가리 유대인의 강제수용소 이송을 금지했을 때, 아이히만은 분개했다. 그는 자신의 임무를 마무리 짓기를 원했다. 독일이 설사 패전했다고 하더라도, 그는 유대인과의 전쟁에서는 승리하기를 바랐다. 그의 한 "동료"가 회상하기를, "그가 원했던 가장 큰 보상은 언젠가 히틀러가 유대인 말살에 대해 감사의 말을 건네며 그를 영접해 주는 것이었다. 그것이 그의 꿈이었다. 그는 그 꿈을 이루지 못했고, 그로 인해 가슴 아파했다." 그는 그의 상관인 게슈타포 뮐러[비밀경찰 조직 게슈타포의 수장 하인리히 뮐러: 옮긴이]로부터 마지막 칭송을 받았다. "우리에게 아이히만 같은 사람이 50명만 있었더라도, 전쟁에서 승리했을지 모른다."

아르헨티나 망명 시절, 이 학살자는 "수문학자水文學者"로서 일했는데, 물의 수위를 계측하는 일이었다. 그의 옛 상사가 동료였던 "클레멘트"[아이히만의 가명: 옮긴이]에 대해 회상하기를, "그는 조직을 구성할 수 있는 능력을 가진 사람은 아니었다." 그의 과거에 관해 묻는 것은 금기시되었다. 아이히만 부인은, "그는 아주 끔찍한 경험을 했습니다"라고 말하며, "그에게 더 이상 묻지 말아" 줄 것을 부탁했다.

나머지는 그의 범죄와 관련된 이야기이다. 이스라엘 첩보 조직인 모사드의 한 팀이 그를 예루살렘으로 납치해 왔다. 물론 그는 재판에서 기만적인 태도로 일관했다. 그것은 명령만을 따르는 군인다운 충성심에서 비롯된 것이라고도 했으며, 심지어 유대 민족에게 사과를 하기도 했다. "이런 잔학한 행위에 연루되었던 것이 저의 불행이었습니다. 하지만 이 범죄 행위들이 저의 의지에 의해서 행해졌던 것은 아닙니다. 사람들을 죽이는 것이 저의 의도는 아니었습니다."

납치되기 6년 전에 그는 아르헨티나에서 자신의 마음을 털어놓았다. "유대인을 독가스로 죽이고 사살하라는 명령을 받았더라도 나는 그 명령을 수행했을 것이다."

사형이 집행되기 직전, 그는 자신을 이스라엘로 납치한 유대인 정보 요원들을 차갑게 쏘아보면서, "너희들 모두 곧 나를 뒤따르게 되기를 바란다"라고 말했다. 그런 다음 그는 태연히 교수대로 걸어갔다. 이 전범에게도 그의 희생자들에게 행해진 것과 똑같은 방식이 사용되었다. 그의 시신은 화장되었고 유해는 지중해에 뿌려졌다. 그를 기억할 수 있는 그 어떤 것도 남아 있어서는 안 되었다. 하지만 학살자 아돌프 아이히만에 대한 기억, 그 기억은 영원히 지워지지 않을 것이다.

아우슈비츠의 죽음의 의사로 불리는 요제프 멩겔레*Dr. Josef Mengele*에 대한 기억은 아이히만과는 다른 형태로 아직도 생생히 살아 숨 쉬고 있다. 그의 유골은 골판지 박스 두 곳에 담겨 상파울루에 위치한 연구소에 보관되어 있다.

그 역시 히틀러와 악수한 적은 없었다. 히틀러는 이 사람이 저지른 행위에 대해 전혀 듣지 못했을 것이라고 생각해도 맞을 것이다. 그럼에도 불구하고 이 죽음의 의사는 아우슈비츠라는 금세기 희대의 범죄 현장을 상징하는 인물이다. 그러나 범죄의 주모자인 히틀러가 그 현장에 전혀 모습을 드러내지 않았다고 하더라도, 히틀러의 조력자가 저지른 범죄는 곧 히틀러 자신이 저지른 것과 다름없다. 멩겔레는 아우슈비츠에서 인간의 생명을 소중히 여기라는 히포크라테스 선서를 매일같이 위반한 유일한 나치 의사는 아니었다. 그러나 그의 경우는 그의 행동 방식, 그의 실험 대상, 나치의 야만적 행위가 종식된 이후 수수께끼같이 사라진 그의 행적 때문에 더욱 두드러져 보인다.

어릴 적에 멩겔레는 남의 마음에 들려고 애쓰는 유순한 성격을 지니고 있었다. 청소년기에 그의 집안 분위기는 냉랭하기 그지없었다. 그의 부모는 자주 다투었다. 우람하고 엄청난 거구의 소유자였던 그의 어머니는 아들에게 위압적이었고, 요구 사항이 많았다. 이런 분위기에서 자란 그는 야심이 많았다. 그는 존경의 대상이 되고 싶어 했다. "내 이름이 사전에 수록되도록 할 것이다." 그의 목표는 연구 분야에서 명성을 얻는 것이었다. 멩겔레가 대학에서 공부한 것은 의학이었다.

처음에 그는 학문적으로 포장된 광적인 순혈주의에 깊은 감명을 받았다. 순혈주의가 선호하는 분야였던 인류학과 유전학은 나치 시대에 아리안 민족이 아닌 종족은 열등하다는 갈색[나치의 상징색: 옮긴이] 이데올로기의 기본 교의를 뒷받침하는 데 이용되었다. "보잘것없는 생명"에 대한 망상이 학문적인 자양분을 공급받은 것이다. 멩겔레는 영리한 학생이었다. 뉘른베르크 법[나치의 뉘른베르크 대회에서의 결의로, 유대인과 비유대인 간의 금혼 조항이 들어 있음: 옮긴이]이 의결된 1935년에 그는 "원시적 인종과 진보적 인종 간의 차이점들"을 주제로 한 논문으로 인류학 박사 학위를 받았다. 가장 시의적절한 주제를 다룬 그의 박사 학위 논문은 최고 점수를 받았다. 이 젊은 박사는 독일 쌍둥이 연구의 최고 권위자인 오트마 폰 페어슈어의 연구 조교가 되었다. 그의 유전학 스승은 자신의 제자가 초인 양성을 최종 목표로 하는 유전학 센터를 건설해 주기를 바라고 있었다.

학문 발전을 위한 엄청난 기회가 제공된다는 권고와 함께 나치 의사인 멩겔레를 아우슈비츠로 보낸 사람은 폰 페어슈어 교수였다. 아우슈비츠가 수많은 인종, 인간, 모든 종류의 실험 대상을 다룰 수 있는 전 세계적으로 "유일무이한 연구 천국"이라며 권고한 사람이 바로 그였던 것이다. 결국, 멩겔레는 1943년 5월 30일에 아우슈비츠-비르케나우 수용소에서 근무를 시작하게 되었다.

증인들의 기억에 의하면, 그곳으로 죽음의 열차가 도착할 때마다, 훤칠한 키에 흰 장갑을 낀 젊은 의사가 화물 전용 플랫폼에 서 있었는데, "세련되고 날씬한 몸매의" 그는 "마치 자기 집에 들어오는 손님에게 인사를 건네는 주인처럼" 보였다. 그는 "사모님, 당신께서는 장거리 여행으로 지치고 병들어 있으니, 자식들을 이 여인에게 맡기십시오. 나중에 탁아소에서 다시 데려 오실 수 있습니다"라고 말했다.

멩겔레가 도착한 사람들을 선별할 때, 그들은 가끔 그의 입술에서 멜로디가 흘러나오는 것을 들을 수 있었는데, 마치 휘파람을 부는 것 같았다. 또한 그들은 슈만의 〈트로이메라이(꿈)〉가 흐르는 가운데, 그가 흰 장갑을 낀 채 부드럽게 박자에 맞추어 오른쪽으로 가면 살고 왼쪽으로 가면 죽는 것을 결정하는 장면을 보았다. 그 장면은 그들의 기억 속에 생생하게 남아 있었다. 수용자들은 그를 "죽음의 천사"라고 불렀다.

그는 결코 무례한 법이 없었다. 수용소의 한 여의사 눈에는 마치 권위적인 어머니가 여전히 그의 곁에 있는 것처럼 비춰지기도 했다. "그는 마치 어머니에게서 일요일에만 입는 좋은 재킷에 얼룩을 묻히지 말라고 주의를 받은 것처럼 행동하였다."

여자 수용소를 담당하는 의사들의 책임자로서 그는 두려움과 증오의 대상이었으며, 또한 경탄의 대상이었다. 상당수의 여자들은 부끄러워하고 불쾌하게 여기긴 했지만, 요제프 멩겔레를 아주 매력적이라고 생각하기도 했다.

멩겔레는 인간 수집가였다. 폰 페어슈어처럼 그도 쌍둥이 연구로 교수가 되기를 원했다. 그는 화물 전용 플랫폼에 내린, 죽음을 목전에 둔 무리들 가운데서 찾아낸 쌍둥이 아이들을 "나의 기니피그"라고 불렀다. 종종 그는 쌍둥이를 차에 태우고 수용소 길을 따라 달리기도 했고, 그들에게 단것을 선물하기도 했다. 그리고 그 다음 날 멩겔레는 아이들의 몸에서 내장을 들어내기 위해 그들을 자신의 해부용 탁자 위에 눕혔다. 이 군주적 인간[의지가 강하고 이웃을 지배하려는 성향의 인간으로 니체가 만든 말 : 옮긴이]은 자기 마음대로 인간 동물원의 인간들을 실험 대상으로 사용했다.

멩겔레는 그의 "연구" 결과를 페어슈어 연구소로 보냈다. 처음에는 설문지를, 그 다음에는 혈액 검사 자료를, 조금 더 지나서는 "긴급! 전쟁 물자!"라는 문구가 표시된 포장지에 유골을 싸서 보냈다.

1944년 여름에 들어서는 연구가 더욱 극단으로 치달았다. 멩겔레는 마취 주사로 쌍둥이를 죽였고, 살아 있는 육체에서 장기를 빼내었고, 골수를 이식했고, 쌍둥이의 등을 맞대게 하고 꿰매기도 했다. 그럼에도 불구하고 이 젊은이는 희생자의 고통에서 쾌락을 느끼는 살인적인 사디스트는 아니었다. 단지 멩겔레는 그의 "기니피그"의 고통에 대해 특별히 관심이 없었던 차가운 냉소주의자였을 뿐이었다. 그는 당연히 자신을 아우슈비츠의 살인자가 아닌 학자라고 생각했다. 그리고 그는 학자로서 "학문에 봉사하기 위해" 살인을 저질렀다. 페어슈어는 자신의 목적을 위해 멩겔레를 이용하려고 했지만, 멩겔레는 자신의 "쌍둥이론"을 통해서 유전학의 역사에 큰 족적을 남기기를 원했다.

1945년 1월, 소련의 붉은군대가 아우슈비츠 수용소를 해방시켰을 때, 멩겔레의 실험 대상인 3,000명의 쌍둥이 중에서 180명의 쌍둥이만이 살아남았다. 도망자로 전락한 그는 그의 연구 메모들을 귄츠부르크[독일 바이에른 주 서부에 위치한 도시: 옮긴이]의 자기 집으로 옮겼다. 그는 언젠가는 자신의 연구 기록들을 사용할 수 있기를 바랐다.

그는 여러 해 동안 바이에른의 농가에서 농장 일꾼으로 가장해 숨어 지냈다. 1949년, 그는 오스트리아와 이탈리아를 거쳐 아르헨티나로, 나중에는 파라과이로 도피했다.

그를 아우슈비츠로 보냈던 오트마 폰 페어슈어 교수는 단 한 번도 그 일로 인해 책임을 추궁 받지 않았다. 그는 1952년에 독일인류학회 회장직을 맡았다.

노쇠한 이민자는 어떤 죄책감도 갖고 있지 않았다. 1970년대 내내 세계 언론이 그의 잔혹 행위를 보도하였을 때, 그는 격분했다. "독일 잡지에 이런 형편없는 기사들이 버젓이 실릴 수 있다는 사실을 도저히 믿을 수가 없다. 이 모든 것의 배후에는 숨겨진 하나의 의도가 있다. 그것은 모든 독일적 의식, 영웅적인 것과 보다 뛰어난 인종(아리안족)에 대한 구시대적 증오[예전 로마시대부터 존재한 게르만족에 대한 반감: 옮긴이]를 드러내는 것이다."

그에 대한 형벌은 그가 발각되어야만 주어지는 것이 아니었다. 발각되는 것에 대한 두려움 자체가 그에 대한 형벌이었다. "때때로 나는 쌍날

기요틴에 대한 꿈을 꾼다." 예전에 어린아이들을 난도질했던 이 강제수
용소 의사는 두통과 이통耳痛, 불면증과 소화 불량을 호소했다. 그것은
죽음에 대한 두려움이었다.

아우슈비츠에서 탈출해 상파울루 바닷가에서 죽음을 맞이할 때까지
34년 동안이나 그는 이런 죽음에 대한 두려움에 떨며 살았다. 그것이 바
로 연구 목적으로 살인을 자행했던 대량 학살자에 대한 형벌이었다.

그렇다면 이런 역사가 주는 교훈은 무엇인가?

어느 누구나 히틀러의 조력자가 될 수 있었다. 범죄 국가가 정의와 불
의 사이의 경계를 허문다면, 어느 누구나 피해를 입게 된다. 인간의 본성
자체는 약한 것이기 때문이다. 그렇다, 인간이 인간 늑대가 되는 데에는
많은 조건이 필요치 않다. 왜냐하면 아이히만과 멩겔레, 보어만과 리벤
트로프, 쉬라흐와 프라이슬러 같은 사람들은 우리 주위 어디에나 있는
사람들이기 때문이다. 이들은 다른 시대, 다른 환경 속에서 살았다면, 평
범한 사람처럼 아주 정상적인 삶을 영위했을 것이다. 리벤트로프와 쉬라
흐가 다른 결정, 즉 캐나다와 미국에 정착할 결정을 내렸다면, 그들은 같
은 삶을 공유했을 수도 있었을 것이다.

우리 속에 아이히만과 같은 범죄를 저지를 가능성은 언제나 존재한다.
그렇지만 우리는 아이히만과 같은 본성이 드러나지 않도록 선택할 수도
있다. 이를 위해서 더 늦기 전에 '아니오'라고 말할 수 있는 용기가 더욱
필요하다.

그러나 불안정하고 연약한 인간성에만 기대는 것은 너무 경솔한 생각
인지도 모른다. 인간 사회에 기반을 둔 명확한 규범으로 통치하는 그런
국가만이 역사의 정의가 불의로 바뀌는 것을 효과적으로 막을 수 있다.
범죄 국가가 출현하는 일이 다시는 없어야 할 것이다.

학살자

Adolf Eichmann

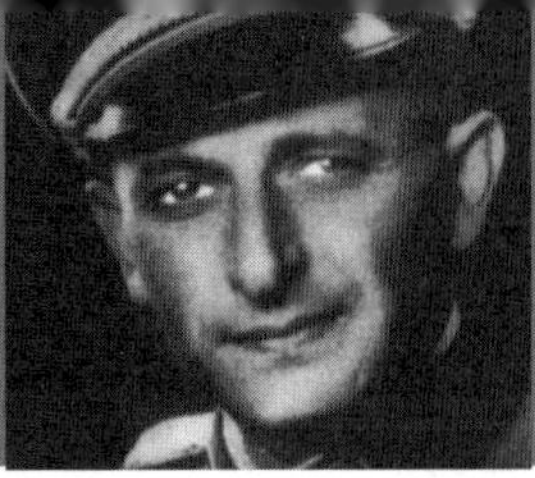

후회는 아이들이나 하는 것.

나는 내게 부여된 임무를 확고한 의무감에 따라서 수행했다.

나는 결단코 용서를 구하지 않을 것이다. 나의 내면 깊숙한 곳에서 무언가 잘못했다고 인정하는 것을 거부하기 때문에 나는 용서를 구할 수 없다.

유대인을 독가스로 죽이고 사살하라는 명령을 받았더라도 나는 그 명령을 수행했을 것이다.

나로 인해 추방된 유대인에 관해 나는 관심이 없었다. 이송될 사람이 이송되었다.

총통의 말은 법적 효력을 갖는다.

나는 단지 민족주의자였을 뿐, 결코 반유대주의자는 아니었다.

우리는 올바른 싸움을 수행한 것이다.

나는 일생 동안 신을 믿었고, 신을 믿으며 죽음을 맞이할 것이다.

나의 죄는 명령을 따른 것이다.

수백 명의 죽음은 일종의 재앙이지만, 수백만의 죽음은 일종의 통계다.

만약 그래야 한다면, 나는 웃으면서 무덤 속으로 뛰어들 것이다. 5백만 유대인의 죽음을 책임지고 있다는 생각이 내게 커다란 만족감을 주고 있기 때문이다.

아이히만

그는 죽음의 장부를 담당한 경리였다.

시몬 비젠탈, 나치 사냥꾼

악한 자의 평범함.

한나 아렌트

그가 원했던 가장 큰 보상은 언젠가 히틀러가 유대인 말살에 대해 감사의 말을 건네며 그를 영접해 주는 것이었다. 그는 그 꿈을 이루지 못했고, 그로 인해 가슴 아파했다.

빌헬름 회틀, 전 친위대 소령

그는 허영심이 강한 젊은이였다. 그는 외관을 잘 꾸며야 좋은 인상을 심어줄 수 있다는 사실을 알고 있는 사람이었다.

빌리 슈테른, 빈의 유대인 종교공동체 급사

아이히만은 심한 육체적 고문, 살인, 테러를 의미하는 사람이었다.

테디 콜렉, 전 예루살렘 시장

그는 우리에게 무례하게 호통을 치며 뻔뻔스럽게도 생사여탈권을 행사한 사람이었다.

프란츠 마이어, 독일 시온주의자

아이히만은 심각한 열등의식을 가지고 있었다. 그는 자신이 대학 교육을 받은 적은 없지만 그런 일을 해낼 수 있으며, 또한 이를 다른 사람들에게 증명해 보이려고 했다. 그리고 이런 열등의식이 일생 동안 그를 따라다녔다.

빌헬름 회틀, 전 친위대 소령

아이히만은 단호하고 용감한 장교라는 인상과 함께 자신의 임무를 확실히 알고 있는 저돌적인 장교라는 인상을 주었다. 한 번은 그가 이런 말을 했다. "우리 독일군은 두려워하지 않습니다. 만약 우리가 죽음을 두려워했다면, 우리는 어떻게 되었겠습니까? 나의 전우들이 러시아 전선에서 싸우고 있는 동안, 나는 이곳에서 싸울 것입니다."

칼 루츠, 헝가리 부다페스트 주재 전 스위스 부영사

"아이히만 문제"는 결코 어제의 문제가 아니다. 우리는 모두 아이히만의 자식들이고, 적어도 아이히만의 세계가 만들어낸 자식들이다. 그것은 파괴 기계의 세상이다. 그 파괴 기계의 영향력은 우리의 상상력을 뛰어넘는다. 이로써 우리는 그 세계에서 아무런 저항 없이, 그리고 선악을 구별하지도 못한 채, 마치 기계 부품과 같은 기능을 하게 되는 위험에 처하게 된다. 또한 파괴 기계에 맞서는 우리의 도덕적 의지도 부족한 상태에서 누구나 아이히만과 같은 사람이 될 수 있는 위험에 처하게 된다.

권터 안더스, 오스트리아의 철학자이자 작가

우리에게 아이히만 같은 사람이 50명만 있었더라도, 전쟁에서 승리했을지 모른다.

하인리히 뮐러, 게슈타포 대장

그는 기록하는 일, 조직하는 일, 그리고 꼼꼼하고 체계적인 일에 특별한 소질을 갖고 있었다.

디터 비슬리체니, 제국보안본부의 동료

그는 자신의 무례함과 거친 말투에 새로운 성격을 추가했는데, 그것은 다름 아닌 교활함과 기만적인 성격이었다. 이 두 가지 성격은 이때부터 그의 활동에서 중요한 역할을 했다.

기데온 하우스너, 아이히만 재판의 원고측 대표

그는 거만했을 뿐만 아니라 불손했다.

빌헬름 회틀, 전 친위대 소령

그가 좀 더 고귀한 사람이었다면 그의 인간성이 자신을 악업에서 구했을지도 모를 일이고, 그가 조금 모자란 사람이었다면 일처리에 있어 유능함을 발휘하지 못했을 것이다. 하지만 그는 평범한 사람의 전형이었다. 그는 명령이 떨어지면 단추를 누르고, 그에게 중요한 일이라고는 제대로 단추를 눌렀는지 여부이며, 단추를 누름으로써 누군가 죽을지도 모른다는 생각을 전혀 하지 않는 그런 평범한 사람이었다.

브루노 베텔하임, 미국 정신분석학자

그의 심각한 열등의식이 결정적인 요인이었다. 보안대의 지도부는 모두 대학 교육을 받은 사람들로 채워져 있었다. 그러나 그는 단 한 번도 학교를 제대로 마친 적이 없었다. 이런 사실이 그에게 매우 뼈저리게 다가왔다. 거기에다가 "그의 유대인 같은 외모"로 인해서, 동료들은 그에게 악의적인 발언을 일삼기도 했다. 그들은 그를 지기 아이히만으로 불렀는데, 이는 그에게 상당히 모욕적인 별명이었다.

빌헬름 회틀, 전 친위대 소령

만약 내가 그를 버스에서 마주쳤더라도 그에게 특별히 관심을 가졌을지는 모르겠다. 하지만 때때로 무언가 그의 마음에 들지 않으면, 그는 사람들에게 두려움을 불러일으킬 수 있는 눈빛을 보였다. 그것은 마치 호랑이의 눈빛과도 같았다.

가브리엘 바흐, 아이히만 재판의 원고

그 사람은 그다지 눈에 띄지 않았다. 대략 50살 정도로 보이는 중간 체격의 대머리에 값싼 안경을 착용한 정직한 중년 남성의 모습이었다. 그는 넥타이를 맸고, 닳은 양복을 입고 있었다. 과업에 실패한 나치 대표자들의 모습은 그랬다. 아니 눈에 띄기를 원치 않는 범죄자들의 모습이 그랬다고 하는 것이 나을 것이다.

그 남자는 차분한 걸음으로 지붕이 낮은 단독 주택으로 향했는데, 그 집은 흡사 가건물처럼 누추해 보였다. 그는 작은 사내아이 곁에 서서 다정하게 그의 머리를 쓰다듬었다. 그리고 그 아이와 몇 마디 말을 나누었고, 그의 옷맵시를 가다듬어 주었다. 그리고 그는 그 작은 집으로 들어갔다. 풍만한 몸매의 여인이 문을 열어 주었다. 사내아이와 부인 그리고 작은 집. 마치 한 집안의 가장이 집으로 돌아온 듯한 풍경이었다. 그날은 1960년 3월 20일 일요일이었다.

그 남자는 겨우 몇 백 미터밖에 떨어지지 않은 곳에 설치된 망원경이 그를 예의주시하고 있다는 사실을 알지 못했다. 그의 모든 움직임이 주의 깊게 관찰되고 있었다. 이스라엘 비밀 정보기관 모사드의 정보 요원인 지비 아하로니는 사람들에게 들키지 않기 위해 소형 화물차의 화물칸에 웅크리고 앉아 있었다. 그는 화물차 덮개의 작은 구멍을 통해서 부에노스아이레스 인근 산페르난도 시의 가리발디 거리 14번지에 위치한 주택에서 무슨 일이 일어나고 있는지 자세히 살펴보고 있었다. 아하로니가 기억하는 바에 따르면, "갑자기 그가 다시 집 밖으로 나왔다. 그는 파란 바탕에 흰 줄무늬가 있는 파자마를 입고 있었다. 따라서 그 남자는 그 집에서 살고 있고, 그가 손님이 아니라는 것은 분명했다."

아하로니가 그 혐의자를 관찰하는 시간이 늘어날수록, 그에 대한 확신은 더욱 강해졌다. "나이, 신장, 얼굴 형태 등 전반적인 인상이 내가 찾고 있던 그 사람임을 말해 주고 있었다." 바로 그날 밤 아하로니는 텔아비브에 있는 모사드 본부에 다음과 같이 보고했다. "나는 우리가 다음 단계를 계획하기 위한 충분한 정보를 갖고 있다고 생각한다. 나는 다음 지시를 기다리겠다."

오더 강가에 위치한 프랑크푸르트 시에서 태어나 1938년에 팔레스티나로 피난했던 지비 아하로니 ― 옛 이름은 헤르만 아론하임이다 ― 는 3주 전부터 가명으로 된 외교관 여권으로 아르헨티나에서 비밀 임무를 수행 중이었다. 그 임무는 제2차 세계대전 당시 수백만의 인명을 죽음으로 몰아갔던 한 남자의 흔적을 찾는 것이었다. 아하로니는 목표로 하는 인물을 찾았다고 확신하고 있었다. 하지만 찾고 있는 사람과 동일 인물인지에 대한 모든 의구심이 해소되어야만 비로소 그의 상관이 행동에 나설 것이라는 걸 그는 알고 있었다. 마지막 증거로 제출할 사진 한 장이 없었다. 만일 그의 측면 사진이 있다면 더욱 확실한 증거가 될 텐데, 아쉽게도 아무 사진도 없었다.

사진을 찍는 작전은 위험이 너무 컸다. 아주 사소한 실수가 모든 작전을 위태롭게 할 수 있었다. "낯선 사람이 접촉을 시도한다는 사실을 그가 알아차려서는 안 되었다. 그래서 나는 그 지역 사람을 고용해서 서류 가방 속에 숨겨둔 카메라를 어떻게 작동시키는지 알려 주었다." 렌디라는 이름을 가진 아르헨티나인 협력자는 목표 인물을 대화에 끌어들여 몰래 카메라 셔터를 눌러야만 했다. 아하로니에 의하면, "어느 일요일 아침, 우리는 그 집으로 가서 그가 집을 나서는 것을 확인할 때까지 집 전방 300미터 지점에서 대기하고 있었다."

렌디가 그 남자에게 다가갔다. 그리고 울타리 앞에 서서 그 남자를 짧은 대화에 끌어들였다. 잠시 후 작전이 완벽하게 성공했다. "4장의 환상적인 사진들"(아하로니)은 그의 얼굴을 가능한 모든 각도에서 담고 있었고, 측면 사진도 포함되어 있었다. 이 사진들은 마지막 의구심을 불식시키기에 충분했다. 가리발디 거리에 살고 있는 그 남자는 수배 중이던 전범자들 중에서도 가장 중요한 사람이었다. 그는 바로 아돌프 아이히만이었다. 그는 제국보안본부의 "유대인 담당자"로서, 맹목적으로 복종하고 광적으로 학살에 가담했던 죽음의 관료였다. 자신의 서명으로 수백만 명의 생명을 앗아간 장본인인 그는 예루살렘에서 열린 재판에서, 만일 그에게 명령이 떨어지면, 자신의 아버지라도 맹목적이고도 광적으로 살해했을 것이라는 점을 유대인 법관들 앞에서 인정했다. 아이히만 찾기를 결코 포기하지 않았던 나치 추적자 시몬 비젠탈은 이 사람에 대해 다음과 같이 말했다. "그에게 붉은색 머리카락을 가진 사람이나 알파벳 K로 시작하는 이름을 가진 사람들을 죽이라고 명령을 내렸어도, 그는 그 명령을 수행했을 것이다."

그는 스스로를 나치 친위대 선서에 따라 항상 충실하게 자신의 의무를 다한 충성스런 친위대원 그 이상으로 생각하지 않았다. 그러나 실제로 그는 그에게 명령된 이상의 것을 수행했다. 그는 유럽에서 유대인을 학살하려는 히틀러의 계획을 마치 일생의 과업인 양, 마치 멈출 수 없는 모터처럼 미친 듯이 수행했다. 이미 패전한 것이나 다름없던 종전 직전까지도 그는 아우슈비츠와 트레블링카로 향하는 죽음의 열차를 관장하는 책임자로서 자신과 유럽 유대인과의 사적인 전쟁을 마무리 짓기 위해 전력을 다하고 있었다. 또한 학살 대상자들을 수용소로 실어 나를 열차를 확보하기 위해 분투하고 있었다. 그는 무언가를 만들어 내는 것을 원하는 유형은 아니었다. 아이히만은 무자비하고 철저하게 파괴하는 것을 원하는 유형이었다. 1956년, 그는 아르헨티나에 마련된 소위 안전 가옥에서 녹음테이프로 기록한 네덜란드 출신의 전 나치 대원 빌렘 자센과의 대화에서, "나는 그 일에 대해서 전혀 후회하지 않는다"라고 밝혔다. "나는 결단코 용서를 구하지 않을 것이다. 나의 내면 깊숙한 곳에서 무언가 잘못했다고 인정하는 것을 거부하기 때문에 나는 용서를 구할 수가 없다. 이것이 나의 진심이다. 코르헤어[나치 친위대 통계 수석감독관 리하르트 코르헤어를 지칭함]가 통계로 입증한 1천 30만의 유대인 중에 1천 30만의 유대인을 모두 죽였다면, 나는 만족했을 것이고, '우리는 확실히 적을 근절했다!'라고 말했을 것이다."

70개가 넘는 녹음테이프 중에 몇 개는 보존되어 남아 있다. 그 테이프들은 어떻게 아이히만이 "자신의 육체적이고 정신적인 자유를 온전히 유지한 채" 그의 삶을 정리하고 있었는지 기록하고 있다. 이 테이프에는 히틀러처럼 "근절하다vernichten"라는 단어의 "R" 발음을 즐기듯이 혀로 오랫동안 굴리며 그르렁 소리를 내는 한 남자의 목소리가 들린다. 아이히만은 자신의 잔혹한 작업 성과에 대해 자부심을 갖고 있었다. 1945년, 베를린의 폐허 속에서 그는 당시 그의 친구이자 동료인 동시에 자기 아들의 대부였던 디터 비슬리체니 앞에서 자랑스럽게 말했다. "만약 그래야 한다면, 나는 웃으면서 무덤 속으로 뛰어들 것이다. 5백만 유대인의 죽음을 책임지고 있다는 생각이 내게 커다란 만족감을 주고 있기 때문이다." 아르헨티나에서 그는 자신의 진술을 반복했다. 유대인에 관한 견해가 아니라 "제국의 적들"에 관한 것이었다고. 같은 대화에서, 그는 "내가 강제수용소의 지휘관[아우슈비츠-비르케나우 집단 수용소 지휘관 루돌프 회쓰를 지칭함]의 직무를 수행해야 했다면, 나 역시 달리 행동하지 않았을 것이다. 유대인을 독가스로 죽이고 사살하라는 명령을 받았더라도 나는 그 명령을 수행했을 것"이라고 밝혔다. 아이히만은 명령에 따랐던 평범한 군인에 불과했을까?

무엇이 아이히만과 같은 사람을 범죄자로 만들었을까? 그의 광적인 행태는 어디에 뿌리를 두고 있는 것일까? 그 흔적은 그의 어린 시절까지 거슬러 올라간다. 1906년 3월 19일에 졸링엔에서 태어난 아이히만은 다섯 명의 아이들 중 첫째로서 이미 어린 시절부터 그의 가족을 부양했다. 린츠의 카이저 프란츠 실업고등학교를 다닌 아이히만은 학업을 제대로 마치지 못했다. 15년 전에 아돌프 히틀러도 이 학교를 다녔는데, 학업에 불성실한 나머지 다른 학교로 전학해야만 했다. 그리고 아이히만은 공업 전문학교에서도 학업을 마치지 못했는데, 졸업 시험도 치르지 않은 채 학교를 떠나버렸다. 그럼에도 불구하고 아이히만은 『린처 타게블라트 *Linzer Tageblatt*』지에 광고를 내고 "우수한 직원"을 찾고 있던 바쿰 석유 회사의 대리점 직원 자리를 얻게 되었다. 처음으로 돈을 벌게 되었지만, 경제 공황으로 인해 그의 경력은 종지부를 찍게 되었다. 아무튼 오스트리아 공장 지대로 휘발유와 석유를 배달하는 일은 그에게 따분한 일이었다. 아이히만은 자신의 삶에 의미를 부여할 수 있는 일을 찾고 있었다. 그는 정치적인 성향을 가진 사람은 아니었다. 하지만 그는 호기심이 많아서 린츠에 있는 맥줏집 "메르첸켈러"에서 열린 국가사회주의 독일노동당의 집회를 찾아갔다. 쉬는 시간에, 결투로 인해 얼굴에 상처를 입은 투박한 모습의 한 남자가 그에게 다가왔다. 아이히만은 한눈에 그가 아버지의 사업 동료인 젊은 변호사임을 알아보았다. 10년 후, 이 사람은 유대인 추방을 담당하는 중앙 기구인 제국보안본부에서 아이히만의 상관이 되었다. 그의 이름은 에른스트 칼텐브루너였다. 아이히만의 기억에 따르면, "그는 '무조건 우리에게 와라!'라고 요구했고, 나는 '좋습니다!'라고 대답했다. 그래서 나치 친위대원이 되었다."

아이히만은 정치적인 확신에 따라 당과 나치 친위대에 가입한 것은 아니었다. 그리고 나치 이데올로기가 특별히 그의 관심을 끌지도 않았다. 오히려 그는 그의 단조로운 삶에 싫증이 나 있었다. 히틀러의 병력이 오스트리아에서 승승장구하는 동안, 그 대열에 속해 있던 아이히만 역시 신분 상승을 바라고 있었다. 사회적 인정, 공동체와 출세에 대한 동경이

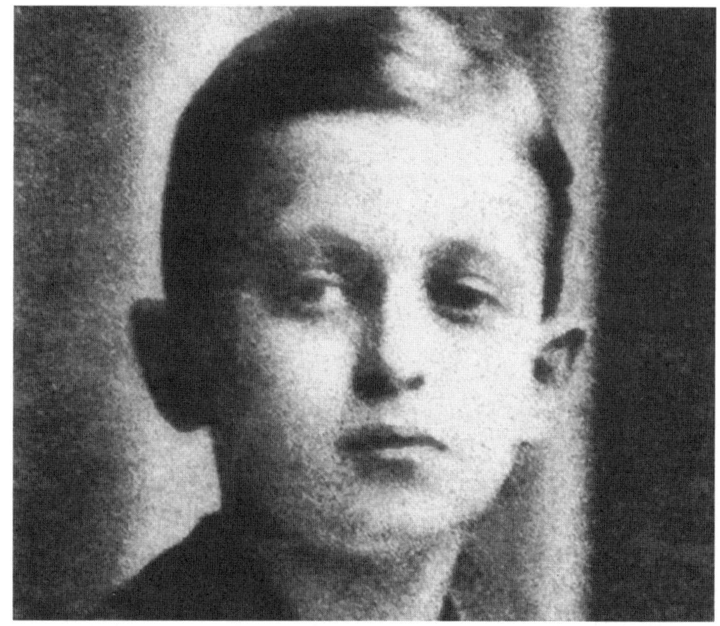

그는 전혀 공격적인 성격이 아니었고 그 반대였다. 그는 언제나 친절하게 보이기를 원했다.

빌헬름 회틀, 전 친위대 소령

아이히만은 자신에 관한 모든 발언에 대해서 매우 조심스러운 태도를 보였다.

디터 비슬리체니, 제국보안본부의 아이히만 동료

아이히만이라는 인물이 우리를 불안케 만드는 것은 그 역시 다른 사람과 다를 바 없고, 예나 지금이나 다른 사람들처럼 변태적이거나 가학적이지도 않으며 놀라울 정도로 정상적이라는 점이다.

한나 아렌트

그를 나치 친위대와 국가사회주의 독일노동당의 일원으로 만들었다. 학교 졸업장도 없는 대리점 직원이었던 그와 같은 절망적인 사람들에게 히틀러 정당은, 처음부터 시작하지만 성공해서, "중요한 일"을 할 수 있는 기회를 주겠다고 약속했다. 오스트리아에서 국가사회주의 독일노동당의 활동이 금지된 후, 아이히만은 1933년 8월 1일에 대관구의 명령에 따라 독일로 갔고, 레흐펠트와 파사우에서 "오스트리아 부대" 소속 친위대원이 되기 위한 훈련을 받았다. 1914년 당시, 아이히만 가족의 고향인 독일에는 전체 인구의 0.76퍼센트인 50만 3천 명에 이르는 유대인이 살고 있었다. 나치 친위대원이 된 아이히만은 훗날 그들을 죽음에 이르게 했다.

새로운 삶의 출발은 실망스러웠다. 예전에 대리점 직원이었을 때처럼, 그는 친위대 훈련소에서도 곧 지루하다고 불평을 늘어놓았다. "내가 싫어하는 것은 단조로운 일과였다. 매일같이 똑같은 일이 되풀이되었다." 천편일률적인 일상에서 벗어나기 위해, 그는 1934년에 나치 친위대의 정보기관인 보안대에 지원해서 자리를 얻어냈다. 아이히만은 베를린 빌헬름 거리에 위치한 호엔촐러른 궁에 있는 보안대 본부 건물의 웅장함에 감명을 받았지만, 이런 웅장함은 그에게 부과된 단조로운 과제와 극명한 대조를 이루고 있었다. 아이히만은 "프리메이슨" 부서의 보조 인력으로서 "슐라라피아회"[국제사교협회, 1859년 프라하에서 창립된 단체: 옮긴이]와 같은 조직에 대한 색인카드를 정리하고 있었는데, 이 단체는 프리메이슨과 유사한 단체로 그 자신도 린츠에서 이 단체의 회원이 될 뻔 했다. 종전 후에 디터 비슬리체니는, 그 당시에 그는 이미 "기록하는 일, 조직하는 일, 그리고 꼼꼼하고 체계적인 일에 특별한 소질을 갖고 있었다"고 전하고 있다. 아이히만은 5개월 동안 일한 프리메이슨 부서에 싫증이 나 있었다. 얼마 후에 그는 그의 경력에서 결정적인 전환점을 맞게 되었다.

이 젊은 나치 친위대 중사는 "유대민족" 부서로 자리를 옮기게 되었다. 아이히만은 새 임무에 빨리 적응했다. 그의 상관인 레오폴트 폰 밀덴슈타인은 정치적 시온주의의 창시자인 테오도어 헤르츨[오스트리아 신문의 유대인 기자, 예루살렘으로 돌아가자는 시오니즘 운동을 주창, 1948년 이스라엘 국가 수립의 계기를 마련했다: 옮긴이]의 『유대인 국가』라는 책을 그에게 권했다. 이 부서 신참은 이 책에 대한 연구를 꼼꼼하게 했고, 그는 예전과는 다른 사람처럼 보였다. "그때까지 나는 이 일들에 관해서 아무것도 알지 못했다. 어떤 식으로든지 이 책은 나를 일깨워 주었고, 나는 이 모든 것을 내 것으로 만들었다." 이때부터 그는 자신을 "시오니스트"이자 "이상주의자"라 여겼고, 그의 생각은 "유대인 문제의 정치적 해결"은 독일에서 모든 유대인을 추방하는 것이라는 목표에서 맴돌고 있었다. 아이히만은 그런 주제에 대한 강연도 했다. 심지어 그는 히브리어 몇 마디를 자신의 것으로 만들어 그의 동료들과 그리고 나중에는 그의 희생자들 앞에서 자랑하기도 했다. 아이히만은 기꺼이 적대자의 언어를 완벽하게 구사하려고 했다. 원래 그는 시간당 3제국마르크를 지불하고 한 랍비에게서 히브리어를 배우려고 했다. 하지만 그의 신청은 받아들여지지 않았다. 나치 친위대원이 히브리어를 배우고자 한다면, 가능한 한 "유대인이 아닌" 교사에게 배워야만 했기 때문이다.

하지만 그와 같은 조치들이 아이히만의 의지를 꺾지는 못했다. 아이히만은 보안대에서 유대인 문제 전문가로서 어떻게 성공할 수 있는지 잘 알고 있었다. 인사기록에서 볼 수 있듯이, 아이히만은 "독학으로 전문적인 지식을 완성하기 위해" 열성적이었다. 스스로 기반을 닦은 얼치기 지식으로 무장한 이 독학자는 이내 당내에서 "전문가"로 인정받았고, "유대인이라는 적의 세계관과 조직 형태에 관한 광범위한 그의 지식"이 입증되었다. 보안대에서 아이히만은 나치의 기대주로 간주되었는데, 특히 친위대원으로서는 흔치 않은 경험을 갖고 있었기 때문이다. 아이히만은 이미 오래 전에 흡사 사자굴과 같은 팔레스티나 지역에 머물렀던 적이 있었다.

신성한 땅으로의 출장은 1937년 여름에 그의 후원자인 보안부대장 라인하르트 하이드리히가 개인적으로 그에게 허가한 것이었다. 저명한 『베를리너 타크블라트Berliner Tagblatt』지의 저널리스트로 가장한 갓 31살의 나치 친위대 원사 아이히만과 그의 새로운 상관인 헤르베르트 하겐은 현장에서 유대인들을 팔레스티나로 추방할 수 있는 가능성에 대해 조사하고 있었다. 아이히만은 키부츠를 둘러보았으며, 카멜 산 정상에서 하이파를 바라보았다. 그리고 템플 기사단 거주지를 방문했다. 관광 프로그램으로는 괜찮았지만, 4주간에 걸친 여행은 이렇다 할 성과 없이 끝났다. 영국 행정 기관[팔레스티나는 당시 영국의 위임 통치령이었다]은 관광객으로 위장한 친위대의 정체를 파악하고는 그들을 추방했다. 팔레스티나에서의 임무는 아이히만이 파라티푸스에 감염되어 군병원에 입원함으로써 끝났다.

그럼에도도 불구하고 아이히만의 상관은 그의 부단한 노력을 높이 사서 그를 후원했다. 하지만 그의 동료들은 이를 악물고 출세해 보려는 그를 놀리기 일쑤였는데, 때문에 그의 주위에는 친구들이 거의 없었다. 그 당시에 그와 친분 관계가 있었던 사람 중 하나가 전직 친위대원인 빌헬름 회틀이었는데, 그는 아이히만을 잘 알고 있는 몇 안 되는 사람이었다. 회틀은 "그의 심각한 열등의식이 결정적인 요인이었다"라고 말했다. "보안대의 지도부는 모두 대학 교육을 받은 사람들로 채워져 있었다. 그러나 그는 단 한 번도 학교를 제대로 마친 적이 없었다. 이런 사실이 그에게 매우 뼈저리게 다가왔다. 거기에다가 '그의 유대인 같은 외모'로 인해서, 동료들은 그에게 악의적인 발언을 일삼기도 했다. 그들은 그를 지기 아이히만Siggi Eichmann으로 불렀는데, 이는 그에게 상당히 모욕적인 별명이었다." 또한 아이히만은 자기 부인이 체코 여자라는 이유로 동료의 비웃음을 샀다. "동료들은 그의 부인이 체코인임을 좋지 않게 생각했다"고

"그는 9명의 연인과 사귀었다…"
아이히만과 그의 부인 베라(1934)

그는 그의 아이들에게는 많은 애착을 가졌지만, 그의 부인에게는 무관심했다.

디터 비슬리체니, 제국보안본부의 아이히만 동료

그는 언제나 "성교"를 맺었다. 빈 사람들은 어떤 여자와 진지한 관계를 맺고 있지 않는 상황을 그렇게 불렀다.

빌헬름 회틀, 전 친위대 소령

나는 거짓말을 할 수 없는 사람이다.

아이히만, 이스라엘 법정의 심문에서

그는 다른 사람들로부터 공격을 받고 있고 아웃사이더로 취급 받고 있다는 사실을 거듭 알게 되었다. 이에 상처받은 그는 술에 빠져 지냈다.

빌헬름 회틀, 전 친위대 소령

회틀은 기억하고 있다. "공개적으로 그런 사실이 나쁘게 언급된 적은 없었으나, 그의 동료들은 그를 계속 무시하며, '너와 너의 체코 부인만 없으면 완벽할 텐데!'라고 말했다." 아이히만은 항상 아웃사이더였다. 자신이 다른 사람들에게 진지하게 받아들여지지 않는다는 느낌은 그를 가혹하게 몰아붙이게 했다. 아이히만은 모든 수단을 동원해서 자신을 조롱하는 사람들에게 그의 잠재적 역량을 증명하려고 했다.

1938년 3월, 그의 능력을 증명할 수 있는 첫 번째 기회가 그에게 주어졌다. 히틀러의 고향인 오스트리아에 대한 침공은 아이히만이 경력을 쌓는 데 있어 결정적인 계기를 마련해 주었다. 유대인의 이주를 "강행하기" 위해서 이 "전문가"는 빈으로 파견되었다. 간단히 말하면, 아이히만은 모든 유대인을 가능한 한 빨리 추방해야 하는 임무를 맡았다. 빈에서 그는 필립 드 로트쉴트 남작으로부터 몰수한 호화로운 궁전에 거주하게 되었다. 그 스스로 이스라엘 경찰 심문 중에 밝힌 바에 따르면, 그는 자신의 근무 환경이 그럭저럭 견딜 만한 수준이었다고 했다. "나는 책상 외에 다른 집기들은 들일 수 없는 작은 방을 배정받았는데, 이는 내가 이 방에서 유대인 문제를 처리해야 한다는 것을 의미했다." 그것이 구체적으로 무엇을 의미하는지는 1938년 3월 18일에 명확하게 드러났다. 경찰과 나치 친위대는 자이텐쉬테텐 거리에 있는 유대인 종교공동체 건물로 돌진해 들어갔다. 습격 당시 가장 선두에는 친위대 오스트리아 사단 소속 II-112과 과장인 아돌프 아이히만도 함께 있었다. 사진에는 당시 32살인 그가 범행 현장인 종교공동체 의장 사무실에서 서류들을 샅샅이 뒤지고 있는 모습이 담겨 있다. 모든 문서들은 압류당했고, 유대인 고위 책임자들은 체포되었다. 색인카드를 정리하는 대신, 그는 이제 자신의 말 한마디로 누구를 강제수용소로 보낼지 결정하는 일을 담당하게 되었다. 이 32살의 신분 상승자는 그의 경력에서 처음으로 사람들을 좌지우지할 수 있는 권력을 행사하게 되었다.

수많은 유대인들은 그 사건이 시사하는 바를 금방 알아차렸다. 그들은 "합병에 따른 유대인 박해"의 일환으로 진행된 그 테러 이후, 생명에 대한 불안감을 느끼고 보다 안전한 나라로 피난했다. 하지만 아이히만에게는 이런 유대인들의 엑서더스가 너무나 더디게 진행되는 것처럼 보였다. 더 많은 유대인을 더 빨리 추방시키기 위하여 그는 프린츠오이겐 거리에 "유대인 이주 본부"를 설립하도록 지시했다. 피난을 원하는 사람은 8일 이내에 이주에 필요한 모든 서류를 얻을 수 있었다. 그 대가는 그들의 재산이었다. 그들의 소유물은 모두 몰수당했다. 이민자들은 외화, 다시 말해 "이민을 받아주는 나라에 지불해야 하는 지참금"을 마련하기 위해 말도 안 되는 환율로 마지못해 환전을 해야 했다. 아이히만은 유대인 추방을 통해 수많은 수익을 창출해 냈다. "본부"를 시찰하기 위해 빈으로 초대받은 베를린의 한 유대인 간부는 마치 컨베이어벨트처럼 돌아가고 있는 이 기관에 대해 다음과 같이 적었다. "건물 한쪽에서 아직도 상점이나 공장 또는 은행 계좌 같은 것을 갖고 있는 유대인이 안으로 들어온다. 이제 그 유대인은 건물 곳곳을 지나 이 창구에서 저 창구로, 이 사무실에서 저 사무실로 옮겨 다닌다. 그가 건물의 다른 쪽으로 나올 때쯤이면, 모든 권리를 빼앗긴 그의 수중에는 한 푼도 남아 있지 않게 된다. 그 대가로 그에게 주어지는 것은 '당신은 14일 이내에 이 나라를 떠나야만 합니다. 그렇지 않으면 당신은 집단 수용소로 가게 될 것입니다'라고 적힌 여권 하나다."

다른 사람들도 본부의 운영 방식에 대한 나름의 의견을 가지고 있었겠지만, 아이히만은 이를 의욕적으로 추진해 조직을 효과적으로 운영하게 만든 최초의 인물이었다. 그는 나치 친위대원들이 조직화된 강탈 행위를 저지르지 않도록 했다. 사무실의 긴 책상에서는 쉴 새 없이 서류에 스탬프 찍는 소리가 들렸는데, 거기에 앉아서 업무를 본 사람들은 종교공동체 직원들이었다. 아이히만은 이렇게 희생자를 조력자로 만들었다. 때때로 그는 약탈과 추방을 목적으로 한 그의 조직이 문제없이 돌아가고 있는지 자신이 직접 확인해 보기도 했다. 당시 유대인 종교공동체의 사환이었던 빌리 슈테른이 회상한 바에 따르면, 거만한 표정의 아이히만이 "승마용 채찍으로 장화의 목을 두드리면서 신통한 해결사인 양 빠른 걸음으로" 바로크 풍의 홀을 지나갔는데, "이는 그가 유대인에 의해 오염된 공기로부터 재빨리 벗어나고자 했기 때문이었다." 이스라엘의 경찰 심문에서, 아이히만은 "나는 결코 반유대주의자였던 적이 없으며, 그 사실을 숨긴 적도 없다. 나는 그 일로 칭찬받기를 원하는 것이 아니다. 다만 본부에서의 협력 관계가 객관적으로 흠잡을 데가 없었다는 점을 말하고 싶다."

실제로 빈에서 아이히만은 폭력을 사용하는 다른 나치 친위대원들과 처음부터 구별되었다. 따귀를 때린 것에 대해 종교공동체의 지도자인 요제프 뢰벤헤르츠에게 사과했던 것을 제외하면, 그는 폭력보다는 협력에 무게를 두었던 냉정한 관료로 받아들여졌다. 그는 대화중에 "공손한" 인상을 심어주기 위해 애를 썼다. 아이히만은 해외 이주를 빠르게 진행시키기 위한 유용한 제안에 항상 귀를 기울였다. 그 당시에 런던에서 유대인 구출 작전을 조직했고, 훗날 예루살렘의 시장이 된 테디 콜렉도 이와 유사한 경험을 했다. 그의 고향인 빈에서 콜렉은 3,000명의 유대인 청소년들을 석방시키고자 했다. 단지 한 사람만이 그 일에 대한 결정을 내릴 수 있었다. 그가 바로 아돌프 아이히만이었다.

콜렉은 로트쉴트 궁전에서 아이히만과의 면담 시간을 얻어 내는 데 성공했다. 콜렉은 조금 기다린 후에 아이히만에게로 안내되었다. "모든 공간이 나무로 장식된 큰 방 안에 놓인 책상에는 깔끔하게 면도를 한 젊은이가 말쑥한 검은색 제복에 팔에는 하켄크로이츠 완장을 차고 앉아 있었다. 그는 말단 직원 같은 인상을 주었고, 공격적이지도 않았으며, 소리를 지르거나 무례하지도 않았다." 20분이 지난 후에 아이히만은 3,000명의 청소년을 풀어주었다. 콜렉은 아직도 "그 일이 쉽게 해결되리라고는 생각하지 않았다"라고 말한다. "왜 그 일이 그렇게 순조롭게 해결되었는지 나중에서야 깨닫게 되었다. 아이히만은 아주 간단하게 3,000명의 유대인 문제를 해결한 것이었고, 그것이 그에게는 일종의 성공이었다."

아이히만은 빈에서의 성공적인 결과를 베를린에 자랑스럽게 보고했다. 1938년 10월 21일, 이 "본부" 책임자는 보안본부에 9월 말까지 통틀어 5만 명으로 추산되는 유대인이 오스트리아에서 추방되었다고 보고했다. 동일한 시기에 독일에서는 1만 9천 명의 유대인이 추방되었다. 아이히만의 성공은 수만 명의 고통이 있었기에 가능한 것이었다. 유대인을 색출하기 위해 쫓아다녔던 그의 흔적들이 오늘날까지도 선명하게 남아 있다. 빈의 중앙공동묘지에 묻힌 어느 유대교 성직자의 묘비 위에는, 연필로 쓴 듯한, 도움을 요청하는 글귀의 흔적이 선명하게 남아 있다. 이는 유대인들의 절망감을 보여 주는 충격적인 증거이다. "친절하신 랍비여, 우리를 위해 기도하여 주십시오! 자애로운 신께서 우리를 구원하시고, 우리에게 기적을 불러일으켜 주시도록."

우쭐해진 아이히만은 같은 시기에 베를린에 있는 그의 상관인 헤르베르트 하겐에게 다음과 같이 보고했다. "아무튼 저는 유대인 무리들을 몰아냈습니다. 당신은 그 일에 대해 저를 신뢰할 수 있을 것입니다." 아이히만은 스스로에게 만족했다. 그는 빈에서의 시간을 아마도 자신의 경력에서 가장 좋은 시절이었다고 회상할 것이다. 빈의 전반적인 분위기는 "무언가 기운을 북돋아 주는" 분위기였다. 아이히만은 권력이 주는 권리를 만끽했으며, 로트쉴트의 고급 리무진을 몰며 시내를 돌아다녔다. 누구나 그가 보여준 형태를 목격할 수 있었다. 아이히만은 로트쉴트의 지하 포도주 창고에서 꺼낸 1875년산 포도주를 자신의 동료들에게 생색을 내며 권하기도 했다. 아이히만은 술을 즐겼고, 종종 그가 감당할 수 있는 그 이상을 마셨다. 처음에는 포도주, 그 다음에는 독주 순으로 마셨다.

그는 보통 휴대용 술병을 호주머니에 넣고 다녔다. 보안대 동료들이 저녁마다 "호이리겐 술집"에서 밤늦게까지 술을 마시고 있을 때, 가장이었던 아이히만은 자신의 부인과 식탁에 앉아 있기보다는 "우리가 전혀 모르는 여성과 함께 있었다. 그는 언제나 '성교'를 맺었다. 빈 사람들은 어떤 여자와 진지한 관계를 맺고 있지 않는 상황을 그렇게 불렀다"라고 빌헬름 회틀은 묘사하고 있다.

베를린에 있는 아이히만의 상관은 그의 지나친 일탈 행동을 의도적으로 못 본 척했다. 아이히만은 효율적으로 그리고 가차 없이 일을 처리했으며, 모든 것이 아이히만에 의해서 결정되었다. 1934년 6월에 작성된 그의 인사기록 기밀문서에는 "협상과 연설, 조직하는 일에 특별한 능력"을 가지고 있다고 되어 있다. 그에 대한 전체적인 평가는 "매우 우수함"이었다. 또한 아이히만은 "자신의 전문 분야를 독립적으로 관장하는 데 뛰어난 능력을 발휘한 정력적이고 추진력이 강한 인물"로, 그리고 유대인 추방 업무에서는 "능력을 인정받는 전문가"로 기록되어 있다. 진급에 걸린 시간은 길지 않았다. 아이히만은 친위대 중위로 진급했는데, 이는 독일 육군 중위 계급에 해당되는 것이었다[친위대와 육군은 당시 상이한 계급 명칭을 사용했음: 옮긴이].

무엇보다도 상관인 라인하르트 하이드리히가 그의 모범생에 대해 대단히 만족해했다. 1938년 11월 9일, "유리의 밤"[나치 독일이 유대인과 유대인 재산에 폭력을 휘두른 사건이 일어난 밤. 사건 후 깨진 유리 조각이 흩어져 있었던 데서 이런 이름이 붙여짐: 옮긴이]의 유대인 박해 사건이 발생하고 이틀 뒤에 제국 항공부에서 열린 "유대인 문제"를 위한 회의에서 하이드리히는 헤르만 괴링에게 빈에서 유대인을 추방한 비결에 대해 설명했다. "우리는 해외로 이주하기를 원하는 유대인 종교공동체의 부유한 유대인들에게 일정한 금액을 요구하는 방식으로 그 일을 수행했습니다. 이렇게 모은 자금과 환전 차액으로 생긴 자금으로 가난한 유대인들을 색출할 수 있었습니다.

Perſonal-Bericht

des Adolf Eichmann   Referent, SD-Hauptamt

Mitglied-Nr. der Partei: 889895   SS-Ausweis Nr.
Seit wann in der Dienststellung: 1.10.1934   Beförderungsdatum zum letzten
Geburtstag, Geburtsort (Kreis): 19.3.1906, Solingen
Beruf: 1. erlernter: Maschinenbauer   2. jetziger: S
Wohnort: Berlin-Britz   Straße: Onkel
Verheiratet? ja   Mädchenname der Frau: Vera Liebl
Wirtschaftliche Verhältnisse: geordnet
Vorstrafen: keine

Verletzungen, Verfolgungen und Strafen im Kampfe für die Bewegung: Eichm
hörigkeit zur NSDAP. in Österreich im Juli 1933
auf Befehl der Gauleitung Österreich nach Deuts

Beurteilung:

I. Rassisches Gesamtbild: Dinarisch nordisch

II.   1. Charakter: Eichmann ist in seiner Dienstleistung zuverlässig und
sehr gewissenhaft. Seine Kameradschaft ist vorbildlich.
      2. Wille: Klar und gefestigt

      3. Geistiger Menschenverstand: Überdurchschnittliche Auffassungsgabe
         Wissen und Bildung: gute Allgemeinbildung
         Auffassungsvermögen: gut

         Weltanschauung: Eichmann ist überzeugter Nationalsozialist
         Eichmanns persönliche Lebenshaltung ist
         seine dienstliche Haltung ist gut.

칼텐브루너가 그에게 조언했다. '친위대에 들어오는 것이 어떻겠나?' 그리고 그가 답했다. '안 들어갈 이유가 없습니다.' 그렇게 일이 벌어진 것이고, 그 이상도 그 이하도 아니다.

한나 아렌트

나는 언제나 명령에 따를 준비가 된 충실한 친위대 지휘관이었고, 항상 그 명령에 따랐다.

아이히만, 빌렘 자센과의 대화, 1955년

문제는 부유한 유대인을 찾아내는 것이 아니라 유대인 하층민을 어떻게 색출하느냐는 것이었습니다."

하이드리히는 "제국 전체"에 대한 본보기로서 빈의 사례를 권고했다. 그로부터 얼마 지나지 않은 1939년 1월에 베를린 내무부에 "유대인 해외 이주를 위한 제국본부"가 설립되었다. 도처에서 아이히만의 방식에 따른 추방이 진행되었다. 아이히만은 더 이상 "유대인 문제 전문가"로만 인정받는 것이 아니었다. 이제 그는 나치 친위대 조직에서 해외 이주 문제에 관한 권위를 행사하게 되었다. 아이히만의 동료들은 그를 오스트리아 출신의 "대가"라고 부르며 비웃음 섞인 경의를 표했다.

고위직으로의 승진과 그에 대한 칭찬은 "그 전문가"를 거만하게 만들었다. 이제 아이히만은 희생자들을 거친 방식으로 대하기 시작했다. 독일 시온주의자인 프란츠 마이어 박사는 이스라엘에서 열린 아이히만 재판에서 "그는 우리에게 무례하게 호통을 치며 뻔뻔스럽게도 생사여탈권을 행사한 사람"이라고 진술했다. 또한 아이히만의 변화된 모습은 그의 동료들을 불쾌하게 만들었다. 빌헬름 회틀은 "그것이 일반적인 불만 사항이었다"라고 말한다. "그는 거만했을 뿐만 아니라 불손했다. 그는 베를린 제국본부에서 하는 일이 자신이 오래 전에 했던 일임을 계속 강조했으며, 그들에게 어떻게 일이 진행되는지 시범을 보였다"라고 말했다. 아이히만은 존경받는 인물로, 회틀의 말에 따르면, "위대하고 두려운 아이히만"으로 대접받기를 원했다. 아이히만은, 마치 자신의 중요성을 입증이라도 해야 된다는 듯이, 매번 별로 중요하지 않은 회람에 굵은 글씨로 "아이히만"이라고 서명하기를 고집했는데, 그런 탓에 그의 보안대 동료들은 그를 융통성 없는 소인배라고 항상 조롱하였다.

아이히만은 오랫동안 빈에 머무르려고 했지만, 유능한 다른 동료들과 함께 다른 범행 장소로 보내졌다. 히틀러가 체코슬로바키아로 진군한 뒤인 1939년 4월에 아이히만은 신설 보호령인 보헤미아와 모라비아에 거주하는 유대인을 응징하는 임무를 맡게 되었다.

그사이에 친위대 대위로 진급한 추방자 아이히만은 "입증된" 자신의 책략을 프라하에서 단순히 반복하기보다 좀 더 효율적으로 실행에 옮기려고 했다. 빈에서 유대인을 추방했던 것보다도 더 빨리 더 많은 유대인을 추방시켜야만 했다. 그렇지만 빈의 사례가 그리 쉽게 반복되지는 않았다. 단 한 나라도 추방된 유대인을 받아들일 준비가 되어 있지 않았다. 유대인들은 "현재 도미니카 공화국만이 입국 비자를 발급한다"는 사실을 여행사를 통해서 들을 수 있었다. 베를린 역시 보헤미아와 모라비아에서의 "강제 해외 이주"에 대해 많은 관심을 보이지 않았다. "옛 독일제국"[오스트리아 합병 이전의 제국 영토: 옮긴이]으로부터 유대인을 이주시키는 것이 우선순위였다. 하이드리히는 제국에서의 유대인 추방에 장애가 되지 않는다는 조건으로 프라하에 "본부"를 설립하는 것에 동의하려고 했다.

하이드리히는 다른 방식으로 유대인 문제를 처리하기를 원했다. 그의 생각은 유대인들을 폴란드로 추방시키고, 폴란드 크라카우 근교에 "독일의 통제 하에 있는 유대인 국가"를 만드는 것이었다. 하이드리히는 폴란드로 유대인을 대규모로 추방하는 일을 기획하고 준비하는 임무를 "전문가"인 아이히만에게 맡겼다. 그는 즉시 분주하게 활동을 전개했고, 현장에서 미래의 "국가 영토"를 살펴보았으며, 서둘러서 크라카우에서 모라비아-오스트라우를 거쳐 빈으로 갔다. 빈에서 그는 매주마다 각 1,000명의 유대인을 두 번 수송할 계획을 짜도록 유대인 종교공동체에 지시했다. 1939년 10월 18일, 아이히만은 폴란드 동부 지역으로의 "추방"을 실행에 옮기기 시작했다. 목표는 모든 유대인을 루블린[폴란드 동부 루블린 주의 주도: 옮긴이] 주변 지역에 집결시킨다는 것이었다. "이주민들"을 안정시키기 위해서 사기꾼 아이히만은 비열한 거짓말을 하기 시작했다. "루블린 보호 구역"에서 모든 유대인은 "자유롭게 정착할" 수 있다는 것이다. 그러나 실제로 새 이주민은 도착 후에 곧바로 동부 지역으로 내몰렸고, 구타당하거나 살해되었다. 단지 소수의 열차만이 목적지에 도착했다. 아이히만의 임무는 좌초되었다.

그 실패가 그에게 해가 되지는 않았다. 도리어 그 반대였다. 그의 상관들은 아이히만이 빠른 시간 안에 수천 명의 유대인을 선로를 통해서 어딘가로 이송시킬 수 있는 능력이 있음을 보았다. 아이히만은 더 중요한 임무를 맡게 되었다. 그는 새로 신설된 제국보안본부의 "소개 업무 및 유대인 해외 이주를 위한 제국본부" ⅣB 4과에 배치되었다. 아이히만은 유대인 소개 계획을 세우고, 추방 작업을 조율하고, 국영 철도와 배차 시간을 협의하고, 모든 "지역본부"를 통제해야만 했다. 1940년 10월, 아이히만은 제국 영토 밖으로의 제1차 유대인 추방을 직접 지휘했다. 바덴, 팔츠와 자를란트로부터 7,500명의 유대인이 아직 점령되지 않은 프랑스 남부 지역에 "하역"되었다.

아이히만은 자신의 경력에서 위로 한 걸음 더 나아간 것처럼 보였지만, 그 반대로 그는 점점 더 자신의 뜻대로 움직이지 못하게 되었다. 유대인 추방 업무가 거의 중지될 상황에 처했다. 커져 가는 불안감에 휩싸인 채 아이히만 과장은 쿠어퓌어스텐 가街 115번지 유대인 "동포협회" 건물에 있는 베를린 사무실에서 유대인을 추방시킬 수 있는 장소들을 물색하고 있었다. "숨 막히는 상황으로, 이는 쌍방이 서로 내켜하지 않은 것이었다고 말하고 싶다. 유대인의 처지에서 보면 해외 이주 가능성과 관련된 중요한 정보를 얻는 일이 매우 어려웠기 때문이고, 우리 입장에서 보면 그곳에서는 처리할 업무도 없고 당과의 의사소통도 이루어지지 않았기 때문이다. 엄청나게 큰 집에 하품이 날 정도의 적막감이 감돌았다."

도대체 유대인을 어디로 보내야만 하는가? 아이히만은 다른 문제들은 제쳐두고 이 문제에만 몰두했다. 1940년 6월, 독일제국의 세력 범위 안에는 325만 명의 유대인이 살고 있었고, 그 수는 계속 늘어나는 추세에 있었다. 하이드리히는 "어떤 지역으로 정할지 최종 해결책을 내놓으라"

고 재촉했다. 하지만 어느 지역으로 정한단 말인가? 프랑스가 항복한 이후에 해결 방안을 찾은 것처럼 보였다. 아이히만이 열광하며 곧바로 처방을 내린 진부한 "아이디어"가 외교부 내에서 다시 회자되었다. 그의 생각에 따르면, 유럽의 유대인들을 프랑스 식민지인 아프리카의 열대 섬 마다가스카르로 추방하고, 그곳에 일종의 "유대인 국가"를 건설하는 것이다. 아이히만은 "마다가스카르 프로젝트"를 통해서 테어도르 헤르츨의 꿈을 이룰 수 있을 거라고 믿었다. 비록 헤르츨이 마다가스카르 대신 우간다를 "유대인 국가의 영토"로 고려했지만 말이다. 소련에 대한 공격을 감행할 때까지 아이히만은 주로 "마다가스카르 프로젝트"에 전념했다. 하지만 반년이 지난 후에는 그의 상관 중 어느 누구도 그 프로젝트에 대해 알고 싶어 하지 않았다. 전쟁 중에 수백만 명을 아프리카 해안까지 배로 실어 나르는 계획은 첫째로 선박이 부족했고, 둘째로 영국과 미국이 마다가스카르로 향하는 해로를 장악하고 있었기 때문에 생각할 수 없는 일이었다. 러시아와의 전쟁 준비를 통해 "유대인 문제"의 해결을 위한 새로운 시각을 가지게 되면서, 결국 이 프로젝트는 종결된 것으로 정리되었다. 아이히만의 진술에 따르면, 그는 "격분했고 실망했다." 친위대 중령으로의 진급만이 위로가 될 뿐이었다. 그는 1,159명의 친위대 중령 중 한 사람이 되었다. 그가 그 후 몇 해 동안 유럽의 "유대인특별위원"으로서 막강한 권력을 쥐고 있었음에도 불구하고, 그는 자신의 경력을 진일보시킬 기회를 더 이상 갖지 못했다. "최종 해결책"을 실행하기 위한 위계 구조에서 아이히만의 자리는 결코 높은 서열에 속하는 것이 아니었다. 그는 "단지" 제국보안본부 IV B 4과, 즉 "유대인 담당과"의 과장일 뿐이었다. IV는 게슈타포를 의미하는 것이고 "B"는 "종교 분파"를 나타내는 것이었다. 거기에는 4개의 과가 있었는데, 1과는 가톨릭, 2과는 개신교, 3과는 프리메이슨, 4과는 유대교를 담당했다. IV B 4과는 더 이상 유대인 추방을 담당하는 중앙 부서가 아니었다. 그 부서는 머지않

나는 책상 외에 다른 집기들은 들일 수 없는 작은 방을 배정받았는데, 이는 내가 이 방에서 유대인 문제를 처리해야 한다는 것을 의미했다.

빈에서 아이히만, 1938년

모든 공간이 나무로 장식된 큰 방 안에 놓인 책상에는 깔끔하게 면도를 한 젊은이가 말쑥한 검은색 제복에 팔에는 하켄크로이츠 완장을 차고 앉아 있었다. 그는 말단 직원 같은 인상을 주었고, 공격적이지도 않았으며, 소리를 지르거나 무례하지도 않았다.

테디 콜렉, 후에 예루살렘 시장이 된 중재자

승마용 채찍으로 장화의 목을 두드리면서 빠른 걸음으로 홀을 지나갔는데, 이는 그가 유대인에 의해 오염된 공기로부터 재빨리 벗어나고자 했기 때문이었다.

빌리 슈테른, 빈에 있는 유대인 종교공동체의 사환

건물 한쪽에서 아직도 상점이나 공장 또는 은행 계좌 같은 것을 갖고 있는 유대인이 안으로 들어온다. 이제 그 유대인은 건물 곳곳을 지나 이 창구에서 저 창구로, 이 사무실에서 저 사무실로 옮겨 다닌다. 만약 그가 건물의 다른 쪽으로 나올 때쯤이면, 모든 권리를 빼앗긴 그의 수중에는 한 푼도 남아 있지 않게 된다. 그 대가로 그에게 주어지는 것은 "당신은 14일 이내에 이 나라를 떠나야만 합니다. 그렇지 않으면 당신은 집단 수용소로 가게 될 것입니다"라고 적힌 여권 하나다.

빈 본부를 둘러본 유대인 간부

아이히만은 3,000명의 유대인 청소년을 석방한 일에 대해 만족해했다. 우리는 그 일을 어떻게 진행하고, 어떤 식으로 분담할지 등을 결정했다. 그렇게 대화는 종료되었다.

테디 콜렉, 후에 예루살렘의 시장이 된 중재자

아 유대인 학살을 담당해야만 했다.

1940년까지 아이히만의 부서는 이주 계획을 담당하고 있었다. 1940년부터 1942년 초반까지 폴란드에 구축된 게토 지역으로 모든 유대인을 집결시키는 것이 통상적인 업무였다. 원활하게 추방을 진행시키기 위해 유대인들을 한 곳으로 집결시켰다. 궁지에 내몰린 수만 명의 유대인들은 전염병과 굶주림으로 고통스럽게 죽어 갔다. 게토 지역은 강제수용소라는 지옥의 입구였다. 친위대 소령 하인츠 회프너는 "친애하는 동료 아이히만에게" 로지 게토 지역의 상황에 대해 다음과 같이 보고했다. "유대인을… 단기간에 효과적인 수단으로 제거하는 가장 인간적인 해결 방법이 있는지 진지하게 고려해야 할 것입니다. 어찌되었든 굶주려 죽는 것보다 나을지도 모릅니다."

1941년 6월 22일, 소련을 공격한 후에 최초의 "효과적이고 신속한 수단"이 동원되었다. 전선 후방 곳곳에서 대량 총살이 자행되었다. 11월 어느 날, 라트비아의 수도 리가 근처의 룸불리 숲에서 하이드리히의 기병대대는 1만 5천 명이 넘는 성인 남녀와 아이들을 무참히 살해했는데, 이는 최악의 단독 살해 행위 중 하나로 꼽히고 있다.

아이히만은 대량 학살 업무에 관여하게 되었다. 1941년 늦은 여름날, 그의 상관은 아이히만에게 베를린으로 올 것을 명령했다. 그의 상관은 보통 때와는 달리 불안한 기색을 보였고, 기분이 좋지 않아 보였다. 하이드리히는 "총통께서, 그러니까, 이주 업무를…"라고 말을 더듬거리기 시작했다. "총통께서 유대인의 육체적 말살을 명령하셨다고 말을 건넨 그는, 마치 자신의 말이 어떤 효과를 내는지 시험해 보려는 듯이, 평소와는 달리 오랫동안 숨을 골랐다. 지금까지도 생생한데, 나는 그 순간에는 그 말이 어떤 결과를 가져올지 상상할 수조차 없었다. 왜냐하면 그가 말을 매우 신중하게 했기 때문이다. 그렇지만 나는 거기에 대해 아무 말도 해서는 안 된다는 사실을 알게 되었고, 그것에 대해 일절 언급하지 않았다."

아이히만은 유대인 수송을 조직하라는 통보를 받았다. 무엇을 해야 하는지 정확하게 전하기 위해서 이 히틀러의 조력자에게는 언제나 단도직입적으로 명령이 전달되었다. 그는 하이드리히의 명령에 따라 폴란드로 떠났다. 아마도 트레블링카로 추정되는데, 1941년 가을에 치안경찰 대위가 아이히만에게 소련 잠수함 엔진의 배출 가스를 사용해서 유대인을 독살하는 방법에 대해서 설명했다. 얼마 지나지 않아 아이히만은 바르테가우 관구 쿨름호프 강제수용소[폴란드 포즈난 시 동쪽 130km 지점에 위치: 옮긴이]에서 학살이 어떻게 진행되는지 처음으로 보게 된다. 아이히만은 이스라엘 경찰의 심문에서 다음과 같이 진술했다. "다음과 같은 광경을 목격했는데, 제가 정확히 기억하고 있다면, 아마도 여기보다 다섯 배나 큰 방에 유대인들이 있었습니다. 그들은 옷을 벗어야만 했습니다. 그리고 그들 앞으로 완전히 밀폐된 화물차 한 대가 주차 지점으로 다가와 문을 열었습니다. 문이 열리면 벌거벗은 유대인들은 그 안으로 들어가야 했습니다. 그런 다음에 문이 닫히고, 차가 출발했습니다." 아이히만은 자동차를 타고 그 화물차를 뒤쫓아 갔다. "그러고 나서 그곳에서 내 평생 일찍이 보지 못했던 끔찍한 광경을 보았습니다. 화물차는 기다란 구덩이 옆을 지나갔습니다. 문이 열리고, 시체들이 밖으로 내던져졌습니다. 그들은 마치 살아 숨 쉬는 것처럼 사지가 흐느적거리고 있었습니다. 그러고 나서 저는 도망치듯 그 자리를 피했습니다. 저는 차 안에 앉아 넋을 놓고 더 이상 아무런 말도 하지 않았습니다… 나는 치료를 받아야 할 정도로 지쳐 있었습니다."

유대인 학살의 배후 조종자인 그는 보다 많은 광경을 목격하게 된다. 게슈타포 책임자인 하인리히 뮐러 중장은 그에게 "민스크에서 유대인들을 사살했는데, 현장에서 어떤 식으로 처형이 진행되었는지 보고하라"는 지시를 내렸다.

아이히만은 1956년에 전직 친위대 대원인 빌렘 자센에게 그 광경을 다음과 같이 묘사했다. "나는 어떤 방식으로 유대인을 총살하는지 한 번 볼수 있었다. 나는 처형이 이루어지기 직전에 거기에 도착했지만, 그 장면을 볼 수 있었다. 유대인 여자가 어린아이 한 명을 높이 쳐들고 있었다. 내게는 끔찍한 순간이었다."

아이히만은 렘베르크로 계속 여행했고, 그곳에서 친위대 대장에게 그가 벨라루스의 민스크에서 목격한 처참한 광경에 대해 보고했다. 하지만 렘베르크에서도 총살이 진행되고 있었다. "그곳에서 나는 또 다른 끔찍한 일을 경험했다. 이미 흙으로 덮인 구덩이가 있었다. 마치 간헐천에서물이 솟구치듯이, 거기에서 핏줄기가 흘러나왔다… 내게 주어진 임무였다. 나는 베를린으로 가서 뮐러 중장에게 내가 본 것에 대해 보고를 드렸다." 아이히만이 자센에게 말하기를, "내가 뮐러에게 말했다. '중장님, 이렇게 해서는 안 될 것 같습니다. 이렇게는 유대인 문제를 해결할 수 없으며, 우리 부하들마저 사디스트로 교육시키게 될 것입니다.'"

그런 충격적인 인상들이 그의 뇌리에서 빠르게 사라졌다. 베를린의 사무실 책상에 앉아 아이히만은 아무 일도 없었던 것처럼 다시 명령서에 서명을 했고, 발트 해 연안 국가에 있는 총살 담당 부대로 희생자들을 직접 이송할 특별 열차 운행 계획을 조율했다. 1941년 10월 18일, 제1차 수송 열차가 베를린을 출발했다. 1941년 11월 25일, 이송된 유대인들은 과거 러시아 황제의 요새 중 하나였던 카우나스에 있는 포트 IV에서 학살 임무를 지닌 특임사단 A 소속 특임부대 3에 의해 살해되었다. 이스라엘 법정에서 아이히만은 자신은 그 학살과 아무런 관계가 없다고 진술하였다. "저는 결코 한 사람의 유대인도 죽인 적이 없습니다. 사람을 죽여 본적도 없습니다. 저는 사람을 죽이라고 명령을 내린 적도 없으며, 유대인이 아닌 자들을 살해하라는 명령을 내린 바도 없습니다." 아브너 레스 경정은 이스라엘에서 진행된 심문에서, 하지만 그가 "사람들을 죽음의 장소로 배달했다"고 주장했다.

아이히만은 다음과 같이 답변했다. "경정님, 제가 그들을 소개하라는 명령을 받은 한에서는 물론 당신의 말씀이 맞습니다. 그러나 제가 이주시킨 사람 모두가 살해당한 것은 아닙니다. 누가 살해되었고 누가 살아남았는지 저는 전혀 알지 못합니다."

마지막까지 아이히만은 자신의 무죄에 대해 확신하고 있었다. 자신에게 유대인 학살의 책임을 물을 수는 없다고 말이다. "내가 그와 같은 행위를 했다고 증명할 수 있는 자료를 어느 누구도 제출하지 못할 거라고 나는 생각한다"라고 그는 말했다.

그러나 문서들은 아이히만의 얘기와는 다른 말을 하고 있다. 1941년 9월 12일, 베오그라드 주재 독일 공사는 베를린 외교부에 세르비아의 유대인을 어떻게 처리해야 하는지에 관해 자문을 구했다. 그런데 그들을 수송할 열차가 부족했다. 라데마허 공사참사관이 수화기를 들고 아이히만을 연결하도록 했다. "유대인 담당자"와 이야기하는 동안, 그는 자필로 전보 용지에 "아이히만이 사살할 것을 제안하고 있다"고 기입했다. 그의 제안은 그대로 실행되었다.

동부 지역에서 살인 부대의 능력은 한계 상황에 이르렀다. 총살은, 아이히만이 볼 때, 잔인할 뿐만 아니라 매우 비효율적이었다. 유대인 담당자인 그는 새로운 처형 방안을 모색하고 있었다. 1941년 여름, 아이히만은 아우슈비츠 강제수용소의 책임자인 루돌프 회쓰와 중요한 "세부 문제들"을 의논하기 위하여 그곳으로 출장을 떠났다. 종전 후에 폴란드에서 체포된 회쓰는 아이히만과의 대화에 관해 다음과 같이 기억하고 있었다. "화물차의 엔진에서 배출되는 가스를 이용한 학살 방법을 나에게 소개했는데… 이는 앞으로 벌어질 아우슈비츠 수용소로의 대규모 이송 계획에 비하면 약과였다." 회쓰의 말에 따르면, 아이히만은 이산화탄소 가스로 유대인을 학살하는 방법은 "너무나 많은 부대시설을 필요로 하고, 또한 대량으로 가스를 공급하는 것도 문제가 될 수 있다"고 설명했다.

"전문가들"인 아이히만과 회쓰는 "최종 해결책"의 조직상의 "문제점들"에 관해서 조금 더 의견을 나누었지만, 어떤 결론에 이르지는 못했다. 작별 인사를 나누면서 아이히만은 이 강제수용소 지휘관에게 "쉽게 조달할 수 있으며, 별도의 시설을" 필요로 하지 않는 가스에 대해 알아보겠다고 약속했다. 아이히만은 유대인 추방자였을 뿐만 아니라 이를 계획하고 집행한 사람이었다. 법정에서 피고인은 단지 자신은 유대인 수송을 위한 배차시간을 조율하는 데 관여했을 뿐이지 그 밖의 다른 일은 하지 않았다고 진술하였다.

1941년 9월, 아이히만은 회쓰에게 찾아보겠다고 했던 가스를 발견했다. 아우슈비츠 포로수용소 블록 11 지하실에서 러시아 전쟁 포로들이 치클론 B 가스[독성이 강한 시안화수소 가스: 옮긴이]에 의해 살해되었다. 살균제가 사람을 죽이기 위한 살인 도구로 쓰였던 것이다. 1947년, 회쓰는 자신의 사형 집행에 앞서, "1930년대에 아이히만은 활발하고 언제나 열심인 사람이었고, 매우 정력적으로 일에 몰두했다. 그는 항상 새로운 일을 계획했고, 개선책과 수정안을 찾고 있었다. 그는 유대인 문제와 하달된 최종 해결책에 미쳐 있었다"고 기억했다.

아이히만이 자신의 전문 영역에 대한 조언을 주저하는 경우는 매우 드물었다. 1941년 9월, "새로 임명된 보헤미아와 모라비아 보호령 총독"인 라인하르트 하이드리히는 기자 회견에서 8주 안에 "보호령"을 "유대인 없는" 지역으로 만들겠다고 호언장담했다. 아이히만은 지체 없이 그에 대한 제안을 준비했다. 그는 하이드리히에게 "만약 기자 회견에서 발표한 약속을 지켜내려면, 한 가지 방법밖에 없습니다"라고 말했다. "보헤미아와 모라비아 보호령에 살고 있는 유대인들을 수용할 수 있는 충분한 거주 공간을 확보하십시오. 그것만이 유일한 해결책입니다." 카를 헤르만 프랑크 차관은 이런 거주 공간으로 테레지엔슈타트[체코공화국 북서쪽에 위치한 도시. 체코어로는 테레진: 옮긴이]를 제안했다. 하이드리히는 그 제안에

우리는 55명 내지 60명의 사람들과 함께 방 두 개짜리 집에 머물고 있었다. 모든 곳이 발 디딜 틈도 없이 꽉 차 있었고 심지어 계단도 마찬가지였다. 비인간적인 상황이었고, 바깥에는 죽음이 기다리고 있었다.

파울 렌드바이, 헝가리 유대인, 부다페스트의 대피소에 대하여

아이히만은 이렇게 말했다. “당신은 내가 누구인지 알고 있다. 나는 독일제국, 폴란드와 보헤미아 그리고 모라비아에서 유대인의 삶을 파괴했다. 이제는 헝가리 차례다. 나는 당신에게 유대인을 팔 준비가 되어 있다. 물론 전부를 데려갈 수는 없을 것이다. 왜냐하면 당신이 그들 모두를 데려갈 충분한 돈과 물건을 조달할 수는 없을 테니까. 하지만 유대인 백만 명 정도라면 가능할 것이다.”

조엘 브란트, 유대-시온주의 구조위원회 직원

그는 책상에 앉아서 사람을 농락하는 전형적인 사디스트였다. 헝가리에서 그는 유대인 지도자들과 자리를 마련했다. 다음날 유대인 지도자들을 죽음으로 내몰 것이라는 사실을 알고 있음에도 불구하고, 그는 그들에게 약속을 하기도 했고, 협박을 가하기도 했다. 그런 고양이와 생쥐 게임이 그에게 대단한 만족감을 가져다주었다.

가브리엘 바흐, 아이히만 재판의 원고

동의했고, 그곳 상황을 조사하라고 아이히만을 에거 강가의 작은 요새 도시로 보냈다. 그러나 출장은 실망스럽게 끝났다. 아이히만은 다음과 같이 보고했다. "이 계획은 실패작입니다. 테레지엔슈타트는 너무 협소하기 때문에 보호령에 정착해 살고 있는 일부 유대인들만 수용하는 일시적인 처방이 될 것입니다."

테레지엔슈타트는 실제로 임시방편으로 운용되었다. 수만 명의 유대인에게 강제수용소는 아우슈비츠로 가는 중간 기착지이자 집단 학살 수용소로 가는 대기 장소였다. 옛 위수 도시를 제국에서 추방당한 저명한 유대인 인사와 65세 이상의 유대인을 위한 특별 거주 지역으로 전환하려는 생각은 사실상 하이드리히가 구상한 것이지 아이히만이 제안한 것은 아니었다. 하지만 아이히만은 자신이 공원, 가족 숙박 시설을 갖추고, 유대인 대표와 심지어 오케스트라까지 있는 특혜를 누리는 것처럼 보이는 "특별 게토 지역"을 마련해 준 "당사자"라고 자랑하고 다녔다.

테레지엔슈타트는 아이히만의 경력에서 특별한 역할을 담당한 곳이다. 그곳에는 그가 책임졌던 단 하나의 강제수용소가 있었다. 그곳에서 그는 지휘권을 행사했다. 그는 이 수용소를 악명 높은 곳으로 만들었는데, 세상 사람들이 집단 학살 수용소의 잔혹함에 대해 알지 못하게 속이는 "인간적인 모범 수용소," 일종의 선전용 강제수용소를 만들었던 것이다. 아이히만은 우려를 표한 국제 적십자사 감독관들에게 이 수용소를 "유대인 모범 정착촌"으로 소개했다. 감시관들의 방문을 앞두고 건물이 새로 칠해졌고, 공원 시설도 새로 단장되었으며, 연주회와 연극도 상연되었다. 감독관들은 아이히만이 보여 주는 것에 현혹되어, 살육 현장 대신 음악과 춤 공연 장면을 보게 되었다. 아이히만이 수용소를 지나갈 때, 수용자들은 감히 그의 주목을 받으려 하지 않았고, 시선을 마주치지도 못했다. 수용자들은 그의 등장이 무엇을 의미하는지 예감하고 있었다. 당시 테레지엔슈타트의 수용자였던 루돌프 겔바르트는 "모든 유대인 수용자는 그의 눈에 띄지 않으려고 노력했다. 아이히만이 테레지엔슈타트로 올 때마다 동쪽 아우슈비츠로 유대인을 추방하는 작업이 이루어졌기 때문이다"라고 기억하고 있다.

언제나 수용자들로 가득 차 있던 수용소에는 정기적인 운송 계획이 편성되어 있었다. 그 종착역은 아우슈비츠였다. 아이히만은 대략 12번 정도 자신의 "자식"인 테레지엔슈타트를 방문해서 포로를 심문했고, 수용소 생활에 대한 지침을 하달했다. 그는 세세한 부분까지 지나치게 규정을 만들려고 했다. 1942년 1월 19일, 그는 테레지엔슈타트를 순시하면서 "4인용 2층 침대 규격"을 허가했다.

하루 뒤인 1942년 1월 20일, 아이히만은 다시 베를린에서 업무를 보고 있었다. 그로센 반제[베를린 근처에 있는 호수: 옮긴이] 56/58번지에 위치한 빌라에서 하이드리히의 주재 하에 고위 관리들이 회동을 가졌다. 회의 주제는 대량 학살을 어떻게 조직하는가였다. 아이히만이 회의록을 작성했다. 하이드리히가 개회사에서 언급한 자료와 수치들은 아이히만이 제공한 것이었다. 이 개회사에서 하이드리히는 1941년 7월 31일 헤르만 괴링이 서면으로 자신에게 "4개년 계획 전권 대리인"으로서의 권한을 부여했다고 확인해 주었다. 여기서 전권이라 함은 하이드리히가 "유럽에서 독일의 영향권 하에 있는 지역에 거주하는 유대인 문제를 총체적으로 해결하기 위해서 필요한 모든 준비를 해야 한다는 것"을 의미한다. 그로 인해 아이히만의 권력 순위도 급상승했다. 그의 동료인 디터 비슬리체니가 관찰한 바에 따르면, "그는 다른 정부 부처와 기관에서 제기하는 모든 항의나 영향력 행사 행위를 아주 간단하게 묵살할 수 있었다."

괴링이 서명하고 6개월 뒤에, 하이드리히는 반제 빌라에서 "유럽에 살고 있는 유대인 문제의 최종 해결책을 추진하는 과정에 대략 1천 1백만 명의 유대인이 그 대상으로 고려되고 있고," 그들은 "동부 지역의 노동력으로 배치될 것"이고, 그때 "분명 자연적인 감소로 인해 상당수의 인력 손실이 있을 것"이라고 설명했다.

20년 후에 이스라엘 경찰의 취조 과정에서 아브너 레스 경정은 아돌프 아이히만에게 "'자연적인 감소'가 무엇을 의미하는 것인지" 물었다.

아이히만은 "그것은 아주 정상적인 사망을 의미합니다. 그러니까 심장 마비나 폐렴과 같은 것에 의한 사망을 뜻하지요. 내가 지금 이 순간에 죽게 된다면, 그것이 바로 자연적인 감소가 됩니다"라고 대답했다.

하이드리히는 회의실 탁자에 앉아 있던 관리들에게 "경우에 따라서는 마지막까지 살아남은 유대인들이 저항을 할 것이기 때문에 적절한 조치가 취해져야 합니다. 자연 도태되어야 할 유대인들이 수용소에서 석방될 경우, 새로운 유대인 국가 건설의 핵심이 될 것이기 때문이다"라고 설명했다.

아브너 레스는 아이히만에게 "'적절한 조치'가 무엇을 뜻하는지"를 물었다.

아이히만은 말을 더듬으며, "그것은… 그것은 말이죠… 이 문제는 히믈러가 제기한 것입니다. 그것은 자연 도태로, 그것이 그의 특기였습니다."

"그래요, 그런데 그게 무엇을 의미하는 겁니까?"

"죽이는 것, 죽이는 것! 확실합니다!"

아이히만은 이스라엘 법정에서 "반제 회의에서 당시 제국의 실세들이 거론을 했고, 그때 그 실세들이 명령을 하달했습니다. 나는 명령에 따라야만 했습니다"라고 진술했다. 그것이 무엇을 의미하는지는 회의가 끝난 뒤에 밝혀졌다. 하이드리히의 "유대인 담당자"는 단지 회의록 작성자 역할만 수행한 것은 아니었다. 아이히만은 회의석상에서 공공연하게 논의되었던 이야기를 살인자들의 위장 언어로 "번역"하는 일을 했다. 회의록에는, 아이히만이 법정에서 확인한 것처럼 "실제로 회의 참석자들은 매우 노골적인 언사로 그 일을 언급했지만…, 살해와 제거 그리고 말살이라는 단어가 언급되었음"을 보여 주는 부분은 없다.

아이히만이 반제 빌라 회의에 모인 8명의 차관, 6명의 경찰 및 공안 전문가와 한 명의 국장을 일컬은 "제3제국의 실세들"은 아이히만이 직접 자신의 눈으로 목격했던 사건에 대해 분명하게 언급했다. 그럼에도 불구하고 그에게는 회의나 양심의 가책 같은 것이 일어나지 않았다. 아이히만은 법정에서 진술하기를 "이 순간 저는 폰티우스 필라투스[티베리우스 황제 시대의 유대인 관리 총독(26~36). 예수를 재판하고 그에게 십자가형을 내린 이: 옮긴이]가 된 느낌이 듭니다. 왜냐하면 저는 그 모든 책임에서 자유롭기 때문입니다… 심판을 내린 사람이 저란 말입니까? 이 문제에 대해 자신의 의견을 개진한 사람이 저란 말입니까?" 실세들이 명령을 내리면, 그는 곧바로 그 명령에 복종해야만 했다. 아이히만에게는 그렇게 명령을 따르는 일이 너무나 당연한 것이었다.

회의가 끝난 뒤 아이히만과 하이드리히 그리고 게슈타포 수장인 하인리히 뮐러는 반제 빌라 벽난로 앞에 모여 앉았다. 이들은 주어진 과업에 따라 학살을 계획한 입안자들이었다. 당번병들이 코냑을 내어놓았다. 분위기가 급격히 고조되었다. 아이히만은 "나는 하이드리히가 그렇게 긴장이 풀린 모습을 한 번도 본 적이 없었다"고 회상했다.

"유대인 문제의 최종 해결책"이라는 개념은 반제 회의 이후 처음으로 아이히만의 포고령에 등장한다. 1942년 1월 말, 아이히만은 "옛 독일제국"의 모든 경찰서와 "지역본부"에 최근 일련의 추방 조치는 "옛 독일제국과 오스트마르크, 보호령인 보헤미아와 모라비아에서 유대인 문제의 최종 해결책이 시작됨"을 알리는 것이라고 통지했다. 대량 학살로 향하는 선로가 마침내 완성되었다. 1942년 3월부터 전 유럽의 수송 열차가 집단 학살 수용소에 도착했다. 추방 업무의 중앙 통제관은 "유대인 담당자"인 아이히만이었다. 1942년 6월 22일, 속달 우편으로 외교부에 "금년도 7월 중순이나 8월 초부터 매일 정기적으로 왕래하도록 편성된 특별 열차에 각 1천 명씩 실어 아우슈비츠 수용소의 노동 인력으로 수송할 예정인데, 우선은 점령지인 프랑스로부터 약 4만 명의 유대인을, 네덜란드로부터 4만 명 그리고 벨기에로부터 1만 명의 유대인을 조달할 예정이다"라는 편지를 썼다. 아이히만의 죽음의 열차는 밤낮으로 집단 학살 수용소로 향했다. 기차 시간표에 맞춰 대량 학살을 계획하면서, 제국철도와 가장 큰 고객이었던 아이히만은 서로 긴밀히 협력했다. 비용은 "승객 1인당" 1킬로미터에 4페니히였다. 3등석 편도 승차권으로, 돌아오는 차편은 제공되지 않았다. 화물 차량 부족으로 인해 종종 발생하는 "수송 문제"에도 불구하고, 아이히만은 1943년 6월까지는 "최종 해결책"을 "완수할 수 있을" 것이라고 생각했다. 종종 전쟁이 기차 운행 담당인 아이히만의 앞길을 가로막곤 했다. 예를 들면, 나치 독일군이 러시아의 돈 강 공세를 위해 모든 화물 열차를 필요로 했을 때인 1942년 6월이 바로 아이히만이 프랑스에서 가능한 한 빠른 시일 내에 유대인을 동부 지역으로 수송하는 계획을 착수한 때였다. 긴장된 전선 상황에도 불구하고, 아이히만은 유대인을 매주 각 1,000명씩 3편의 수송 열차에 나누어 실어 나르는 추방 주기를 더욱 줄이고자 했다. 제국 교통부와 몇 차례 협의 끝에 아이히만은 그가 원했던 수송 열차를 제공 받았다.

부서 책임자인 아이히만은 지나치다고 할 정도로 꼼꼼하게 죽음의 열차가 정확하게 출발하고 도착하도록 신경을 쓰고 있었다. 출발과 도착이 지체될 조짐이 보이면, 이 관료는 흥분 상태에 빠지곤 했다. 1942년 7월 14일, 수송 최고 책임자는 파리로부터 아우슈비츠로 떠나기로 예정된 열차가 취소된다는 끔찍한 보고를 듣게 되었다. 아이히만은 즉각 전화기를 잡고 파리에 있는 "담당자"와 전화 통화를 했다. 하인츠 뢰트케 친위대 중령은 베를린에서 그의 상관인 아이히만이 수화기에 대고 울부짖는 얘기를 기록해 두었다. 이것은 "위신과 신망에 관련된 일"이고, 전반적인 상황이 "아주 수치스럽다"는 내용이었다. 아이히만은 프랑스를 추방 국가에서 제외하는 것을 심각하게 고려하겠다고 했다. 뢰트케는 아이히만에게 더 이상 일이 확대되지 않도록 해줄 것을 간곡하게 부탁했다.

일주일 뒤인 1942년 7월 20일, 아이히만은 아이들도 죽음의 수용소로 수송할 것을 지시했다. 1944년 6월까지 프랑스에서만 1만 5천 명의 어린 아이들이 독가스실로 보내졌다. 아이히만은 아우슈비츠 수용소 소장인 루돌프 회쓰에게 유대인 중에서 먼저 어린아이들을 죽여야 한다고 설명했다. 그 이유는 그들이 나중에 보복을 감행할 수 있는 세대이고, "유대 종족을 다시 일으킬 씨앗"이기 때문이라는 것이다. 아이히만에게 유대 종교를 믿는 자들은 집단 학살 수용소로 운송하여 "특별히 취급해야 할 재료"에 불과했다.

세기의 범죄 현장이 된 아우슈비츠-비르케나우를 아이히만은 너무나도 잘 알고 있었다. 1942년 여름, 죽음의 독가스실에 재료를 "조달하던" 그는 다시 한 번 그곳을 방문했다. 아이히만은 현장에서 집단 학살 수용소가 얼마나 많은 수송 물량을 "소화할" 수 있는지 확인하고자 했다. 그는 자센과의 대화에서 "나는 모든 것을 감내할 수 있었다. 하지만 기차 운행 시간이 지연되는 것은 도저히 참을 수 없었다. 왜냐하면 제국철도 네트워크에서 발생하는 다른 열차의 지연에 대한 책임이 내게 모두 전가될 수도 있었기 때문이다"라고 설명했다.

그런 고민거리를 염두에 두면서 아이히만은 강제수용소 책임자인 루돌프 회쓰(아이히만은 "그 사람은 인간적인 고민에 대해 이해심이 많았다"고 생각했다)와 함께 강제수용소를 직접 살펴보았다. 아이히만은 경찰 심문에서 "차를 타고 가면서 큰 건물을 보았다. 거의 공장 규모였는데, 굉장히 큰 굴뚝이 솟아 있었다. 그때 회쓰가 내게 '충분한 수용 능력을 가진 곳이군! 만 명은 충분할 것 같아!'라고 말했다… 나는 독가스로 죽이는 과정을 보지는 않았다. 그럴 수가 없었다. 만약 봤다면 기절하고 말았을 것이다. 그래서 나는 '다시 한 번 위기를 모면했다!'고 생각했다. 그리고 그는 나를 엄청나게 큰 무덤으로 데리고 갔다… 거기에는 거대한 고철 더미가 있었고, 그 위에서 시신들이 불태워지고 있었다. 그 장면을 본 나는 속이 메스꺼웠다. 속이 좋지 않았다"고 되풀이해서 설명했다. 그는 나치 대원이었던 자센에게 그 장면을 본 순간 "이 세상을 창조하시고 전능하신, 성부 하느님을 믿습니다…"라고 신앙 고백을 했었다며, 자신의 비밀을 털어놓았다.

범행의 배후 조정자인 그는 자기 연민만 있었지, 희생자의 고통에 대해서는 한마디도 하지 않았다. 아이히만은 법정에서 "제가 처음으로 죽은 유대인 시체를 보았을 때, 저는 충격을 받았습니다"라고 진술했다. "그 이후로 제겐 노이로제 증상이 항상 따라다녔고, 계속 제게 영향을 주었습니다." 아이히만의 진술에서 무엇이 옳단 말인가? 실제로 그 광경이 그의 마음을 흔들어 놓았을까? 빌헬름 회틀은 아이히만이 "내적으로는 그렇게 강하지 않은" 사람이라고 기술하고 있다. 특히 비르케나우의 화장 광경은 그를 괴롭혔다. "그는 그 사실을 인정하지 않았지만, 결국 정신적으로 많이 흔들린 그는 얼른 수통에 든 매실 화주를 한 모금 들이켰다."

그 광경이 아이히만에게 순간적으로 충격을 주었을지도 모르겠지만, 그의 양심은 그에 대해 침묵했다. 그는 그 일에 대해 죄의식을 전혀 느끼지 않았다. 그는 평소 때처럼 계속해서 임무를 수행했으며, 죽음의 열차 운행 시각을 조율했고, 사형 선고나 다름없는 문서에 서명을 했다. 그는 집단 학살 수용소에서의 끔찍한 광경을 그의 기억 저 깊숙한 곳에 묻어 버렸다. 그는 아르헨티나에서 빌렘 자센에게 "그것에… 관심이 없었다. 그들이 죽었는지 살았는지에 관해서는 더더욱 관심이 없었다. 이송될 사람이 이송되었다. 나는 그 일에 대해 관심이 없었다!"라고 말했다.

재판에서 아이히만은 반성하는 모습으로 "저는 이미 그 당시에 폭력적인 해결 방안을 정당하지 못한 것이라고, 잔혹한 행위라고 생각했습니다. 유감스럽게도, 저는 나치 깃발 아래 충성을 맹세함으로써 그런 만행에 연루되었으며, 제 분야인 수송과 관련된 문제에 협력해야만 했고, 이런 맹세로부터 벗어날 수가 없었습니다"라고 설명했다.

5년 전인 1956년에 자센과의 대화에서는 "또 다른" 아이히만의 모습이 나타난다. "나는 내게 부여된 임무를 확고한 의무감에 따라서 수행했다… 내가 강제수용소의 지휘관의 직무를 수행해야 했다면, 나 역시 달리 행동하지 않았을 것이다. 유대인을 독가스로 죽이고 사살하라는 명령을 받았더라도 나는 그 명령을 수행했을 것이다."

1944년 초까지 이미 5백만 명의 유대인이 살해되었다. 3월 19일, 홀로코스트는 그 당시 유럽에서 가장 많은 유대인이 거주하던 헝가리에서도 자행되기에 이르렀다. 나치 독일의 11개 사단이 지상 각 방향과 하늘에서 헝가리를 침공하기 시작했다. 헝가리군은 아무런 저항도 하지 못했다. 아이히만은 자신의 새로운 "임무"를 매우 철저하게 준비했다. 침공이 있기 일주일 전에 아이히만은 마우트하우젠 강제수용소에서 개최된 회의에 학살 전문가들로 구성된 소규모 그룹을 소집했다. 의사일정에서 가장 중요했던 부분은 75만의 유대인을 가장 빨리 아우슈비츠로 수송할 수 있는 방법에 관한 것이었다. 헝가리로 진군하던 날부터 "특수부대"는 즉각 행동에 들어갔는데, 그날은 아이히만의 38번째 생일이기도 했다. 나라 곳곳에서 유대인에 대한 일제 검거가 실시되었다. 2백 명의 유대인 변호사와 의사들이 부다페스트를 점령한 첫날에 이미 체포되었고, 마우트하우젠 수용소로 끌려갔다. 색출자들은 그들의 이름을 전화번호부에서 무작위로 찾아 기록했다. 헝가리 유대인에게 테러는 일상이 되었다. 그들의 집과 재산은 약탈당했고, 여행은 금지되었으며, 생업 활동도 더 이상 허락되지 않았다. 전화기와 라디오 역시 소유할 수 없게 되었다. 그들은 "중간 게토 지역"에 빽빽이 수용되어 학대를 당했으며, 모욕 및 구타를 당했다. 사실, 헝가리 정부가 존재하고 있었지만, 실질적인 헝가리의 통치자는 에드문트 페에젠마이어 박사라고 불렸던 히틀러의 "제국 전권 위임자"였다. 그러나 헝가리 유대인의 학살에 가장 결정적인 역할을 한 사람은 아돌프 아이히만이었다. 헝가리에서 아이히만은, 자신의 "필생의 사업"이라고 생각한, 유럽에 살고 있는 모든 유대인들을 학살하는 임무를 마무리짓고자 했다.

아이히만은 헝가리에서 유대인 대량 학살을 지휘할 참모본부를 도심 한가운데 위치한 슈바벤베르크 구역의 "호텔 마제스틱"에 설치했다. 전제 조건들은 최고로 좋았다. 헝가리 관청은 유대인들을 쫓고 있는 집행 인들을 기꺼이 도울 만반의 준비가 되어 있었다. 헝가리의 신임 총리 되메 지토야이는 내무부의 두 명의 차관과 더불어 열성적으로 아이히만에게 협조했다. 특히 광적으로 협조했던 두 명의 차관 중 한 명은 라즐로 엔드레로 "유대인 청산 문제"를 위한 헝가리 측 전권 대리인이었고, 다른 한 명은 경찰총장인 라즐로 바키였다. 이 두 공범자들은 아이히만이 신뢰해도 될 사람들이었다. 헝가리 경찰들은 독일의 감독 하에서 유대인들을 구타하고 학대했다.

1944년 3월 말에 히틀러의 조력자인 아이히만은 그의 하수인들에게 헝가리 유대인의 상황을 파악할 수 있는 정보를 주었다. "헝가리 와인을 곁들인 자유로운 모임에서 나는 그들에게 히믈러가 독일 경찰에게 명령한 사항과, 헝가리의 유대인을 동쪽에서 서쪽으로 소개시키고 아우슈비츠 수용소로 보내는 것을 보고 싶어 한다는 그의 희망 사항을 전달했다." 1944년 4월 7일, 회의를 통해 아이히만과 그의 동료, 군 장교들과 헝가리 측 정부 및 경찰 대표들은 세부 사항에 대해 논의했다. 헝가리를 6개 지역으로 분할하고, 점진적으로 "유대인을 제거"한다는 내용이었다. 회의에서 결의한 바에 따르면, 유대인 학살을 위한 원정은 카르파티아 산맥과 트란실바니아[헝가리 남부 지방: 옮긴이]에서 시작해 부다페스트에서 끝내도록 되어 있었다. 헝가리에 거주하는 유대인을 제거하는 데 소요되는

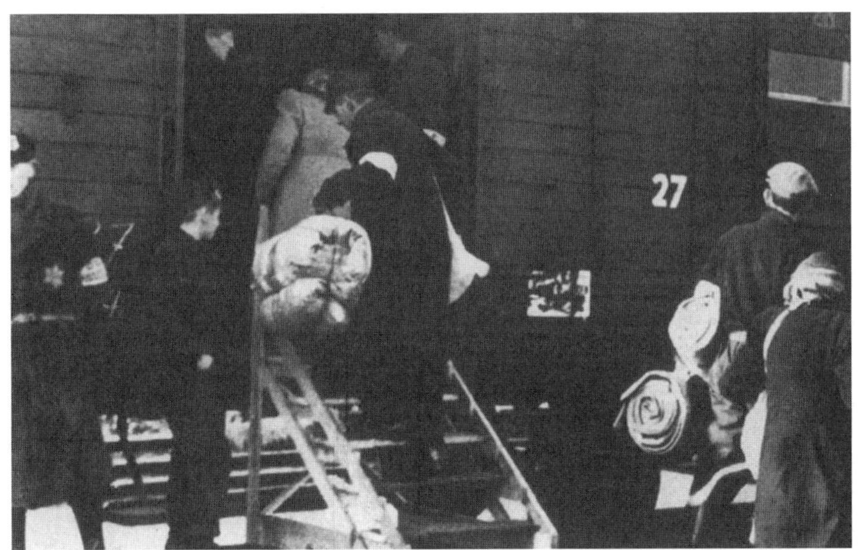

"아이히만은 수용소에 있는 사람들이 죽게 될 것이라는 사실을 알고 있었다…"
죽음을 향한 여정에 오르는 유대인들(1944년)

우리는 아이히만을 데브레첸 시의 역에서 죽이려고 했다. 역의 짐꾼으로 위장한 나는 폭발물이 든 가방을 소지하고 있었다. 나는 아이히만이 승강장을 드나들며 수송 열차를 감독하는 모습을 지켜보았다. 그를 암살하는 일이 쉽게 이루어지지는 않았다….

마누스 디아만트, 유대인 저항 집단 하가나

헝가리 당국의 협조가 없었다면 아이히만은 헝가리에서 별 진전을 보지 못했을 것이다. 그 자신도 그 점을 인정하고 있다. 그 일은 헝가리 경찰, 관공소와 철도 기관의 협조가 없었다면 불가능했을 것이다. 그들의 도움 없이는 지방에 있는 헝가리 유대인들을 추방하지 못했을 것이다.

이스트반 도몬코스, 헝가리 유대인

나는 모든 것을 감내할 수 있었다. 하지만 기차 운행 시간이 지연되는 것은 도저히 참을 수 없었다. 왜냐하면 제국철도 네트워크에서 발생하는 다른 열차의 지연에 대한 책임이 내게 모두 전가될 수도 있었기 때문이다.

아이히만, 빌렘 자센과의 대화 1955년

우리는 통조림통에 든 정어리처럼 서 있었고, 거의 숨을 쉴 수 없었다. 마치 벗어날 방법이 없는 어둡고 긴 터널을 지나가고 있는 것처럼 느껴졌다. 우리는 이 기차가 어디로 가는지, 언제 그리고 어떻게 이 여행이 끝날지 알 수가 없었다.

발레리아 바헤, 강제수용소 생존자

시간은 대략 3개월 내지 그 이하로 추산되었다. 독일의 통치가 시작될 무렵부터 구금된 어떤 유대인 가족을 구하기 위해 슈바벤베르크의 참모 본부 문을 두드렸던 스위스 부영사 칼 루츠에게 아이히만은 "단호하고 용감한 장교라는 인상과 함께 자신의 임무를 확실히 알고 있는 저돌적인 장교라는 인상을 주었다. 한 번은 그가 이런 말을 했다. '우리 독일군은 두려워하지 않습니다. 만약 우리가 죽음을 두려워했다면, 우리는 어떻게 되었겠습니까? 나의 전우들이 러시아 전선에서 싸우고 있는 동안, 나는 이곳에서 싸울 것입니다."

이 전쟁에서 아이히만의 무기는 무엇보다도 위계였다. 그는 흉악한 간계로 유대인 추방을 도모했다. 희생자들이 저항하지 않아야만 그의 학살 임무가 성공적으로 끝날 수 있다는 것은 분명해 보였다. 헝가리를 점령하고 있는 독일군 병력이 상대적으로 약했기 때문에, 바르샤바 게토에서와 같은 저항은 통제하기가 어려웠다. 따라서 아이히만이 예정대로 유대인 추방을 실행하기 위해서는 희생자들 사이에서 평온함이, 묘지에서 느끼는 것과 같은 적막한 평온함이 유지되어야 했다. 그는 이런 목표를 달성하기 위해서 비열한 거짓말을 하기 시작했다. 이 사기꾼은 부다페스트의 유대교당으로 계급장을 뗀 군복 차림의 남자들을 보냈는데, 이들은 독일군의 "유대인 노동자"를 사칭하면서, "독일 군수 공장의 노동 여건이 좋다"고 사람들에게 전했다. 여성들과 아이들은 가족 수용소에서 최고의 보살핌을 받고 있다는 거짓말이 희생자들에게 우편으로 전달되기도 했다. 죽음에 내몰린 숙명적인 날에 수많은 유대인들이 이해할 수 없는 우편엽서를 받았다. 예를 들면, 헝가리 톨나 주의 보니하드 읍 출신인 발레리아 바헤는 친척이 보낸 엽서 한 통을 받았다. 그 엽서에는 "슈바르츠발트"라는 소인이 찍혀 있었다. 친척이 쓴 내용은 "우리는 잘 지내고 있다. 걱정하지 마라"는 것이었다. 이 시기에 그런 종류의 카드가 수천 장은 아니더라도 수백 장 정도는 희생자들에게 보내졌다. 편지 내용은 언제나 똑같았다. "우리는 훌륭한 휴양지에서 지내고 있다. 너희들도 이곳에서 자리를 얻으려면 빨리 우리를 뒤따라 오너라. 소풍갈 때 필요한 튼튼한 신발을 갖고 오는 걸 잊지 마라." 아이히만도 신발에 대해 생각했었다. 전선에는 좋은 신발이 부족했다.

아이히만의 거짓말은 급속히 커지는 암 종양처럼 퍼져 나갔다. 왜냐하면 희생자들이 그 위계 작전에 협력자로 연루되었기 때문이다. 아이히만에 의해 설립된 유대인 최고위원회는 저명한 유대인 인사들의 회의체로, 그 회원들은 아이히만의 지시 사항을 유대인 교구에 전달해야만 했는데, 바로 이 최고위원회가 그 거짓말에 치명적인 신뢰성을 부여했다. 그 내용은, 유대인들은 안전상의 이유로 전선의 인접 지역으로부터 멀리 떨어진 노동 수용소로 이주해야만 한다는 것이었다. 명망 있는 유대인 최고위원들의 입에서 나온 이 말들은 많은 사람들에게 사형 선고가 아니라 희망을 약속하는 것처럼 들렸지만, 실은 거짓말이었다. 이미 빈에서 한 것처럼, 아이히만은 헝가리에서도 희생자들을 조력자로 만들었고, 희생자들은 그들의 협력이 최악의 상황을 막을 수 있다는 믿음에 사로잡혀 있었다. 환상에 사로잡힌 유대인 최고위원회는 아이히만의 특수 부대에게 유대인 명부를 제공했고, 게토 지역을 준비하고 조직했다.

부다페스트에서 아이히만은 정기적으로 유대인 간부들을 초대해서 그들을 달랬다. 그리고 헝가리 유대인들이 겪고 있는 고통스러운 상황에 대해 그 자신 책임을 통감하고 있으며, 충분히 그들의 심정을 이해하고 있다는 듯이 얘기를 했다. 이런 모임들 중 하나였던 1944년 4월 5일의 모임에서 사악한 생각을 불러일으킨 단초가 제공되었다. 유대-시온주의 구조위원회의 위원장인 루돌프 카츠트너가 아이히만에게 얼마에 모든 유대인의 추방을 포기할 수 있는지 물었다. 그와 같은 "협상 수법"이 결코 새로운 것은 아니었다. 이미 수백 명의 유대인이 돈을 내고 친위대로부터 풀려난 적이 있었다. 히믈러의 지시에 따라 아이히만은 그 제안을 받아들였다. 1944년 4월 16일과 25일, 헝가리의 이 학살부대장은 카츠트너처럼 시온주의 구조위원회 회원이었던 조엘 브란트에게 치명적인 거래를 제안했다. 전쟁이 끝난 뒤에 브란트는 "거래" 당시의 숨 막히는 분위기를 회상했다. 아이히만은 다음과 같이 말했다. "당신은 내가 누구인지 알고 있다. 나는 독일제국, 폴란드와 체코슬로바키아에서 이미 조치를 취하고 있다. 이제는 헝가리 차례다… 나는 당신에게 백만 명의 유대인을 팔 준비가 되어 있다. 나는 당신에게 모두를 팔지는 않을 것이다. 당신은 그렇게 많은 돈과 물건을 조달할 수 없을 테니까. 하지만 백만 명 정도면 가능할 것이다. 생명의 대가로 물건을 주면, 그 대가로 생명을 넘겨주겠다. 당신은 아직 유대인들이 거주하는 나라에서 이백만 명을 데려갈 수 있다. 당신은 헝가리에 있는 유대인을 데려갈 수도 있고, 폴란드, 오스트마르크, 테레지엔슈타트와 아우슈비츠 등 당신이 원하는 어느 곳에서든 유대인을 데려갈 수 있다. 당신은 어떤 사람들을 구하려고 하는가? 생식 능력이 있는 남자? 출산 능력이 있는 여자? 백발의 노인들? 아이들? 자, 앉아서 말해 보시오!"

조엘 브란트는 날카로운 목소리로 말을 끊어서 하는 그 남자를 자세히 관찰하였다. "그는 평범한 영업 사원과 비슷했다. 달라 보이는 것은 오로지 그의 눈빛이었다. 마치 그는 그의 파트너를 꿰뚫어 버리려는 듯이 회청색의 강하고 매서운 눈빛으로 쳐다보고 있었다… 그는 세련된 제복 차림이었고, 움직임은 절도가 있었지만 뭔가 딱딱했다. 그의 말투 또한 일반적이지 않았다. 그는 몇 마디 말을 쏟아내고는 숨을 골랐다. 그가 말을 할 때면, 나는 언제나 자동 소총에서 나는 총소리를 듣는 듯했다. 그는 사투리를 쓰지 않았지만 여기저기서 실수를 했다. 가령 그는 '생산력 있는 남자' 라고 말했다."

브란트는 연합국과 접촉해서 그들에게 몸값을 지불하도록 설득하기 위해 이스탄불로 날아갔다. 5월 15일, 그는 아이히만과 작별했다. 그날

"그는 많은 이름을 가지고 있었다…" 오토 헤닝거라는 이름으로 친구의 결혼식에 참석한 아이히만(1948년 경)

우리는 상의와 하의가 다른 양복을 입고 있었다. 다시 독일 땅을 밟았을 때, 미군 순찰대가 우리를 체포했다. 왼쪽 상박 안쪽에 새겨진 혈액형 문신으로 인해 우리가 나치 친위대원이라는 것이 드러났다.

루돌프 예니쉬, 전 친위대 중령

미국인들은 아이히만이라는 인물의 역할이 무슨 의미를 가지는지 전혀 알아차리지 못했다. 더 잡아들일 사람이 없어졌을 때가 되어서야 비로소 그들은 이 사람을 말하자면 건진 것이었다.

빌헬름 회틀, 전 친위대 소령

은 카르파티아 산맥에서 추방이 시작된 날이었다. 밀폐된 40량의 가축 운반용 화물 열차가 헝가리를 떠나 아우슈비츠-비르케나우로 향했다. 사기꾼 아이히만은 브란트에게 2주 이내에 답변을 가지고 되돌아올 것을 재촉했다. "그렇지 않으면 나는 아우슈비츠의 방앗간을 가동시키도록 지시할 것이다!" 조엘 브란트의 비행기가 출발했을 때, 아이히만은 수용소가 헝가리 유대인을 맞을 준비가 되었는지 확인하기 위해서 아우슈비츠-비르케나우로 떠났다.

브란트가 이스탄불에서 가능한 모든 방법을 강구하고 있는 동안에 그의 부인 한지는 아이히만의 통제 하에 두 아이와 함께 부다페스트에 머물러 있어야만 했다. 그녀는 매일 전화로 아이히만의 참모에게 신고를 해야만 했다. 또한 그녀는 계속해서 아이히만의 개인적인 연락도 받았다. 지금도 그녀는 "우리는 연락을 유지하려고 했다. 왜냐하면 유대인의 생존이 아이히만의 손에 달려 있었기 때문이다"라고 말하고 있다. 악마와 거래를 했단 말인가? 한지 브란트는 강하게 항변한다. "그것은 생명을 구하기 위한 시도였다. 우리는 분명히 결정권을 가지고 있는 자와 협상을 해야만 했다."

그러나 아이히만의 "제안"은 사실 유대인 추방을 조용히 진행시키기 위해 희생자들을 잡아두려는 "기만 술책"이었다. 그는 명령이 하달되었기 때문에 이런 "물건을 받고 생명을 넘겨주는 거래"를 꾸며낸 것이었다. 제국 친위대장인 하인리히 히믈러는 연합국과의 접촉을 바라고 있었는데, 그는 이 접촉을 통해서 단독 강화를 위한 토대를 원활하게 조성할 수 있다고 생각하였다. 히틀러의 후계자 자리에 집착했던 히믈러는 외국에서 자신을 "인도적인" 대안으로 고려해 줄 것을 기대하고 있었다. 하지만 아이히만은 한 가지에만 관심을 두고 있었다. 죽음의 열차가 계속 운행되는 것과 헝가리 유대인을 학살 수용소로 가장 빠른 방법으로 수송하는 것이었다. 그에게 있어 유대인 간부들과의 대화는 비극적인 결말을 앞두고 가진 여흥에 불과했다. 예루살렘에서 아이히만 재판의 원고인 가브히엘 바흐는 헝가리에서의 아이히만의 활동과 관련된 모든 증인들을 심문했고, 그것을 바탕으로 산더미같이 쌓인 서류를 작성했다. 그가 작성한 요지에 따르면, "아이히만은 책상에 앉아서 사람을 농락하는 전형적인 사디스트였다. 그는 유대인 지도자들과 자리를 마련했다. 다음날 유대인 지도자들을 죽음으로 내몰 것이라는 사실을 알고 있었음에도 불구하고, 그는 그들에게 약속을 하기도 했고, 협박을 가하기도 했다. 그런 고양이와 생쥐 게임이 그에게 대단한 만족감을 가져다주었다."

이 "거래"가 진행되는 동안, 그는 마치 자신이 냉정하고 무자비한 친위대원임을 보여 주려는 듯, 될 수 있는 대로 위협적인 인상을 주기 위해 전력을 다했다. 그럼에도 불구하고 그는 오히려 한지 브란트에게 불안하고 산만하다는 인상을 남겼다. "그는 불안해 보였다. 책상 위에 철모와 권총을 올려놓고는 입언저리를 신경질적으로 실룩대고 있었다. 우리는 그와 2미터 정도 거리를 두고 있었지만, 그에게서 나는 술 냄새를 분명히 맡을 수 있었다."

무엇이 아이히만의 신경을 자극했는가? 수백만 명의 죽음의 공범이라는 죄의식 때문인가? 아니면 그의 후견인이자 상관인 라인하르트 하이드리히처럼 자신도 암살당할지 모른다는 두려움 때문인가? 그런 걱정이 전혀 근거 없는 것은 아니었다. 유대인 저항 그룹 하가나팔레스타인의 유대인 대다수를 대표하던 시온주의자 군사조직(1920~48)으로 이스라엘 군대의 전신: 옮긴이)의 일원인 마누스 디아만트는 심문 과정에서 다음과 같이 말했다. "우리는 아이히만을 데브레첸 시의 역에서 죽이려고 했다. 역의 짐꾼으로 위장한 나는 폭발물이 든 가방을 소지하고 있었다. 나는 아이히만이 승강장을 드나들며 수송 열차를 감독하는 모습을 지켜보았다. 그를 암살하는 일이 쉽게 이루어지지는 않았다." 폭탄이 제대로 점화되지 않았다. "부다페스트에 있는 우리 본부는, 하이드리히 암살 후에 있었던 것처럼, 보복 행위가 있을 것이라고 예측하고 그 일에 대해 반대했다. 우리 동료들은 암살이 추방을 더욱 가속화시킬 뿐이라고 믿고 있었다."

아이히만은 희생자들이 자신의 목숨을 노리고 있다는 것을 짐작하고 있었다. 그를 사진 찍거나 촬영하려던 사람들은 그가 신경과민 증상을 보이고 있음을 확연히 느낄 수 있었다. 그는 사진기를 산산조각 내기도 했고, 카메라에서 필름을 꺼내 찢어 버리기도 했다. 시몬 비젠탈은 그의 이런 행동이 "자신이 범죄자로 수배되고 있음을 정확히 알고 있었다는 것"을 의미한다고 했다.

7월 20일, 영국의 BBC는 독일이 제안한 "물건과 생명을 교환"하는 것을 거절한다고 보도했다. 브란트의 임무가 실패한 이유 중에는 연합국의 무관심도 한몫을 차지했다. "아우슈비츠의 방앗간"은 계속해서 한 치의 오차도 없이 죽음을 갈아내고 있었다. 매일 1만 4천에서 1만 5천 명의 헝가리 유대인이 집단 학살 수용소에 도착했고, 겨우 두 달 동안에 45만의 유대인이 추방되었다. 학살은 이미 수용소에 도착하기 전부터 시작되었다. 각각의 화물칸에 최대 1백 명의 사람들을 가축우리에 몰아넣듯이 밀어넣었다. 각 화물칸 중간에는 두 개의 큰 통이 있었다. 하나는 물통이었고, 다른 하나는 용변을 위한 것이었다. 5월에 이미 한여름 무더위가 기승을 부리기 시작했는데, 이런 무더위가 비좁은 화물 열차 공간에서 살아남기 위해 몸부림치는 유대인들을 더욱 힘들게 만들었다. "우리는 통조림통에 든 정어리처럼 서 있었고, 거의 숨을 쉴 수 없었다. 마치 벗어날 방법이 없는 어둡고 긴 터널을 지나가고 있는 것처럼 느껴졌다"고 발레리아 바헤는 기억하고 있다.

비르케나우에 도착했을 때, 희생자들은 간신히 발걸음을 옮길 수 있는 정도였으며, 탈진해서 죽기 일보직전이었다. 친위대원들은 그들에게 고함을 치며 승강장으로 이동하라고 재촉했다. 대부분의 희생자들은 바로 독가스실로 보내졌다. 마지막 순간까지 그들은 노동 수용소로 "이주하는 것"으로 믿고 있었다. 특수 부대 출신의 유대인 수용자로 시체 소각장 강제 노역에 동원된 예호슈아 로젠블룸은 독가스실 대기실에서 벌어진 충격적인 장면을 결코 잊지 못하고 있다. "헝가리 유대인들은 자신들에게 무슨 일이 일어나고 있는지 알지 못했다. 그들은 우리에게 다음과 같이 묻기도 했다. 우리는 지금 어디에 있는 건가요? 가족 수용소에 있는 게 아닙니까?" 마지막까지 아이히만의 거짓말이 효과를 내고 있었다.

1944년 4월 7일, 발터 로젠베르크와 카를 베슬러, 두 명의 수용자는 기적처럼 이 생지옥으로부터 탈출에 성공했다. 헝가리 유대인 지도자들은 수송 열차의 실제 목적지가 어디였는지를 몇 주 후에야 비로소 알게 되었다. 베슬러와 로젠베르크는 독가스실에서 일어난 대량 학살의 소름끼치는 내용을 다음과 같이 보고했다. 이른바 "아우슈비츠 보고서"는 살인 시스템의 심장부에서 나온 최초의 상세한 목격자 진술이었다. "현재 비르케나우에는 4개의 시체 소각장이 가동 중이다… 소각로 옆에는 커다란 준비 공간이 있는데, 이 홀은 욕실과 같은 느낌이 들도록 만들어졌다… 희생자들은 목욕하러 간다는 말을 듣고 이 홀로 인도되었다. 그곳에서 옷을 벗고 난 뒤에는, 실제로 목욕을 한다고 믿게 만들기 위해 그들에게 비누와 수건이 건네졌다. 그런 다음 그들을 독가스실로 몰아넣었다."

비극적이게도, 이미 헝가리 유대인의 3분의 2가량이 살해되었을 때인 7월 초가 되어서야 비로소 세상은 아우슈비츠 보고서를 접하게 된다. 하지만 몇몇 유대인 간부들은 이미 보고서의 내용에 대해 알고 있었다. 루돌프 카츠트너는 1944년 4월부터 학살에 대해 알고 있었지만 헝가리 유대인들에게 알리지 않았다. 만약 그가 희생자들에게 경고했었다면 무슨 일이 벌어졌을까? 경고했다면 그의 말을 믿어 주었을까? 헝가리에서 카츠트너는 거의 알려지지 않은 사람이었다. 그럼에도 불구하고 그는 아이히만과 총 3만 명의 유대인을 아우슈비츠로 추방하지 않고 생존 가능성이 좀 더 높은 다른 수용소로 보내는 협상에 성공했다. 1,800명의 유대인

이 이미 종전 전에 아이히만의 동의를 얻어 안전한 스위스로 떠날 수 있었다. 아이히만은 이에 동의하는 조건으로 그의 학살 작업을 조용히 마무리 지을 수 있도록 카스트너가 학살에 대하여 비밀을 지켜줄 것을 요구했다. 이미 BBC의 헝가리어 방송에서 대량 학살에 대해서 들었고 주위에서 주의를 받은 바 있던 소수의 사람들도 이 학살에 대해 믿으려고 하지 않았고, 믿을 수도 없었다. 그때까지 이런 일은 상상조차 할 수 없는 것으로 보였기 때문이다.

연합국은 이보다 오래 전부터 대량 학살에 대해 알고 있었다. 1944년 4월 4일, 미국의 공중 정찰기는 아우슈비츠-비르케나우 9,100미터 상공에서 항공사진을 촬영했다. 사진들은 시체 소각장을 명확하게 인식할 수 있을 정도였다. 그럼에도 불구하고 학살 수용소는 파괴하지 않고 놔두었다. 폭격 대신에 사진만 찍은 것이다! 연합국 전략가들의 눈에 비르케나우는 "중요하지 않은 전쟁 표적"이었다. 1944년 여름, 세계 여론은 다른 사건들에 주목했다. 연합군의 노르망디 상륙은 전쟁이 곧 종식될 것임을 예고하는 것이었다. 헝가리 유대인의 비극에 대해서는 거의 관심을 갖지 않았다. 전 세계가 아이히만의 희생자들의 존재를 부정하려고 결탁한 것처럼 보였다.

헝가리의 제국 섭정인 미클로스 폰 호르티는 그때까지도 그런 범죄 행위에 대해 감히 항의조차 하지 않았다. 수백만 명의 희생자들에게는 너무나 늦은 1944년 7월 8일에야 비로소 그는 성명을 발표하고, 추방이 종식되었음을 선포했다. 부다페스트를 폭격하겠다는 미국 대통령 루즈벨트의 위협과 중립국들의 항의 그리고 무엇보다도 그의 가족들 사이에서 일어난 "양심의 봉기"로 인해 호르티는 이런 결정을 내리게 되었다. 아이히만은 성난 반응을 보였다. 보안대의 해외 정보 수집 임무를 맡고 부다페스트에 근무중이던 빌헬름 회틀은 "그는 매우 화를 냈다"고 회상하고 있다. "오스트리아 사람들이 그러듯이, 그는 호르티를 '늙어빠진 멍청이'라고 불렀다. 호르티는 아무 말도 할 자격이 없다. 헝가리에서는 우리가 모든 것을 결정한다."

지금까지 아이히만의 조력자들이 부다페스트 외곽 지역으로 유대인을 몰아냈던 것처럼, 그들은 계속해서 추방 작업을 진행하고 있었다. 현재 저명한 저널리스트이자 작가이고, 오스트리아 인터내셔널 라디오의 프로듀서인 파울 렌드바이는 그 당시 부다페스트에서 자신의 사촌 중 한 명이 "아이히만의 강력한 주장"과 헝가리 추밀원의 결정에 따라 "아우슈비츠로 이송되는 것을" 경험했다. 간계와 책략을 통해서 아이히만은 호르티의 지시를 무력화시켰다. 그는 뒤로 물러설 생각이 없었다. 그래서 1,500명의 유대인을 부다페스트에서 멀지 않은 키스타르차 수용소에서 아우슈비츠로 보낼 것을 명령했다. 그러나 키스타르차의 유대인위원회로부터 제때 연락을 받은 호르티는 유대인을 실은 열차가 국경선에 다다르기 전에 정지시킬 것을 지시했다. 이틀 후 기차는 다시 키스타르차로 돌아왔다. 아이히만은 다시 한 번 유대인 수송 명령을 내렸다. 이번에는 그의 교묘한 계책이 성공했다. 아이히만은 하루 종일 유대인위원회의 위원들을 구금시켰다. 호르티는 그에 대한 정보를 얻을 수 없었다. 수송 열차는 아우슈비츠에 도착했다.

1944년 8월 말, 아이히만은 부다페스트에 있는 그의 친구 빌헬름 회틀의 집을 자주 방문했다. 아이히만은 심신이 피곤한 상태였으며, 기력이 빠지고 의기소침해 보였다. 전쟁 상황은 거의 날마다 악화일로를 걷고 있었다. 미군은 이탈리아 피렌체까지 진격했고, 동부전선에서는 민스크, 빌누스 그리고 바르샤바가 함락되었다. 소련의 붉은군대는 멈추지 않고 진군을 계속해, 8월 23일에 루마니아도 접수했다. 아이히만은 전쟁은 곧 끝날 것이고, 그는 전범자로 수배될 거라는 것을 알고 있었다. 회틀은 아이히만에게 "얼마나 많은 유대인이 죽임을 당했는가?"라는 결정적인 질문을 할 수 있는 기회를 얻었다. 아이히만은 희생자 숫자를 정확히 알고 있었다. 빌헬름 회틀은 다음과 같은 답을 들었다. "그는 사망자가 6백만 명이라고 말했다. 4백만은 집단 학살 수용소에서 죽었고, 2백만은 특수 부대와 전염병에 의해 죽었다." 사망자가 6백만 명이라는 아이히만의 대략적인 계산은 오늘날 학문적으로 입증되었다.

아이히만이 헝가리에서 이런 질문을 받은 것이 처음은 아니었다. 한번은 젊은 친위대 소위가 그에게 질문을 했다. "중령님, 몇 명이 죽었습니까?"

아이히만은 "5백만 명 이상"이라고 대답했다.

"전쟁이 끝난 뒤에 세상 사람들이 수백만 명에 대해 질문한다면, 어떻게 대답하실 겁니까?"

아이히만은 "수백 명의 죽음은 일종의 재앙이지만, 수백만의 죽음은 일종의 통계다"라고 답변했다.

점점 늘어나고 있던 저항으로 인해 모든 유대인들을 집단 학살 수용소로 추방하려던 아이히만의 계획은 난관에 처하게 되었다. 아이히만의 반대자들은 특히 중립국 대사관 관계자들이었다. 바티칸, 포르투갈, 스페인, 이탈리아, 스웨덴, 그리고 스위스에서 온 외교관들과 사업가들이 아이히만에 맞서고 있었다. 그들은 비인간적인 시대에 인간으로 남기를 원했다. 이런 움직임의 주요 인물은 스위스 대사관의 부영사인 칼 루츠와 스웨덴 사람 라울 발렌베리였다. 부다페스트에서 칼 루츠의 가장 가까운 동료였던 알렉산더 그로스만은 "발렌베리가 헝가리에 도착했을 때, 그는 루츠에게 도움을 청했고, 루츠는 그에게 '발렌베리 씨, 당신도 생명을 구하고 싶다면 저처럼 하시면 됩니다. 통행증을 발급하십시오'라고 조언해 주었다"고 기억하고 있다. 그러한 서류를 지참하거나 "공동 여권"에 이름이 등재된 유대인들은 스위스 연방이나 스웨덴의 보호 하에 있다는 것을 의미했기 때문에 희망을 가질 수가 있었다. 증명서와 서류 그리고 문서 날인에 집착한 아이히만은 도리어 그런 방법에 당하고 말았

그는 국제 적십자사의 신분증과 알로이스 후달 추기경의 도움으로 아르헨티나에 도착했다.

시몬 비젠탈, 나치 추적자

아이히만은 익명으로 숨어 지내는 상황에서 벗어나려고 많은 시도를 했기 때문에, 이스라엘의 비밀 정보부가 아돌프 아이히만이 아르헨티나에서 리카르도 클레멘트라는 가명으로 살았다는 사실을 확인하는 데 여러 해가 ─ 1959년까지 ─ 걸렸던 것은 놀랄 만한 일은 아니다.

한나 아렌트

그는 누군가가 자신의 사진을 찍으면 노발대발했다고 전직 친위대원을 포함한 많은 사람들이 내게 전해 주었다. 그는 필름을 잡아 빼내려고 했다. 그는 자신이 수배중이라는 사실을 알고 있었다.

시몬 비젠탈, 나치 추적자

다. 루츠는 스위스의 신분 보호 증명서가 위조되는 것을 용인했고, 이에 따라 헝가리의 수도에 순식간에 위조된 수만 장의 신분증이 유통되었다. 아이히만은 분개하였다. 그는 여전히 밀고 당기는 협상 게임을 벌이고 있던 루돌프 카츠트너에게 신분 보호 증명서가 범람하고 있다고 불만을 털어놓았다. 아이히만은 "이런 파렴치한 짓에 대해 루츠와 발렌베리는 대가를 치르게 될 것이다"라고 큰소리를 버럭 질렀다.

증오의 바다에 떠 있는 섬처럼, 박해받는 유대인에게 은신처를 제공해 준 소위 안전 가옥들은 아이히만에게 "눈엣가시"였다. 부다페스트에 있는 72개의 건물은 스위스의 주권 하에 있었고, 30개 이상의 건물은 스웨덴 왕실의 보호 아래 있었다. 자포자기에 빠진 사람들은 아이히만의 테러로부터 벗어나기 위해 비록 비좁더라도 노란별이 표시된 안전 가옥으로 들어가기를 바랐다. 그중 한 명이 그의 부모와 함께 스위스의 안전 가옥으로 피신했던 파울 렌드바이였다. "우리는 55명 내지 60명의 사람들과 함께 방 두 개짜리 집에 머물고 있었다. 모든 곳이 발 디딜 틈도 없이 꽉 차 있었고, 심지어 계단도 마찬가지였다. 비인간적인 상황이었고, 바깥에는 죽음이 기다리고 있었다." 신분 보호 증명서와 안전 가옥은 십만 명이 넘는 유대인의 생명을 구해냈다. 이 때문에 매우 격분한 아이히만은 "버릇 없는 유대인 놈 발렌베리"를 사살하겠다고 위협했다. 그러나 스웨덴인 발렌베리의 차량을 노린 암살은 실패하고 말았다.

1944년 8월 25일, 히믈러 또한 헝가리 유대인의 제국 방향으로의 추방, 즉 아우슈비츠로의 추방을 모두 금지시켰다. 하지만 아이히만은 "중지"라는 말을 더 이상 이해하지 못했다. 그는 자신의 임무를 끝까지 완성하기를 원했다. 비록 전쟁에서는 패했을지라도, 그는 히틀러의 마음에 들기 위하여 유대인과 벌이는 자신의 개인적인 전쟁에서는 승리하기를 원했다. "그가 원했던 가장 큰 보상은 언젠가 히틀러가 유대인 말살에 대해 감사의 말을 건네며 그를 영접해 주는 것이었다. 그는 그 꿈을 이루지 못했고, 그로 인해 가슴 아파했다"고 빌헬름 회틀은 전하고 있다.

1944년 10월 15일, 헝가리의 파시스트들, 즉 국가사회주의당이 권력을 잡게 되었다. 미클로스 폰 호르티는 실각했다. 이로써 유대인 추방에 반대하며 공식적으로 저항하는 일은 없어졌다. 아이히만을 방해하는 장애물은 더 이상 없었다. 쿠데타 이후, 헝가리 유대인들에게는 두 가지 측면에서 위험이 도사리고 있었다. 즉, 새로운 국가사회주의당 정부와 아이히만의 앞잡이들에 의한 위험이 그것이었다. "그것은 유례가 없는 공포 정치였고 천민 정치였다"고 파울 렌드바이는 회상하고 있다. "국가사회주의자들은 이 독일인 조력자를 도운 협력자들이었다. 그들은 마지막 순간까지 사람들을 살해했는데, 우리 모두에게 그것은 분명히 생사의 문제였다." 파시스트가 집권한 이후, 아이히만은 곧바로 헝가리에서 그의 마지막 임무를 완수하는 일에 착수했다. 부다페스트에 거주하는 5만 명의 유대인들은 오스트리아의 국경 방위 시설을 구축하기 위하여 그곳으로 보내졌다. 모든 일이 신속하게 진행되어야 했다. 이미 소련의 붉은군대는 부다페스트에서 남동쪽으로 85킬로미터 떨어진 케치케메트에 주둔하고 있었다. 11월 6일, 소련군이 헝가리 수도의 외곽 방어선까지 진격했다. 아이히만은 전선이 어떤 상황에 처해 있는지 알고 있었다. 그는 BBC 방송을 듣고 있었다. 그에게는 이제 약간의 시간만이 남아 있을 뿐이었다. 곳곳에서 문제가 발생했다. 연합군 폭격기가 부다페스트에서 빈에 이르는 철도 노선을 파괴했다. 이로 인해 기차가 부족했다. 그 때문에 아이히만은 부다페스트에 거주하는 4만 명의 유대인을 도보로 오스트리아로 보냈다. 11월 10일, 죽음의 행진이 시작되었다. 수도에서 국경에 이르는 빈의 지방 국도에서 수천 명의 유대인이 목숨을 잃었다. 이 죽음의 여정에서 탈출에 성공한 파울 렌드바이는 그때의 상황을 다음과 같이 묘사했다. "부다페스트를 떠난 지 얼마 되지 않았을 때, 지치거나 빨리 걸을 수 없는 사람들이 사살당했다. 그것은 죽음의 경주였다."

1944년 12월 첫 주에 붉은군대가 부다페스트 외곽 지역을 점령했다. 1944년 크리스마스 전날 오후 3시 경에 아이히만은 부다페스트에서 베를린으로 도망쳤다. 베를린의 제국보안본부에는 패전의 기운이 감돌고 있었다. 문서들은 파기되었고, 범죄자들은 자신들에 관한 모든 자료들을 없애고 있었다. 아이히만은 마지막으로 자신의 상관으로부터 인정을 받았다. 게슈타포 대장인 하인리히 뮐러는 "우리에게 아이히만 같은 사람이 50명만 있었더라도, 전쟁에서 승리했을지 모른다"라고 말했다.

1945년 3월과 4월에 아이히만은 3번에 걸쳐 테레지엔슈타트에 있는 그의 강제수용소를 잠깐 방문했다. 그는 무엇 때문에 그곳으로 돌아갔을까? 4월 6일, 아이히만은 국제 적십자사 대표단에게 수용소 내의 상황이 "인도적"임을 보여 주었다. 국제 적십자사 보고서에서 볼 수 있듯이, 거짓을 진실처럼 보이게 한 술수가 성공했다. 그러나 아이히만은 이외에도 또 다른 임무를 처리해야만 했다. 히믈러의 지시에 따라, 그는 1백 명에서 2백 명 정도의 유대인 저명인사들을 선별해서 티롤로 안전하게 이송해야만 했다. 히믈러는 도처에서 진군하고 있던 서방 연합군과 평화 협상을 하겠다는 망상을 갖고 있었는데, 이들은 이 히믈러의 망상을 위해 필요한 인질들이었다.

아이히만은 다년간에 걸친 도핏길에 올랐다. 4월 28일 프라하를 출발하여, 4월 29일 체코의 체스케부데요비체에 체류한 뒤, 5월 1일 오스트리아의 바트이쉴에 위치한 에벤 호수에 도착했다. 5월 2일, 아이히만은 잘츠카머구트[알프스 북쪽에 위치한 오스트리아 지역 명칭: 옮긴이]의 아우서 지역에 도착했는데, 이곳이 이 친위대 저명인사의 마지막 피난처였다. 자신의 고향인 이 산간 지방에서 아이히만은 게릴라 대장으로서 최후까지 저항하려고 했다. 그러나 그는 지치고 의기소침한 상태였다. 예전에 아이히만을 나치 친위대로 데려왔었고, 이제는 알트아우제에서 소일거리로 카드 점을 치면서 전쟁이 끝나기를 기다리고 있던 그의 상관 칼텐브루너

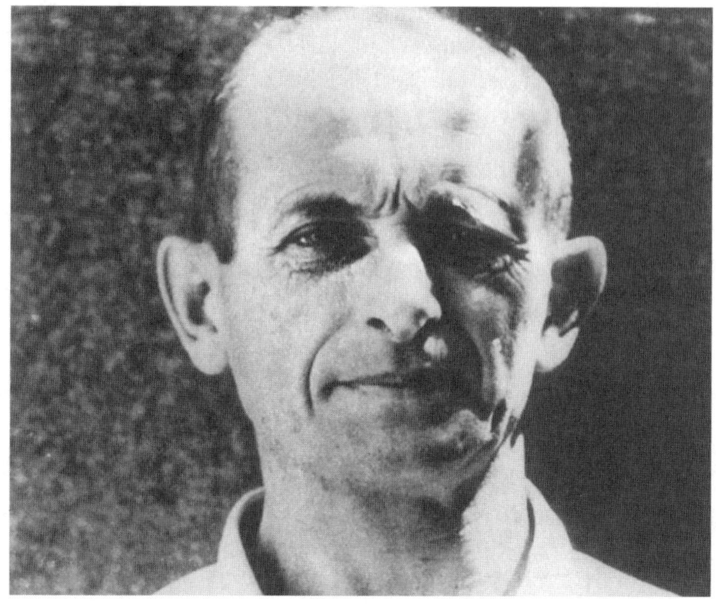

나는 유대인 학살을 지휘한 개돼지 같은 인간 아이히만을 보았다. 그는 부에노스아이레스 근방에 살고 있고, 상수도 시설에서 근무하고 있다.

아이히만에 대한 구체적인 첫 단서, 1952년 초

갑자기 한 사람이 눈에 띄었다. 나이와 신장에 비추어 볼 때, 우리의 기준에 부합하는 남자였다.

지비 아하로니, 이스라엘 모사드 요원

나는 자신의 영혼을 그런 식으로 팔아버린 아이히만과 같은 사람을 전혀 경험해본 적이 없었다. 우리는 특별한 지적 능력을 가진 사람을 대하고 있다고 생각했다. 하지만 우리 앞에 서 있는 사람은 변변치 않은 사람이었고, 겁쟁이였다. 그는 모든 면에서 협조적이었고, 결코 우리와 문제를 만들려고 하지 않았으며, 심지어 우리에게 일부분 협조하겠다고 제안을 하기도 했다.

이저 하렐, 이스라엘 비밀 첩보기관 모사드 국장

나는 익명으로 전 세계를 떠돌며 사는 것에 점점 지쳐 가고 있다… 분명하고 객관적인 결말을 이끌어내기에는 정치적인 이슈로서의 이 사안에 대한 관심이 너무도 클 것이라는 점을 잘 알고 있다. 만약 이 점을 우려할 필요가 없었다면, 나는 예전에 벌써 독일 관청에 자수했을 것이다….

아이히만, 빌렘 자센과의 대화 1955/56년

는 단 한 번도 그를 만나려고 하지 않았다. 알트아우제 하우스베르크 로저 산 기슭에 위치한 블라-알름에서 아이히만은 빈과 부다페스트 시절의 옛 지인인 빌헬름 회틀을 만났다. "그는 신경이 쇠약해져 있었고, 지팡이에 몸을 의지하고 있었다. 그는 칼텐브루너가 자신을 만나 주지 않는 것과, 그가 부관을 통해서 자신에게 한 무더기의 영국 금화를 보내준 것에 대해 불평을 털어놓았다. 그는 화가 나 있었다. '나에게 그런 것은 중요하지 않다. 내게 돈이 필요한 것은 아니다. 나 역시 돈은 가지고 있다. 나는 명령을 원할 뿐이다! 나는 일이 어떻게 진행되는지 알고 싶을 뿐이다!'"

명령이 없으면 아이히만은 방향 감각을 잃은 사람처럼 보였다. 그는 항상 아웃사이더였다. 그러나 이제는 아이히만이 동료들에게 안정을 해치는 위험 인물로 드러났다. "당신은 전범자로 수배중이지만 우리는 아닙니다"라고 테레지엔슈타트의 지휘관인 안톤 부르거는 그에게 분명히 얘기했다. "도망치려고 한다면, 당신은 동료들에게 큰 호의를 베풀어야 할 것입니다." 아이히만은 그의 조력자들에게 각각 5천 제국마르크를 지급했다. 돈을 받은 조력자들은 영수증에 서명을 해야만 했다. 그리고 베를린 보안대 시절에 부서 동료였던 친위대 중령 루돌프 예니쉬와 함께 전직 관료 아이히만은 잘츠부르크로 떠났다. 아마도 그곳에는 그가 합류할 수 있는 친위대 부대가 아직 남아 있을지도 몰랐다. 예니쉬는 다음과 같이 기억하고 있다. "우리는 상의와 하의가 다른 양복을 입고 있었다. 다시 독일 땅을 밟았을 때, 미군 순찰대가 우리를 체포했다. 왼쪽 상박 안쪽에 새겨진 혈액형 문신으로 인해 우리가 나치 친위대원이라는 것이 드러났다." 그때 누가 그들의 그물에 걸렸는지 미군들은 정확히 알아채지 못했다. "오토 에크만 친위대 소령"으로 위장한 아이히만은 수백만 명의 전쟁 포로들 속에 끼여 있었다. 그는 수많은 포로 무리에 끼여 신분이 노출되지는 않았지만, 발각될 수 있다는 불안감으로 괴로워하고 있었다. 그는 자살을 생각했다. 아이히만은 아르헨티나에서 빌렘 자센에게 평상시와 같은 목소리로 "아무래도 상관이 없었다"라고 밝혔다. 아이히만은 모르핀으로 목숨을 끊으려고 했지만, "내겐 주사기가 없었다"라고 말했다.

포로로 잡혀 있는 동안 아이히만은 한 가지 생각에만 몰두해 있었다. 그것은 탈주였다. 뉘른베르크 전범 재판에서 배후 인물로서 피고인석에 앉아 있던 1945년 12월, 그는 오토 헤닝거라는 이름의 위조 증명서를 가지고 오버다흐슈테텐 수용소에서 탈출할 수 있었다. 세상의 정의의 심판을 피해 도주 중이던 이 범죄자는 5년간이나 아무런 방해도 받지 않은 채 독일에 머물러 있었다. 아이히만은 임시 일자리를 통해서 경제적으로 간신히 삶을 연명했다. 니더작센의 에버젠에서 벌목꾼으로도 일을 했고, 첼레 근교의 알텐잘츠코트에서 닭을 사육하기도 했다. 아무도 그에 대해 의심을 품지 않았다.

그동안 아이히만의 부인 베라는 아이들과 함께 알트아우제 호숫가의 피셔른도르프 8번지에 거주하고 있었다. 그녀의 남편이 그녀와 접촉을 시도할 거라는 것은 예상할 수 있는 일이었다. 시몬 비젠탈로부터 긴급 연락을 받은 미국 방첩부대(CIC) 요원이 베라 리블에게 연락을 취했다. 하지만 그녀는 1945년 3월 이후로 아이히만과 이혼한 상태이고 그에 관해 아무것도 들은 바 없다고 완강히 주장했다. 그녀는 한 장의 사진도 가지고 있지 않으며, 자신이 아는 한 아이히만은 더 이상 살아 있지 않다고 주장했다.

1947년, 베라 리블은 그의 이름을 수배자 명단에서 삭제하기 위해서 남편의 사망 신고를 신청했다. 하지만 시몬 비젠탈은 그녀의 술책을 알아챘다. 아이히만이 프라하에서 사살당하는 것을 목격했다고 주장한 증인은 베라 리블의 시동생인 것으로 밝혀졌다. 시몬 비젠탈은 "이런 눈에 띄지 않는 조치들이 아마도 아이히만 사건을 밝히는 데 가장 중요한 기여를 한 것으로 생각된다"고 자랑스럽게 말하고 있다. 어느 누구도 죽은 범죄자를 추적하지는 않는다.

"오토 헤닝거"는 자신이 점점 더 큰 위험에 노출될 것이라고 생각했다. 재판 과정에서 제시되었던 불리한 모든 증거들로 인해 그의 정체가 드러나는 것은 시간 문제였다. 아이히만은 독일에서 탈출할 계획을 짜고 있었다. 로마의 성직자 중 한 사람인 오스트리아 출신의 추기경 알로이스 후달이 범죄 배후 조정자에게 여권을 마련해 주었다. 얼마 후인 1950년 6월, 아이히만은 바티칸 사람들의 도움으로 배를 타고 유럽을 떠났다. 뒤에 공개된 사진에는 선글라스에 나비넥타이를 맨 그가 탈출을 도와준 두 사람과 함께 배의 갑판 위에 서 있는 모습이 찍혀 있다. 건실한 보통사람처럼 모자와 나비넥타이를 한 아돌프 아이히만이 처음으로 아르헨티나 땅을 밟았을 때가 1950년 7월 14일이었다. 그의 여권에는 리카르도 클레멘트라는 이름에, 종교는 가톨릭, 미혼, 무국적이라고 기재되어 있었다. 위조된 신분증, 노동 허가증과 가명을 통해, 마침내 그는 자신의 어두운 과거를 떨쳐버릴 수 있다는 안도감을 느끼게 되었다. 그의 가족들이 곧 그를 뒤따라왔다.

아이히만의 죽음의 시스템에서 살아남은 생존자들은 유럽에 남아 있었지만, 그들은 결코 그에 대한 추적을 포기하겠다고 생각하지 않았다. 특히 린츠에 있는 "아돌프 아이히만과 아들들"이라는 전기 상점과 마주보는 곳에 사무실을 마련한 시몬 비젠탈은 감시를 늦추는 법이 없었다. 아이히만이 시리아에 살고 있거나 어쩌면 쿠웨이트나 브라질에서 살고 있을 거라는 소문이 무성했다. 그가 얼굴을 성형했을 것이라는 소문도 있었다. 비젠탈은 1952년 초에 아이히만의 소재에 대한 최초의 구체적 단서를 얻게 되는데, 오스트리아의 한 공작이 부에노스아이레스의 친구로부터 받은 편지를 그에게 보여 주었던 것이다. 한 문장이 비젠탈을 고무시켰다. "나는 유대인 학살을 지휘한 개돼지 같은 인간 아이히만을 보았다. 그는 부에노스아이레스 근방에 살고 있고, 상수도 시설에서 근무하고 있다."

아이히만의 고용주는 카프리라는 정체불명의 회사였는데, 그곳에서 과거 나치의 고위 관리나 독일군 병사들이 아르헨티나 군의 자문 위원으로서 생활비를 벌고 있었다. 카프리라는 회사는 공식적으로는 투쿠만과 산티아고 델 에스테로 지방의 급수 시설을 관리하고 있었다. 아이히만은 "수문학자"로서 그곳에서 수위를 측정하는 일을 맡았는데, 그렇게 까다로운 일은 아니었다. 당시 카프리 사의 사장이었던 하인츠 뤼어는 클레멘트라는 인물에 대해 신뢰가 가지 않고 말이 없던 동료라고 기억하였다. "그는 일처리가 정확하지 못했고 엉성했다. 기상 상황에 따르면 도저히 발생할 수 없는 수위를 보고하기도 했다. 그에게 해명을 요구했지만, 그는 아르헨티나 보조원들에게 책임을 떠넘겼다. 그의 조직 능력에 대해서는 말할 필요도 없다." 뤼어가 한 번은 투쿠만에 있는 아이히만의 집에 초대를 받은 적이 있었다. 아이히만 부인은 남편이 숲에서 총으로 쏘아 잡은, 구운 멧돼지를 대접했다.

하인츠 뤼어는 그의 가정생활이 "화목하다"는 인상을 받았다. 식탁에서 아이히만의 과거와 관련된 질문은 금기시되었다. "그는 굉장히 의심이 많았다. 아마도 그는 자신을 찾기 위한 정탐 활동이 이루어지고 있다는 것을 알고 있었을 것이다." 뤼어는 "그에게 질문은 하지 마세요, 그는 아주 끔찍한 경험을 했습니다"라는 그의 부인의 조언을 따랐다.

1955년, 아이히만의 네 번째 아들이 태어났다. 그는 아들 이름을 리카르도 프란치스코라고 지었다. "리카르도"는 그의 가명에서 붙인 것이었고, "프란치스코"는 그의 도주를 도와주었던 로마의 신부 이름에서 따온 것이었다. 일 년 뒤에 그는 신념을 같이하는 동지 빌렘 자센에게 자신의 심경을 털어놓았다. "나는 익명으로 전 세계를 떠돌며 사는 것에 점점 지쳐 가고 있다… 분명하고 객관적인 결말을 이끌어내기에는 정치적인 이

슈로서의 이 사안에 대한 관심이 너무도 클 것이라는 점을 잘 알고 있다. 만약 이 점을 우려할 필요가 없었다면, 나는 예전에 벌써 독일 관청에 자수했을 것이다…. 나는 단지 충직하고 성실하며, 정확하고 부지런한 사람일 뿐이었다. 나는 조국의 일원임을 명예롭게 생각하고 그 조국을 위한 이상적인 노력에 고무된 친위대원이자 제국보안본부의 한 사람이었을 뿐이다. 나는 결코 비겁하거나 배신자가 아니었다. 양심에 따라 스스로 반성을 해 봐도, 나는 살인자도 대량 학살자도 아니었다는 점은 분명하다." 참회의 말은 없었다. 도망자 아이히만은 "국기에 대한 맹세와 의무 이행"과 같은 개념 속에 도피처를 찾고 있었다.

아이히만은 무능한 사람으로 판명되어 카프리 사에서 해고당했다. 하지만 그의 동료들은 그를 계속 돌보았다. 회사는 그에게 증기 세탁소를 사서 맡겼지만, 더러운 세탁물을 취급하는 일은 그에게 맞지 않았다. 그는 그 세탁소를 손해를 보고 곧바로 되팔아야만 했다. 그는 부인과 아이들을 데리고 부에노스아이레스로 이사를 갔고, 메르세데스 벤츠 아르헨티나 지사의 작업반장과 자동차 정비공으로 근근이 생계를 유지했으며, 토끼 사육사 일을 시도해 보기도 했다. 정확한 그의 소재지는 눈이 먼 한 유대인이 그에 대한 실마리를 찾을 때까지 추적자들에게 오랫동안 수수께끼로 남아 있었다.

1957년, 부에노스아이레스의 유대인 연금 생활자인 로타 헤르만은 프랑크푸르트 암 마인에 있는 헤센 주 검찰총장 프리츠 바우어에게 아이히만이 부에노스아이레스 교외에 있는 올리보스라는 마을의 차카부코 거리 4261번지에 살고 있다는 내용의 편지를 보냈다. 바우어는 그 정보를 이스라엘 비밀 정보기관인 모사드의 국장 이저 하렐에게 전달했다. 그 정보에 따라 요원 한 명이 차카부코 거리에 있는 가옥 하나를 면밀히 관찰했다. 그는 아이히만이 저렇게 초라하고 낡은 집에서 산다고 믿기는 어렵다고 텔아비브의 모사드에 보고했다. 헤르만 자신도 모순된 사실에

혼란스러워 하고 있는 사이, 하렐은 1958년 가을에 이 실마리에 대한 관심을 잃고 말았다. 헤르만 관련 서류철은 서랍 속에서 잊혀 갔다. 아이히만은 1년 더 자유를 누릴 수 있었다.

하렐은 오늘날까지도 그 점에 있어서 자신이 업무를 태만히 했다고 인정하지 않고 있다. 그의 요원 중 한 명이었던 지비 아하로니는 25년이 지난 후에 이 점에 대해 그를 강력하게 비판하고 나섰다. "만약 내가 하렐이었다면, 아이히만이라는 이름을 언급하지 않았을 것이다. 그는 2년이나 넘게 아이히만 가족의 정확한 주소를 알고 있었지만, 아무것도, 정말 아무것도 하지 않았다." 이저 하렐은 이런 비난에 대해 침묵했다. "나는 내 동료 중 한 사람과 독일 여론에 대해 논의하고 싶지 않다"며 침묵했다.

그러나 검찰총장 바우어는 포기하지 않았다. 1959년 말에 그는 텔아비브에 있는 그의 동료 카임 코헨에게 항의했다. 독일 출신의 이 법률가는 모사드가 헤르만이 제공한 실마리를 계속해서 추적하지 않는 것에 대해서 분개했다. 바우어는 새 증거 자료를 제시했는데, 이 자료는 차카부코 거리 4261번지의 전기 계량기에 클레멘트라는 이름이 있다고 알려준 헤르만의 정보를 완전히 새롭게 조명하도록 만들었다. 증거 자료의 내용은 아이히만이 리카르도 클레멘트라는 가명으로 9년 전에 유럽을 떠났다는 사실을 그가 이제 알게 되었다는 것이다. 이제 하렐이 행동에 옮길 차례였다. 그는 바우어에게 아이히만을 전담하는 정보 요원을 한 명 붙이겠다고 약속했다. 모사드가 아돌프 아이히만의 정확한 주소를 처음으로 안 지 2년 반이 지난 1960년 3월 1일, 비밀요원 지비 아하로니가 부에노스아이레스에 도착했다.

아하로니가 처음 착수한 일은 차카부코 거리 4261번지에서 그의 집을 찾아내는 것이었다. 그러나 예기치 못했던 상황이 발생했다. 집은 텅 비어 있었고, 집안 벽에 페인트칠이 되어 있었다. 아이히만이 실제로 여기에 살았다면, 그는 지금 사라진 것이었다. 다음 며칠 동안 조사를 한 뒤에 아하로니는 그의 상관인 이저 하렐에게 암호화된 텔렉스로 상황을 요약해 보고했다. "운전자는 사라졌음. 3주 전에 이사했고, 새 주소를 찾아보고 있는 중임."

아하로니는 차카부코 거리에 사는 한 이웃사람으로부터 클레멘트가 산페르난도 구에 위치한 가리발디 거리 14번지의 지붕이 낮고 회칠이 되지 않은 집으로 이사했다는 사실을 알게 되었다. 아하로니는 그 집을 감시했다. "갑자기 한 사람이 눈에 띄었다. 나이와 신장에 비추어 볼 때, 우리의 기준에 부합하는 남자였다." 다음 단계로 아하로니는 누가 그 집의 소유자인지를 알아보았다. 한 유대인 건축가가 그에게 정보를 제공해 주었다. 14번지 주택은 "베로니카 카타리나 리벨 드 피흐만Veronica Catarina Liebel de Fichmann"이라는 이름으로 등기가 되어 있었다. 토지 등기부에 등재할 때 사용한 이 이름에서 리벨은 베라 아이히만의 처녀 때 이름이었고 "E" 대신에 "F"로 표기한 것은 의도적으로 아이히만의 이름을 위장한 것이었다. 아하로니는 "그 등기부를 보았을 때, 나는 아이히만을 잡을 수 있을 것이라고 생각했다"라고 기억하고 있다. 이제 "아이히만 체포 작전"은 두 번째 단계로 돌입할 수 있었다. 1960년 4월, 11명으로 구성된 모사드 팀이 부에노스아이레스에서 마지막 준비에 들어갔고, 비행기 편과 위조 여권 그리고 아이히만을 송환할 때까지 숨길 집을 마련했다. 부에노스아이레스의 여러 카페에서 팀원들 간에 "아이히만 체포 작전"에 대한 토의가 이루어졌다. 가냘픈 체구의 팀장 라피 아이탄, 다른 비밀요원과 함께 아이히만을 제압해야 하는 팀 내에서 가장 힘이 센 지비카 말킨, 배후에서 이 일의 실마리를 풀어 나가고 있던 비밀 첩보국 국장 이저 하렐과 지비 아하로니가 언제, 어디서, 어떻게 해야 아이히만을 가장 잘 붙잡을 수 있을지 의논했다. "우리는 우연히 그가 저녁 7시 45분에 버스 정류장에서 집으로 가는 것을 보았다"고 지비 아하로니는 보고했다. "우리는 매일 저녁 그를 감시했는데, 그는 언제나 같은 버스를 타고 왔다.

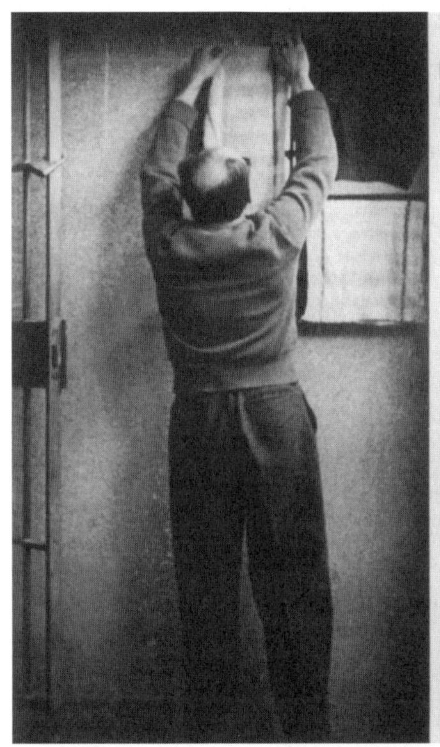

검사의 노력에도 불구하고 모두가 이 사람을 "잔혹한 인간"으로 보지 않았다. 그리고 이 재판이 바보 같은 짓이라고 여기는 사람들의 생각을 돌리기는 실제로 매우 어려웠다.

한나 아렌트

출세에 도움이 된다면 무슨 일이든 하는 지극히 평범한 성실성 외에 그에게는 이런 일을 저지를 아무런 동기도 없었다. 그리고 이 성실성 또한 그 자체로는 결코 범죄가 아니었다. 그가 높은 자리를 차지하기 위하여 살인을 저지른 적은 전혀 없지 않는가. 그는 일상적인 삶을 살아가면서 자신이 도대체 무슨 일을 저질렀는지 단 한 번도 생각해 본 적이 없다.

한나 아렌트

이에 근거하여 우리는 그를 집 앞에서 붙잡는 것이 가장 좋은 시점이라고 결정했다." 계획한 작전 개시 시각은 1960년 5월 11일 20시경, 장소는 가리발디 거리였다.

7시 40분쯤에 아하로니는 도주용 차량을 아이히만이 저녁마다 버스 정류장에서 집으로 돌아오는 골목길에 주차시켰다. 여느 밤처럼 버스가 왔지만 정차하지는 않았다. 아하로니가 기억하기를 "지난 일주일 동안 아이히만은 정확히 그 시간에 도착했다. 우리는 15분 더 그를 기다렸다. 원래 계획에 따르면 벌써 그를 태우고 출발했어야 했다."

"아이히만 체포 작전"의 팀장인 라피 아이탄은 "나의 팀원들은 초조해 했다"고 시인하고 있다. "아하로니는 안절부절 못하며, '아마 사람들이 우리를 보았을지도 모른다. 우리는 내일 다시 와야만 한다' 라고 말했다. 나는 '안 돼, 우리는 여기서 기다려야만 해!' 라고 말했다. 8시쯤에 그는 내게 다시 '어떻게 해야 되지요?' 라고 물었다. 나는 다시 한 번 말했다. '더 기다려 보자!'"

아하로니: "우리는 몇 분 더 대기했다. 그러고 나서 버스가 도착했고, 그 안에 그가 앉아 있었다."

아이탄: "아하로니가 우리들 중 맨 먼저 그를 보았다. 아이히만이 손을 주머니에 넣고 있는 것이 그의 눈에 띄었다. 그래서 그는 아이히만이 어쩌면 무기를 소지하고 있을 수도 있다고 걱정했다."

아하로니: "그는 곧장 우리 쪽으로 다가왔고, 나는 그가 왼손을 주머니 속에 넣고 있는 것을 보았다. 나는 라피에게 귓속말로 속삭였다. '그가 무기를 지니고 있을지도 모른다!' 그리고 나는 지비카 말킨에게도 주의를 주었다."

아이탄: "매우 흥분되는 순간이었다. 아이히만이 우리 쪽으로 점점 더 가까이 다가와 우리 차를 지나갈 때, 지비카가 아이히만을 가로막고 서서 '실례합니다, 선생님!' 하고 말을 걸었다."

아하로니: "아이히만은 놀라서 주춤거렸다. 지비카가 그에게 다가갔다. 그들 두 사람은 도랑에서 뒹굴고 있었다. 아이히만은 저항했다. 그가 소리를 치자, 나는 사람들이 소란 소리를 듣지 못하도록 하기 위해서 엔진 소리를 요란하게 냈다. 그리고 나는 아직도 차에 앉아 있던 라피에게 '어서 가서 그들을 도와! 더 이상 숨어 있을 필요가 없단 말이야!' 라고 호통쳤다."

아이탄: "나는 차에서 튀어나가 나의 팀원들을 도왔다. 우리 셋이서 아이히만을 차에 밀어넣는 데 성공했다."

아하로니: "차에 앉았을 때, 그는 이내 조용해졌고, 더 이상 저항하지 않았다."

아이탄: "아이히만의 머리는 내 무릎 위에 놓여 있었다. 그는 가쁘게 숨을 내쉬고 있었다. 그는 한마디도 하지 않았지만, 무척 흥분해 있었다."

아하로니: "차가 출발했고, 곧바로 나는 그에게 독일어로 말을 걸었다. '진정하시오, 당신에게 아무 일도 없을 것이오. 당신이 저항한다면, 총으로 당신을 쏠 수도 있습니다!' 아무 반응도 없었다. 나는 그에게 소리쳤다. '내 말 들립니까? 어느 나라 말을 하십니까? Te lingua habla?(스페인어로 어느 나라 말을 하십니까) 아무런 대꾸도 하지 않았다. 나는 그가 기절했거나 이미 죽었을 수도 있다고 생각했다. 차를 타고 400미터쯤 지났을까, 그가 갑자기 혼잣말을 하듯이 침착한 목소리로 '나는 이미 운명에 따르기로 했다'고 말했다."

아이탄과 아하로니가 보기에, 아이히만은 무거운 짐을 덜은 듯 편해 보였다. 아이탄은 다음과 같이 확신하였다. "그는 우리를 기다리고 있었다. 그는 도피 기간 내내 언젠가는 이런 일이 벌어질 것이라고 두려워했다." 자정 무렵, 정보 요원들은 이저 하렐 국장에게 일어난 일에 대해 보고했다. 그는 카페에서 우리를 초조하게 기다리고 있었다. "갑자기 팀원

중에 두 사람이 나타났다. 그들은 지쳐 있었고, 옷은 더러웠지만 감격에 찬 얼굴 표정을 하고 있었다. 그때 나는 작전이 성공했다는 것을 알았다"라고 하렐은 말하고 있다.

모사드 요원들은 모포에 덮여 뒷좌석에 쪼그리고 앉아 있던 포로를 은신처인 "안전 가옥"으로 데리고 갔다. 그곳에서 모사드 팀의 의사가 아이히만이 독이 든 캡슐을 소지하고 있는지를 조사했다. 의사는 아무것도 발견하지 못했다. 그런 다음 그들은 아이히만을 침대에 수갑으로 묶었다. 첫 번째 심문이 시작되었다. 심문에서 제일 중요한 것은 "리카르도 클레멘트"가 실제로 누구인가를 밝혀내는 것이었다. 아하로니가 첫 번째 질문을 했다. "당신은 누구입니까?"

"리카르도 클레멘트입니다."

"예전에 당신의 이름은 무엇이었습니까?"

"오토 헤닝거였습니다."

"실제로 그가 그런 이름으로 불렸겠지만, 우리는 그 사실을 모르고 있었다. 그런 다음 나는 그가 대답할 수 있는 질문만 100개를 했다. 신발 크기, 목둘레 치수, 옷 사이즈, 나치 친위대원 번호, 국가사회주의 독일노동당원 번호 등등…. 그의 대답은 모두 정확했다. 마지막으로 나는 그에게 물었다 '당신의 출생시 이름은 무엇이었습니까?' 그는 주저없이 '아돌프 아이히만'이라고 답했다. 그때가 이 작전에서 가장 중요한 순간이었다."

아이히만의 태도는 협조적이었고, 모든 질문에 답변했으며, 불평도 전혀 하지 않았다. 이저 하렐은 그 당시를 다음과 같이 기억하고 있다. "그가 감금되어 있던 열흘 내내, 나는 그를 제대로 다루고 있는지, 다치지 않았는지, 그리고 모욕을 당하지는 않았는지 살펴보았다. 내 임무는 아이히만을 협조적으로 만들고 작전을 성공적으로 이끌기 위해 그의 기분 상태를 좋게 유지하도록 돌보는 것이었다." 처음에 아이히만은 그의 납치범들이 자신을 죽일 거라고 믿고 있었다. "우리가 그에게 음식을 가져다줄 때마다 그는 독살당할 것이라고 생각했으며, 우리가 그를 마당으로 산책시키러 나갈 때면 그는 사살당하지 않을까 두려워했다. 면도할 때마다 그는 그 칼에 죽임을 당할 것이라고 생각했다. 나중에 그는 아무도 자신을 해치지 않을 거라고 확신하게 되자 우리에게 협조했다. 나는 자신의 영혼을 그런 식으로 팔아버린 아이히만과 같은 사람을 전혀 경험해본 적이 없었다. 우리는 특별한 지적 능력을 가진 사람을 대하고 있다고 생각했다. 하지만 우리 앞에 서 있는 사람은 변변치 않은 사람이었고, 겁쟁이였다. 그는 모든 면에서 협조적이었고, 결코 우리와 문제를 만들려고 하지 않았으며, 심지어 우리에게 일부분 협조하겠다고 제안을 하기도 했다"라고 하렐은 말하고 있다.

이 전범은 단 한 가지 문제만은 거부 의사를 분명히 했다. 아이히만은 이스라엘 법정에서 재판받는 것은 결코 원하지 않았다. 아하로니는 그에게 세계 여론이 보는 앞에서 변호사가 선임된 공정한 재판을 보장했다. 정보 요원들은 아이히만이 동의할 때까지 기다릴 수밖에 없었다. 이 전범은 그들이 이스라엘에서 비행기가 오길 기다리고 있다는 사실을 알지 못했다. 그는 그들이 무슨 일을 계획하고 있는지 전혀 알지 못했다. 아이히만은 아무것도 보지 못했고, 듣지 못했다. 그는 어둡고 방음 시설이 된 방 안의 침대에 누워 있었고, 24시간 내내 감시당했다. 그의 입장에서 보면, 아직 몇 달 더 이런 식으로 지내야 된다고 생각할 수밖에 없었다. "그는 이틀 밤 동안 그 문제에 대해 숙고했다"고 아하로니는 보고했다. "3일째 아침에 그는 '나는 이스라엘로 떠날 준비가 되어 있다'고 자발적으로 말했다. 마지막 며칠 동안 그는 엄청난 심리적 중압감에 시달렸다. 이제는 모든 것이 끝났다는 생각이 그를 진정시키고 있다는 인상을 주었다."

모사드 팀은 아이히만을 배가 아닌 이스라엘 항공사의 E1 A1 기종의 승무원으로 위장시켜 이스라엘로 데리고 간다는 계획에 의견 일치를 보았다. 작전을 실시하기에 유리한 상황이었다. 아르헨티나는 독립 150주년을 기념하고 있었고, 기념행사에 참석할 이스라엘 대표단을 기다리고 있었다. 1960년 5월 19일, 이스라엘 대표단은 터보프로펠러 비행기인 E1 A1편을 이용해서 부에노스아이레스에 도착했다. 이 비행기로 아이히만을 이스라엘로 납치하기로 되어 있었다.

승무원 유니폼을 입은 모사드 요원들과 그들의 포로는 아무런 문제없이 여권 수속을 마쳤다. 아이히만은 의식이 몽롱한 상태에서 요원들이 자신을 비행기 트랩으로 데려가고 있다는 것을 알아차렸다. "그는 팔에 주사기를 계속 꽂고 있었다"고 아하로니는 말했다. "우리 측 의사가, 걸을 수 있고 눈을 뜰 수는 있지만 말은 할 수 없도록, 그를 마취할 수 있다고 내게 설명했다." 1960년 5월 19일, E1 A1 비행기가 에자이자 공항의 활주로를 이륙했다. 4일 후인 5월 23일, 다비드 벤 구리온 이스라엘 총리는 국회 연설을 통해서 다음과 같이 발표했다. "저는 여러분에게 이스라엘 정보부 요원들이 얼마 전에 거물급 나치 범죄자들 중 한 명인 아돌프 아이히만을 찾아냈음을 알려 드리고자 합니다…. 그는 이미 이스라엘 감옥에 수감되어 있고, 나치와 그 조력자들의 처벌에 관한 1950년 법 규정에 따라서 빠른 시일 내에 여기 법정에 서게 될 것입니다."

5월 29일, 아돌프 아이히만은 처음으로 베를린 태생의 아브너 레스 경정과 대면하게 되었다. "갑자기 내 앞에 아주 평범한 한 사람이 서 있었다. 그는 나보다 키가 크지 않았고, 날씬하기보다 여윈 편에 가까웠으며, 프랑켄슈타인도 아니고 안짱다리에 머리에 뿔이 달린 악마도 아니었다." 275시간 동안 레스는 이 배후 조정자를 심문했다. 심문이 시작되기 전에 아이히만은 항상 레스가 그에게 앉으라고 권할 때까지 의자 뒤에 차렷자세로 꼿꼿하게 서 있었다. 아이히만은 "자신이 알고 있는 모든 것에 대해 진술하겠다"고 흥분된 어조로 말했다. 심문 기간 내내 그는 독일어로 장황하게 잡담을 늘어놓았다. 그는 "관청에서 사용하는 언어가 바

그의 말을 들으면 들을수록, 표현 능력의 부족이 '사고' 능력의 부족과 밀접하게 연관되어 있음을 점점 더 분명하게 느끼게 된다. 다시 말하면, 그는 다른 사람이 이해할 수 있도록 자신을 표현할 능력이 없다는 것이다.

한나 아렌트

그는 공개 재판에서 푸른색 정장 차림으로 법정에 설 수 있도록 하겠다는 약속을 받았으나, 지금은 회색 정장을 입고 있으며, 지킬 수 없다면 그와 같은 약속을 하지 말았어야 한다면서 강력하게 항의하겠다고 말했다. 그것이 이처럼 끔찍한 영화가 상영되는 동안에 그의 마음을 동요시켰던 유일한 사건이었다. 이 사건은, 비록 사소한 것이지만, 그에 대한 모든 것을 말해 준다.

가브리엘 바흐, 아이히만 재판의 고소인

로 제가 쓰는 언어입니다"라고 예루살렘 법정에서 말했다. 아이히만은 마지막까지 잘못이 없다고 생각했다. 아브너 레스가 그에게 후회되는 일이 있는지 물었을 때, "그는 마치 놀란 듯이 나를 쳐다보며, 후회는 아이들이나 하는 것"이라고 말했다.

8개월간에 걸친 예비 조사가 끝난 뒤에 예루살렘에서 아이히만에 대한 "형사 사건 40/61"의 재판이 시작되었다. 머리가 많이 빠지고 짙은 잿빛 양복을 입은 수척한 모습의 피고인이 방탄 유리 상자 안에 앉아 있었는데, 다른 사람의 눈에 띄지 않는 평범한 모습이었다. 미국 잡지『뉴요커』의 의뢰를 받아 이 재판을 취재하고 있던 철학자이자 사회학자인 독일계 유대인 한나 아렌트는 "모두가 이 사람을 잔혹한 인간으로 보지 않았다"라고 기록했다. 고소인 대표인 가브리엘 바흐도 비슷한 인상을 받았다. "만약 내가 그를 버스에서 마주쳤더라도 그에게 특별히 관심을 가졌을지는 모르겠다. 하지만 때때로 무언가 그의 마음에 들지 않으면, 그는 사람들에게 두려움을 불러일으킬 수 있는 눈빛을 보였다. 그것은 마치 호랑이의 눈빛과도 같았다."

아이히만은 자신의 감정을 드러내지 않은 채 뿔테 안경 너머로 15가지 고소 항목을 히브리어로 읽고 있던 재판장 모셰 란다우를 쳐다보았다. 란다우가 집단 학살 수용소에서 희생당한 사람들의 이름을 거명할 때, 아이히만은 감정의 동요를 보이지 않았다. 대량 학살에 관한 필름을 볼 때도 전혀 반응이 없었다. 한 번의 예외가 있었는데, "필름이 상영되는 동안 그가 갑자기 매우 격앙된 목소리로 법정 경비원에게 항의했다. 나중에 나는 '도대체 그가 원한 것이 무엇이었는가, 왜 그가 그렇게 갑자기 흥분했는가?' 라고 경비원들 중 한 사람에게 물어보았다. 그는 공개 재판에서 푸른색 정장 차림으로 법정에 설 수 있도록 하겠다는 약속을 받았으나, 지금은 회색 정장을 입고 있으며, 지킬 수 없다면 그와 같은 약속을 하지 말았어야 한다면서 강력하게 항의하겠다고 말했다. 그것이 이처럼 끔찍한 영화가 상영되는 동안에 그의 마음을 동요시켰던 유일한 사건이었다. 이 사건은, 비록 사소한 것이지만, 그에 대한 모든 것을 말해 준다"고 가브리엘 바흐는 기억하고 있다.

이 피고인에게 무슨 일이 일어났는가? 심리학자는 어떤 결론에 도달했는가? 예루살렘 지방법원의 정신과 의사인 쿨차르는 아이히만이 법정에 출두할 만큼 그에게 책임 능력이 있는지 확인해야 했다. 아이히만은 그의 잠재의식에 나타난 성격상의 특성을 반영하는 심리 검사인 그림 그리기 테스트를 받아야 했다. 5명의 미국 심리학자가 누가 그린 것인지 모른 채 분석에 착수했다. 아이히만은 나무 한 그루, 집 한 채, 여자 한 명, 손 하나 그리고 출정할 때의 분장을 한 인디언의 얼굴을 그렸다. 심리학자들의 소견은 하나로 일치했다. "그는 매우 공격적인 사람이다."— "그의 적대감 속에는 사디스트적이고 폭력적인 면이 있다." — "매우 사도마조히스트적인 인물이다." — "그는 잔혹한 행위를 할 수 있는 공격자이다."

법정에서 그의 이런 공격적인 성격은 거의 인지할 수 없었다. 그는 재판에서 기만적인 태도로 일관했다. 그의 변호 전략은, 그는 항상 명령을 수행하였을 뿐이고, 복종함으로써 명령을 완수했다는 것이었다. 그는 수백만 명에게 행한 살인을 "인류 역사상 중대한 범죄 행위 중 하나"라고 불렀다. 아이히만은 심지어 유대 민족에게 사과를 하기도 했지만, "이런 잔학한 행위에 연루되었던 것이 저의 불행이었습니다. 하지만 이 범죄 행위들이 저의 의지에 의해서 행해졌던 것은 아닙니다. 사람들을 죽이는 것이 저의 의도는 아니었습니다"라고 해명했다. 어떤 명령이 떨어지든, 그는 무조건 따른다는 말인가…?

재판이 있기 6년 전인 1956년, 아이히만은 아르헨티나에서 그르렁거리는 목소리로 빌렘 자센에게 다음과 같이 말했다. "내가 강제수용소의 지휘관의 직무를 수행해야 했다면, 나 역시 달리 행동하지 않았을 것이다. 유대인을 독가스로 죽이고 사살하라는 명령을 받았더라도 나는 그 명령을 수행했을 것이다."

1961년 12월 11일 금요일 8시 21분, 모세 란다우 판사는 히브리어로 판결문을 낭독했다. "Beit Din Seh Dan Otcha Limita. 본 법정은 당신에게 사형을 선고합니다." 전직 친위대 중령은 꼿꼿하게 표정 하나 변하지 않은 채, 피곤한 듯이 커다란 방탄 유리 상자 안에 서 있었다. 란다우는 낮은 목소리로 다음과 같이 덧붙였다. "숨이 끊어질 때까지 당신은 목매달려 있을 것이오." 아이히만은 15개 기소 항목 모두에 대해 유죄 판결을 받았다.

아이히만은 자필로 이스라엘 대통령 벤 지비에게 사면을 청원했지만 소용없었다. "이 사람의 행위에 대해서는 어떠한 사면도 이루어지지 않을 것이다!" 아이히만은 최후의 시간들을 텔아비브에 있는 람레흐 감옥에서 보냈다. 라피 아이탄은 아르헨티나에서 이스라엘로 납치해 온 그 남자를 다시 한 번 볼 기회를 얻었다. "그는 교수대로 떠나기 전에 나를 바라보며 독일어로 몇 마디 건넸다. 교도소 부소장이 번역한 바에 따르면, '너희들 모두 곧 나를 뒤따르게 되기를 바란다'는 뜻이었다. 그는 아주 태연하게 교수대로 걸어갔다."

1962년 6월 1일, 3명의 사형 집행인이 이스라엘 역사에서 처음이자 마지막인 사형 선고를 집행했다. 수백만 명의 생명을 앗아간 사람의 경력이 텔아비브 근교 람레흐 감옥의 사형수용 감방에서 종지부를 찍었다. 처형을 목격한 공식 증인들을 제외하고는 누가 교수대 아래에 있는 발판을 꺼지게 만들었는지 알 수가 없었다. 그의 유언은 다음과 같았다. "독일이여 영원하라. 아르헨티나여 영원하라. 오스트리아여 영원하라. 이 세 나라는 나와 밀접한 관계를 맺었던 나라들이다. 나는 결코 이 나라들을 잊지 않을 것이다. 내 아내와 아이들 그리고 친구들에게 안부 인사를 전

그는 교수대로 떠나기 전에 나를 바라보며 독일어로 몇 마디 건넸다. 교도소 부소장이 번역한 바에 따르면, "너희들 모두 곧 나를 뒤따르게 되기를 바란다"는 뜻이었다. 그는 아주 태연하게 교수대로 걸어갔다.

라피 아이탄, 아이히만 납치 작전 책임자

그는 무기징역형을 언도받고 어느 시점에 석방될 수 있을 것이라고 바랐을 겁니다. 아시다시피 저는 항상 사형 선고에 반대했습니다. 이런 경우에는 진정한 "무기징역"을 선고하는 것에 언제나 찬성할 것입니다.

시몬 비젠탈, 나치 추적자

독일이여 영원하라. 아르헨티나여 영원하라. 오스트리아여 영원하라. 이 세 나라는 나와 밀접한 관계를 맺었던 나라들이다. 나는 결코 이 나라들을 잊지 않을 것이다. 내 아내와 아이들 그리고 친구들에게 안부 인사를 전한다. 나는 전쟁법을 준수하고 국가의 부름에 따라야 했다. 나는 이제 준비되었다.

아이히만, 사형 직전

한다. 나는 전쟁법을 준수하고 국가의 부름에 따라야 했다. 나는 이제 준비되었다.”

아이히만의 시신은 법정 의사가 죽음을 확인할 때까지 한 시간 동안이나 교수대에 매달려 있었다. 그의 시신은 화장되었고, 유골은 지중해에 뿌려졌다. 그를 기억할 수 있는 그 어떤 것도 남아 있어서는 안 되었다.

히틀러 청소년단원

우리는 반유대주의적 견해가 보편적으로 받아들여지던 시대의 아이들이었다.

모든 사람은 자신의 운명을 타고난다. 나는 나의 운명을 타고난 것이다.

잘못된 인상을 주지 않게 밝히자면, 그 당시에 나는 확고부동한 반유대주의자였고 오랫동안 반유대주의자로 남아 있었다.

양심이 깨어 있는 순간이 있었지만, 그 모든 것이 국가의 비약적 발전이라는 거대한 생각 앞에서 자취를 감춰 버렸다.

독일 청소년단은 히틀러가 독일 민족과 유대 민족에게 행한 일에 대해 책임이 없다.

청소년단은 유대인 학살에 대해 아는 바가 없었고, 그들은 이런 범죄를 원하지 않았다.

권력은 사람을 사악하게 만든다. 무제한의 권력을 견뎌낼 수 있는 성자와 같은 인간은 없다.

나는 히틀러를 믿었다.

우리 죄는 대개의 경우 법적인 잣대를 들이대기 어렵다.

쉬라흐

당신은 내게서 배우시오!

히틀러가 대학생 쉬라흐에게

내 할아버지는 대량 학살과 전혀 관련이 없다.

에바 폰 쉬라흐, 손녀 1997년

쉬라흐는 예술적 소질이 있었지만, 내가 보기에는 세상과 유리된 사람이었으며, 기본적으로 조직하는 임무와는 거리가 먼 사람이었다.

레나테 로스-라테, 콜린 로스의 딸

발두어 폰 쉬라흐가 조금은 귀족적이라는 소문이 돌고 있었다. 귀족의 이름 앞에 붙는 수식어 "폰"과 미국인과 친척 관계라는 배경은 우리들에게는 좀 과한 것이었다.

하르트만 라우트바허, 쉬라흐의 권한 대행

쉬라흐는 12년 동안 독일 청소년단을 교육시켰다. 어떤 남자가 붉은 색 치마를 입었거나, 어머니가 폴란드인이거나 매부리코를 가졌을 경우, 그 사람을 향해 경찰견처럼 달려들도록 젊은이들을 교육시켰다. 또는 아주 간단하게 위에서 "붙잡아, 붙잡아!"라고 외치면 달려들도록 훈련시켰다.

페터 폰 찬, 전 종군기자

나는 그를 개인적으로 만나 본 적은 없다. 신문에서 그의 사진을 보거나, 기회가 있으면 그의 연설을 들었다. 그가 특별히 어떤 매력이 있었다거나 우리에게 감명을 주었다는 기억이 내게는 없다. 그러나 그는 정말 넘버원이었고, 권력의 핵심에 가까이 있었으며, 그렇기 때문에 중요한 사람이었다.

한스-요헨 포겔, 독일 사민당 정치가이자 과거 히틀러 청소년단원

그는 약간 비만이었고, 전혀 운동을 하지 않는 사람이었다. 하지만 그의 아이디어는 어떤 식으로든지 우리를 열광하게 만들었다.

카를-하인츠 뮐러, 과거 히틀러 청소년단원

발두어 폰 쉬라흐는 우리들의 본보기였다. 우리들끼리는 "이분이 우리가 모범으로 삼고 따르려는 그 사람이다"라고 말하곤 했다.

클라우스 마우엘스하겐, 과거 히틀러 청소년단원

아돌프 히틀러는 언젠가 한 연설에서 "우리는 그레이하운드처럼 빠르고, 크룹사에서 만든 강철처럼 단단하고, 가죽처럼 질겨야 한다"라고 말했다. 하지만 발두어 폰 쉬라흐 같은 사람은 그렇지 못했다.

발터 괴르겐, 과거 히틀러 청소년단원

쉬라흐는 정신적인 면에서 우리에게 많은 것을 전달했다. 그는 스포츠나 신체적인 면보다 이데올로기적인 면을 강조했다. 우리에게는 그것이 종종 지루하곤 했다.

클라우스 마우엘스하겐, 과거 히틀러 청소년단원

쉬라흐는 세상에 부여된 법칙들이 붕괴된 세계에서 살았다. 파시스트적인 통치에서 가장 본질적인 요인들 중 하나는 지킬 수 없는 법칙을 세우고, 이데올로기에 합당한, 하지만 대부분은 정권의 안녕에 합당한 법칙들을 세운다는 것이다. 이런 의미에서 볼 때, 쉬라흐 씨는 매우 성공한 사람이었다. 그는 이전보다 더 잘 지냈으며, 그의 가족 역시 아무런 문제없이 잘 지냈다. 그리고 나는 그가 단지 한 명, 10명, 100명 혹은 수십만 명의 유대인 희생자를 생각했다고 믿지 않는다. 그는 결코 그들을 떠올리지 않았다.

파울 그로츠, 빈의 유대인 공동체 책임자

그는 분명 시스템의 일부에 불과했고, 그는 분명 그 당시 지배자들의 생각에 단단히 영향을 받았다. 그는 이 국가철학을 전파하는 데 동참한 사람이었고 – 단순히 참가한 사람이라고 한다면 틀린 표현일 것이다 –, 분명 훗날 있을 일에 대해 두려워하고 있었다.

게르하르트 카스텔리치 박사, 빈

쉬라흐는 최상위 그룹에 속한 사람은 아니었다. 그는 전체 지도부에서 두 번째 그룹에 속한 사람이었다. 괴벨스는 언제나 쉬라흐보다 서열이 앞섰고, 괴링도 마찬가지였다. 심지어 몇몇 대관구 관구장들이나 노전사들도 쉬라흐보다 서열이 앞서곤 했다.

발터 괴르겐, 과거 히틀러 청소년단원

총통께서는 쉬라흐에 관해서 더 이상 알고 싶어 하지 않으셨다. 쉬라흐는 약해 빠진 사람이고, 수다쟁이이며, 심오한 정치적 문제에 있어서는 어리석기 짝이 없는 사람이다. 만약 그의 후임자가 있다면, 차라리 오늘 그를 빈에서 소환하는 것이 나을지도 모른다.

괴벨스의 일기, 1942년 8월 21일

참고: 이 장에서 언급되는 쉬라흐의 발언은 요헨 폰 랑과의 인터뷰(1966)나 그의 회고록 『나는 히틀러를 믿었다』(1967)에서 발췌, 인용한 것이다.

총통 각하께

이것은 당신과 저를 이어주는 진실입니다.
저는 당신을 찾았고 조국을 발견했습니다.

저는 무한한 공간에서 떠도는 잎새였습니다.
이제 당신은 저의 고향이고 저의 나무입니다.

당신의 뿌리에서 솟아나는 힘이 아니었다면,
저는 바람이 부는 대로 멀리 날아가 버렸을 것입니다.

당신이 바로 민족이기 때문에 저는 당신을 믿습니다.
당신이 독일 민족의 아들이기에
저는 독일을 믿습니다.

발두어 폰 쉬라흐

뉘른베르크 법원 건물 안 대형 홀의 불이 꺼진다. 갑자기 모든 속삭임과 웅성거림이 잠잠해진다. 이 공간에서 나는 유일한 소음은 법정 벽면에 설치된 스크린에 경악스러운 장면을 비쳐 주고 있는 영사기가 돌아가는 소리뿐이다. 이전에는 전혀 본 적이 없는 영상들이 스크린을 채우고 있다. 산더미처럼 쌓인 시체, 굶주려 여윈 모습의 사람들, 머리를 민 여자들, 초점을 잃은 아이들. 전율스럽고 비참한 장면들이 피고인의 짙은

색 안경에 반사되고 있다. 흐린 조명등 불빛에 비친 그의 얼굴은 경직되어 보인다. 쉬라흐 앞의 법정 바닥에는 법원의 심리학자가 쭈그리고 앉아 그의 모든 움직임과 심리 상태를 기록하고 있다.

과거 독일제국 청소년단 지도자이자 빈 대관구 관구장 겸 제국방위위원회 위원이었고, 지금은 뉘른베르크 전범 재판에서 주 피고인들 중 한 명인 발두어 폰 쉬라흐는 심적으로 심하게 흔들리고 있는 게 분명하다. 그는 정말로 놀라고 있는 것이다. 여기서 그가 보고 있는 것은 충격 그 자체이다.

며칠 전, 그는 과거 공군 원수였던 괴링과 샤워장에서 대화를 나눌 때에도 심드렁하게 다음과 같이 말한 바 있다. "이 모든 것이 단지 여론 조작을 위한 재판일 뿐입니다. 우리 모두가 다 같이 재판을 거부하는 것이 가장 현명한 방법이 아닐까요." 하지만 지금 그는 처음으로 회의감을 느끼고 있다.

108차 공판일에 과거 아우슈비츠 강제수용소 지휘관인 루돌프 회쓰가 고소인의 증인으로 소환된다. 이 수용소 지휘관은 공장에서와 같은 완벽한 절차에 따라 수백만 명의 남자와 여자 그리고 아이들을 살해했다고, 세세한 부분까지 회계 담당자처럼 치밀하게 기술한다. 쉬라흐는 며칠 밤을 그의 감방 나무 침상에서 잠을 이루지 못한다. 마침내 그는 중대한 결심을 내린다. 이 피고인은 자신의 심문에 임하면서, 이전에는 판단할 권한이 없다고 부인했던 연합국 재판관들에게, 만약 당신들이 "그들의 목을 모두 치라!"고 요구하더라도 당신들을 나쁘게 생각하지 않을 것이라고 밝힌다. 히틀러가 가장 신뢰한 가신 집단에 속한 이 남자가 센세이셔널한 자백을 한 것이다.

"저는 히틀러에 대한 신념과 그에 대한 충성심에서 이 세대를 교육시켰습니다. 제가 조직했던 청소년 운동은 나름대로의 의미를 지니고 있었습니다. 그것은 우리 민족과 청소년들을 위대하고, 자유롭고, 행복하게 만들어 줄 총통에게 봉사하는 것을 의미합니다. 저와 함께 수백만의 젊은이들은 그것을 믿었고, 국가사회주의에서 청소년 운동의 이상을 발견했습니다. 많은 젊은이들이 이 이상을 위해 스러져 갔습니다. 수백만 명을 살해한 죄인인 히틀러를 따르라고 청소년을 가르친 것이 저의 죄입니다. 저는 그 사람을 믿었습니다. 이것이 제가 면책받기 위해 드릴 수 있는 진술의 전부입니다."

뉘른베르크 재판에서 유죄 고백을 함으로써 성공의 날개를 단 듯 보였던 그의 경력은 결정적인 종지부를 찍게 되었다. 히틀러의 측근들 중에서 최연소인 그는 오랫동안 독재자의 후임자로 거론되었다. 어느 누구도 그처럼 제국의 젊은이들을 그의 스승인 히틀러의 충실한 추종자로 만들지는 못했다. 그는 히틀러에게 독일에서 가장 위대한 청소년 단체를 조직할 것을 약속했다. 그가 자신의 이름을 걸고 조직하겠다고 다짐한 거대 조직의 회원 수는 결국 세계 기록을 수립할 정도에 이른다. 그가 한 세대 전반에 걸쳐 구세주로서 칭송한 한 남자를 범죄자로 인지했을 때는 모든 것을 되돌리기에는 이미 늦은 시기였다. 그는 교육 기법에 정통했고, 어떻게 해야 청소년들을 한 가지 이념에 열광하게 만들 수 있는지 아는 사람이었다. "물론 청소년들은 언제나 약간의 자폐적 성향과 자기애를 가지고 있다"고 쉬라흐는 나중에 언급한 바 있다. "사람들이 청소년들에게 박수를 보내고, 그들을 존중하고 부각시킨다면, 그들은 그것에 대해 감사함을 표할 것이다."

"여러분은 독일의 미래입니다"라는 슬로건을 기치로 이 청소년단 지도자는 소년들을 모집했다. 하멜른의 피리 부는 사나이를 따라간 아이들의 전설처럼, 그들은 그의 약속을 믿고 파멸의 길로 따라갔다. 그 당시 "독일소녀동맹"의 일원이었던 잉게보르크 젤테는 "우리는 엘리트가 될 운명이며, 지도적인 민족, 세계를 지배할 준비가 된 능력 있는 민족으로 운명 지워져 있다. 만약 당신이 14살 소년에게 그런 말을 한다면, 그는 그 말을 믿을 것이다"라고 회상하고 있다. "젊은 세대 전체가 기만당했다. 그들은 청소년 시절을 빼앗겼으며, 대부분은 그들의 삶도 빼앗겼다."

쉬라흐가 원했던 결과가 이런 것이었을까? 그가 추구했던 목표는 "총통"의 침략 전쟁을 위한 총알받이를 공급하는 것이었을까? 아니면 그는 열광적으로 환영을 뒤쫓던 기만당한 이상주의자였을까? 발두어 폰 쉬라흐는 히틀러의 하수인 군상에서 광적인 집행인이라는 이미지와는 그리 잘 맞지 않는다. 그는 괴벨스의 악마적 행위, 멩겔레의 잔인한 행위 또는 아돌프 아이히만의 회계적인 철저함을 갖고 있지 않았다. 괴테와 더불어 히틀러를 주저 없이 모범적인 인물로 거명했던, 처세에 능하고 교양을 갖춘 지식인인 그는 스스로 괴테의 "마법사 제자" 역에 빠져들었다. 스승의 천재성에 대해 확신했던 그는 정령들을 불러내고는 그 정령들로부터 벗어나지 못했는데, 이를 알아차렸을 때는 모든 것이 끝난 뒤였다.

쉬라흐가 대중 선동가라는 선구적 자질을 처음부터 타고난 것은 아니었다. 예술적 소질을 갖춘 그는 유복한 상류 시민 출신으로서 코스모폴리탄적 사고방식을 지닌 부모 사이에서 태어났는데, 양가 집안은 그에게 당시로서는 평범하지 않은 세상을 경험하게 해주었다. 쉬라흐의 어머니인 엠마 미들턴은 필라델피아 출신의 부유한 미국인이었다. 또한 쉬라흐의 아버지인 카를 베일리 노리스 폰 쉬라흐도 조상이 미국인이었다. 쉬라흐 집안 사람들은 집에서는 영어로만 대화를 나누었다. 5살이 되어서야 발두어는 독일어를 접하게 되었다. 그들의 귀족 칭호는 합스부르크 왕가 시대로 거슬러 올라간다. 쉬라흐의 선조 중 한 명이 오스트리아의 여황제인 마리아 테레지아로부터 문학 분야에 대한 공로로 작위를 하사받았고, 그로 인해 상류 사회로 진입하게 되었다.

발두어 폰 쉬라흐는 1907년에 베를린에서 태어났다. 그가 채 두 살이 되기도 전에 그의 가족은 바이마르로 이사를 했다. 과거에 프로이센 왕국에서 중갑기병연대 장교를 역임했던 그의 부친이 그곳에 있는 궁정극장의 극장장 자리를 맡게 되었기 때문이다. 독일 고전주의의 탄생지에서 예술적 집안의 영향을 받고 자란 어린 발두어는 일찍부터 문예 애호가로 성장하게 되었다. 이미 어려서부터 그는 시작詩作과 바이올린을 배우기 시작했다. 한동안 그는 음악가가 되려는 생각을 품기도 했었다.

쉬라흐 집안에서는 프로이센 식의 권위적인 교육 방식을 중시하지 않았다. 오히려 "자유방임주의"를 더욱 중시하였다. 그럼에도 불구하고 그의 부모는 이 소년이 기초적인 일반 교양을 섭렵하는 데 신경을 썼다. 10살 때, 그는 튀링엔 주 바드 베르카에 있는 삼림 교육 학교에 다녔는데, 그 학교에서는 교육 개혁가인 헤르만 리츠의 사상에 따라서 아이들을 교육시키고 있었다. 교육자들은 예전의 "반더포겔Wandervogel"[1895년에 설립된 청년 도보 여행 장려회: 옮긴이]의 전통에 따라 대도시의 "유해한 영향"으로부터 멀리 떨어진 곳에서 젊은이들에게 독립성과 자의식을 함양시키는 것을 목표로 삼고 있었다. 리츠에 의하면, "체력 단련과 인성 교육은 지식 전달과 동등한 권리"를 가져야 했다. 이 공동체에서는 학생과 교사가 서로 말을 놓고 지냈으며, 고학년 학생들에게 저학년 학생들을 책임지도록 격려했다. "청소년은 청소년이 이끈다"는 전원 학교[학생들의 공동생활에 교육의 중점을 둔 기숙학교: 옮긴이]의 이념은 쉬라흐에게 믿음을 주었는데, 이 이념은 나중에 그의 교육 수단으로 사용되었다.

근심 걱정 없던 발두어의 유년 시절은 1919년에 갑작스럽게 큰 변화를 맞이한다. 제1차 세계대전에서의 패전의 여파가 쉬라흐 가족을 내버려두지 않았다. 발두어보다 7살 위인 형 카를이 자살로 생을 마감했다. 제1차 세계대전이 시작된 이후, 그의 형의 원대한 꿈은 프로이센의 장교로서 전사 신화를 계속 이어나가는 것이었다. 황제의 퇴위와 바이마르의 국민회의에서 결의된 베르사유 조약의 수용으로 인해 모든 것이 끝나버렸다. 카를은 작별 편지에서 "저는 독일의 불행을 견뎌낼 수가 없습니

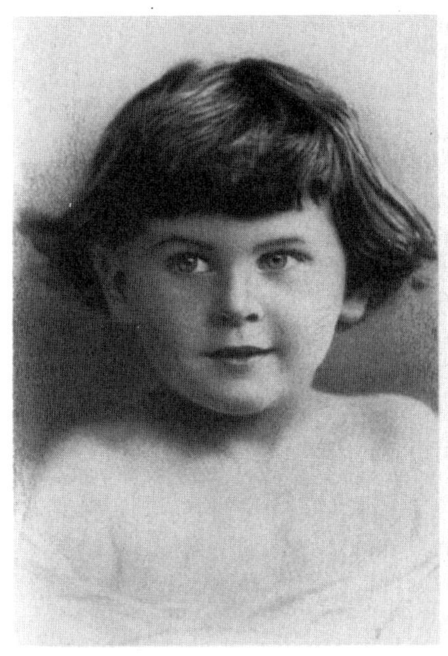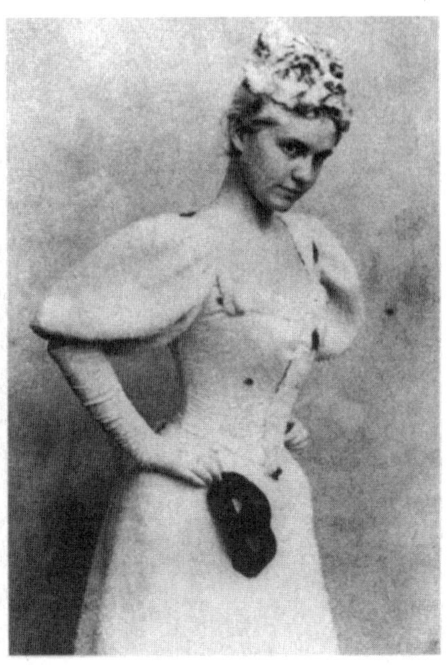

왼쪽: "모국어는 영어…"
2살 때의 발두어 폰 쉬라흐(1909년)

오른쪽: "미국이라는 모범적인 나라에 확신을 갖고 있는…"
엠마 폰 쉬라흐, 처녀 때 성은 미들턴, 필라델피아에서(1890년경)

발두어의 부모님은 미국 태생이었다. 그의 어머니는 뉴욕에서 태어났고, 그의 친할머니는 볼티모어 출신이었다. 쉬라흐 일가 중 한 사람은 미국군 소령이었는데, 번쩍이는 검을 차고 조지 워싱턴의 관을 지키는 위병소에 근무했다. 세계 일주 항해자인 프랜시스 드레이크 경이 그의 선조였다.

헨리에테 폰 쉬라흐, 『영광의 대가』, 1975년

다"라고 썼다. 황제에 충성스런 그의 집안에서는 공화국을 탐탁치 않게 여겼는데, 사랑하던 형의 죽음으로 인해 그 공화국에 대한 쉬라흐의 반감은 더욱 강화되었다. 새 정부에 의해 아버지가 극장장 직에서 치욕스럽게 면직당한 것은 쓰라린 현실을 확인시켜 준 사건이었다.

하지만 이런 정치적 사건들로 인해 그의 가족이 궁핍해지거나 불행해지지는 않았다. 쉬라흐 집안은 여전히 부유했기 때문이다. 발두어는 바드베르카의 기숙학교에서 바이마르로 돌아왔고, 집에서 가정 교습을 받았다. 부친의 해고에도 불구하고, 쉬라흐 가족은 바이마르의 예술적 삶의 중심지인 가르텐 가街에서 살고 있었다. 예술가, 가수, 배우, 시인 그리고 음악가들이 그의 부모님이 여는 사교계 모임에 드나들었다.

신생 공화국이 탄생하는 정치적 진통 과정은 쉬라흐 집안의 아들에게 예술적인 소일거리와는 아주 다른 새로운 면을 보여 주었다. 흥분한 노동자들과 민족주의 의용군 사이에 싸움이 벌어질 경우에 어느 편에 동조할지, 그 당시의 그에게는 추호도 주저할 이유가 없었다. "튀링엔에서 우리 모두는 칼이 우리 목을 겨누고 있다는 느낌을 받았다. 우리가 스스로를 방어하지 못했다면, 공산주의자들이 우리를 무자비하게 학살했을지도 모른다."

그와 같은 투쟁적인 동기에 고무된 17세 소년은 "비합법적인 검은 제국방위군"[베르사유 조약에 따른 독일군 병력 축소에 대항하여 조직된 준군사 조직: 옮긴이] 장교들이 이끌던 민족방위연맹인 "크나펜샤프트"에 가입했다. 자신의 본보기가 되는 인물을 찾던 발두어에게 먼저 제1차 세계대전의 영웅인 에리히 루덴도르프가 그 대상으로 떠올랐다. 그러나 이 낡은 우상은 무언가를 찾고 있는 학생의 삶 속에 마치 한 줄기 빛처럼 등장한 떠돌이 정치 연설가에 의해 곧 뒤켠으로 밀려나고 말았다.

아돌프 히틀러가 란츠베르크 성채 구금에서 석방된 직후인 1925년 3월에 바이마르에서 선전 활동을 다시 시작했을 때, 발두어는 강당 경호를 위해 파견되었던 크나펜샤프트 소속이었다. 뒷방에서 들리는 대중 선동가의 목소리가 이미 그를 마력처럼 이끌고 있었다. "그것은 깊고 쉰 목소리였는데, 마치 첼로 소리처럼 들렸다. 악센트가 낯설게 들린 탓에 그의 말은 귀 기울여 들어야만 했다"고 훗날 쉬라흐는 회상했다. 그의 마력에 사로잡힌 쉬라흐는 히틀러가 베르사유 조약에 반대하며 쏟아낸 증오의 장광설을 주의 깊게 들었다. 여기에 제1차 세계대전에 참전한 무명용사가 정직하고 사욕 없이 서 있다고 그는 자신의 이상형을 미화시켰다. 드디어 조국의 미래를 위하여 정치에서 말로만이 아닌 행동으로 나선 한 사람을 발견한 것이었다. 그는 자신의 생명을 걸고 펠트헤른할레[Feldherrnhalle[뮌헨의 오데온 광장에 위치한 건물로서 1923년 11월 9일 국가사회주의자들의 행진 목적지: 옮긴이]를 향해 행진을 감행한 혁명가였다. 그렇게 젊은 쉬라흐의 영웅이 만들어졌다. 집회가 끝난 뒤에 개인적으로 당지도자에게 자신을 소개하게 되었을 때, 그에게 뜻밖의 행운이 찾아왔다는 느낌이 들었다. 히틀러는 오랫동안 그의 손을 잡고 그를 똑바로 쳐다보았다. 히틀러를 존경하게 된 그는 집으로 돌아와 다락방에서 충성의 맹세를 담은 비장한 시를 지었다.

당신은 우리에게 손을 내밀고 시선을 주었네,
그 시선을 받은 젊은이의 심장은 아직도 요동치고 있네.
이 순간이 우리의 삶을 지배하고
경이로운 행운으로 언제나 우리와 동행할 것이네.

뜨거운 맹세가 가슴속에 살아남아 있네
당신은 우리에게 이유 없이 손을 내밀지는 않았으리!
우리는 조국의 운명을 통해 이어진
숭고한 목표를 추구할 것이네.

그들이 당신의 권리를 박탈하고 배신한다 하더라도,

당신에게 분노하고 침을 뱉는다 할지라도,

위대한 행위의 순수함이 당신을 보호할 것이네.

하지만 그들은 우리에게서 단 한 가지는 앗아가지 못하리니,

그것은 우리가 충심으로 당신을 믿고 있다는 사실,

당신은 독일의 미래이기 때문에, 당신만이!

히틀러를 향한 그의 끝없는 숭배, 계속해서 신과 비교했던 한 사람에 대한 신앙에 가까운 믿음을 쉬라흐는 쓰라린 종말을 맞이할 때까지 버리지 않았다. 그는 "신도神道[일본의 민족 신앙: 옮긴이]가 일본 왕과 조상 그리고 민족에 대한 숭배를 요구하듯이, 국가사회주의 신앙은 첫째는 총통에 대한 숭배, 둘째는 민족과 선조에 대한 숭배를 요청할 수 있다"고 제안한 적이 있었다. "총통에 대한 신앙 고백이 최우선이 되는 한에서" 국민은 다양한 종교공동체의 신자가 될 수 있다. 쉬라흐는 훗날 히틀러를 위한 영혼의 사냥꾼으로 봉사하기 위해 그에게 자신의 영혼을 바쳤다.

이 몽상가는 당과 돌격대에 가입하기 위해 그의 18번째 생일까지 기다릴 수가 없었다. 바이마르의 김나지움에서 고등학교 졸업 시험을 마친 뒤에 그는 진로를 정해야 했다. 그의 부모님은 그가 스스로 선택하도록 맡겼다. 히틀러는 바이마르를 방문했을 때 그에게 다음과 같이 조언했다. "뮌헨에 있는 나에게 오시오, 우리는 당신과 같은 사람을 필요로 합니다." 발두어는 그의 요청에 따르기로 결정했다. 히틀러가 있는 곳에 그 역시 있고자 원했다.

쉬라흐는 이미 오래전부터 그의 스승의 정신세계에 대해 잘 알고 있었다. 그는 히틀러의 『나의 투쟁』을 한 줄 한 줄 꼼꼼히 공부했다. 그는 나

중에 "우리는 성경처럼 이 책을 거의 암기하다시피 했다"고 고백했다. 쉬라흐는 나중에 히틀러가 그의 팸플릿에서 노골적으로 피력했던 세계 정복 계획과 유대인에 대한 뼈에 사무친 듯한 증오를 특별히 진지하게 받아들이지는 않았다고 주장했다. 또한 주장하기를, 몇 년 뒤에 그가 히틀러에게 이 부분에 대한 생각을 묻고 답을 들었는데, 언젠가 책임 있는 자리에 있게 된다면, 그런 내용들은 책에 쓰여진 것에 불과하며 구속력이 없다고 답했다는 것이다.

쉬라흐는 다음과 같이 회고하고 있다. "나로 하여금 히틀러에게 그토록 빠지게 만들었던 것이 바로 그것이었다. 그 당시에 그는 아직 권력을 잡지 못했지만, 이미 그의 구상 속에는 독일의 패권에 대한 생각이 담겨 있었고, 그는 스스로를 세계 강대국들의 동반자로 생각했고, 세계 지배와 관계있는 전반적인 문제들을 거의 연습 문제나 모래 놀이처럼 가볍게 다루었다. 스무 살을 갓 넘긴 나에게는 당연히 이런 점들이 그 일에 참여하도록 만드는 데 엄청난 매력으로 작용했다. 히틀러 자신뿐만 아니라 나 또한 그가 권력을 장악할 것이라고 확신했다. 그가 정권을 잡게 된다면, 우선 히틀러는 국내 정치에서 실업 문제를 해결할 것이고, 그 다음으로 민족들 간의 거대한 콘서트인 외교 무대에서 화음을 조율하는 제1바이올린 연주자처럼 문제를 해결해 나갈 것이다."

쉬라흐는 이 콘서트에 동참하기를 원했다. "엉킨 문제를 해결하는" 일이라면 그는 기꺼이 참여하려고 했다. 무엇이 문제인지 그는 들어서 알고 있었다. 왜냐하면 "설령 우리가 잘 나가는 집안, 어쩌면 너무나 좋은 집안 출신이라고 하더라도, 우리는 이 민족방위연맹에 소속됨으로써 실업 상태에 있는 수많은 젊은 동료들과 같이 지내게 되었다. 우리는 이 젊은이들이 처한 곤경을 잘 알고 있었기" 때문이다.

발두어는 1927년에 뮌헨으로 이사해 집을 얻었고, 곧바로 그의 부친과의 친분 관계를 이용해서 그 도시의 영향력 있는 상류 사회의 사교 모임에 출입하게 되었다. 대학에서 그는 그가 좋아하는 분야인 영문학과 독문학 그리고 예술사를 신청했다. 그리고 그가 말했듯이, 사고의 지평을 넓히기 위해 별도로 이집트학을 수강했다. 졸업은 전혀 염두에 두지 않았다. 무엇보다도 당이 그의 우선 관심사였다. 쉬라흐는 자신에게 당 사무실에서 간단한 문서 작업을 도와줄 것을 부탁했던 "총통" 비서 루돌프 헤쓰를 통해서 당과 첫 접촉을 갖게 되었다.

그러나 쉬라흐는 더 높은 목표에 도달하기 위해 노력했다. 대학에는 거의 등록하지 않은 채, 그는 그 당시 분열된 당의 정치적 상황을 인식하지 못하고 있던 뮌헨 대학의 국가사회주의 성향의 소규모 학생 집단들을 새로 조직하는 데 심혈을 기울였다. 발두어가 확신을 가지고 있었던 점은 단 한 사람만이 갈색[나치의 상징 색: 옮긴이] 운동에 대학생들을 끌어들일 수 있다는 것이었다. 그 사람이 바로 히틀러였다.

어느 날 막시밀리안 거리를 산책하던 중에 우연히 히틀러를 만났을 때, 쉬라흐는 용기를 내어 그에게 말을 걸었다. 히틀러는 바이마르 출신의 이 젊은 숭배자를 알아보고는 자신의 집으로 초대했다. 쉬라흐는 그에게 대규모 학생 집회를 개최할 것을 열성적으로 제안했고, 그 집회에서 당 대표로서 연설해 줄 것을 건의했다. 하지만 히틀러는 회의적인 반응을 보였다. 그는 언젠가 청년-대학생의 10분의 1 이상을 국가사회주의 독일노동당의 당원으로 만들 수 있다는 생각을 믿지 않았다. 게다가 학생들과 대화를 나누어야 한다는 생각 때문에 두려움을 느꼈다. 하지만 마침내 그는, 만약 쉬라흐가 "호프 브로이하우스"의 큰 홀을 꽉 채울 수 있다면, 그곳으로 가서 학생들에게 연설을 하겠다고 양보했다.

쉬라흐는 집회 참석자 모집 활동에 나섰고, 그에게 주어진 과제를 무사히 치러냈다. 행사가 시작되기 한 시간 전에 이미 행사장은 몰려든 인파로 꽉 들어찼다. 히틀러는 연설을 통해 학생들을 열광의 도가니에 빠트렸다. 쉬라흐는 이 대중 선동가의 영향력을 예견하고 있었다. "그 당

나는 히틀러가 국제 정치, 경제, 의회 정치와 혁명, 그리고 아리아인과 유대인에 관해서 쓴 모든 저술을 다 읽어 치웠다. 히틀러의 책은 나의 신조가 되어버렸다. 지금에서야 나는 그것이 독일에 재앙을 가져오는 계획이었다는 것을 알게 되었다.

쉬라흐의 자서전 『나는 히틀러를 믿었다』 중에서, 1967년

국가사회주의, 그것이 내게 의미한 것은 히틀러, 정치적 입장이 같은 사람들과의 동지애, 지위고하, 빈부귀천을 막론한 공동체였다.

쉬라흐의 자서전 『나는 히틀러를 믿었다』 중에서, 1967년

이미 1929/30년에 대학생들 중에서 국가사회주의자들이 다수를 차지한 대학들이 있었다. 그쉬라흐가 매우 적극적으로 참여했다는 사실은 잘 알려져 있다.

한스-요헨 포겔, 사민당 정치인이자 과거 히틀러 청소년단원

우리는 아직까지 우리의 입장을 상세하게 설명할 수 없지만, 우리는 그대로 믿었다. 히틀러의 『나의 투쟁』이 출판되었을 때, 회의론자들과 뛰어난 비평가들의 질문에 대답하기 위해 우리는 성경처럼 이 책을 거의 암기하다시피 했다. 오늘날 중요한 위치에서 청소년들을 지도하고 있는 사람들 모두가 이때 우리에게로 합류했다.

쉬라흐

시 대학생들은 대중 지도자들의 연설을 듣고 싶어 했다. 그들은 그런 대규모 정치 집회가 야기하는 집단 최면 상태에 노동 계층보다 더 쉽게 빠져들었다. 바로 그것이 그들의 생활 영역에서 모자란 부분이었다." 히틀러는 이런 집회를 통해서 교양 시민 계층으로부터도 주목을 받게 되었다.

쉬라흐에게는 그 집회가 돌파구 역할을 했다. 그는 선전 선동을 위한 틈새시장을 발견했다. 이때부터 쉬라흐는 그 시장에 대한 독점적 지위를 누리게 된다. 그것은 다름 아닌 청소년들을 모집하는 일이었다. 그는 곧바로 자신의 사부로부터 인정받을 수 있기를 기대했다. 히틀러는 정치적 감각을 증명해 보인 이 젊은 추종자를 높이 평가했다. 히틀러와 쉬라흐 사이에 빈번한 접촉이 이루어졌고, 상호 방문도 이어졌다. 가끔 출판인 브루크만의 살롱에서 만나기도 했는데, 브루크만은 휴스턴 스튜어트 체임벌린의 반유대주의 작품을 간행했던 사람이었다. 심지어 쉬라흐는 자신의 스승과 대화를 나누고 싶으면 언제라도 그에게 전화를 걸 수 있는 특권을 누리고 있었다.

이 역동적인 학생은 짧은 시간 내에 지지자들을 끌어모았으며, 이렇다 할 큰 반발 없이 뮌헨 학생 그룹의 지도부를 장악했다. 대학생 지도부의 요직을 둘러싼 다툼에서 쉬라흐는 나치학생연대의 지도자인 빌헬름 템펠과 갈등에 빠지기도 했다. 하지만 템펠은 히틀러가 자신을 지지하지 않는 것을 확인하고는 풀이 죽어 자리에서 물러났다. 이제 쉬라흐 앞에 놓여 있는 난관은 제거되었다. 그가 달갑지 않은 경쟁자들과의 싸움에서 이긴 것이 이번이 마지막은 아니었다. 수습할 길 없이 분열된 대학생연맹의 상황을 더 악화시키지 않기 위해서 히틀러와 헤쓰는 새로운 학생 지도자를 지정해 주기보다는 선거를 통해 뽑기로 결정했다. 1928년 7월 20일에 치른 선거에서 쉬라흐가 승리했다. 이로써 쉬라흐는 21세에 나치 대학생연맹 제국 지도자가 되었고, 국가사회주의 독일노동당의 지도부 자리에 올랐다. 이것이 가파른 출세가도의 시작이었다.

공화주의를 표방한 연방 정부가 어느 정도 현명했다면, 1932년 이전에 이미 모든 국가사회주의 운동을 와해시켰을 것이다.

쉬라흐, 요헨 폰 랑과의 인터뷰, 1966년

쉬라흐와의 대화에서 나는 그에게 다시 한 번 사회주의에 대해 분명하게 설명해 주었고, 그에게 대학생이라는 자존심 때문에 비롯된 헛된 생각을 그만두라고 말했다. 그가 그렇게 대학생연맹을 육성해서는 안 된다. 그대로 놔두면 단순한 학생 단체가 될 것이다.

괴벨스의 일기, 1931년 3월 17일

나는 여러 번에 걸쳐 골수 히틀러 추종자라고 말했다.

쉬라흐의 자서전 『나는 히틀러를 믿었다』 중에서, 1967년

총통은 선거에 관해 아주 재치 있고 기지 넘친 편안한 연설을 했다. 로젠베르크와 쉬라흐에 대해서 역정을 내시면서.

괴벨스의 일기, 1936년 3월 10일

하지만 이 시기에 쉬라흐에게는 그의 인생의 또 다른 전환점이 될 절호의 기회가 찾아왔다. 1928년 여름에 그는 필라델피아와 뉴욕에 있는 친척들을 방문하기 위하여 그의 어머니와 함께 미국으로 떠났다. 맨해튼의 고층 펜트하우스에서 재력 있는 월스트리트의 은행가인 그의 삼촌 앨프리드 노리스는 쉬라흐에게 자신의 회사에 들어오라는 매력적인 제안을 했다. 쉬라흐의 어머니는 그를 설득하려고 했다. 무한한 가능성이 열려 있는 이 나라에서 그녀는 아들의 황금빛 미래를 보았다. 하지만 발두어는 그 제안을 거절했다. 5월에 실시된 독일제국의회 선거에서 나치당이 패배했음에도 불구하고 쉬라흐는 단호했다. "나는 독일로, 히틀러에게로 돌아갈 것이다." 이 낭만주의자는 민족의 염원인 국가의 재탄생이 임박해 있다는 생각에 도취되었다. 히틀러의 사상이 그에게 전이되었다. 쉬라흐는 "그것을 그대로 믿었다."

쉬라흐에게는 이제 다음 목표가 눈앞에 분명히 보였다. 히틀러와 당을 위해서 대학들을 접수하는 것이었다. 그는 대학 정책에 대해서는 그다지 관심이 없었다. 그는 쉬지 않고 선전 활동을 했으며, 행진을 조직하고 전단지를 인쇄해 집회를 개최했다. 그 집회를 위해 쉬라흐는 『순수 민족 관찰자 *Völkischen Beobachters*』지[나치 당기관지: 옮긴이]의 편집장이자 당의 핵심 이론가인 알프레트 로젠베르크와 같은 당의 영향력 있는 인사들을 연사로 모셨다.

그는 당 간부직을 맡으면서 오래 전에 학업을 포기했다. 히틀러는 "당신은 내게서 배우시오!"라고 말하면서, 호의의 표시로 그의 어깨에 손을 얹었다. 그사이 히틀러도 나치 운동에서 학생들의 중요성을 인식했고, 새로운 추종자들을 모집하기 위한 노력의 일환으로 쉬라흐와 같이 이런저런 집회에 열심히 참석했다. 그 선전은 성공을 거두었다. 점점 더 많은 학생들이 국가사회주의자들에게 지지표를 던졌다. 당원 수는 급격히 늘어났다. 대학 캠퍼스 사이로 승리의 개선 행렬이 시작되었다. 그때마다 점점 더 많은 충돌과 소요, 그리고 도발 사태가 일어났다.

쉬라흐 또한 이 시기에 난폭한 행동을 일삼았고, 공화국과 의회 의원에 대해 가지고 있던 불만을 여과 없이 쏟아냈다. 1931년 7월 초, 그는 "베르사유 조약"에 반대하는 격렬한 연설을 하던 도중에 쾰른 대학교 앞에서 체포되었다. 체포 이유는 이 연설로 인해 소요가 발생했기 때문이었다. 이로 인해 그는 8일간 독방에 감금되었다. 법원은 이 평화 교란자에게 집행유예 3개월 형을 선고했다. 법원 건물 앞에서 수천 명의 지지자들이 "하일"[나치식 인사: 옮긴이] 구호와 〈호르스트 베셀의 노래〉[1930년부터 1945년까지 나치당의 당가였으며, 1933년부터 1945년까지 나치 독일의 국가이기도 했다: 옮긴이]로 방금 나온 그들의 순교자를 맞이했다. 마치 이 사건을 자신의 참된 투쟁가적 기질을 증명하는 계기로 삼으려는 듯, 자칭 "문예 애호가"인 쉬라흐는 나중에 "감옥이라는 시스템"에 떨어지게 되었던 이 에피소드를 즐겨 거론하곤 했다.

하지만 쉬라흐의 주변에는 반대자도 있었다. 모든 나치 학생 지도자들이 자신들에게 주어진 임무가 단지 국가사회주의 혁명을 위한 정치적 돌격대 역할을 수행하는 것뿐이라고는 생각하지 않았다. 그보다는 독일대학생연맹을 당을 정신적으로 이끄는 단체로 만들거나 대학 정책 문제를 논의하는 곳으로 만들기를 원했다. 쉬라흐가 추종자들을 늘리기 위해 선택된 소수의 부르셴샤프트Burschenschaft[대학생 학우회로서 1815년에 예나에서 처음으로 조직됨: 옮긴이] 조직에 독일대학생연맹 가입을 위한 문호를 열어놓은 것도 비판에 부딪히고 말았다. 쉬라흐에게 이 모든 문제는 부차적인 것이었다. 그래서 그는 "내게는 나치대학생연맹이 높은 지적 수준을 갖기보다는 오히려 전우처럼 다가왔으면 한다"는 히틀러의 말을 인용하면서 간결하게 답변했다. 조직화 작업 역시 잘 진척되지 않았다. 쉬라흐가 통제를 할 수 없는 지경에 이르렀다. 그는 지시 사항이 명확하지 않다든지, 조직 능력이 없다든지, 아니면 완전히 "무능력"하다든지, 지휘 방식이 완고하고 거만한 보스나 러시아 황제 스타일이라는 비난을 들었다. 이렇게 그를 반대하는 그룹이 형성되기 시작했다.

갑작스런 성공으로 인해 젊은 쉬라흐는 눈에 띄게 거만하게 바뀌었다. 그는 과대망상증 징후를 드러내고 있었다. 주최자에게 특별히 작성하도록 만든 "쉬라흐 집회를 위한 전제 조건들"에는 다음과 같은 내용이 있었다. "쉬라흐 동지의 연설이 끝난 뒤에 연설에 흥미를 느낀 당원들이 모두 쉬라흐 동지에게 질문을 던질 수는 없다." 그리고 "쉬라흐 동지는 항상 호텔을 숙소로 정한다. 민박집에서의 숙박은 사전에 명시적인 동의를 필요로 한다"는 내용이었다. 그런 월권 행위들은 어찌할 도리가 없다며 어깨를 들썩이며 받아들일 수도 있었다. 그렇지만 그가 전 독일 학생 대표들이 모인 집회에 나치 친위대의 에스코트를 받으며 승마용 채찍을 손에 쥔 오만한 모습으로 등장하여 히틀러를 흉내 내려고 했을 때, 격분한 학생 지도자들은 그의 파면을 요구했다.

청소년들로부터 "거리를 두는," "자제력 있는" 그리고 "싹싹한" 사람으로 묘사되었던 쉬라흐는 이 초창기 "투쟁 시기"에는 보헤미안적 삶에 경도되었다. 한 학생 집회에서, 그는 만취 상태에서 히틀러의 초상화에 손가락질을 해댔지만, 그에게는 아무런 일도 일어나지 않았다. 그가 저지른 무분별한 행동 중의 하나는 "크나펜샤프트" 출신의 옛 친구이자 바이마르에서 열린 히틀러의 첫 번째 연설회에서 함께 장내 정리인으로 일했던 한스 돈도르프와 관련이 있는데, 이 때문에 거의 결투까지 할 뻔 했다. 바이마르에서 "거나한 섣달 그믐날 밤"을 보낸 후에 쉬라흐는 돈도르프가 결혼하려고 했던 여자의 방을 찾아가서 "그녀와 성관계를 가졌다." 돈도르프는 제정신이 아닐 정도로 흥분했다. 하지만 쉬라흐는 자신의 행동이 타인의 명예를 훼손한 것이라고 인정할 생각이 전혀 없었다. 그래서 그에게 편지를 썼다. "너는 네가 마돈나로 사모한 그 작은 처녀 때문에 화가 난 것 같은데, 그녀는 한낱 평범한 계집일 뿐이다. 네가 실망한 것을 부당하게도 나에 대한 증오로 풀려는 것은 매우 어리석은 짓이다. 그녀가 너에게 정절을 지키고 있었는지 여부는 결국 그녀의 몫이고 양심의 문제였다. 네가 그녀와 약혼을 하지 않은 상태였기 때문에, 그녀와 나 사이에 문제가 될 것은 없었다. 이 편지를 보냄으로써, 마치 내가 이 에피소드에 어떤 깊은 의미를 두고 있는 것 같은 인상을 주고 싶지는 않다. 내게 그 작은 처녀는 즐기기 위한 하찮은 존재였다(심지어 나는 그녀의 이름조차 기억하지 못하고 있다!). 나는 네가 좀 더 성숙해지기를, 언젠가는 나처럼 이 모든 일을 웃어넘길 수 있기를 바란다." 돈도르프는 쉬라흐가 유대인 애송이처럼 굴고 있다고 그를 욕했으며, 이를 이유로 그의 친구 쉬라흐에게 권총 결투를 요구했다. 중재단이 그 싸움을 쌍방 간의 화해로 마무리했다.

1933년 이후에 일어났던 또 다른 돌발 사건은 쉬라흐가 경력을 쌓아가는 초창기에 얼마나 자제력을 상실하고 있었는지를 잘 보여 주고 있다. 쉬라흐는 자동차 경주자인 만프레트 폰 브라우히취가 자신의 부인을 모욕하는 말을 하고 다닌다는 얘기를 듣고는 그의 집에 쳐들어가서 승마용 채찍으로 폰 브라우히취를 "벌주었다." 쉬라흐는 그 일로 위자료를 지불해야만 했다.

학생연맹이 여러 대학에서 개선 행진을 계속해 나가고 곧 어디에서나 다수의 표를 획득할 수 있었음에도 불구하고, 광범위하게 형성된 적대자들이 그에 대한 공격을 개시했다. 히틀러에게 전달된 진정서에는 쉬라흐에 대한 비난으로 가득 차 있었다. 하지만 그의 열정과 충성심에 깊은 인상을 받은 히틀러는 그를 비호했다. 그는 학생 지도자들이 모인 집회에서 "우리의 일이 비약적인 발전을 하고 있기 때문에, 지적으로 교양 수준이 높은 지도자들을 가르치는 데 투자할 시간이 없다. 폰 쉬라흐 동지는 우리의 과업이 무엇에 좌우되는지 잘 이해하고 있다. 즉, 전적으로 광범위한 대중 운동에 달려 있다는 점을 잘 알고 있다. 나는 나의 모든 권위를 동원하여 쉬라흐를 도울 것이다. 나는 이 젊은 동지보다 더 사려 깊고 충직한 동료를 알지 못한다. 나는 쉬라흐를 위기에 빠뜨리기보다 그를 지지할 것이다"라고 말했다. "총통"이 입장을 밝힘으로써 반대 그룹은 와해되고 말았다.

히틀러의 후원을 등에 업은 쉬라흐는 위기를 돌파하는 데 성공했다. 즉, 1931년 7월에 오스트리아 그라츠에서 열린 학생의회에서 쉬라흐 측 대표인 나치 소속의 발터 리에나우가 독일대학생연맹 의장으로 선출되었다. 그날 밤에 쉬라흐는 뮌헨에 있는 그의 주군이자 스승에게 이 성공적인 결과를 보고했다. 히틀러는 그 보고에 고무되었다. "앞으로 있을 협상에서 발언할 수 있다는 사실이 내게 무엇을 의미하는지 당신은 결코 알 수 없을 것이다. 그것은 젊은 지식인들 다수가 나를 지지한다는 것을 의미하는 것이다."

대학들이 국가사회주의자들의 수중에 떨어졌다. 쉬라흐가 대학 정책에 "진저리를 내고 있는" 것은 차치하더라도, 그가 이제 대학에서 더 이상 얻을 것은 없었다. 따라서 그가 히틀러의 눈에 띌 수 있기 위해서는 새로운 영역이 필요했다. 그것은 새로운 도전이었다. 그의 다음 목표는 이미 정해져 있었다. 청소년을 정복하는 것이었다.

나치의 청소년 조직은 이미 존재하고 있었다. 그 조직은 작센 주 플라우엔에서 법대생 쿠르트 그루버의 주도하에 설립되었다. 1926년, 바이마르에서 열린 제1차 나치 전당 대회에서 나치 청소년 조직은 "히틀러 청소년단, 독일노동청소년연맹"으로 명명되었다. 그루버는 제국 청소년 지도자라는 직책에 올랐다. 시민 계급 출신으로 이루어진 연합청소년단 [1차 세계대전 이후의 청소년 운동을 지칭. 1933년에 제3제국에 의해 활동이 금지됨: 옮긴이] 과 달리 히틀러 청소년단은 우선적으로 청년 노동자들을 대상으로 했는데, 말하자면 노동 청소년단의 성격을 띠었다. 히틀러 청소년단의 문장은 붉은색 바탕에 망치와 칼을 십자형으로 구성한 모습이었는데, 1933년 이후에도 이 문장이 사용되었다.

　대부분의 당원들은 히틀러 청소년단을 미성년자를 위한 도보 여행 그룹 이상으로 생각하지 않았다. 하지만 쉬라흐는 청소년 집단 속에 숨겨져 있던 잠재력을 인식하고 있었다. 이미 괴벨스가 "청소년을 얻는 자가 미래를 얻는다"라고 말했으며, 쉬라흐 또한 바이마르 공화국 정치가들에게 "항상 청소년이 뒤를 든든히 받치고 있어야 국가 운영을 강력하게 수행할 수 있다"고 주장했다. 그러나 쉬라흐의 청소년에 대한 관심은 단지 강권 정치를 위한 계산에서 나온 것만은 아니었다. 쉬라흐 자신은 국가사회주의 운동을 혁명으로, 그가 증오했던 구질서를 몰아낼 수 있는 신선한 바람으로 이해했다. 젊음이라는 것은 그에게 단순히 나이의 문제가 아니라, 그 자체로 가치 있는 것이었다. 그는 "파우스트, 베토벤의 9번 교향곡과 히틀러의 의지는 영원한 젊음이다"라고 확신했다. 쉬라흐는 히틀러에 대한 그의 무조건적인 믿음, 성스러운 낭만주의적 이상주의와 애국주의를 이제 젊은 세대에게 전파하고자 했다. 이미 학생 지도자 시절에 그는 시를 통해 젊은 세대를 "새로운 전선"으로 칭송한 바 있으며, 최종적으로 이 세대를 국가사회주의 독일노동당의 청소년 신화 속에 녹여냈다.

　제국 극 전문가인 라이너 슐뢰써의 견해에 따르면, "국가사회주의 문학의 그해 최고작"으로 부족함이 없는 쉬라흐의 시들은 지나치게 감정적이고 진부하다는 느낌을 주었다. 하지만 그 시구에 쓰인 표현들은 곧 정치적 강령이 되어버렸다. 쉬라흐는 그 표현들을 나중에 그의 연설과 "히틀러 청소년단의 이념과 형태" 그리고 "교육 혁명"과 같은 강령적 저작물에 반복해서 사용했다.

　그의 시에 반복적으로 나타나는 진부한 모티프들은 깃발, 투쟁, 영웅 정신, 희생적인 죽음과 승리였다. 자신처럼 전쟁에 너무 늦게 참여한 젊은 이들에게, 그는 「생존의 의미」라는 시에서 세계대전에서 전사한 사람들

발두어 폰 쉬라흐가 "총통"에게 신고했다. "총통 각하, 3만 히틀러 청소년단원 집합 완료!' 그리고 나서 그가 외쳤다. "히틀러 만세, 히틀러 청소년단!' 그리고 우리 모두가 복창했다. "히틀러 만세, 총통 각하!' 그 장면은 감격적이고 믿기지 않는 순간이었다. 그렇게 모든 군중이 열광했다.

클라우스 마우엘스하겐, 과거 히틀러 청소년단원

히틀러는 거역할 수 없는 거대한 힘을 가진 인물이었고, 칭기즈칸처럼 세계사에 뭔가 이름을 남길 사람이었다.

쉬라흐, 요헨 폰 랑과의 인터뷰, 1966년

양심이 깨어 있는 순간이 있었지만, 그 모든 것이 국가의 비약적 발전이라는 거대한 생각 앞에서 자취를 감춰버렸다.

쉬라흐, 요헨 폰 랑과의 인터뷰, 1966년

나는 학교 전체에서 누가 소년대Jungvolk[나치 시대 10~14살 소년으로 구성된 단체: 옮긴이] 소속이 아니었는지, 누가 14살부터 히틀러 청소년단 소속이 되었는지는 기억할 수 없다. 이런 일은 그 이유를 따질 필요도 없이 매우 당연하게 이루어졌다. 그리고 많은 사람들도 같은 의견이겠지만, 내가 생각하기에 그것은 어느 정도 규정에 따라 이루어졌을 것이다.

한스-요헨 포겔, 독일 사민당의 정치가이자 과거 히틀러 청소년단원

제국 전당 대회에 참여할 수 있다는 것은 우리 히틀러 청소년단원에게는 하나의 명예였다. 참여할 수 없었던 소년들은 무시당했다고 생각했다.

클라우스 마우엘스하겐, 과거 히틀러 청소년단원

우리가 아주 특별한 능력을 가진 사람들에게 — 히틀러가 가진 이 능력에 대해서는 누구도 이의를 제기할 수 없을 것이다 — 존경을 표하고, 이런 존경을 통해서 그들이 초인적이고, 오류를 저지르지 않는다는 의식을 은연중에 불어넣게 되는 것은 우리 독일인들에게는 피할 수 없는 집단적 숙명이다….

쉬라흐의 자서전 『나는 히틀러를 믿었다』 중에서, 1967년

과의 신비한 연대감을 불러내고, 조국을 위한 죽음을 신성하게 만들었다.

> 우리가 아직 어릴 때, 대포 소리 울려 퍼졌고,
> 많은 어린아이의 웃음소리 산산 조각나 버렸네,
> 죽음의 땅에서 연락이 왔네,
> "네 아버지는 젊은이들을 구하려다 돌아가셨다!"

> 아들이여, 이 죽음을 감수하지 못하고
> 전투의 값비싼 대가에 대해 침묵한다면 화를 입을 것이니!
> 우리는 생존의 의미를 선언하려 하네,
> 전쟁은 우리를 또 다른 전쟁으로부터 지켜준 것이니!

쉬라흐는 히틀러를 영웅적인 숭배 대상, 지도자, 그리고 독일의 구세주로 부각시키면서, 그에게 목숨을 바치는 것이 가치 있는 일이라고 미화했다. 시는 짧고 기억하기가 쉬워서 빠르게 유포되었고, 시로 인해 이 젊은 시인은 국가사회주의 독일노동당 내에서도 인정받게 되었다. 그러나 이 시들은 많은 젊은이들에게 죽음에 대한 생각을 삶의 지도 원리로 여기게 만들었다. 그 시들이 전하는 메시지는 히틀러 청소년단의 교육 프로그램에서 근본이 되었고, 그 메시지로 "전체 세대에게 믿고, 복종하고, 죽는 법을 가르쳤다."

쉬라흐는 청소년들을 나치 휘장(하켄크로이츠) 아래로 뭉치게 만드는 데 자신이 유일한 적임자라고 자신 있게 확신했다. 그는 나치 학생 지도자로서 히틀러 청소년단과 거의 같은 시기에 아드리안 폰 렌텔른의 주도 아래 창립된 나치학생연맹의 일에도 이미 관여했고, 이와 관련하여 제국 지도자인 그루버와 갈등에 빠지기도 했다. 1930년에 치른 제국의회 선거에서 국가사회주의 독일노동당이 성공을 거둔 뒤에, 쉬라흐는 이제 그루버의 무능함을 드러내는 데 심혈을 기울였다. "히틀러 청소년단이 순전히 지역적인 문제에 국한된다면, 그루버는 분명 모든 면에서 적합한 인물일 것이다. 하지만 제국 차원에서 본다면, 그는 광범위한 시각이 결핍되어 있고 조직 능력이 부족하다는 분명한 징후를 보여 주고 있다. 그리고 모든 국가주의 청소년 운동이 아직도 통합되지 않은 이유는 오로지 그루버의 고집불통 같은 성격 때문이다."

볼리비아에서 막 귀국한 나치 돌격대의 새 참모장인 에른스트 룀도 히틀러 청소년단의 상대적인 독립성을 더 이상 용인하려고 하지 않았는데, 이 점이 쉬라흐에게 유리하게 작용했다. 히틀러는 1931년 4월 27일에 히틀러 청소년단을 나치 돌격대의 직할기관으로 둔다고 공포했다. 히틀러 청소년단 지휘부는 보다 나은 관리 감독을 위하여 플라우엔에서 뮌헨으로 이전하였다. 그루버의 지위가 흔들리기 시작했다. 이때 거의 친구 같은 관계를 맺고 있던 쉬라흐와 룀은 음모를 꾸며 그루버가 퇴진하도록 부채질했다. 그루버는 마침내 자리에서 물러나고 말았다.

이제 쉬라흐의 시대가 도래했다. 히틀러가 식사와 담소를 나누기 위해 다시 한 번 그의 집을 방문했을 때, 쉬라흐는 아버지처럼 자상한 히틀러에게 그의 생각을 설명했다. 쉬라흐는 청소년을 이끌고 싶다고 말했다. 히틀러는 재차 회의적인 반응을 보였다. "쉬라흐 씨, 농담하지 마세요. 당신이 정말 아이들과 어울리겠단 말이요?" 쉬라흐는 어떻게 하면 이 과대망상증에 사로잡힌 사람을 설득할 수 있는지 알고 있었다. "그때 나는 그에게 '저는 당신을 위해 일찍이 독일에 존재한 적이 없는 가장 큰 규모의 청소년 운동을 조직할 것'이라고 말했다." 쉬라흐의 계획은 효과가 있었다. 1931년 10월 30일, 히틀러는 이제 겨우 24살인 쉬라흐를 국가사회주의 독일노동당의 제국 청소년 지도자로 임명했고, 이로써 쉬라흐는 나치대학생연맹 및 히틀러 청소년단 그리고 나치학생연맹의 의장이 되었다. 그는 자신의 경력에서 다음 단계로 나아가는 디딤판을 밟고 올라선 것이다. 쉬라흐는 모든 점에서 그의 주군이자 스승인 히틀러에 필적하는 업적을 내고 싶어 했다. 그의 스승이 민족을 이끌어낸 것처럼, 그는 국가사회주의 독일노동당을 위해 젊은이들을 이끌어 내야만 했다.

히틀러가 내세운 이 새 인물은 당내에서 대단히 회의적으로 받아들여졌다. 이 신임 제국 청소년 지도자는 노전사들, 즉 초창기 청소년단원들이 바라던 고참은 아니었다. "발두어 폰 쉬라흐에 대해서, 그가 조금은 귀족적이라는 소문이 돌고 있었다. 귀족의 이름 앞에 붙는 수식어 '폰von' 과 미국인과 친척 관계라는 배경은 우리들에게는 좀 과한 것이었다"고 여러 해 동안 그의 권한 대행을 역임한 하르트만 라우트바허는 언급했다.

하지만 쉬라흐는 히틀러와 아주 밀접한 관계에 있었다. 그것이 바로 요점이었다. 쉬라흐는 이 시기에 개인적으로 중요한 노림수를 두었는데, 이 노림수는 마침내 그에게 "총통"의 수행원으로서의 확고한 자리를 보장해 주었다. 1932년 3월 31일, 쉬라흐는 히틀러의 개인 사진사인 하인리히 호프만의 딸, 헨리에테 호프만과 결혼했다. 결혼 입회인은 룀과 히틀러였고, 히틀러는 이어진 결혼식 연회를 자신의 집에서 개최했다. 히틀러는 이 부부에게 자신이 이 세상에서 최고로 아끼는 보물인 셰퍼드를 한 마리 선물했다.

쉬라흐의 결혼은 확실히 연애결혼이었다. 쉬라흐의 당당한 풍채와 그의 성공은 18살의 사진사 딸에게 깊은 인상을 주었다. 그는 처음 본 순간부터 매력적인 헨리에테와 사랑에 빠졌다. "사교적인 타입의 여자로 밤색의 단발머리와 당시로 보면 조금 튀는 화장을 하고 있었고, 유행하는 스웨터와 짧고 꽉 죄는 치마를 입었으며, 비단 양말과 뒷굽이 높은 신을 신고 있었다. 내게는 그녀가 뮌헨에서 가장 예쁜 여자였다."

그러한 관계는 쉬라흐에게 커다란 이점으로 작용했다. 히틀러는 뮌헨에 거주하는 호프만 가와 마치 한 가족처럼 왕래하고 있었다. 헨리에테는 어릴 때부터 히틀러를 알고 있었고, 그를 "삼촌"이라 부르며 종종 그의 무릎 위에 앉아 있곤 했다. 게다가 그녀는 에바 브라운과도 친했는데, 에바 브라운은 히틀러의 연인이 되기 전에 호프만의 사진관에서 점원으로 일했었다. 사진사 호프만은 히틀러가 신뢰하는 최측근 중 한 사람이었고, 히틀러가 움직이는 곳마다 따라다녔다. 그래서 그는 쉬라흐에게 항상 새로운 소식이나 분위기 그리고 음모들에 대한 정보를 제대로 전달해 줄 수 있었고, 이를 통해 사위를 보호할 수 있었다. 바로 이 결혼을 통해서 쉬라흐는 히틀러의 최측근 집단에 속하게 되었다. 그는 히틀러의 오찬에 단골 참석자가 되었다. 또한 몇 년 뒤에 쉬라흐 가족은 베르크호프[오버잘츠부르크에 위치한 히틀러의 별장: 옮긴이]에서 환영받는 손님이 되었다.

당의 제국 청소년 지도자로서 쉬라흐의 지위가 아직 확고한 것은 아니었다. "어느 누구도 저의 일에 간섭해서는 안 됩니다"라고 쉬라흐는 히틀러에게 요구했다. 쉬라흐가 돌격대 소장이기는 했지만, 여전히 돌격대 상급 지휘부에 예속되어 있었다. 그런 상황이 그에게 맞지 않았다. 1932년 5월, 히틀러는 자신의 문하생의 소원을 들어주었다. 히틀러는 25살에 불과한 쉬라흐를 국가사회주의 독일노동당 수뇌부의 독립 지휘관으로 만들어 주었다. 이렇게 하여 그는 룀과 동등한 위치에 서게 되었다. 이 순간부터 그는 어떤 지휘관도 경쟁 상대로 인정하려 하지 않았고, 단 한 사람만을 그의 상관으로 모시려 했다.

그의 가장 껄끄러운 경쟁자는 히틀러 청소년단과 학생연맹 의장으로서 3만 5천 명을 통솔하고 있던 아드리안 폰 렌텔른이었다. 하지만 쉬라흐는 전체 청소년을 하나의 조직에 통합하기를 원했다. 이제 쉬라흐는 제국 지도자로서 히틀러에게 직속되어 있었고, 자신의 계획을 행동에 옮길 수 있었다. 그는 독일소녀동맹과 소년대를 히틀러 청소년단으로부터 분리했고, 이렇게 함으로써 그 단체들을 렌텔른의 영향권으로부터 떼어 놓았다. 그리고 자신이 두 조직의 수장으로 취임했다. 렌텔른은 이 권한 축소 조치에 항의했지만, 소용없는 일이었다. 쉬라흐는 자신의 주장을 관철시켰다. 렌텔른은 1932년 6월 15일에 물러나고 말았다. 다시금 쉬라흐가 당내 권력 투쟁에서 승리자가 되었다.

그렇지만 히틀러는 아직 국가 권력을 장악하지 못했고, 그가 증오하던 "공화주의자들"이 국가를 지배하고 있었다. 많은 지역에서 돌격대의 하위 조직인 히틀러 청소년단의 활동이 일시적으로 금지되었다. 쉬라흐는 제국의회 선거 투쟁을 위해 히틀러 청소년단을 동원했다. 그들은 집회를 개최하고 유세 행진을 조직했으며, 벽보를 붙이고 수백만 장의 전단지와 소책자를 배포했다. 쉬라흐의 슬로건은 "행진의 목적은 친구와 적에게 우리 운동의 힘과 규모를 알리는 것"이었다. 행사를 하면서 종종 백주 대로에서 패싸움이 벌어지기도 했고, 공산주의자들과 민주주의자들을 상대로 유혈 난투극이 발생하기도 했다. 쉬라흐는 이런 모험을 마음껏 즐기고 있었다. 그는 훗날 그때를 미화하면서, "계속되는 위험 속에서 살았던 그 당시보다 행복한 때는 없었다"고 기술하였다. 쉬라흐는 분명하고 격앙된 어조로 반복해서 영광스러운 투쟁 시기를 갖자고 독려했다. "그 다음은 테러! 박해받고, 해산당하고, 금지되고, 다시 허용되고, 모욕당하며 싸워 왔다. 젊은이들은 이런 수많은 고난을 뚫고 헤쳐 나왔다. 그러면서 내부의 회의론자들로부터 인정을 받고, 적들로부터 존경을 받았으며, 모든 장애물을 뛰어넘어 산업 중심지 한복판에 흰 줄무늬 깃발을 꽂았다."

1931년부터 1933년 1월 말까지 이와 같은 충돌로 인해 21명의 히틀러 청소년단원이 목숨을 잃었다. 그들 중 한 명은 곧 어린 독일 청소년에게 신화적 인물로 그 의미를 부여받게 되었다. 1932년 1월 24일, 당시 15살이던 베를린 출신의 젊은 일꾼 헤르베르트 노르쿠스는 벽보를 붙이는 작업을 하던 중에 공산주의자들의 습격을 받아 칼에 찔려 죽었다. 정치적 선전 효과를 잘 알고 있던 쉬라흐는 죽은 소년을 순교자로 승화시켰다.

쉬라흐는 헤르베르트 노르쿠스의 묘를 매년 순례했고, 비장한 연설로 그 어린 소년의 "희생정신"을 되살려냈다. "1932년 1월 이후로 히틀러 청소년단이 이룬 업적은 특히 헤르베르트 노르쿠스로 불리는 어린 소년의 영웅적 정신과 희생이라는 성스러운 상징 덕분이다. 우리는 그에게 한 지도자를 위하여 자신을 희생하며 충성하는 독일 청소년으로 살고 일하며, 또한 죽을 것을 약속한다. 우리의 청소년 운동은 열성적인 청소년의 희생적 죽음을 통해 완성되었다."

쉬라흐는 청소년 운동의 정당성을 아이들의 "희생 의지"에서 이끌어냈다. "청소년 운동을 위해 더 많은 젊은이들이 희생될수록 운동은 점점 더 영원하게 될 것이다. 히틀러 청소년단은 그들의 비판가들에게 그들의 역사로써 답을 했는데, 그것은 청소년단원들의 죽음이었다. 이 대답은 반박을 할 수 없으며, 상징적 성격을 띠고 있다. 윤리적 이상을 목적으로 전례 없는 희생을 치르며 중단 없이 나아가고, 투쟁의 당연한 결과로서 죽음과 상처 그리고 박해를 감수하는 이 청소년 운동에 대해 어떠한 반론도 있을 수 없다."

노르쿠스는 나치 시인인 카를 셴칭어의 소설인 『히틀러 청소년단원 크벡스 *Der Hitlerjunge Quex*』의 모델로도 사용되었다. 그 소설은 쉬라흐가 독촉하여 영화로도 만들어졌으며, 모든 히틀러 청소년단원들이 의무적으로 읽어야 하는 프로그램이었다. 가정과 학교에서 모두 반대함에도 불구하고 국가사회주의자들의 편에 서는 그 어린 크벡스의 "피의 희생"을 통해서 "기쁠 때나 슬플 때나 총통과 조국을 위하는 변함없는 정신"을 불러내고, "가치 없는 민주주의적 과거"와 갈라서도록 만들었다. 쉬라흐는 영화를 위해 직접 히틀러 청소년단의 행진을 시로 만들었는데, 이 시는 곧 제국 내 모든 히틀러 청소년단원에 의해 깃발가로 불리게 되었다.

우리 앞에 깃발이 펄럭이고 있네.

미래로 한 사람도 빠짐없이 우리는 나아갈 것이니.

히틀러는 언젠가 눈에서 젊은 맹수의 눈빛을 읽어낼 수 있는 그런 청소년이 되기를 원한다고 말했다.

살로몬 페리엘, 과거 히틀러 청소년단원

[1990년에 영화화된 〈히틀러 청소년단원 살로몬〉의 주인공, 실존 인물: 옮긴이]

어쨌든 내 양심은 히틀러에 대한 책임을 느끼지 않지만, 내가 과거에 동원했던 어린 청소년들에 대해서는 책임을 느낀다. 다른 어떤 사람도 아닌 단지 그들에게만 해명하고 답을 해야 한다.

쉬라흐, 요헨 폰 랑과의 인터뷰, 1966년

나는 전쟁에 투입할 목적으로 청소년들을 교육시키지 않았고, 그들에게 군복무를 준비하도록
교육시켰다.

쉬라흐, 요헨 폰 랑과의 인터뷰, 1966년

젊은 세대는 동지애를 체험하고, 정돈하고 복종하는 법을 배웠으며, 책임을 위임받고, 차를 타
고 가거나 기지에서 숙영하면서 그들의 모험심과 체험 욕구를 충족시켰다. 그리고 자신을 필요
로 한다는 생각을 가졌으며, 공동체에서의 공공복리와 안전에 대해 파악하게 되었다.

귄터 카우프만, 쉬라흐의 공보관, 1993년

이와 같은 교육 방식은 지극히 정상적인 것으로서, 방위력이 있는 모든 국가가 그 나라의 젊은
이들과 함께하는 방식이다.

쉬라흐, 요헨 폰 랑과의 인터뷰, 1966년

나는 결코 쉬라흐를 본보기가 되는 인물로 생각한 적이 없었다. 아마도 그를 매우 여린 사람이
라고 여겼던 것 같다.

한스-유르겐 하베니히트, 과거 히틀러 청소년단원

우리는 히틀러를 위하여 밤새도록 고난을 뚫고 전진할 것이네

자유와 빵을 위하여 청소년단 깃발을 들고.

우리 앞에 깃발이 펄럭이고 있네.

우리의 깃발은 새로운 시대의 것.

그리하여 깃발은 우리를 영원으로 인도할 것이네!

그래, 깃발은 죽음 이상의 것이라네!

이 "투쟁 시기"에 히틀러 청소년단 단원들은 펄럭이는 깃발을 단 임대 화물차에 앉아 투쟁가를 부르고 구호를 외치며 도시와 마을을 돌아다녔다. 그러면서 모험심 많은 청소년들을 꾀어냈다. 단원 수가 5만 명에 이르렀다. 하지만 히틀러 청소년단은 여전히 많은 청소년 단체, 연맹과 연합 중에 하나일 뿐이었다. 어디가 "독일에서 가장 규모가 큰 청소년 조직"인지는 중요한 문제가 아니었다.

쉬라흐는 히틀러와 세상 사람들에게 대중을 동원하는 능력이 있음을 보여줄 필요가 있었다. 그는 큰 도박을 하기로 마음먹고 히틀러 청소년단 단원 전체를 1932년 10월 1일 포츠담에서 개최되는 제국 청소년의 날에 호출하였다. 그는 베를린으로 들어가는 관문인 이 포츠담에서 미래는 국가사회주의자들의 것이라는 점을 공개적으로 과시해 보이고자 했다. 쉬라흐는 "총통"에게 자신이 무엇을 할 수 있는지 증명하고 싶어 했다. 그러기 위해서는 이 행사가 당이 지금까지 개최했던 행사들 중에서 가장 큰 행사가 되어야 했다. 아울러 당이 지금까지 경험한 가장 큰 실패가 될 수 있는 위험 또한 매우 컸다. 국가사회주의 독일노동당은 이 시점에서 그런 행사를 치를 여력이 없었다. 7월 31일에 실시된 제국의회 선거에서 나치가 제1당이 되고, 헤르만 괴링은 제국의회 의장에 선출되었지만, 여전히 히틀러는 수상 자리를 놓고 파펜과 슐라이허와 다투고 있었다. 이 상황에서 결정적인 권한을 쥔 사람은 제국 대통령인 폰 힌덴부르크였다.

중요한 것은 그에게 어떠한 경우에도 나약한 정당이라는 인상을 주어서는 안 된다는 점이었다.

히틀러는 그의 제자가 다시 마법을 부릴 수 있을지 의심하고 있었다. 만약 젊은이들이 적게 온다면 어떻게 될까? 그가 세상의 웃음거리가 될 수도 있는 일이었다. 히틀러에게 그것은 너무나 위험한 일이었다. 그는 괴벨스의 집에서 쉬라흐의 전화를 기다리고 있었다. 그는 포츠담의 경기장이 꽉 채워질 경우에만 나서서 연설을 할 예정이었다.

그 일은 쉬라흐에게 결코 쉽지 않은 모험이었다. 이와 같은 대규모 행진을 감행하기 위해서는 아이디어뿐만 아니라 조직 능력이 요구되었다. 쉬라흐에게는 그런 능력이 상당히 부족했다. 대신 그는 적극적인 청소년 단원들에게 기대를 걸었는데, 그는 그런 청소년단원들을 동원하는 데 경험이 많은 사람이었다. 그는 벽보를 인쇄해 붙였고, 참여를 권유하는 연설을 했다. 그리고 말과 글로 집회장에서, 거리에서, 학교와 스포츠클럽에서 사람들을 설득했다.

그의 과감한 시도는 성공을 거두었다. "포츠담 행진"은 당에서 신화가 되었다. 아이들이 독일 전역에서 도보로, 자전거를 타고, 화물차 또는 기차를 이용해서 과거 프로이센 제국의 수도인 포츠담으로 왔다. 이미 이 행진은 세인의 주목을 끌고 있었다. 단순히 아이들이 온 것 때문이 아니라 대규모로 무리를 지어 왔기 때문이다. 쉬라흐는 5만 명 정도를 예상했었는데, 대략 7만 명이 도시 주위로 몰려들었다. 대규모 캠프장은 완전히 사람들로 미어 터졌다. 쉬라흐의 선전과 대규모 행사의 매력이 청소년들을 유혹하였던 것이다.

제국 청소년 지도자로서 대중 앞에서 연설을 할 첫 번째 기회가 쉬라흐에게 주어졌다. 쉬라흐는 즉석 연설에 능한 사람이 아니었다. 그는 연설 내용을 자필로 미리 작성했다. 쉬라흐는 선동가인 괴벨스처럼 능숙한 연설문은 결코 만들 수 없었다. 게다가 그의 연설은 열정이 빠진 "학문적인 강연과 서정시가 뒤섞인" 너무나도 몽상적인 내용이었다. "하지만 그는, 기분이 좋으면, 매우 훌륭하고 감동적인 연설을 할 수 있었다"고 그와 동시대를 살았던 한 사람이 언급했다.

포츠담에서 쉬라흐는 매우 기분이 좋은 상태였다. 마침내 그는 그의 군주이자 스승에게 선전 현장의 장관을 보여줄 수 있었는데, 이런 것은 히틀러의 선거전을 위해서도 필요했다. "이미 엄청난 규모의 국가사회주의 성향의 청소년들이 전야제 행사에서 총통의 연설을 듣기 위해 여기에 모였다. 내일은 우리가 총통을 따르고 있다는 것을 증명하기 위한 대규모 행진이 계획되어 있다. 그분을 통해 노병들도 그리고 훗날 전사가 될 청소년들도 자신들의 화신을 보게 될 것이다. 내가 포츠담을 선택한 이유는 이곳이 우리 독일 민족에게 가장 성스러운 장소이기 때문이다. 프리드리히 대왕, 프로이센군을 의미하는 곳, 다시 말하면 지도자의 책무, 사회주의와 의무 이행을 뜻하는 곳이기 때문이다. 오늘날 이런 개념들이 1,400만 우리 민족에 의해 부활하게 된다면, 그것은 파펜 씨나 독일 신사협회의 공로가 아니라 오로지 독일의 일꾼 아돌프 히틀러의 업적일 것이다. 그 때문에 이들 청소년들이 히틀러 청소년단으로 불린다. 그런 까닭에 그들은 유서 깊고 자랑스러운 이 포츠담 시를 관통하여 행진할 것이다. 우리는 우리의 신성한 이념을 훔치도록 내버려두어서는 안 된다! 우리는 우리에게서 총통을 빼앗아 가도록 가만히 나둬서도 안 된다! 우리는 독일의 지도자로 세습 계급 인사를 원하지 않으며, 오로지 이 한 분을 원한다."

쉬라흐는 괴벨스의 집에서 대기하고 있던 "총통"을 모셔올 필요가 없었다. 아이들이 몰려들고 있다는 사실을 이미 인지하고 있던 히틀러는 스타디움에서 개최되는 저녁 집회에 모습을 드러냈다. 쉬라흐는 자랑스러워하면서 그의 우상에게 청소년들을 소개했다. "총통 각하, 당신의 젊은이들이 당신에게 사랑과 믿음의 집회를 선사하기 위하여 모였습니다.

오늘날 그 어떤 젊은이들도 살아 있는 한 사람을 위해 이런 집회를 준비한 적은 없습니다." 훗날 쉬라흐가 회상하기를, "거대한 환호성이 터져 나왔다. 히틀러는 눈물을 글썽이며 앞으로 나아갔는데, 그만큼 이 광경이 그에게 인상적이었다." 다음 날, 7시간에 걸쳐 깃발을 든 제복의 무리들이 종대 대형으로 히틀러의 앞을 지나갔다. 포츠담에서의 성공으로 인해 이 충실한 가신은 "총통"으로부터 극찬을 받았다. 히틀러는 쉬라흐에게 "당신은 어마어마한 일을 해냈습니다"라고 말을 건넸다. "베를린 바로 옆에서 이루어진 이 엄청난 규모의 행진보다 슐라이허 정부에게 심각한 타격을 준 것은 없을 것입니다."

　바이마르 공화국이 명맥을 유지하고 있던 마지막 시기에 쉬라흐는 뜻밖에도 정식으로 선출된 대표들 중 하나가 되었다. 히틀러가 7월에 그를 후보자 명단에 올렸기 때문이다. 쉬라흐는 25살의 최연소 의원으로 제국의회에 진출했다. 이 히틀러의 충복은 제국의회 의원이 가지는 정치적 영향력에 대해 가늠할 수가 없었다. 제국의회 의원이 누리는 특권에 대해 기뻐한 것 외에 ― "훌륭해, 나는 무임승차권을 얻었어." ― 쉬라흐가 그의 첫 번째 제국의회 회의에서 "받은 인상은 일종의 대규모 집회와 이어서 벌어진 장내 난투극"을 통해 얻어진 것이었다. 쉬라흐는 기꺼이 민주주의에 치명타를 가하는 일을 도왔고, 1933년 "수권법"[3월 23일 제국의회에서 통과된 이 법은 나치 정권으로 하여금 의회와 대통령에 구애되지 않는 독자적인 법령 선포를 가능하게 했고, 이로써 히틀러는 사실상 독재 권력을 행사하게 되었음: 옮긴이]에 찬성했다. 그는 보수 정당들의 동의 하에 이 법이 의결되었다는 점을 혐오스러워 했다. "그들이 민주주의 애국자란 말인가. 그들은 썩어빠진 민주주의자들이며, 가치 없는 놈들이다. 그런 식으로 자신의 책무를 포기해서는 안 된다."

　도리어 쉬라흐는 독재 정치에 경의를 표했다. "그 당시에 우리는 민주주의자가 아니었다. 우리는 그 당시에 히틀러가 일반 대중에게 공표했던

'나는 민주주주의 토대 위에서 합법적으로 권력을 얻고자 한다' 는 성명이 일종의 전술이었음을 이미 알고 있었다. 우리 스스로도 이탈리아 파시즘의 선례를 통해 배운 바 있지만, 의회 민주주의를 축출하는 것만이 독일의 미래에 가능성을 가져다주는 유일한 방법이라고 생각했다." 쉬라흐는 스스로를 혁명가로 느끼고 있었다. "권력 장악이라고 명명되었던 그 일이 우리에게는 혁명이었다."

쉬라흐는 그의 미래 전부를 그리고 모든 노력을 단 한 사람인 아돌프 히틀러에게 걸었다. "총통"이 권력을 장악한다면, 쉬라흐의 신세도 더욱 활짝 펴질 것이기 때문이다. 1933년 1월 30일, 마침내 그 일이 이루어졌다. "히틀러가 권력"을 잡게 되었다며 히틀러 청소년단원들은 환호했다. 쉬라흐는 신속하게 행동했다. 당시에 당의 다른 사무실들이 모두 뮌헨에 그대로 남겨진 것과는 달리, 그는 제국 청소년 지도부를 지체 없이 베를린으로 이전시켰다. 모든 정치적 현안들이 이제 그곳에서 결정되었다. 베를린은 히틀러가 있는 곳이었기 때문이다. 대학 시절 이후로 쉬라흐는 "총통" 곁을 떠난 적이 없었다. 그는 브라운하우스[나치의 상징색인 갈색으로 당사를 표시: 옮긴이]에 사무실을 얻었다가, 나중에 수상청사로 옮겼다. 그의 별장은 처음에는 우어펠트에 있었는데, 나중에 코헬로 옮겼다. 히틀러의 별장이 있는 베르크호프에서 자동차로 한 시간 정도 떨어진 거리에 위치하고 있어서 히틀러가 부르면 언제든지 달려갈 수 있었다.

쉬라흐는 "총통"의 지근거리에 있다는 사실이 얼마나 중요한 의미를 지니는지 알고 있었다. 히틀러는 그를 만들어낸 사람이었으며, 그가 없었다면 쉬라흐는 무가치한 존재일 뿐이었다. 총통의 후광으로 쉬라흐도 세인의 주목을 받게 되었다. 그의 자리는 히틀러의 호의에 따라 올라갈 수도, 또 내려갈 수도 있었다. 더욱이 쉬라흐는 아무도 자신을 건드릴 수 없다고 믿고 있었다. "1933년부터 1936년까지 히틀러와 나 사이에 견해 차이가 있었다 하더라도 히틀러는 나를 쉽게 파면할 수 없었을 것이다.

뒤돌아보면, 이전의 쉬라흐는 허영심이 강한 젊은이였고, 박수갈채를 받는 인기 있는 사람이었는데, 아마도 사람들이 생각하는 그 이상으로 인기가 있었을 것이다. 책을 수집하고, 자연과 말과 스포츠를 사랑하는 개인주의자였지만, 회고해 볼 때, 뭔가 나와는 맞지 않는 모습들이었다.

쉬라흐, 요헨 폰 랑과의 인터뷰, 1966년

쉬라흐는, 기분이 좋으면, 매우 훌륭하고 감동적인 연설을 할 수 있었다. 매우 정제되고, 동시에 매우 선동적인 연설을 말이다.

하르트만 라우트바허, 쉬라흐의 제국 청소년 지도부 권한대행

발두어 폰 쉬라흐는 대필가를 쓰지 않았다. 그는 산책 시간을 늘리면서 연설문을 구상했고, 밤새도록 그 구상을 글로 옮겼다.

귄터 카우프만, 쉬라흐의 공보관, 1993년

발두어 폰 쉬라흐는 아주 크고, 풍채가 좋았다. 그는 약간 유약한 인상을 주었는데, 이 점은 실망스러웠다. 하지만 그의 목소리에는 힘이 있었다. 우리가 당시에 말했던 것처럼, 그는 명령을 내리기에 알맞은 우렁찬 목소리를 가지고 있었다.

클라우스 마우엘스하겐, 과거 히틀러 청소년단원

아무리 전체주의 시스템이라 할지라도 상관이, 이 사람은 마음에 들지 않으니까 해고시키겠다, 라고 간단하게 말할 수는 없다. 사람들을 전체주의 시스템 내로 끌어들이기 위해, 누구나 그들을 설득하고 또 그들에게 확신을 심어주려고 한다. 그 사람들이 자산이기 때문이다. 나는 어쨌든 청소년들을 손에 넣었다. 이 점은 분명히 고려되어야 할 부분이다." 당내에서의 경쟁이 얼마나 치명적인 것인지 쉬라흐는 룀의 경우를 통해 알고 있었다. 쉬라흐는 어떠한 위험도 감수하려 들지 않았다. 그는 히틀러의 지근거리에서 그와 함께 결정에 대해 상의할 수 있었고, 의견의 불일치를 사전에 조율할 수 있었으며, 정적들의 음모를 조기에 인식하고 방어할 수 있었다.

독재자는 그의 충성에 승진으로써 보답해 주었다. 1933년 4월 17일, 히틀러는 26살의 발두어 폰 쉬라흐를 독일제국의 청소년 지도자로 임명했다. 이제 쉬라흐는 장관급에 해당하는 제국 청소년 지도자가 되었고, 그의 제국 청소년 지도부는 국가 기관이 되었다. 전 독일 청소년들이 바이마르 출신의 이 물불 안 가리는 무모한 사람의 지배하에 들어가게 되었다.

"총통"이 그의 청소년들에게 기대하고 있던 것을 쉬라흐는 널리 유포된 정치적 구호로 명확하게 표현해 냈다. "우리 눈에 비친 독일 소년들은 날씬하고 유연해야 하며, 그레이하운드처럼 빠르고, 가죽처럼 질기며, 크룹 사에서 만든 강철처럼 단단해야 한다." 하필이면 히틀러 청소년단의 수장은 이 선전 구호에 나오는 이상형과 전혀 어울리지 않았다. 쉬라흐는 비만 체질이었으며, "유약하고, 거의 여자 같은 얼굴"을 하고 있었고, "축축하고, 생선 젤리처럼 물렁물렁한 손"을 가지고 있었다. 그래서 몇몇 동시대인들에게는 "운동과는 거리가 먼 뚱뚱한" 사람이라는 인상을 주었다. 쉬라흐가 동성애 성향이 있다는 소문도 있었고, "하얀 색의 소녀 취향으로 꾸며진 침실을" 고집하고 있다는 얘기도 있었다.

이 청소년 지도자는 결코 그들의 일부였던 적도, 동료였던 적도 없었다. 그래서 청소년들 사이에서 결코 인기 있는 사람은 아니었다. 쉬라흐는 금욕주의자라기보다는 탐미주의자였기 때문에 텐트 생활과 완두콩 냄비 요리보다 호텔방과 세련된 생활양식을 선호했다. 쉬라흐는 "어깨를 두드리며 살갑게 구는 사람"이 아니었으며, "같이 땀 흘리며 어울릴 수 있는" 전사도 아니었다. 그는 오히려 생각이 많은 괴짜에 가까웠고, 언제나 "약간은 거리를 두고," 마치 "기름처럼 둥둥 떠 있는" 사람 같다는 인상을 건장한 히틀러 청소년단원들에게 주었다. 청소년들을 유혹하는 이 사람에게는 유혹하는 기술이 부족했다. 좋은 집안 출신에 요구 수준이 높은 쉬라흐는 우락부락한 히틀러 청소년단원들의 이상적인 삶을 실천하려고 애쓰고 있었다. 하지만 이 히틀러 청소년단원이 공식 장소에 나타나는 장면들은 어딘가 어색하다는 인상을 주었으며, 보기에 거의 고통스러울 정도였다. 그는 많은 사람들과 함께 목욕하는 것을 피했으며, "총통" 뒤에 바짝 붙어 있는 것을 좋아했다. 짧은 반바지를 입고 유쾌하게 걸어다니는 이 청소년 지도자의 모습은 종종 놀림거리가 되기도 했다. 갈색 제복을 입은 모습마저도 마치 분장한 듯한 인상을 주었다. 본래 쉬라흐는 사복 차림을 선호했다. 하지만 손을 가리고 그를 비웃을 수는 있었겠지만, 그의 지도자라는 지위 때문에, 쉬라흐의 권위에 도전할 수는 없었다.

더구나 다른 나치 거물들에 비해 평범하지 않은 그의 교육 과정과 출신 배경이 이 청소년 지도자에게 일종의 존경심을 갖게 만들었다. 사람들은 그를 문예 애호가로, "훌륭한 신사"로, 대학 교육을 받은 "예술적 소질이 있는 사람"으로, 투쟁적이지는 않지만 자신의 이상을 글로 풀어낼 줄 아는 국가사회주의의 시인으로 생각했다. 이런 모순된 모습들이 쉬라흐 자신에게 더 이상 부담으로 작용하지는 않았던 것 같다. 그는 장래에 외교부에서 외교관으로, 예를 들어 미국 주재 대사로 근무하는 것을 생각하기도 했었다. 하지만 쉬라흐는 자신에게 전혀 어울리지 않는다고 생각했던, 청소년을 다루는 직업에 종사하는 자신의 신세에 매우 만족해하고 있었다. 권력욕 때문에 그는 자신에 대해 의심해 볼 기회가 없었다. 수십 년이 지난 뒤에 그는 자신을 "허영심이 강한 젊은이였고, 매우 성공한 사람이었고, 박수갈채를 받는 인기 있는 사람이었는데, 아마도 사람들이 생각하는 그 이상으로 인기가 있었을 것이다. 책을 수집하고, 자연과 말과 스포츠를 사랑하는 개인주의자였지만, 회고해 볼 때, 뭔가 나와는 맞지 않는 모습"이었다고 회고했다.

새로 선출된 독일제국의 청소년 지도자로서 쉬라흐는 마침내 권력, 즉 히틀러 청소년단의 "전권 요구"를 관철시켰다. 그는 "국가사회주의 독일 노동당이 독일의 유일한 정당이듯이, 히틀러 청소년단은 독일의 유일한 청소년 조직"이라고 선포했다.

쉬라흐는 이미 두 달 전부터 폭력 행사를 통한 "통합 작업"을 시작했다. 1933년 4월 5일, 그는 50명의 히틀러 청소년단원을 동원해서 독일청소년연맹의 제국위원회 사무실을 점거했다. 이 위원회는 5백만 명 이상의 청소년들이 소속된 조직들을 대표하고 있었는데, 그중에서 기껏해야 11만 명 정도가 히틀러 청소년단 소속이었다. 그 자신이 위원회의 지도부 자리에 있었던 쉬라흐는 "연맹의 독자적 운영"을 침해하지 않을 것이라고 약속했지만, 그와 동시에 "국가 혁명의 목표"와 일치하지 않는 모든 행위들을 "신속하고 가차 없이" 진압하겠다고 협박했다. 유대인과 마르크스주의 단체들에 대해서는 즉시 폐쇄 조치가 취해졌다. 쉬라흐가 염두에 두고 있었던 것은 단 한 가지였다. 그것은 "총통"에게 약속했던 것을 지키는 것이었다. "150명의 회원을 둔 별도의 청소년연맹이 단독 목표를 추구하며 계속 존속해야 한다고, 지금 이런 일들이 엄청나게 중요하다고 말하는 상황이 내게는 터무니없어 보였다. 나는 통일된 독일, 위대한 독일, 모든 독일 청소년들에게 단 하나의 조국이 될 독일을 원했다." 독일제국 청소년 지도자로 임명된 뒤에 그는 즉각 제국위원회를 불

필요한 조직이라고 선언했다.

쉬라흐에게는 오랜 전통을 가진 연합청소년단 역시 예전부터 눈엣가시 같은 존재였다. 많은 회원들이 히틀러 청소년단으로 옮겨 왔음에도 불구하고 여전히 강력한 경쟁 조직으로 건재하고 있었다. 게다가 연합청소년단은 국가사회주의에 대해 우호적이고, 민족주의적이며 국수적인 태도를 견지하고 있었다. 쉬라흐는 그의 히틀러 청소년단을 위하여 연합청소년단의 상징들을 모방했는데, 그는 이런 상징들이 아이들을 고무시킨다는 점을 잘 알고 있었다. 깃발, 휘장과 하이킹용 나이프뿐만 아니라, 여행, 야영장, 고적대 행진과 팡파르 악대 행진과 같은 것들이 이에 속했다. 그러나 쉬라흐는 이 단체가 계속 존속하고 있는 것을 참을 수 없었는데, 히틀러 청소년단을 독일의 유일한 청소년 운동 단체로 양성하려고 했기 때문이다. 그는 신랄한 공격을 퍼부으며 히틀러 청소년단과 다른 연맹들 사이에 선을 분명히 그었는데, 이를 통해 다른 연맹들은 보수반동적인 독일을 추구하는 엘리트 운동이라는 오명을 뒤집어썼다.

"히틀러 청소년단에 대해 제기된 주된 비판은 청소년단이 대중 운동을 추구하고 있다는 것이었다. 오, 이 얼마나 저주받아 마땅한 파렴치한 행위인가! 군소 연맹들은 그들이 소수 정예라고 주장하면서 회원 수 감소를 미화하고 있다. 이 연맹들은 아무도 남지 않을 때까지 정예 회원을 추려낼 것이다. 하지만 그들의 눈에 비친 우리는 대중이라는 우상에 봉사하고 회원 수에 목숨을 거는 선동가이다. 히틀러 청소년단의 모든 집회와 행진은 외형적인 형식을 통해 만족을 추구하는 것과는 전혀 관계가 없으며, 목적을 위한 수단일 따름이다. 그리고 그 목적은 새로운 권력이다. 모든 것은 히틀러를 위한 것이다. 히틀러가 독일이기 때문이다. 이른바 '연맹들'이라고 하는 조직들은 보수 반동 세력이다. 이들 조직들은 모두 어느 정도 '민족주의 성향'을 띠고 있다. 이들 모두는, 정도 차이는 있지만, 마르크스주의에 반대하는 투쟁에 찬성하고 있다. 하지만 캠프파이어에서 시민 계급 아이들과 대화를 주고받다 보면, 그들의 민족주의와 투쟁에 대한 생각은 금방 그 바닥을 드러낸다. 그리고 대화는 중단된다. 히틀러 청소년단이여! 순수하고, 성숙하고, 명확하고, 믿을 수 있는 이들의 고결한 운동이여! 그대는 혁명이고, 혁명의 완성이며, 살아 숨 쉬는 희망이다. 그대의 행진하는 발자국 소리가 포츠담을 관통하여 울려 퍼질 때, 전 세계는 이에 귀 기울였다. 그대는 민족의 사회주의적 양심이다. 매수되지 않고 현혹되지 않는 양심이다. 그대는 자본주의의 우상을 파괴하고, 보수 반동 세력의 가면을 찢어버릴 것이다. 구시대적인 '좋은 사회'와 '상류 사회'라는 개념은 그대로 인해 사라질 것이다."

궁지에서 벗어나기 위한 적극적인 대책의 일환으로 독일의용대, 독일소년단, 소년돌격대와 청년민족의용대가 폰 트로타 전 제독의 주도 아래 대독일연맹으로 통합되고, 대독일연맹이 발터 다레와 하인리히 히믈러와 같은 영향력 있는 나치 인사들의 후원을 받게 되자, 쉬라흐는 그가 추구하고 있던 권력 독점이라는 목표가 위태로워졌다고 생각했다. 지체 없이 그는 히틀러 청소년단에 합병되지 않은 모든 단체들을 "국가사회주의의 적"이라고 선언했다. 이 단체들을 제거하기 위하여 그는 술책을 부렸다. 쉬라흐는 신문에 간단하게 대독일연맹의 해체를 알리는 기사를 내도록 시켰다. 폰 트로타는 그 기사에 속아 넘어갔다. 이렇게 비열한 방법으로 경쟁자를 해치웠지만, 쉬라흐는 전혀 개의치 않았다. 내무장관 빌헬름 프리크가 격렬하게 비난을 퍼부었지만 무시되었다.

쉬라흐는 가톨릭청소년연합도 와해시키려고 작업에 착수했다. 이와 관련해서 바티칸과의 조약 협상을 악의적으로 방해하려고 했지만, 그에게도 한계가 있었다. 쉬라흐는 분통이 터졌지만 아무런 소용이 없었다. "내세에 대한 약속을 이유로 청소년들이 국가를 위해 헌신적인 희생에 나서는 것을 막으려고 시도했다. 독일과 타협할 용의가 없는 사람은 국가 조직 안에 존재하는 모든 신앙 원칙을 거스르는 철천지원수이다." 제국 내무장관은 쉬라흐에게 그 어떤 "강제 조치"도 허용하지 않았고, 따라서 이미 내려진 가톨릭 청소년 단체들에 대한 활동 금지 조치도 철회되어야만 했다.

이와 달리 신교도 청소년 단체들은 쉽게 정리할 수 있었다. 국가사회주의의 열렬한 옹호자인 제국 개신교 주교인 뮐러는 1933년 말에 쉬라흐와 협정을 체결하고 히틀러 청소년단에 70만 명에 이르는 개신교 청소년들을 인계했다. 뮐러는 히틀러에게 전보를 보냈다. "이 순간 우리 민족과 우리 교회에 신의 가호가 있기를! 다음 세대를 위한 국가사회주의 교육에 신성한 신의 말씀이 같이 하기를!" 쉬라흐는 "총통"의 찬사를 얻을 수 있다고 확신하였다. "제게 부과된, 독일 청소년의 통합을 완수하라는 임무와 관련하여, 개신교 청소년들이 히틀러 청소년단에 편입되었음을 보고합니다."

각각 다른 종파의 청소년 조직들이 명목상으로 계속 존속할 수 있었지만, 그들의 활동은 "전적으로 종교와 교회 그리고 자선과 관련된 임무에 제한되어 있었다." 히틀러 청소년단은 "청소년들에게 정치, 문화, 세계관에 대한 사고를 형성시키고, 체육 훈련을 이겨낼 신체로 단련시키는 단체"로 규정되었다. 쉬라흐가 법으로 복수 단체 가입을 금지시켰을 때, 청소년들은 무더기로 히틀러 청소년단으로 넘어갔다.

쉬라흐는 과격한 조치들을 통해 성과를 거두었다. 그 다음 몇 주 동안 연합청소년단, 방위대 그리고 시민 정당의 청소년 조직과 같은 대부분의 단체들이 해산되었으며, 이들 단체는 히틀러 청소년단으로 넘어가거나 노동청소년단처럼 활동이 금지되었다. 대세를 따르지 않는 청소년 단체 회원들은 잇달아 협박의 표적이 되었고 구타를 당했다. "히틀러 청소년단은 힘과 권력 그리고 싸움을 통해서 확고한 기반을 다져나갔다"고 노동청소년단의 한 회원은 기억하고 있다. "그들의 숫자가 점점 많아졌다. 우리가 하이킹을 나갈 때면, 그들은 잠복하고 있다가 고무 곤봉으로 우리 머리를 쥐어박곤 했다."

하지만 폭력과 구타만이 쉬라흐가 신입 회원을 모집하기 위해 이용했던 유일한 설득 방식은 아니었다. 대대적인 선전 캠페인 활동이 제국 전역을 휩쓸고 있었다. 히틀러 청소년단의 벽보에는 "우리에게 오라!"라고 권고하는 문구가 쓰여 있었다. 대중 운동이라는 흡인력이 청소년들을 유혹하는 미끼로 교묘하게 삽입되었다. "왜 너는 아직까지 참여하지 않고 있지?"라는 비난성 문구들이 모든 광고 기둥에 붙여져 있었다. "그래, 도대체 무엇 때문에?"라고 아이들은 질문을 받았다. 학교 역시 압박을 가하고 있었지만, 비판적인 부모들조차도 어쩔 수가 없었다. 독일소녀단원이었던 한 소녀는 다음과 같은 장면을 기억하고 있다. "어느 날, 학교 교장 선생님이 와서 우리에게 '아직 소녀대나 소년단에 가입하지 않은 학생들이 있습니까?' 라고 물었다. 그 당시 단 두 명만이 가입해 있었는데, 아우구스테와 나였다. 그는 '그래! 너희들 모두 14일 안에 신고를 하고 참여하도록 해' 라고 말했다. 그래서 나는 집으로 가면서 의기양양하게 말했다. '그래, 이제 너희들은 더 이상 아무 말도 할 수 없을 거야. 나, 갈게.'"

사람을 불러모으는 이 나팔수는 자신의 사업을 잘 이해하고 있었다. 그는 귀에 솔깃한 말로 청소년들의 관심을 불러일으켰다. 지금까지 몇몇 소수의 청소년들이 즐겼던 자유로운 여가 활동이 모든 소년 소녀들에게 동시에 제공되었다. 갑자기 모든 청소년들이 독일 전역을 차로 여행할 수 있게 되었고, 도보 여행과 자전거 여행을 즐길 수 있게 되었으며, 야영장을 이용할 수 있게 되었다. 아이들은 다 같이 노래도 부르고 악기 연주법도 배웠으며, 운동 경기와 제국 직업 경연 대회를 통해 상을 받기도 했다. 과거에 히틀러 청소년단원이었던 한 사람은 "나는 행진하는 것을 아주 좋아했고, 운동에 소질이 있었으며, 야외에서 활동하는 것을 즐겼다. 우리는 이 모든 것을 하고 있었다. 우리는 같이 훈련을 받았는데, 그곳에서의 동료 관계는 아주 뛰어났다”며, 지금까지도 흥분을 감추지 않고 있다.

히틀러 청소년단은 빈곤한 환경에서 자란 아이들에게 꿈에도 생각지 못했던 가능성을 제공해 주는 곳이었다. “우리들 중 일부는 히틀러 청소년단으로 갔다. 그들이 우리에게 ‘이봐, 그곳에 가 봐, 거기 가면 따뜻한 음식과 유니폼을 공짜로 얻을 수 있을 거야’라고 말하거나, 거기 가면 예를 들어 북과 트럼펫 같은 악기들도 있다고 말해 주었기 때문이다”라고 과거 연합청소년단원 한 명이 설명했다. 소녀들에게는 독일소녀동맹이 창설되기 전까지는 청소년 조직에 견줄 만한 단체가 없었다. 상당수의 부모들은 자녀들이 세상물정을 알게 된다며 기뻐했고, 이와 달리 많은 청소년들은 부모로부터 독립할 수 있다는 점에 높은 가치를 부여했다.

“동료애”가 중요한 공동체에서 다른 아이들과 생활하면서 그들은 행복감을 느꼈다. 쉬라흐가 히틀러 청소년단에서 실행에 옮겼던 “청소년이 청소년을 이끈다”는 원칙은 아이들에게서 엄청난 호응을 받았다. 선생이나 부모와 같은 권위에 복종하거나 두려움을 느꼈던 아이들은 자신보다 나이가 좀 많은 지휘자들에게 경의를 표했다. 비록 열 명으로 구성된 소년 또는 소녀대원들을 지휘하는 것이었다 하더라도, 그룹 하나를 책임지도록 선발된 아이들은 휘하의 아이들이 자신들에게 보내는 신뢰에 대해 만족해했으며, 그들이 짊어져야 했던 책임감을 통해 한층 성숙해졌다. 책임감을 진지하게 받아들였던 아이들은 자부심을 갖고 임무를 완수했다.

특히 쉬라흐는 “노동” 계층에서 거둔 성공을 강조했다. 하층민과 소시민 계층 출신의 청소년들이 히틀러 청소년단으로 대규모 유입되었는데, 그들은 이때까지 연맹 활동에서 제외되어 있었다. “청소년은 사회주의다”라는 구호는 가장 사랑받는 구호 중 하나였다. 그가 이 구호를 프롤레타리아 독재라는 의미로 생각한 것은 전혀 아니었다. 그는 이 구호가 노동 청소년을 포함한 모든 청소년을 히틀러 청소년단 단일 조직으로 가입시키게 한다는 걸 알고 있었다. "단 하나의 깃발만이 히틀러 청소년단 앞에 펄럭이고 있다. 백만장자의 아들이나 노동자의 아들이나 똑같은 제복을 입는다. 청소년만이 이런 의미의 편견으로부터 자유롭고 참된 공동체적 삶을 살 수 있기 때문이다. 그렇다, 청소년은 사회주의다." 쉬라흐는 자신의 생각을 배제한 채, 오로지 히틀러 한 사람만을 추종하는 모든 사람들이 사회적이라고 일반 대중에게 설파했다. "그대들이 기준으로 삼아야 할 말씀, '아무것도 우리를 위한 것은 없다, 모든 것이 독일을 위한 것이다' 라는 말씀을 주셨던 총통의 의지가 그대들 속에 살아 숨 쉬고 있다."

그의 말에 많은 아이들이 무더기로 속아 넘어갔다. 1933년 후반에는 10살에서 18살 사이의 청소년 총 750만 명 중에서 230만 명이 히틀러 청소년단과 그 조직에 속하게 되었는데, 이 수치는 나치가 정권을 장악하였을 때보다 20배나 많은 것이었다.

하지만 쉬라흐에게 그 수치는 충분한 것이 아니었다. 그는 모든 청소년들이 청소년단에 소속되기를 원했다. 1936년에 이 인간 포획꾼은 친애하는 "총통"에게 깜짝 놀랄 만한 특별한 선물을 마련하기로 마음먹었다. "독일 소년단의 해"를 맞이하여 그는 그해를 히틀러에게 바치는 선물로 만들고자 했다. 그해 10살이 되는 모든 소년 소녀들로 하여금 4월 20일에 소년대와 소녀대에 가입하도록 만들고자 했다. 쉬라흐는 "모든 청소년을 총통에게"라는 표어를 기치로 라디오 방송과 영화를 통해서, 벽보를 통해서, 그리고 학교와 스포츠 행사를 통해서 대대적인 선전 캠페인을 펼치기 시작했다. 4월 19일, 그는 라디오 방송을 통해서 10살이 되는 소년 소녀들의 90퍼센트가 그의 호소에 따라 가입 신청을 하여 임무를 완수하였다는 보도를 내보낼 수 있었다. 1936년 말에는 회원 수가 6백만 명 이상에 이르렀다.

물론 그는 아주 짧은 기간 동안 군인으로 복무했고, 내가 아는 한에서, 트레이닝 바지나 수영 팬티 차림을 한 그의 사진은 없다. 그는 유니폼을 입지 않고는 밖으로 나가지 않았고, 늘 장갑을 끼고 있었다. 그는 별로 군인답지 않았다. 우리는 그보다 강인했다.

발터 괴르겐, 전 히틀러 청소년단원

당연히 나는 군인으로서 청소년들이 군복무를 준비하는 것에 대해 관심이 있었다. 하지만 그들은 군대 병정놀이를 통해서가 아니라 야외에서 하는 운동과 삶을 통해서 군복무를 준비했다.

쉬라흐의 자서전 『나는 히틀러를 믿었다』 중에서 1967년 모든 교육 분야를 그의 통제 하에 두려는 야심찬 계획으로 인해 쉬라흐는 그의 상관인 교육장관 베른하르트 루스트와 끊임없는 갈등에 빠지게 되었다. 쉬라흐가 모든 수단을 동원하여 히틀러를 통해 "히틀러 청소년단 법안"을 관철시키려고 하면서 소동이 벌어졌다. 이 법안은 쉬라흐의 영향력을 현저하게 확대시키고, 청소년단을 "국가 청소년단"으로 승격시키는 내용이었다. 루스트는 이 청소년 지도자가 학교 교육을 무시하고, 학교 교육 전체를 분열시키려고 획책하고 있다고 노골적인 불만을 터트렸으나 소용없는 일이었다. 1936년 12월 1일, 히틀러는 법안에 서명했다. 다시 한 번 이 출세지상주의자는 자신의 의지를 관철시켰다. "독일 청소년의 통합을 위한 투쟁은 끝이 났다"고 쉬라흐는 환호했다. 이제 제국 청소년 지도부는 제국 최고 기관이 되었으며, 쉬라흐는 차관이 되어 오직 히틀러만을 상관으로 모시게 되었다. 1939년에 비로소 "국가 청소년단"에 의무 회원 제도가 도입되었지만, 쉬라흐는 이미 그의 목표를 달성했다. 히틀러 청소년단은 학교와 가정과 더불어 가장 중요한 교육 주체가 되었고, 쉬라흐는 마치 "제국 교육자"처럼 되었다.

히틀러 청소년단 수장인 쉬라흐에게 법은 무엇보다도 청소년단이 자체적으로 운영될 수 있다는 증거였다. 그는 히틀러 청소년단을 "국가 안의 국가"로 만들려는 자신의 생각을 서서히 실현하기 시작했다. 전쟁 시작 전까지 히틀러 청소년단은 총 19개 부서로 구성되었는데, 사회복지부, 보건부, 스포츠 및 세계관 담당부, 법률부, 라디오방송부, 해외부와 문화부 등이 있었다. 특히 문화부는 문화에 많은 관심을 갖고 있던 문예 애호가 쉬라흐에게 중요한 부서였다. 그는 히틀러 청소년단을 위한 미술 전람회, 음악 캠프, 음악회, 영화 상영과 연극 축제를 바이마르에서 개최하려고 열정적으로 준비했고, 청소년 문학상을 제정했다. 자신이 생각하는 교육 이상에 영원한 예술적 가치를 부여하기 위하여 쉬라흐는 히틀러 청소년단의 모든 원칙에 시성 괴테를 본보기로 집어넣도록 만들었다. 그는 괴테와 자신의 이념을 정신적으로 유사하게 보이도록 하기 위해 자기 지도 원칙, 청소년단원들의 제복 착용, 심지어 스포츠, 놀이와 야영 등 모든 부분에 괴테를 인용했다. "옛날에 괴테의 소설 『친화력』에서 나는 아주 특이한 문장을 읽었다. '남자들은 청소년 시기부터 유니폼을 입어야 한다. 왜냐하면 그들은 함께 행동하는 것, 그들과 같은 사람들 속에서 자신을 헌신하는 것, 집단의 일원으로 복종하는 것과 전체를 위해 일하는 것에 익숙해져야 하기 때문이다.' 그때 내게 불현듯 이 문장이 독일이 36개 공국으로 이루어진 시대에 괴테가 통일된 독일 국민 교육이라는 내재적 관점을 소유하고 있었다는 것을 나타내는 것이라는 생각이 들었다."

괴테가 히틀러 청소년단의 선조로 둔갑했지만, 이 시인이 이를 막기 위해 무엇을 할 수 있었겠는가.

청소년 조직을 창설하는 데 요구되는 조직 능력이 쉬라흐에게는 완전히 결여되어 있었다. 쉬라흐의 권한 대행자이자 참모장인 하르트만 라우트바허는 히틀러 청소년단 지도자 회의에 즈음하여 "혁명적인 재건 과정에서 가장 큰 장애물이 되고 있는 것은 쉬라흐의 실천적 경험 부족, 소규모와 중간 단위 그룹을 만드는 작업, 그리고 중앙 지도부의 인사 및 보직 배치 문제이다"라고 기록하고 있다. 하지만 쉬라흐는 "가족끼리의 저녁 모임, 주말여행, 야영지 그리고 정적과의 논쟁을 통해 얻는 '야전 냄새'가 당신들 모두에게는 없다"라고 말하면서, 성가신 사무 업무에 대한 혐오감을 "총통"과 연결시켰다. 제국 청소년 지도부가 부분적으로 혼란 상태에 빠져 있다는 불만과 제대로 된 행정 절차가 결여되어 있다는 비난에 대해 그는 간단하게 대처했다. "훌륭한 리더십의 특징은 갖가지 편지에 대해 적시에 답변하는 것이 아니라 분투하고 있는 공동체와 접촉하는 것이다. 그래서 총통은 계속해서 문서 작업에만 매몰되지 말고 현장에서 활동하도록 우리를 교육시키셨다. 이 가르침은 내가 총통에게서 얻은 가장 위대하고 현명한 가르침 중 하나이다." 쉬라흐가 오전 10시 전에 일과를 시작하는 일은 드물었다. 그 대신 그는 연설문을 위한 번뜩이는 아이디어가 떠오를 때면 밤늦게까지 이를 구술하곤 했다. 쉬라흐는 자신의 조직 능력이 뛰어나지 않다는 것을 솔직히 시인했다. 하지만 그는 함께 일할 직원을 선발하는 과정에서는 정확한 육감을 발휘했다. 그는 아이디어를 개발하고, 연설을 하고, 히틀러가 주재하는 행사에 참석하고, 특히 히틀러를 대표하는 일에 그의 임무를 국한시켰다. 쉬라흐는 귀찮은 일상 업무를 유능한 라우트바허에게 맡겼는데, 그는 베를린 크론프린첸 호숫가에 위치한 제국 청소년 지도부 건물에 참모들과 함께 상주하고 있었다.

히틀러 청소년단은 마치 문어발처럼 분야를 넓혀 나갔고, 학교, 교회, 그리고 가족의 권위와 대립되는 권위를 주장했다. 쉬라흐는 부모들에게 "보다 높은 의미에서, 청소년은 항상 옳다"고 밝혔다. 그는 자신의 이상을 가족의 이상 위에 두었다. "히틀러 청소년단이 가족으로부터 그들의 아이들을 빼앗아 갔다고 불평하는 상당수 부유한 집안의 가장들은 아마도 이런 사실을 잊고 있을 것이다. 히틀러 청소년단이 그들의 자식들에게 국가사회주의 청소년 공동체를 통해 우리 국민 중에서 가장 가난한 아들딸들이 그들의 삶에서 처음으로 가족과 같은 존재를 느끼게 만드는 사명을 부여했다는 사실을 말이다. 히틀러 청소년단과 독일소녀동맹의 모든 청소년이 또다시 이상의 존재를 믿고 있다는 엄연한 사실 앞에서 모든 이의 제기는 포기되어야만 한다."

그렇지만 쉬라흐는 당 지도자들 및 장관들과도 점점 더 갈등에 빠지게 되었다. 쉬라흐는 누구보다도 교육장관 루스트와 항상 대립하고 있었는데, 그는 예전부터 교육장관 자리를 차지하고 싶어 했다. 루스트는 1938년에 아돌프 히틀러 학교를 도입하여 이를 실질적인 학교 교육 제도의 하나로 만들려는 쉬라흐의 의도를 상당히 불쾌하게 받아들였다. 독일소년대에서 "뛰어난 능력을 보여 주었던" 소년들은 당 후계자를 위한 간부

양성 기관에서 교육을 받아야만 했다. 쉬라흐는 전쟁 발발 직후에 존트 호펜에 있는 아돌프 히틀러 학교 학생들에게 "여러분들은 먼 훗날 세계 강대국이 될 조국을 이끌기 위하여 이곳에서 교육받고 있음을 분명히 알아야 할 것이다!"라고 외쳤다. 대규모 전쟁을 치른 뒤에 그대들은 "아돌프 히틀러 세계 제국을 이끄는 대들보"가 될 것이다. 원래 쉬라흐는 대관구당 하나씩, 총 32개의 학교를 설립하려고 했었다. 그러나 쉬라흐식 학교 제도의 확대는 전쟁으로 인해 초창기부터 어려움에 봉착하게 되었다.

쉬라흐가 청소년을 모집하던 수단인 전체성은 독재 정권의 요구와 부합했다. 쉬라흐는 히틀러 청소년단을 통해서 "청소년 전체뿐만 아니라 독일 젊은이들의 전체 생활 영역을 차지하고자 했다." 그의 "교육 혁명"이 지향하는 바는 어릴 때부터 청소년을 조직의 통제 하에 두고 지속적으로 그들에게 영향력을 행사하는 데 있었다. 매년 새로운 구호를 전면에 내세웠던 쉬라흐는 1934년을 특색 있게 "내적인 수련과 수행의 해"라고 명명했다. 히틀러의 이 인간 포획꾼은 청소년단 지도자와 함께 적극 가담자를 육성하기 위한 3주간의 속성 교육 과정을 통해 청소년들에게 "정신적으로나 육체적으로 가장 능력이 뛰어난 사람"과 "전투 지휘자"가 될 것만을 요구한 것은 아니었다. 그는 "미래의 청소년 지도자와 교육자는 국가사회주의 신앙의 사제이자 국가사회주의에 봉사하는 장교가 될 것"을 요구했다.

이미 히틀러 청소년단 조직은 아이들을 조기에 편입시키고 있었다. 소년 소녀들은 10살이 되면 소년대나 소녀대에 가입했고, 14살에서 18살까지는 히틀러 청소년단이나 독일소녀연맹에 가입했다. 1938년에는 추가적으로 21살까지의 젊은 여성을 위해 독일소녀연맹의 하위 조직으로 "믿음과 아름다움"이 창설되었다.

히틀러 청소년단은 곧 젊은이들의 모든 여가 시간을 일일이 규정했다. 고려할 수 있는 여가 선용으로는 스포츠, 노래 부르기, 원거리 여행과 야영이 전부였으며, 이 행사들은 히틀러 청소년단 범위 내에서 거행되었다. 또한 국가 청소년단의 날이 도입되었다. 히틀러 청소년단에 속한 아이들은 토요일에 학교에 가지 않는 대신에 "근무"를 했는데, 여름에는 이 근무가 12시간이 걸릴 때도 있었다. 다른 아이들은 "적어도 두 시간에 걸친" 국가사회주의 이념 교육을 참고 견뎌내야 했다. 저녁 모임에서 아이들은 "독일인의 순수 혈통 보존" 또는 국가사회주의 독일노동당의 역사와 같은 '세계관에 관한' 교육을 받았고, 히틀러의 생애를 암기해야만 했다. 매주 라디오로 방송되는 〈민족의 시간〉 프로그램을 통해서 나치 이데올로기 주입 작업이 이루어졌다. 그 외에 제국 스포츠 경진 대회와 직업 경연 대회가 거행되었다. 작가인 에리히 뢰스트가 회상하기를, "1주일에 두 번, 즉 수요일과 토요일에 근무를 했다. 그리고 나는 지도자가 되었기 때문에 월요일에는 지도자 근무를 했고, 일요일에는 사격 훈련을 했다. 안 그러면 우리는 자전거를 타고 어딘가로 떠나든지 행진을 했다. 그러니까 나는 일주일에 4일 내지 5일을 히틀러 청소년단 일을 했다. 그때 우리에게는 도대체 우리가 무슨 일을 하고 있는지 곰곰이 생각해 볼 시간적 여유가 없었다. 언제나 다음 할 일이 주어졌는데, 그것은 중단 없는 활동이었다."

히틀러는 1938년에 라이헨베르크에서 행한 연설에서 거의 경멸적인 어조로 다음과 같이 말했다. "청소년들은 오직 독일적으로 생각하는 것과 독일인으로 행동하는 것 외에는 아무것도 배우지 않고 있다. 10살의 사내아이들이 우리 조직에 들어온다면, 이곳에서 처음으로 새로운 환경을 접하고 새로운 것을 느끼고 난 뒤, 4년 뒤에는 소년대에서 히틀러 청소년단으로 올라가게 되고, 거기서 또 4년을 우리와 같이 지내게 된다. 그 다음에 우리는 그들을 계급과 신분을 따지는 구닥다리 양친에게로 되돌려 보내지 않고, 곧바로 당이나 노동전선, 돌격대나 친위대, 나치 자동차 부대 등에서 받아들일 것이다. 그리고 그들이 그곳에서 1년 반 내지 2

년 동안 지냈음에도 아직 완전한 국가사회주의자가 되지 않았다면, 그들은 근로 봉사를 하면서 다시 6개월 내지 7개월 동안 연마를 하게 되는데, 이 모든 과정은 독일의 삽이라는 상징으로 표현된다. 그리고 6개월 내지 7개월이 지난 뒤에도 그들에게 이런저런 이유로 여전히 계급의식이나 신분에 대한 망상이 남아 있다면, 국방군이 2년 동안 더 이들을 다루는 임무를 넘겨받는다. 그리고 그들이 2년 내지 3년, 또는 4년 뒤에 또다시 원래의 정신 상태로 되돌아간다면, 그런 문제들이 다시는 재발하지 않도록 만들기 위해 그들을 곧바로 돌격대나 친위대, 여타 다른 기관으로 넘기게 되는데, 그렇게 되면 그들은 더 이상 그들의 삶에서 자유를 누리지 못하게 될 것이다."

많은 사람들이 이 연설을 들었지만, 그들은 이런 조치가 내포한 이면의 위험성을 인식하지 못했다. 오히려 그들은 쉬라흐가 사람들을 유혹하는 소리에 빠져 있었다. 그는 젊은이들에게 "여러분은 민족의 미래이고," "여러분은 새로운 독일의 대들보다"라고 외쳤다. 쉬라흐는 젊은이들에게 "여러분은 특별한 사람들"이라고 설득했다. 그들이 그들만의 깃발, 노래와 순교자를 갖고 있었다는 점이 이러한 특별한 의식을 부추기고 있었다. 그들은 그들끼리 어울렸다. "청소년은 청소년이 이끌어야 한다"는 구호는 히틀러 자신이 만들어낸 규칙이었다. 쉬라흐는 히틀러의 이 규칙을 자신의 것으로 만들었고, 끊임없이 자신의 정책을 표현하는 주요 문장으로 사용했다.

청소년이 이렇게 속임수의 대상이 된 적은 여태껏 한 번도 없었다. 일찍이 이들보다 더 어린 아이들이 속임수의 대상이 된 적도 없었다. 쉬라흐의 "국가 속의 국가"는 다름 아닌 작은 형태의 독재 국가였다. 그는 국가사회주의 지도자 원칙을 확고부동한 규칙으로 만들었다. "청소년공동체는 지도부의 권위를 조건 없이 인정하고 받아들일 때만 성공할 수 있다. 그렇지 않으면 지도부라는 것은 아무런 의미가 없을 것이다. 국가사회주의의 성공은 규율의 성공이고, 국가사회주의 청소년이라는 건물은 복종과 규율의 토대 위에 세워진 것이다." 명령에 대한 비판은 "권위를 떨어뜨리기 시작하는 것이기 때문에 범죄 행위이다… 그 때문에 히틀러 청소년단원은, 설사 그 자신에게 해가 되는 명령이라 할지라도, 지도자가 내린 명령을 묵묵히 따른다."

쉬라흐는 독자적으로 생각하는 것을 명확하게 막으려고 했다. "수많은 젊은이들이 대변하는 것은 그들의 관심사가 아니라 국가의 안녕과 복지이다. 믿음이 우리를 묶어 주고, 신조가 우리에게 의무를 지워 준다. 그리고 지도자는 명령을 내린다." 히틀러 청소년단은 엄청난 결과를 가져온 히틀러의 강권 정치를 위한 목적에 착취당했다.

"내가 보고 느꼈던 히틀러 이분을 나는 청소년에게 정열적인 표현으로 되새겨 주었다. 나는 독일 민족이 그처럼 쉽게 감응하였던 저 지도자 신화의 생성에 정말로 확신을 가지고 참여했다"고 쉬라흐는 훗날 그의 회고록에 적었다. 쉬라흐는 "총통" 우상화를 시작한 괴벨스보다 더 뛰어나게 "총통" 숭배 의식을 거행했다. 극장장의 아들인 그는 신화적이고 극적인 "총통 미사"를 연출하는 데 재능을 보여 주었다. 그는 매년 마리엔부르크 성[폴란드 그단스크 시에서 동남쪽으로 60km 지점에 위치한 성: 옮긴이]에서 열린 히틀러의 생일 전야제에 10살이 된 소년들의 소년대 입단식을 치르면서 숭배 의식을 거행했는데, 마리엔부르크 성은 서프로이센에 위치한 도시로 독일 국방력의 상징이었다. 폐허가 된 건물의 어두운 둥근 천장을 통해 수백 명의 기수들이 행진하는 발걸음 소리가 메아리치고, 횃불 사이로 "우리는 죽음에 이를 때까지 히틀러에게 충성을 맹세한다"는 노랫소리가 울려 퍼지기 시작할 때면, "충성을 맹세한 공동체"의 일원이라는 소름 끼치듯 멋진 감정이 아이들의 마음을 가득 채웠다. 라디오 방송을 통해서 쉬라흐는 "총통"에게 신입 대원들에 대해 보고했다. 제국 전체에서 아이들이 함께 "나는 히틀러 청소년단에서 언제나 나의 의무를 다할 것이며, 총통과 깃발에 대해 사랑과 충성을 다할 것을 다짐한다. 진실로 신께서 도와주시길!"이라는 선서 문구를 따라했다.

"아돌프 히틀러 행군"이 이와 비슷한 기능을 수행했다. 늘 그렇듯이, 하르트만 라우트바허가 조직하는 부분에 대한 생각을 짜냈으며, 각기 다른 장소에서 출발하여 모이는 놀랄만한 행군 방식으로, 매년 제국 각지에서 대략 2,000명 규모의 히틀러 청소년단원들이 제국 전당대회가 개최되는 뉘른베르크로 행군했다. 그들은 그곳에서 열린 대규모 열병식에서 히틀러 앞을 지나갔다. 히틀러 청소년단 그룹들은 이때 800킬로미터에 이르는 거리를 소화해 냈다. "아돌프 히틀러 행군"이 전적으로 젊은이들의 체력을 건강하게 유지하기 위한 목적으로만 이용된 것이 아니라는 점을 쉬라흐는 분명히 밝혔다. "우리는 총통에게로 행군할 것이다. 그가 그것을 원한다면 우리는 그를 위해 행군할 것이다." 1938년부터 "아돌프 히틀러 행군"을 란츠베르크에서 끝마치도록 함으로써, 이 청소년 지도자는 "총통" 숭배를 완벽하게 만들었다. 히틀러가 『나의 투쟁』을 구술했던 그 감방에서 신비주의적인 의식을 거행하면서, 그는 행군에 참여한 모든 젊은이들에게 베스트셀러이지만 독일 역사상 가장 읽히지 않는 이 책에 히틀러의 자필 서명을 넣어 나누어 주었다.

히틀러가 추구한 강권 정치의 목적이 무엇이었는지 곧 밝혀졌다. 그는 전쟁을 목표로 삼고 있었다. 하지만 쉬라흐는 그의 우상이 호전적인 의도를 가지고 있다고는 생각하고 싶지 않았다. 이 제국 청소년 지도자는 "유럽에서 평화 유지를 위한 전제 조건"으로 일반 병역 의무 제도를 재도입하는 것을 "기꺼이" 환영했다. 힘닿는 대로 히틀러의 "평화 의지"를 후원하기 위하여 쉬라흐는 1935년을 "심신 단련의 해"로 선포했다. 히틀러 청소년단은 젊고, 강하고, 아름다워야 했으며, 무엇보다도 투쟁적이어야 했다. 스포츠는 히틀러 청소년단에서 매우 중요했다. 쉬라흐는 국가사회주의 인종 이데올로기에 따라 소녀들이 "육체와 정신"을 단련하고, 이로써 "앞으로 다가올 세대의 어머니로서"의 자신들의 운명을 받아들이기를 기대했다. 특히 소녀들은 "민족의 존립을 위해 자신의 피를 순수하게 보존"하는 일을 책임지고, "자신의 육체적 능력을 발전시켜 자신이 물려준 유전적 소질이 독일 민족을 풍요롭게 만들" 수 있도록 해야 하는 의무가 있었다. 소녀들에게는 "청소년과 성인 남자들이 바라는 아름다움에 대한 기대를 저버리지 않을 의무"가 있었는지도 모른다. 과거 독일소녀동맹 출신의 한 소녀가 괴롭게 확인해 주었듯이, 실제로 소녀들은 무엇보다도 "총통을 위한 총알받이를 생산"해 내야만 했다.

소년들에게는 교련 훈련이 강요되었다. 쉬라흐가 "히틀러 청소년단은 전쟁이 아니라 평화를 위해서 동원된다"고 종종 강조했지만, 폴란드에 대한 공격이 개시된 후에 늦게나마 소년들은 미몽에서 깨어났다. "우리는 처음부터 전쟁을 치를 준비를 하고 있었다"고 과거 히틀러 청소년단원 중 한 사람이 분개하며 말했다. 1936년 이후로 권투와 같은 격투기 종목은 히틀러 청소년단에게 의무적이었다. 대부분 훈련과 연습으로 짜인 히틀러 청소년단 근무에 완전 무장 행군도 도입되었다. 포복과 침투, 독도법과 나침반 읽기를 포함한 야외 추적 놀이도 일정의 하나였다. 쉬라흐의 후임자인 아르투어 악스만의 보고에 의하면, 평시에 이미 3만 7천여 명의 사격 교관이 양성되었고, 150만 명의 히틀러 청소년단원들이 정기적으로 사격 훈련을 받았다.

이에 비하여 이성, 교양, 그리고 지성에 대한 교육은 철저하게 배척되었다. 쉬라흐의 방어 훈련 전담관인 헬무트 슈텔레히트는 "우리가 향후 몇 년 동안 성취하고자 하는 것은, 독일 소년들의 손에 당연하게 쥐여지는 연필처럼, 그들 손에 소총을 쥐어 주는 것이다"라고 밝혔다. "학교 출입문 위에 '아는 것이 힘이다'라고 적혀 있는 것이 자유주의다. 그러나 결국 민족의 힘이라는 것은 언제나 소유하고 있는 무기에 의해 좌우되고, 그 무기를 다룰 줄 아는 국민들에 의해 좌우된다는 사실을 우리는 전

"쉬라흐는 빈 사람처럼 되었다…"
게르하르트 하우프트만에게 빈 시의 명예 반지를 수여하고 있는 대관구 관구장 (1942년)

쉬라흐가 빈으로 온다는 얘기가 나왔을 때, 상황이 호전될 수도 있을 것이라는 생각이 어렴풋이 들었다. 쉬라흐는 일종의 문예 애호가이고, 지성인이며, 예술 분야에 관심이 많은 사람이라는 소문이 나 있었다. 어쨌든 그 당시에 유대인들은 그가 그렇게 못된 사람일 거라고는 생각하지 않았다.

마르틴 포겔, 빈의 시온주의 청소년 운동 회원

그렇지만 순전히 경험에 비추어 봤을 때, 그는 빈의 문화 정책이 그에게 요구하는 바를 제대로 해낼 수 없는 것처럼 보인다. 그는 1933년 이후로 우리가 실시해 왔고, 이미 많은 시행착오를 겪었던 실수들을 다시 한 번 시도하고자 하는 야심을 갖고 있는 것처럼 보인다. 유감스럽게도 지금 내게는 이 문제를 심도 있게 다룰 시간이 충분하지 않다. 우리는 차라리 이 문제에 대한 논의를 전쟁이 끝난 뒤로 미루고 싶다.

괴벨스의 일기, 1942년 2월 4일

쟁을 거치고 종전 후의 시기를 경험하면서 알게 되었다."

교련 교육에서 청소년단에 대한 지휘권을 마지못해 공유해야 했던 쉬라흐는 정규 국방군의 간섭을 견제하는 데 전력을 다했다(정규 국방군은 청소년단을 전적으로 자신들의 휘하에 두기를 원했다). 이런 노력은 쉬라흐가 교련 교육에 대해 이의를 제기했다는 것이 아니라 그 자신만이 청소년단을 이끌고자 했다는 것을 뜻한다. 1937년 2월, 국방군 최고사령부는 에르빈 롬멜 육군 중령을 정규군과 청소년 지도부 간의 연락 장교로 임명했다. 롬멜은 소년들의 교련 교육을 장교들에게 이양할 것을 제안했다. 그것은 쉬라흐가 받아들일 수 있는 것 이상의 영향력 행사였다. 그는 수많은 훈장을 받은 이 전쟁 영웅이 교체되도록 하는 데 진력했다.

아직 전쟁이 발발하기 전인 1939년 초에 새로운 합의점이 도출되었다. 히틀러 청소년단은 특수 부대를 편성했는데, 그 부대에서 소년들은 군사 훈련을 목표로 준비를 했다. 히틀러 청소년단의 특수 부대로는 히틀러 청소년단 해군 부대, 히틀러 청소년단 오토바이 부대, 히틀러 청소년단 조종사 부대 그리고 히틀러 청소년단 정보 부대가 있었다. 이 히틀러의 측근은 운명의 시간이 다가왔음을 알고 있었다. 머지않아 전쟁이 일어날 것 같은 기미가 보였다. 3월 15일, 독일군이 체코슬로바키아를 점령했다. 쉬라흐는 히틀러 청소년단 법의 시행령 마련을 서둘렀다. 1939년 3월 25일, 시행령이 마련되어 히틀러 청소년단의 회원 자격이 의무화되었다. 쉬라흐는 독일이 "군비 확장을 실행에 옮기기 위해, 다른 국가들에게 독일이 평화애호국임을 설득하기 위해 노력한" 나라였다고 히틀러 청소년단 간부들에게 행한 연설에서 밝혔다. "독일은 세계 지배의 사명을 받았기" 때문에, 그는 "젊은이들을 교육시켜 실제로 다가올 미래에 세계 강대국 독일을 대표할 수 있도록 만들려"고 했다. 쉬라흐가 평시에 뿌렸던 씨앗의 열매를 그의 후임자인 악스만이 전쟁에서 수확할 수 있었다. 청소년단은 무장을 실시했다. "국방군으로부터 몇 번이고 인정받은 것처럼, 엔진, 무선, 항공술과 항해술 분야에 특히 관심을 가지고 있는 이들을 조기에 파악해 실제 군복무가 시작되기 전에 이들을 계획적으로 지도한 것이 전시 중에 아주 탁월한 결과를 나타냈다"고 악스만은 기술했다.

쉬라흐는 나치 친위대와 접촉하는 것을 두려워하지 않았다. 1938년 8월, 그는 나치 친위대장인 하인리히 히믈러와 협정을 맺었다. 히틀러 청소년단 순찰 부대는 장차 일반 나치 친위대뿐만 아니라 나치 친위대의 전투 부대[나치 친위대의 준군사 무장 특수 부대로, 이후 무장 친위대로 바뀜: 옮긴이]와 해골 부대[강제수용소 관리를 담당한 나치 친위대 특수 부대: 옮긴이] 그리고 집단 수용소의 경비대 병력으로 제공될 자원들을 확보하는 임무를 띠고 있었다. 왜냐하면 "히틀러 청소년단 순찰 부대는 나치 친위대가 수행했던 임무와 유사한 임무 — 전반적인 동향을 파악하는 것 — 를 수행했기 때문이다." 히틀러 청소년단 순찰 부대는 이미 1934년부터 존재하였는데, 히틀러 청소년단이 독자적으로 운영하던 경찰이었다. 순찰 부대는 소규모로 구성되었고, 그들은 아이들이 근무 전후에 "단정한" 태도를 취하도록 보살피는 일과 특히 청소년 근무 의무화가 도입된 이후에는 술집에서 젊은 이들을 끌어내는 임무를 맡았으며, 찍힌 청소년 그룹을 공격하고 고발하는 임무도 수행했다. 순찰 부대원들은 대개 나치 친위대 및 비밀경찰과 긴밀하게 협력하고 있던 깡패 타입의 사람들이 뽑혔다. 강제수용소에 근무하거나 강제수용소 수용자들의 죽음의 행군에 "종사"했던 이 "정예 부대"의 일부는 냉정하고 무자비한 행동으로 특히 두각을 나타냈다.

쉬라흐가 행한 이데올로기 주입이 가져온 결과는 잔혹했다. 왜냐하면 히틀러 청소년단의 세계관 교육에 나치 인종관이 그대로 반영되어 있었기 때문이다. 이 교육을 통해 아이들은 "더러운 유대인"을 조롱하는 이야기를 들었고, 약자에 대한 강자의 권리를 배우게 되었다. 쉬라흐 자신도 "그들 나름의 순수 혈통을 보존하고 있는 민족들만이 생존 경쟁에서 살아남는다"고 설교했고, 매주 라디오로 방송되는 〈민족의 시간〉 프로그램을 통해서 청소년들에게 "영웅적인 모습"에 대해서는 열광하고 "허약한 모습"에 대해서는 경멸하도록 가르쳤다. 그리고 바이마르 공화국에서 "건강한 자의 희생으로 사회에 해가 되는 자들과 유전적으로 쓸모없는 자들이 지나칠 정도로 보호받았다"고 불만을 토로했다. 쉬라흐는 저녁 모임과 선전 벽보, 그리고 선전 영화를 통해서 이상적인 새로운 인간상을 그려냈다. 미래의 게르만인은 건강하고, 강인하고, 강력하며, 가능하면 금발이어야 하고, 당연히 아리안 혈통이어야 한다. 지도부에 "비아리아인"이 몰래 침투하는 것을 방지하기 위해 쉬라흐는 1936년에 "히틀러 청소년단의 모든 지도자뿐만 아니라 독일소녀동맹의 지도자들은 아리안 혈통임을 증명하는 서류를 제출해야 한다"는 규정을 하달했다.

이 청소년 지도자는 결코 광적인 유대인 증오자는 아니었으며, 오히려 유대인에 반대하는 장황한 선동 연설을 자제했다. 휴스턴 체임벌린의 저서 『20세기의 토대』, 헨리 포드의 『국제 유대인』과 히틀러의 『나의 투쟁』에서 많은 영향을 받은 쉬라흐는 자신을 "의식적인 반유대주의자"라고 일컬었다. "나는 국가 지도부에서 유대인을 배제시키는 것이 절대적으로 필요하다고 보았다." 이런 "유대인 배척"이 극단적인 형태를 취하게 되자, 문예 애호가인 그는 매우 고통스런 반응을 내보였다. 사실 그는 열정적인 연설을 좋아하는 사람이었다. "불태우는 것은 대체로 새로운 청소년들의 특기이다. 그것은 단순하지만 영웅적인 철학이다. 우리의 일치단결에 반하는 것은 불태워야 한다." 하지만 1938년 11월 9일, 소위 유대인 학살이 자행되었던 깨어진 유리의 밤에 유대인 교회당이 화염에 휩싸이고, 히틀러 청소년단원들도 뮌헨에서 유리창을 박살내는 데 가담하고, 또한 유대인 미술품 거래상의 주택이 약탈당하자, 쉬라흐는 "문화적 수치"라고 말했다. 다음 날, 그는 히틀러 청소년단에게 이런 식의 "범죄 행위"에 참여하는 것을 금지시켰고, 그럼에도 불구하고 참여하는 사람은 야단을 맞고 창피를 당한 뒤에 쫓겨날 것이라고 경고했다.

하지만 쉬라흐는 이러한 권리 침해 행위에 반대할 필요성이나 항의할 욕구를 전혀 느끼지 못했다. 그는 "총통"을 신뢰했고, 테러 행위를 순수 이념으로부터의 단순한 일탈 행위라고 생각했다. 그는 이 순수 이념에 확신을 가지고 충성을 맹세하며 끝까지 동조했다. 하지만 그는 처음으로 "더 이상 분별 있는 사람들과 같이 있는 게 아니다"는 느낌을 갖게 되었다. "하지만 나는 이제 어떻게 해야 하나? 나는 반유대주의자였고, 분별 있게 반유대주의 운동을 할 수 있다고 믿고 있었다." 쉬라흐는 분별 있게 행동하기보다 "누가 유대인인지 내가 결정한다"는 괴링의 슬로건에 따라 행동했다. 소위 유대인 피가 절반 섞인 사람을 다루어야 할 때마다, 쉬라흐는 그를 목록에 올려 누구를 "아리안 민족공동체의 일원"과 동등하게 취급해야 하는지 히틀러가 직접 결정하도록 만들었다.

전쟁이 또한 사람을 의심하지 않는 이 가신을 놀라게 했다. "히틀러는 항상 전쟁을 치를 준비가 되어 있지 않다고 그럴듯하게 속여 왔다. 나는 그가 이번에도 허세를 부리는 거라고 철석같이 믿고 있었다." 히틀러가 라디오 방송을 통해 "5시 45분부터 우리 군도 응사를 했다"고 발표했을 때, 쉬라흐는 비관적인 상황을 예감하며 그의 직원들에게 다음과 같이 말했다. "전쟁이 오래 가지 않을 거라고 생각하지 말라. 전쟁이 5, 6년 아니면 7년 정도 지속될 수도 있을 것이다…. 베를린이 불타는 것도 보게 될 것이다!"

실제로 전쟁은 쉬라흐에게 폐를 끼쳤다. 외교장관처럼 굴던 이 사람은 히틀러 청소년단의 대외 업무를 열심히 추진하고 있었고, 1938년을 "의사소통"의 해로 천명했다. 히틀러 청소년단원들은 언제나 무솔리니의 환영을 받았다. 이제 영국과 프랑스와의 청소년 교환 프로그램도 활발하게 진행되었다. 쉬라흐도 멀리까지 여행을 떠났고, 다양한 지배자들에게 조언을 구했다. 페르시아의 샤 레자 팔레비, 루마니아 국왕 카롤, 유고슬라비아의 섭정 황태자 파울, 바그다드의 국왕 가지, 헝가리의 제국 섭정 미클로스 폰 호르티와 케말 아타투르크가 그들이었다. 쉬라흐에 따르면, 청소년 간의 상호 방문은 민족 간의 상호 이해에 기여하고, 이로써 평화에 기여하게 된다.

"총통"의 전쟁에 대한 광기에 당황한 기색이 역력했던 쉬라흐는 이제 조심스럽게 히틀러의 외교 정책에 영향을 미치려고 시도했다. 콜린 로스는 쉬라흐에게 "미국 여행에서 돌아간 후에 너를 무조건 만나야겠다"고 전보를 쳤다. 로스는 쉬라흐의 친구이자 저명한 여행 작가였다. 흥분된 그는 제국 청소년 지도자인 쉬라흐에게 루즈벨트가 1940년 가을에 대통령으로 재선될 것이고, 미국이 참전하는 것은 불가피하다고 예견했다. 쉬라흐는 "미국인들이 생사를 걸고 이 싸움에 참여한다면 무척이나 어려울 거야. 너는 히틀러에게 이 사실을 보고해야만 한다"라고 말하며, 로스에게 "총통"과의 공식적인 접견을 주선해 주었다. 그렇지만 총통은 그리 영향을 받은 것 같지도 않았다. 이에 따라 쉬라흐와 로스는 진정서를 계속 작성해서 올렸으나, 리벤트로프의 서류철 사이에서 색이 바래버렸다. 이 두 사람은 심지어 독재자 히틀러의 마음을 돌리기 위하여 그에게 쳐들어가서 그의 관자놀이에 총을 들이댈 생각도 했다. 하지만 이런 생각은 실행되지 못하고 잊혀졌다.

폴란드에 대한 기습이 있은 뒤에 쉬라흐의 교육 방법이 매우 성공적이었음이 입증되었다. 여러 해 동안 그는 히틀러 청소년단원의 머릿속에 애국심과 전투 준비, 명령에의 복종과 희생 의지를 되풀이하여 주입시켰다. 전쟁이 시작될 즈음, 히틀러 청소년단 지도부의 절반 이상이 자발적으로 나치 당원의 황갈색 유니폼 셔츠에서 회록색의 독일 국방군 군복으로 갈아입었다. 314명의 히틀러 청소년단 지도자들이 폴란드에서 전사했다. 이들 지원병 중의 한 명이 회상하기를, "우리는 너무 늦게 온 것이 아닌가 하고 걱정했다. 그건 염려스러운 점이었다. 우리는 전쟁이 이미 끝나 가고, 우리가 더 이상 참전할 수 없는 것이 아닌가 생각하며 흥분해 있었다." 쉬라흐에게는 이런 전쟁에 대한 열광이 대단히 불리하게 작용했다. 히틀러 청소년단 지도부는 사실상 와해되었다. 그는 회람을 통해서 히틀러 청소년단 지도자들에게 대리할 사람이 있을 때만 자발적으로 입대 신고를 하도록 주의를 주었다. 하지만 때늦은 지시였다.

쉬라흐는 그때까지 제국에서 무기 다루는 교육을 받지 않은 거의 유일한 "젊은이"였다. 그는 반복해서 "총통"에게 국방군에 입대하는 것을 허락해 주도록 간청했다. 1939년 말에 드디어 "군 입대가 받아들여졌다."

1940년 초에 발두어 폰 쉬라흐는 군인이 되었다. 그는 베를린 근교의 되버리츠에서 신병 시절을 보냈다. 그곳에서 이 제국 청소년 지도자는 민가 숙소를 사용할 수 있었고, 개인 교관을 쓸 수 있었다. 그는 엘리트 보병 연대인 "대독일 부대"로 전출되어 처음에는 전령으로, 나중에는 기관총 소대의 하사관으로 세당[벨기에와 룩셈부르크 국경 근처에 위치한 프랑스 도시: 옮긴이] 근처에서의 전투와 솜므 강 및 덩커크 전투에 참가했다. 실제로 까다로운 취향의 이 문예 애호가가 전장에서 영웅이었는지 아니면 뒷거래를 통해 덕을 보았는지는 알 길이 없다. 하여튼 그는 소위로 진급했고, 근접전 휘장과 철십자 훈장을 받았다. 1940년 6월 말에 리옹에 있는 그에게 "즉각 본부로 신고하라!"는 히틀러의 명령이 하달되었다.

히틀러는 프로이덴슈타트 근교의 탄넨베르크에 위치한 "총통"사령부에서 "나는 당신이 모든 것을 몸 성히 견뎌내 주어서 기쁩니다"라고 말하며 그를 맞이했다. "나는 새로운 임무 수행을 위하여 당신이 필요합니다. 당신은 제국 총독이자 대관구 관구장으로서 빈으로 가주어야 할 것 같습니다." 히틀러가 댄 근거는, 대관구 관구장인 뷔르켈은 제국을 위해 빈 시민을 우리 편으로 만들어야 한다는 것을 이해하지 못하고 있으며, 그에게는 심리전에 대한 재치가 부족한데, 그 일에는 쉬라흐가 적임자라는 것이었다. 히틀러가 이렇게 쉬라흐에게 새로운 임무를 부여한 의도가 무엇인지는 여전히 의문으로 남아 있다. 험담꾼들은 연약하고 신중하지 못한 쉬라흐가 전시에는 히틀러 청소년단을 확실하게 지휘할 수 없다고 생각한 히틀러가 그에게 새로운 임무를 부여한 것이라고 주장했다. 쉬라흐에 따르면, 히틀러가 그 자리에 적합한 다른 사람을 찾지 못해서 "정말로 당혹스러워 했기" 때문에 자신을 선택했다는 것이다. 하지만 빈은 대수롭지 않은 곳이 아니었다. 도나우 강의 중심 도시인 빈은 독일제국에서 두 번째로 큰 도시였는데, "총통"은 이 도시를 그에 걸맞게 "진주"라고 불렀다. 대관구 관구장 자리가 더 이상 정권 계승자에게 부여하는 칭호, 더 어려운 임무를 준비하는 자리가 아니게 된 것일까? 그것이 찬밥 신세가 된 것이든 재평가를 의미하는 것이든 간에, 33살의 직업 청소년 쉬라흐가 그의 옛 직무를 수행하기에는 너무 나이가 들었다는 점은 분명했다.

히틀러는 쉬라흐의 제안에 따라 아르투어 악스만을 "독일제국의 청소년 지도자"와 국가사회주의 독일노동당의 청소년 지도자로 임명했다. 하지만 쉬라흐는 청소년 교육을 위한 국가사회주의 독일노동당의 제국 지도자로, 즉 악스만의 상관으로 남아 있었다. 그는 청소년 문제에 있어서 만은 여전히 어느 정도 관여하기를 원하고 있었다.

빈은 전반적으로 "다루기 어려운" 도시였다. 오스트리아 사람들은 독일과의 합병을 환영했다. 그러나 "독일놈"들이 곧바로 모든 요직을 차지하고, 베를린으로부터 프로이센 행정 체제까지 도입했을 때, 처음의 낙관적인 분위기는 곧바로 사라져버렸다. 빈 시민들은 대도시의 시민으로서 자부심을 가지고 있었다. 그들은 베를린에 뒤쳐지는 것을 원하지 않았고, 자신들을 무시하는 조치들에 대해 전형적인 빈 식의 냉소적 유머로 반응했다. "세계적인 도시에서 프로이센의 변방 도시로 전락하다? 빈 시민들이여! 여러분은 이 도시가 체면 손상을 당하는 데 동의하십니까?"라고, 그들은 전단을 통해 문제 제기를 했다. 실제로 히틀러는 그가

총통은 쉬라흐에 대해 매우 불만스러워 하신다. 총통은 그를 교체하기를 원하고 있고, 쉬라흐가 빈의 위기를 잘 해결하지 못할 것이라고 확신하고 계신다. 그는 너무 나약하고 감성적이며, 그의 부인처럼 빈의 환경에 전염되었다. 요즘 그들 두 사람은 후고 폰 호프만슈탈의 스타일로만 이야기한다.

괴벨스의 일기, 1943년 8월 10일

문득, 나는 발두어가 단 한 번도 사형 선고를 내린 적도, 강제수용소로 사람을 보낸 적도 없다는 생각이 들었다.

171, 폰 쉬라흐 『화려함의 대가』, 1975년

사람들은 공개적으로 빈은 유대인 없는 도시가 되어야 한다고 말했다. 그것이 발두어 폰 쉬라흐의 관심사였다.

헤르베르트 쉬로트, 빈 출신의 유대인

만약 사람들이 내가 과거 유럽의 유대교 중심지였던 이 도시에서 수많은 유대인들을 동부 지역의 게토로 내쫓았다고 비난한다면, 나는 유대인 추방을 통해서 유럽 문화에 적극적인 기여를 했다고 대답할 것이다.

쉬라흐, 1942년

"고통의 시절"을 보냈던 이 도시에 대한 복수심을 가슴 깊이 품고 있었으며, 그들의 "이민족 간의 혼혈"을 증오했다. 그는 빈 대신에 린츠를 은밀히 후원하고자 했다. 이렇게 자극받은 분위기로 인해 사무실, 전차, 카페 그리고 극장에서 독일제국 사람들과 빈 시민들 간에 충돌이 벌어졌다.

히틀러는 악화된 "총통"과 제국에 대한 지지도를 개선하고, 빈에 "문화 도시로서의 주도적 지위를 다시 마련해" 주라고 그의 충복에게 명령을 내렸다. 그에게는 오스트리아의 귀족 칭호와 예술적 소양을 가진 쉬라흐가 이 일에 적임자처럼 보였다. 거기에다 다른 또 하나의 임무가 그에게 부여되었다. 1940년 가을에 독일 도시들에 대한 첫 번째 폭격이 시작되었을 때, 히틀러는 다시 한 번 아이들의 운명을 쉬라흐에게 맡겼다. 그는 쉬라흐에게 "아동 대피Kinderlandverschickung"[1940년 10월부터 학생들과 어린 아이를 가진 엄마들을 공중 폭격의 위험이 덜한 지역으로 소개시키는 작전으로, 종전될 때까지 10-14세의 어린이 85만 명을 포함한 약 2백만 명이 소개되었음: 옮긴이] 임무를 부여했다. 종전될 때까지 쉬라흐의 조직은 수백만 명의 아이들을 폭격 위험 지역에서 안전지대로 대피시켰다. 히틀러 청소년단이 무슨 일에 착수할 때마다, 계획은 종종 혼란에 빠지곤 했다. 조직하는 일은 여전히 쉬라흐의 약점이었다. 아이들은 종종 혼자서 혹은 준비가 잘 되지 않은 상태에서 이동을 했다. 그들이 도착하였을 때, 때때로 수용소는 이미 만원 상태였다. 그곳에서는 히틀러 청소년단뿐만 아니라 나치 교사 단체와 나치 복지 단체도 아이들을 돌보고 있었기 때문에, 종종 관할 영역에 대한 다툼이 발생하기도 했다. 전쟁 중에는 어려움이 점점 더 가중되어, 쉬라흐는 이 일에 업무 역량의 상당 부분을 할애해야 했다.

하지만 이 문예 애호가는 예술의 도시와 순식간에 사랑에 빠졌다. 그는 주제넘은 청소년 지도자의 역할에서 쉽게 손을 떼었는데, 이 역할을 위해 항상 자신의 본모습을 감추어야 했기 때문이다. 그의 직원 중 한 사람은 "그는 쉼 없이 싸워야 하는 전사에서 섬세한 감각을 지닌 예술의 향유자로, 청소년 지도자에서 제국 총독으로, 작가에서 후원자로, 분주한 사람에서 걸작들의 보호자로 변했다"고 쓰고 있다.

쉬라흐는 그의 부인과 어린 세 자녀와 함께 로트쉴트 공원이 보이는 호헨-바르테의 정원이 딸린 넓은 주택으로 이사했다. 그는 발하우스 광장에 위치한 궁전을 위풍당당한 총독부의 청사로 선정했고, 오스트리아의 재상 메테르니히가 빈 회의를 소집했던 홀에 그의 집무실을 꾸몄다. 여섯 개의 문이 있는, 금박으로 장식된 대단히 크고 화려한 방에서 쉬라흐는 마치 제후처럼 군림했다. 유럽 상공에 폭탄이 퍼부어지고 있을 때, 쉬라흐는 국빈 영접 행사와 공식 만찬을 개최했으며, 오페라와 연극 작품을 상연하도록 했고, 저명한 예술가를 빈으로 초빙하기도 했다. "총통"은 이 대관구 관구장의 화려한 등장이 빈 시민을 달랠 수 있는 계기가 되기를 기대했으며, 쉬라흐 가족은 이 의무를 기꺼이 받아들였다. 쉬라흐의 부인 헨리에테는 전쟁이 끝난 뒤에 『화려함의 대가』라는 제목의 그녀의 책에서 "슈테판 첨탑이 난초 꽃 묶음처럼 빛나는 감미로운 빈과 리피차 산 백마를 보유한 스페인 승마 학교"를 꿈꾸며 애상에 젖었다. 그녀는 양초 불빛 아래서 빈 소년 합창단의 노래 소리가 울려 퍼지던 "빈 호프부르크 성의 넓은 백금색 홀"에서 영사단과 함께 국빈 영접을 하던 때를 회상했다.

이런 일들은 빈의 수장으로서 지역 문제 또한 처리해야 했던 쉬라흐에게 즐거움을 가져다주었다. "나는 급수에서 청소부의 연금에 이르기까지 대도시가 안고 있는 문제점들에 대해 알게 되었다. 지역 행정의 책임자로서 내 역량이 그리 형편없지는 않았을 것이다."

동프로이센에 위치한 총통사령부 늑대성채에서 그의 충복들과 거의 소통할 수 없었던 히틀러와 멀리 떨어져 있고, 그에 비해 상대적으로 전 세계에 개방된 이 도나우 강의 중심지에서 쉬라흐는 과거에 그처럼 숭배했던 "총통"과 점점 더 거리를 두게 되었다. 그는 거의 모반자가 되었다.

제국의 문화 관련 분야에서 독점적 지위를 요구했던 제국 선전장관 괴벨스를 염두에 둔 쉬라흐는 히틀러에게 문화와 관련된 일에서 명시적으로 자유재량권을 허용해 줄 것을 간청했다. 히틀러는 기꺼이 수락했다. 그키 작은 박사[괴벨스를 의미함: 옮긴이]는 쉬라흐의 일을 철두철미하게 관찰하며 압박을 가했지만, 초기에는 그에게 매료되었다. 전쟁 중임에도 불구하고 빈은 쉬라흐의 보호를 받으며 새롭게 각광 받게 되었다. 연극 축제 주간, 오페라 상연, 새롭게 마련된 시상 행사들로 도시는 옛 명성을 되찾았다.

하지만 쉬라흐는 비정통적인 문화 정책들로 인해 곧 공공연한 비판의 빌미를 제공하게 되었다. 그가 한 번은 소위 "퇴폐 예술"[나치의 예술관과 일치하지 않는 현대 예술을 의미: 옮긴이]의 회화 작품을 관람할 수 있는 전시회를 열었는데, 그 작품 중의 하나가 〈초록색 개들〉이었다. 히틀러는 매우 격분했고, 전시회를 즉시 중단할 것을 명령했다. 괴벨스는 그의 회고록에서 "쉬라흐는 분별 있는 예술적 판단력이 없다"고 흠잡았다. 연극과 영화 작품을 새롭게 연출하는 작업들이 제국 선전장관의 눈에는 종종 "적법성을 위반할 수도 있는 위험천만한 일"로 보였다. 쉬라흐는 사회 비판적인 극 작품으로 인해 괴벨스에게 기피 인물로 낙인찍힌 작가 게르하르트 하우프트만의 80번째 생일을 축하해 주기 위해 그를 빈으로 초대해 "게르하르트 하우프트만 축제 주간"도 개최했다. 쉬라흐는 국가사회주의자들과 사이가 좋지 않았던 작곡가 리하르트 슈트라우스의 생일도 화려한 공연으로 축하해 주었고, 심지어 그의 유대인 며느리의 손등에 키스하는 것도 마다하지 않았다. 괴벨스는 쉬라흐가 전시에 "러시아 작곡가 차이코프스키의 작품을 연주할 뿐만 아니라 체호프와 셰익스피어를 프로그램에 집어넣고" 있다고 강하게 불만을 제기했다.

1942년에 쉬라흐가 "유럽 청소년 회의"를 빈에서 개최했을 때, 그는 몇몇 당 간부들과 의견 충돌을 빚었다. 베를린에서는 이 회의를 "발두어의 어린이 축제"라고 조롱했으며, 이 회의에 대한 거부감이 대단했다. 쉬라흐가 자신의 외교 정책에 간섭하고 있다고 생각했던 리벤트로프는 다른 나라 외교관들이 회의에 참가하는 것은 바람직하지 않다고 밝혔다. 이탈리아 외교장관 갈레아초 치아노 백작은 회의에 참가하겠다는 약속을 철회했다. 괴벨스는 언론이 이 회의에 대해 보도하지 못하도록 조치를 취했다. 그럼에도 불구하고 "유럽청소년연맹"이 창설된 이 회의는 쉬라흐에게는 성공적이었다. 독일의 세력권 안에 있던 유럽 국가들의 파시스트 청소년 조직들이 대표를 파견했다. 이탈리아, 스페인, 플랑드르, 왈론[벨기에 동남부 및 프랑스 북부에 사는 라틴화된 켈트족: 옮긴이], 덴마크, 네덜란드, 프랑스, 노르웨이, 핀란드, 불가리아, 루마니아, 슬로바키아와 헝가리 대표들이 빈으로 파견되었다. 청소년 문제와 관련해서는 예나 지금이나 이상주의자인 쉬라흐는 여전히 유럽 청소년들의 통합체인 "유럽 다민족 공동체"를 꿈꾸고 있었다. 보어만은 독일 군인들이 스탈린그라드 전투에서 쓰러져 가는 동안 빈에서 축제를 벌이는 것에 대해 불평을 늘어놓았다. 괴벨스는 "군인들은 전선에서 싸우고 있는데, 빈에서는 춤추고 있다"며 화가 나서 씩씩거렸다.

그러나 쉬라흐는 다른 긴급한 문제인 '빈에서 유대인을 추방' 하는 일은 제대로 시행하고 있었다. 1940년 7월, 빈에 취임한 직후에 그는 부관 구장 샤리처에게 시급한 주택 문제를 해결하기 위하여 "즉각 유대인 이주 계획을 예정대로 강력하게 재개할" 것을 주문했다. 10월 2일, 베를린 수상청사에서 쉬라흐는 히틀러와 보어만 그리고 폴란드 총독 한스 프랑크와 업무 협의를 가졌다. 그 자리에서 한스 프랑크는 바르샤바의 유대인 게토 지역에 관해 보고했고, 크라카우는 "유대인 없는" 도시가 될 것이라고 의기양양하게 밝혔다. 히틀러의 비서인 보어만은 "폰 쉬라흐 제국지도자는 프랑크가 인수해야 할 유대인이 아직도 빈에 남아 있다고 이의를 제기했다"고 기록했다. 하지만 프랑크는 "폴란드 총독관구"는 이미 포화 상태라며 난색을 표명했다. 그 당시 빈에는 6만 명의 유대인이 살고 있었다. 11월에 빈 시내에서 이주가 시작되었다. 제대로 된 위생 시설과 난방 시설도 없는 좁은 공간으로 가족, 독신자, 아이들 할 것 없이 몰아넣었다. 유대인 종교공동체가 항의하였으나 받아들여지지 않았다.

12월 3일, 쉬라흐는 베를린으로부터 빈에 거주하는 유대인은 "전쟁 중이더라도 신속히 추방시켜야만 한다"는 히틀러의 결정 사항을 공식적으로 통보 받았다. "그것은 쉬라흐의 관심사였다. 빈은 유대인 없는 도시가 되어야 했다. 열 꼬마 인디언이 된 느낌이었다. 노래처럼 우리 수는 점점 줄어들었다"고 아우슈비츠의 생존자 중 한 사람이 전하고 있다. 1941년 2월부터 3월까지 쉬라흐의 요청에 따라 빈의 유대인 5천 명을 실은 1차 수송 열차가 폴란드로 떠났다. 그들은 여러 소도시에 분산, 수용되었다. 3월 15일, 전시 상황을 이유로 유대인 추방 작업이 중단되었다. 하지만 쉬라흐는 유대인을 가능하면 빨리 도시에서 몰아내는 일에 강하게 집착했다. 3월 19일, 쉬라흐는 개인적으로 나치 친위대장인 하인리히 히믈러에게 수송 중단에 대해 항의했다. 그러자 히믈러는 빈에서 "폴란드 총독관구"로 출발하는 모든 열차에 유대인을 실은 화물 열차를 연결하라고 결정했다. 쉬라흐의 의견이 관철되었던 것이다.

10월에 또 다른 5천 명의 유대인이 폴란드의 로지로 이송되었고, 얼마 뒤에 가스 차에서 살해되었다.

쉬라흐가 평생 동안 줄곧 주장했던 사실은, 1943년 10월에 포즈난에서 히믈러가 대관구 관구장들 앞에서 행한 연설을 통해서 처음으로 유대인 학살에 대해 들었다는 것이다. 그는 히틀러가 자신을 대관구 관구장으로 임명하면서 자신에게 "유대인은 추방될 것이다. 그들은 빈에서 새로운 거주 공간으로 이송될 것"이라고 말했다고 주장하기도 했다. 그는 한스 프랑크 역시 자신에게 유대인은 도로 건설, 기성복 제조 작업과 구두 수선공으로 투입될 것이라고 확실하게 말했다고 주장했다. 그가 눈썹 하나

까딱하지 않고 유대인 시민들을 빈으로부터 추방하라는 지시를 내렸다는 사실은 차치하고서라도, "제3제국"의 국가 지도부와 최고 당 지도자의 한 사람이었던 그가 유대인 추방에 대해 그렇게 모를 수 있었다는 말인가?

쉬라흐가 나중에 자신은 그 일과는 관계가 없다고 발뺌하려고 했다는 의혹을 받을 만한 대목이다. 아무튼 그는 자신이 밝힌 것보다 훨씬 이전에 그 범죄 행위에 대해 알고 있었을 것이다. 이미 1941년 12월 12일에 히틀러는 유럽에서 자신의 유대인 근절 계획을 알리기 위하여 제국 지도자들과 대관구 관구장들을 불러들였다. 대관구 관구장인 쉬라흐도 분명히 그 자리에 참석했을 것이다. 쉬라흐는 적어도 그날만큼은 빈에서 아무 일정도 잡지 않았다. 1942년 5월 12일, 포즈난의 대관구 관구장인 아르투어 그라이저가 나치 당 간부들 앞에서 "바르테란트 관구의 임무"에 대해 논의하기 위해 빈으로 왔다. 쉬라흐는 그의 방문이 나중에 이루어졌다고 주장하지만, 대관구 관구장의 업무 일정 메모가 그가 참여한 행사와 날짜를 확인해 주고 있다. 이 모임에는 쉬라흐도 참여했고, 그라이저가 보고하는 살인 방법, 즉 "유대인을 차 안에 밀어넣고 배기가스로 죽이는 방법"에 관해 들었다. 쉬라흐가 이 보고를 듣고 깜짝 놀랐을 것은 자명하다. 그는 마침내 "이 모든 추방 뒤에 숨겨진 의도가 무엇"인지 진상을 알게 되었다. 그가 나중에 주장하는 것처럼, 그 즉시 콜린 로스와 자리를 함께 하고, 히틀러를 금치산자로 선고할 수 있는 방법이 있는지 심사숙고했으며, 핑계를 대서 빈으로부터의 모든 추방 조치를 즉각 중단하라는 명령을 내렸다고 하는 내용들은 작위적인 느낌이 든다. 그라이저의 연설 뒤인 5월에도 수천 명의 유대인을 실은 5편의 수송 열차가 빈에서 벨라루스의 민스크와 폴란드의 이즈비카 방향으로 떠났다. 많은 사람들의 여정이 아우슈비츠의 가스실에서 끝났다.

이 일을 직접 겪은 한 사람이 기억하기를, "우리가 어디론가로 이송되

"…심각한 정치적 문제를 다루는 데 있어서는 멍청하기 짝이 없었다."
오버잘츠베르크를 방문한 쉬라흐와 그의 부인

성공했지만 위험천만한 인물인 히틀러는 국민 전체와 개개인을, 우둔한 사람과 교양 있는 사람을, 독일인과 외국인을 동시에 홀리게 만들었고, 그의 의지에 따르게 만들었다. 이런 히틀러는 부드러운 사람이었고, 매력 있는 이야기꾼이었으며, 아름다운 여성들의 영원한 찬미자였다.

쉬라흐의 자서전 『나는 히틀러를 믿었다』 중에서, 1967년

1943년 헨리에테 폰 쉬라흐는 암스테르담에 있는 친구를 방문했다. 저녁에 호텔로 돌아온 그녀는 비명소리를 들었다. 그녀는 유대인 여성과 아이들이 내쫓기는 것을 보았다. 그 장면에 충격을 받은 그녀는 오버잘츠베르크에서 다른 사람들이 있는 데서 히틀러에게 해명을 요구했다. 히틀러는 엄청나게 화를 냈다. 그러고 나서 쉬라흐 가족은 밤안개를 맞으며 오버잘츠베르크를 떠났다. 쉬라흐는 히틀러의 총애를 잃었고, 히틀러는 그 후로는 더 이상 사적으로 그와 대면하지 않았다.

레나테 로스-라테, 콜린 로스의 딸

히틀러의 다른 많은 지인들처럼, 나는 그의 성품이 기본적으로 온화하다고 생각했다. 하지만 히틀러는 자신을 가혹하게 몰아붙여야만 했는데, 그렇지 않으면 초인적인 임무를 완수할 수 없었기 때문이다.

쉬라흐의 자서전 『나는 히틀러를 믿었다』 중에서, 1967년

17년이 지난 지금 검사가 내게 발두어 폰 쉬라흐와 결혼할 당시에 무슨 생각을 하였는지 물었을 때, 나는 대답을 해야만 했다. 나는 단지 그를 사랑했고, 그가 비록 이 세상에서 가장 터무니없는 직업을 가졌을지라도 그 직업은 내게 아무런 상관이 없었다고 얘기해도, 그는 아마도 나를 이해하지 못했을 것이다. 검사는 연애 이야기를 듣기보다 "자료"를 원했다.

헨리에테 폰 쉬라흐, 『화려함의 대가』, 1975년

그 결혼은 호프만이 은근히 밀어주었고, 아마도 히틀러도 원하였기 때문에 성사되었을 것이다. 쉬라흐가 헨리에테를 기꺼이 자신의 아내로 맞이한 것은 틀림없다. 하지만 어쨌든 그 결혼은 순수한 연애결혼이기도 했지만, 나중에 드러난 것처럼 정략결혼이기도 했다.

레나테 로스-라테, 콜린 로스의 딸

어야 한다는 외침 소리가 들렸다. 우리는 가방과 쿠션을 들고 슈페를가 세에 있는 학교로 향했고, 그곳에서 한 학급당 열 명 내지 이십 명씩 들어가도록 지정이 되었다. 그곳에서 우리는 하루 내지 이틀 밤을 보냈고, 그 다음 날 학교 안마당으로 끌려나갔는데, 거기에 화물차가 서 있었다. 그리고 '모두 차에 올라타라' 는 명령 소리가 들렸다. 우리는 아스팡 역으로 갔다. 그 역은 빈에 있는 작은 기차역으로 단지 특별한 목적으로만 사용되었는데, 그래서 주민들은 전혀 그런 일에 대해 눈치를 채지 못했다. 그곳에서 우리는 테레지엔슈타트로 가는 화물 열차에 올라탔다." 당시 목격자의 진술에 따르면, 수송 열차는 테레지엔슈타트에서 출발해서 아우슈비츠, 트레블링카 그리고 마즈다네크[강제수용소가 위치한 폴란드 지명: 옮긴이]로 떠났다.

하지만 쉬라흐는 자신이 알고 있는 사실에 대해 책임을 져야 한다고 생각하지 않았다. 1942년 6월에 라인하르트 하이드리히가 프라하에서 암살당했을 때, 공개석상에서 반유대 선동 연설을 눈에 띄게 자제하고 있던 쉬라흐는 그 사건에 대해 몹시 격분했다. 6월 5일, 그는『독일노동전선』에 실린 호소문을 통해 다음과 같은 내용을 밝혔다. "1942년 가을에 우리는 유대인 없는 빈의 축제를 즐기게 될 것입니다. 그 다음에 우리는 빈에 거주하는 체코인 문제 해결에 눈을 돌리게 될 것입니다. 저는 빈의 대관구 관구장으로서 유대인을 소개시킨 뒤에 모든 체코인을 빈으로부터 추방하라는 명령을 내릴 것입니다." 같은 해에 그는 국제 청소년 회의에 참가한 수백 명의 청중 앞에서 다음과 같이 말했다. "만약 사람들이 내가 과거 유럽의 유대교 중심지였던 이 도시에서 수많은 유대인들을 동부 지역의 게토로 내쫓았다고 비난한다면, 나는 유대인 추방을 통해서 유럽 문화에 적극적인 기여를 했다고 대답할 것이다."

그 충직한 공범이 "총통"의 칭찬을 받은 것은 확실했다. 쉬라흐의 35번째 생일에 히틀러는 진심으로 축하한다는 인사말을 빈으로 전했는데,

그 이후로 이 인사말은 "후계자에게 보낸 전보"로 해석되었다. 한 편지에서 "총통"은 그를 "가장 유능한 부하"라고 말했다. 또한 늑대성채에서도 "모든 시대에 걸쳐서 가장 위대한 최고지휘관" 히틀러는 그의 젊은 추종자에 푹 빠져 있었는데, 히틀러는 이 젊은 추종자가 "또 한 번 대단한 일"을 해낼 것이라고 기대하고 있었다.

쉬라흐는 유대인에 대한 공격적인 언사를 통해 상관의 호의를 얻어내고자 했던 기회주의자였다. 그는 히틀러에게 대항할 힘을 갖고 있지 않았다. 그렇지만 그는 곤경에 처한 이러저러한 유대인 예술가들을 도와주었다. 그는 나중에 "만약 내가 정권에 반대했었다면, 그들은 보호받지 못했을지도 모른다"고 말하며 용서를 구했다. 그리고 그는 당황한 나머지 "우리는 개개의 유대인들을 공정하게 대했지만, 모든 유대 민족을 그렇게 대한 것은 아니었다"고 인정했다.

비판적인 발언을 하면 얼마나 빨리 "총통"의 분노를 불러일으킬 수 있는지 쉬라흐 부부는 몸소 체험했다. 헨리에테가 암스테르담에 체류하고 있을 때, 호텔 창문을 통해서 유대인 여성들을 몰아내고 추방하는 광경을 우연히 보게 되었다. "한밤중에 나는 시끄러운 절규 소리와 울부짖는 소리 때문에 잠에서 깨어났다. 나는 창가로 달려가 어둠 속에서 무슨 일이 일어나고 있는지 알아보려고 했다. 창문 아래 거리에는 황급히 쫓겨난 것으로 보이는 수백 명의 여자들이 작은 보따리를 손에 든 채 서 있었으며, 제복을 입은 남자들이 그들을 감시하고 있었다. 울먹이는 소리가 들렸고, 곧이어 큰 목소리로 명령하는 소리가 들렸다. '아리아인들은 뒤로 물러나 있으시오!' 그리고 무리가 서서히 움직이기 시작했다." 그녀가 잘 알고 있는 한 친위대 지휘관이 그녀에게 유대인들에게서 빼앗은 귀중품을 모아놓은 보관소에서 금과 보석을 값싸게 구입하라는 제안을 했을 때, 그녀는 너무 놀랐다. 하지만 빈의 그녀의 집 앞에서 거의 매일 유대인이 내쫓기고 추방당하는 것을 목격한 쉬라흐 부인에게 네덜란드 유대인들과 관계된 이 돌발적 사건이 그처럼 인상적으로 다가왔다는 점은 물론 뜻밖의 일이다. 헨리에테는 "히틀러가 이 이야기를 들으려 하지 않을 수도 있지만" 아무튼 그에게 이 사건에 대해 이야기하기로 결심했다. 그녀는 빈으로 돌아와서 즉시 베르크호프에 있는 히틀러에게 전화를 걸었다. 쉬라흐 가족이 그에게 방문해도 괜찮은지 물어볼 때마다, 히틀러는 언제나 "그럼, 물론이지. 너희들이 편한 대로 즉시 출발해라"라고 말했다.

베르크호프에는 언제나처럼 많은 손님들이 모여 있었는데, 그 가운데 마르틴 보어만, 알베르트 슈페어, 의사인 브란트와 모렐도 있었다. 쉬라흐가 "당신은 아무것도 변화시킬 수 없다"며 얘기를 하지 말라고 충고했음에도 불구하고, 그녀는 느지막한 시간에 히틀러에게 암스테르담에서 겪었던 일을 이야기했다. 히틀러는 흥분한 채 자리에서 벌떡 일어났다. "당신은 감상적이군요, 쉬라흐 부인! 당신이 네덜란드에 있는 유대인과 무슨 관계가 있소!" 차가운 침묵이 방 안에 퍼져 나갔다. 벽난로 주위에 앉아 있던 17명의 남자들 중에서 그 누구도 말을 꺼내지 않았다. 히틀러는 "나는 오로지 나의 국민들에 대한 의무만 있을 뿐이오. 당신은 증오하는 것을 배워야만 하오"라고 말했다. 빈 얘기가 나왔을 때, 상황은 더 악화되었다. 히틀러는 이 도시에 대한 증오심을 거침없이 풀어놓았다. "내가 당신을 빈으로 보냈던 것이 나의 실수였소. 그리고 내가 이 빈 시민들을 대독일제국의 일원으로 받아들인 것도 나의 실수였소"라고 그는 쉬라흐에게 말했다. 괴벨스는 쾌재를 불렀다. "쉬라흐와 그의 부인의 처신 때문에 그날 저녁에는 긴장감이 감돌았다. 특히 쉬라흐 부인은 멍청한 계집처럼 행동했고, 총통의 논거에 대해 전혀 동의하지 않았다." [그 일이 일어나고 얼마 후에, 쉬라흐는 그 상황을 견딜 수가 없어 자신과 부인은 새벽녘에 급히 베르크호프를 떠나 빈으로 출발했다고 이야기했다.

그것이 그들의 마지막 오버잘츠베르크 방문이었다고들 한다.

빈으로 갔을 때, 나는 정치적으로 따돌림을 당하고 있었다.

쉬라흐, 요헨 폰 랑과의 인터뷰, 1966년

나는 빈으로부터 담당 제국 부서의 일부 비호 아래 제국에 비우호적인 일련의 사건들이 벌어지고 있다는 보안대의 보고를 받았다. 쉬라흐는 자신의 통제 하에 있는 빈에서 전개되고 있는 상황으로 인해 엄청 불안에 떨었다. 쉬라흐는 빈 시민들의 술책에 어떤 식으로든 대처할 능력이 없었다. 그는 빈 사람들이 이런 술책을 통해서 본래 추구한 목표가 무엇인지 알아차리지 못한 채, 아양을 떨 수밖에 없었다.

괴벨스의 일기, 1942년 4월 14일

나는 내가 일종의 소방관 역할을 한다는 느낌을 어느 정도 갖고 있었다. 빈이 불타고 있었고, 그래서 나는 그곳으로 가야만 했다. 그때는 도시에 대한 폭격이 문제가 되었는데, 나는 이 문제를 해결해야 했다. 도처에서 사람들이 폭격 뒤처리를 하고 있었고, 저마다 할 수 있는 조치들을 취하고 있었다.

쉬라흐, 요헨 폰 랑과의 인터뷰, 1966년

히틀러는 언젠가 한 번은 쉬라흐에 대해서 "막연한 불신"을 느낀다고 밝혔다. 괴벨스는 노골적으로 만족감을 드러내며, 1943년 그의 일기에 다음과 같이 적었다. "총통은 쉬라흐에 대해 좋게 생각하지 않고 있다. 쉬라흐는 빈에서 살면서 빈 사람이 되어버렸다. 그는 빈의 분위기에 너무나 많이 오염되었다. 그는 섬세한 정치적 감각을 전혀 입증해 보이지 못했으며, 완전한 나치가 되지도 못했다. 그는 예술가들과 너무 많은 교제를 가졌으며, 그것이 오히려 그에게 해가 되었다. 아무튼 총통은 그와 함께 중요한 일을 도모할 생각이 없다. 그는 조만간 쉬라흐에게 훨씬 잘 어울리는 외교관의 길로 그를 쫓아내고 싶어 한다."

1943년 가을, 쉬라흐가 빈에 대한 공습 대비에 소홀했다는 비난을 받게 되었을 때, 그가 처한 상황은 더욱 심각해졌다. 모든 대관구 관구장들처럼 쉬라흐 역시 빈의 제국방위위원으로서 도시 방어 시설 구축에 대한 책임을 지고 있었다. 연합국은 이탈리아로 진격하고 있었으며, 이로써 빈이 적군 폭격기 편대의 공격을 받을 위험이 점점 더 커졌다. 보안대장 칼텐부르너는 방어 상태를 점검하기 위해 빈으로 떠났고, 방어 조치가 "매우 미흡"하다고 지적했다. 즉, 일반 시민들을 위한 쉬라흐의 방어 준비에 결함이 있다는 것이었다. "총통은 쉬라흐에 대해 매우 불만스러워 하신다"고 괴벨스는 적었다. "총통은 그를 교체하기를 원하고 있고, 쉬라흐가 빈의 위기를 잘 해결하지 못할 것이라고 확신하고 계신다." 히믈러는 쉬라흐를 교체할 것을 요구했다. 히틀러는 쉬라흐의 후임자를 천거하라는 명령을 내렸다. 그는 그의 "유약한 지휘 방식"을 더 이상 두고 보려고 하지 않았다. 하지만 쉬라흐의 자리를 대체할 사람을 단시일 내에 찾을 수는 없었다. 쉬라흐는 그렇게 자리를 보존하고 있었다.

그렇지만 열렬히 사모했던 "총통"에 대한 대관구 관구장의 존경심도 현저하게 줄어들었다. 그는 군사적인 전개 상황을 근심스럽게 지켜보고 있었다. 그는 이미 미국의 전쟁 참여를 재앙으로 간주하고 있었다. 그는

1941년의 소련에 대한 공격으로 "모든 것을 잃게 되었다"고 생각했다. 1943년, 쉬라흐는 브라운슈바이크에 모인 히틀러 청소년단의 구역 지도자들에게 동부전선에서의 독일의 점령 정책에 대해 반대 의견을 개진했다. "나는 오늘 전권 대리인들이 국외에서 이민족 학살이라는 과업을 충분히 해낼 수 없다는 점을 확실히 밝히고자 한다. 내게는 이것이 어느 정도는 개인적인 수양 부족에서 비롯된 것처럼 보인다. 물론 실제로 우리가 유럽에서 쟁취하려고 하는 것은 전제 정치가 아니다. 우리는 도리어 이 시대의 가장 강력한 평화 유지 세력으로서 이 지역에 새로운 질서를 구축하기를 원한다. 우리가 다른 국가들의 자발적인 협력을 이끌어 내는 데 성공하는 한에서만 새로운 질서는 계속 유지될 수 있을 것이다." 쉬라흐에게 아돌프 히틀러가 "미친 사람"이라는 생각이 서서히 들기 시작했다. 그는 괴링에게 "정치가 잘못 돌아가고 있습니다. 우리가 전쟁을 계속 수행한다면, 우리는 패배할 것입니다. 우리는 무엇인가를 해야만 합니다. 그렇지 않으면 나중에 우리에게 책임이 떨어질 것입니다"라고 말했다. 그는 자신의 의견을 밝힌 뒤에 제국 원수 괴링에게 '당신이 권력을 차지하라'고 요구했다고 한다. 하지만 괴링은 풀이 죽은 표정으로 대답했다. "나는 그 일을 할 수 없습니다, 쉬라흐 씨. 나에 대한 평가가 이미 나빠진 상태라, 나는 총통 지휘본부의 전황을 협의하는 자리에서도 더 이상 입을 열 수 없는 지경입니다." 쉬라흐는 다른 당 간부들과는 이에 대해 전혀 얘기를 나누지 않았다. 히틀러는 어떤 반대 세력도 생겨나지 않도록 가능한 조치를 다 취했다. 1943년, 그는 라이 박사를 통해서 3명 이상의 대관구 관구장들이 회합을 가지는 것은 모반 행위로 간주하겠다는 성명을 발표하기도 했다.

그러나 쉬라흐는 공개적으로 반대할 생각은 하지 않았다. 그에게 있어 암살은 전혀 고려의 대상이 아니었다. 그의 생각에 따르면, "지금 전쟁을 수행하고 있는 국가 원수에 대한 정치적 살인은 결코 정당화되지 않기"때문이다. 암살이 동부전선의 붕괴를 가져올 수도 있었기 때문이다. 쉬라흐는 이제 다시는 반대 의견을 표명하지 않으려고 했다.

1945년 2월 24일, 그는 "총통"을 마지막으로 보았다. 마치 마지막 회의 소집인 것처럼, 이 독재자는 당 정강 발표 25주년을 기념하기 위해 당의 주요 인사들을 제국수상청사로 불러들였다. 더 이상 독실한 신봉자가 아닌 쉬라흐는 베를린으로 가는 도중에 폐허가 되어버린 제국을 바라보고는 충격에 휩싸였다. "드레스덴은 쓰레기 더미로 변해 있었고, 거리의 경계를 나타내기 위해 붉은 양초가 도처에서 타오르고 있었다. 온전한 집은 더 이상 남아 있지 않았다. 벽돌더미가 산처럼 쌓여 있었고, 그 밑에는 대공습 때 목숨을 잃은 사람들이 매몰되어 있었다." 베를린 역시 잿더미로 변해 있었다. 대관구 관구장들이 그들의 최고지휘관을 기다리고 있던 제국수상청사의 홀만 이상하게도 피해를 입지 않았다. 쉬라흐의 과거 우상이 홀에 모습을 나타냈을 때, 그는 몰락의 인상을 더욱 강하게 느꼈다. "그때 히틀러가 홀로 들어왔다. 그는 겨우 몸을 가누고 있었고, 떨고 있는 오른손을 다른 손으로 계속 붙잡고 있었다. 그는 유령이었고, 완전히 망가져 가까스로 버티고 있는 사람이었다." 마지막으로 히틀러는 최후의 한 사람까지 싸울 것을 맹세했다. 그는 쉬라흐에게 "빈의 상황은 어떤가?" 하고 물었다. 그의 가신은 "빈 시민은 자신의 의무를 다할 것"이라고 대답했다.

쉬라흐는 자신의 지휘 방식이 유약하다는 비판에 대해 진지하게 고려해야만 했다. 그는 이런 인상을 불식시키려고 노력했고, 빈의 방어력을 강화시키기 위해 전력을 기울였다. 보어만 측의 비난에도 불구하고 쉬라흐는 철저하게 준비를 했다. 괴벨스는 만족해하며, "쉬라흐는 공습 대비 조치를 통해서 실추된 위상을 상당부분 만회했다"고 기록했다. 그는 빈 근교의 갈리친베르크에 아주 인상적인 지휘소를 설치했다. 콘크리트로 둘러싸여 있는 일종의 강당 같은 곳이었는데, 그곳에 설치된 커다란 유리판 위에 날아오는 비행기들이 표시되었다. 그는 관측소에서 도시 전체를 조망할 수 있었다. 공격의 징후가 접수되는 즉시 쉬라흐는 그의 부하들과 함께 급히 관측소로 달려가서 전화상으로 관측 상황을 자신의 지휘 본부로 전달했다. 공습 대비 조치 역시 개선되었다. 빈에 대한 집중적인 공중 폭격은 1944년 9월 10일부터 시작되었다.

빈에서 강력한 활동을 개시한 저항 세력에 맞서, 대관구 관구장은 단호한 조치를 취했다. 보수적인 오스트리아 저항 집단이 발각되어 그 구성원들이 체포되었을 때, 쉬라흐는 어떠한 관용도 베풀지 않았다. 그 집단의 한 회원인 법학자 게르하르트 카스텔리치에게 사형이 선고되었다. 쉬라흐에게는 가족들의 사면 신청을 받아들일 만한 "어떠한 이유"도 없었다. 게르하르트 카스텔리치는 1944년 4월에 처형되었다. 괴벨스는 "쉬라흐가 이제 전쟁에 대한 확고하고 단호한 입장을 견지하고 있는 것에 나는 만족한다"라고 썼다.

그사이 점점 더 많은 수의 히틀러 청소년단이 전쟁에 투입되었다. 1943년의 슬로건은 "독일의 전쟁 임무를 부여받은 청소년단"으로 명명되었다. 아이들은 전쟁 교육을 받기 위해 징집되는 것 외에도 "전쟁 임무"를 위해 징집되기도 했다. 우편, 철도, 그리고 방공 업무에서 발생한 빈자리를 그들이 채웠다. 청소년들은 전선에 있는 군인들을 위해 폐휴지, 고철, 담요 등을 수집했으며, 국경 지역에서 소개 업무를 담당하기도 했다. 특히 수확기에 모자라는 일손을 보충하기도 했다. 독일 도시들에 대한 폭격이 시작되었을 때, 그들은 방공대원, 소방관, 위생병의 임무를 수행해야만 했다. 그렇지만 히틀러 청소년단의 전쟁 임무가 "후방"에만 국한되어 있지는 않았다. 1943년 2월, 나치 친위대 12기갑사단, 일명 "히틀러 청소년단" 부대를 편성하라는 명령이 내려졌다. 연합국 군대가 노르망디에 상륙한 뒤인 1944년 6월에는 청소년들이 전선에 투입되었다. 처음 4주 동안에 히틀러 청소년단 친위대 병사의 5분의 1이 전사했다. 그 다

우리는 정말로 속아서 어린 시절을 그 대가로 치렀다.

한스-유르겐 하베니흐트, 과거 히틀러 청소년단원

죽음은 우리에게 숭고한 것이지 두려운 것은 아니었다. 나중에 전선에 투입되고 나서야 비로소 우리는 두려운 일들을 겪었다.

클라우스 마우엘스하겐, 과거 히틀러 청소년단원

나 자신도 마지막까지 전쟁에서 이길 거라고 믿고 있었다. 그것은 당연히 어리석은 생각이었다. 하지만 우리는 그렇게 교육을 받았다. 우리는 결코 전쟁에서 질 수 없으며, 반드시 이겨야만 한다고 믿어 왔다.

클라우스 마우엘스하겐, 과거 히틀러 청소년단원

그는 결코 진실을 말하지 않았다. 그는 처음부터 끝까지 우리를 속여 왔다.

카를-하인츠 뮐러, 과거 히틀러 청소년단원

한 국가의 지도부는 아직 제대로 성장하지 않은 젊은이들을 분쟁이나 전투에 내몰아서는 안 된다. 아무도 그것을 적절하게 조절할 수 없다. 15, 16살의 아이들이 전사한다면, 그것은 엄청난 손실이다.

쉬라흐, 요헨 폰 랑과의 인터뷰, 1966년

젊은이들이 스스로 열렬히 그리고 열정적으로 전투에 나가려고 하는 것은 별개의 문제이다. 하지만 사람들이 청소년들을 의도적으로 전선에 투입하는 것은 잘못된 것이라고 생각한다.

쉬라흐, 요헨 폰 랑과의 인터뷰, 1966년

음 전투에서는 겨우 600명의 소년만 생존했다. 쉬라흐는 이 친위대 사단의 편성에 반대했지만, 사단 편성이 진행되는 동안 아무런 영향도 미치지 못했다. 빈을 둘러싼 마지막 전투에서 히틀러 청소년단을 개입시키지 않게 하려고 전력을 기울였다는 그의 주장은 꾸민 말이다. 쉬라흐는 히틀러 청소년단원 대대를 국방군 군사 훈련소의 전투 경험이 많은 장교들이 교육하도록 특별히 지시를 내렸다. 그가 그들을 전쟁에 참여시킬 필요가 없다며 빼내려고 노력했는지는 불명확하다. 쉬라흐가 소년들에게 심어주었던 정신이 그들의 전쟁 참여에 결정적인 요소로 작용했으며, 이 정신에 매료되어 그들은 애국심에서 우러나온 "영웅적 행위"를 하게 되었다. 빈에서 히틀러 청소년단원들은 자전거 핸들 좌우에 대전차 로켓포를 싣고 거리를 지나다니며 공격을 노리고 있었다. 그들이 24대의 T-34-전차에 공격을 가했다는 소문이 있다. 히틀러 청소년단 지도자인 라우트바허는 빈에 있는 소녀들에게 고사포 부대의 88밀리 대포를 조작하도록 지시를 내렸다. 1944년 9월, 쉬라흐는 "총통"의 명령에 따라 직접 향토방위대를 소집했다. 아이들과 노인들로 구성된 군대에 내려진 히틀러의 최후 소집 명령이었다. 이미 오래전에 패전이 확실해졌지만, 그 최후의 순간에도 젊은이들은 헛되이 희생되었다. 수상청사의 벙커에서 히틀러는 "지금 이 순간 나이 어린 신병들이 열광적으로 전장에 나서는 것이 얼마나 기특한 일이냐"라며 미친 사람처럼 소리를 질러댔다.

훗날 이 청소년 지도자는 그렇게 많은 히틀러 청소년단원들이 마지막 전투에서 목숨을 잃은 것에 대해 유감을 표했다. 쉬라흐는 "젊은이들이 스스로 열렬히 그리고 열정적으로 전투에 나가려고 하는 것"은 정상적이라고 생각했다. "하지만 사람들이 청소년들을 의도적으로 전선에 투입하는 것은 생물학적인 범죄 행위이다." 그는 그 일에 대한 책임을 다른 사람에게 전가시켰다. 발두어 폰 쉬라흐는 죽을 때까지 빈 외곽 전투, 프레스부르크 전투, 브레슬라우 요새 전투 또는 베를린에 있는 피헬스도르프 다리 전투에서 "그가 시를 통해 찬미했던 어린 소년들의 죽음이 실제로 있었다"는 사실을 인정하려고 하지 않았다.

소련의 붉은군대가 점점 가까이 다가오고 있었다. 1945년 2월 중순, 우크라이나와 벨라루스 전선에서 대공세가 시작되었다. 부다페스트는 붉은군대의 손에 넘어갔다. 소련군은 빈에서 불과 250킬로미터 떨어진 곳에 진을 치고 있었다.

1945년 3월 30일, 쉬라흐는 빈에 비상사태를 선포했다. 향토방위대가 소집되었고, 학교는 폐쇄되었다. 그사이에 나치 친위대 중장 제프 디트리히는 헝가리에서 퇴각한 자신의 6기갑군단을 이끌고 빈에 도착했다. 이제부터 그가 빈의 방어를 책임져야만 했다. 그렇지만 제프 디트리히는 러시아 군의 전진을 저지시킬 수 없다고 보았다. 그는 "우리는 겨우 6대의 전차를 보유하고 있기 때문에 6전차 군단으로 불린다"고 빈정대며 말했다. 대관구 관구장은 빈의 성벽에 "빈은 방어 지역으로 선포되었다. 여자와 아이들은 도시를 떠날 것을 권한다"라는 벽보를 붙였다. 빈을 자유 도시로 선포하려는 빈 시민들의 노력은 수포로 돌아갔다. 쉬라흐는 히틀러의 명령을 거역하려고 하지 않았다. 그의 권한은 여기서 끝이 났다. 그가 빈에서 정치적으로 최고지휘자이긴 했지만, 그는 군사적인 명령권은 갖고 있지 않았다. "대독일" 사단의 한 장교가 회상하듯이, 그의 역할은 끝까지 사수하자는 구호를 외치는 데 한정되어 있었다. 쉬라흐는 "우리는 지금 독일 영토를 지키고 있습니다"라고 말했다. "여러분들의 선조들을 생각해 보라. 그들 역시 칼로써 독일 영토를 지켜왔습니다. 동부전선을 정복한 전사들을 생각해 보라. 여러분들의 어머니와 부인을 생각해 보라. 만약 러시아인이 여러분들을 유린한다면 무슨 일이 일어날지 생각해 보라." 쉬라흐는 빈이 함락 직전에 놓여 있음을 알고 있었다.

쏟아지는 포탄더미를 피하기 위해서, 그사이에 그는 빈의 호프부르크 지하실에 지휘소를 설치했다. 오토 스코르체니는 1945년 4월 6일 그곳에서 제국이 망해 간다는 묘한 느낌을 받았다. "바닥에는 호화스런 양탄자가 깔려 있었고, 벽에는 전투 장면을 담은 그림들과 18세기 장군들의 초상화가 걸려 있었다. 대기실에서 사람들은 먹고 마시며 떠들고 있었다. 나는 대관구 관구장에게 도시에는 단 한 명의 독일군 병사도 남아 있지 않고, 아무도 바리케이드를 지키지 않을 수도 있다고 설명해야 했다. 그래서 나는 그에게 함께 수색 정찰을 나가자고 권유했다. 그러나 그는 이 권유를 받아들이지 않은 채 지도 위로 몸을 구부리며, 내게 어떻게 빈을 위기에서 구할 것인가를 설명했다. 더 이상의 토의는 의미가 없었다. 나는 그에게 작별을 고했다. 쉬라흐가 나를 쳐다보았다. '스코르체니, 나의 의무는 3단어로 요약된다. 승리 또는 죽음!'"

몇 시간 뒤에 빈의 총독이자 방위위원 그리고 대관구 관구장인 그는 도시를 떠났다. 히틀러가 그에게 전투 병력과 함께 빈에서 퇴각하라는 명령을 내렸을 수도 있고, 아니면 괴벨스가 표현했듯이, 그가 "어찌할 바를 몰라 군인들 사이로 피신했을" 수도 있다. 쉬라흐는 빈에서 도망쳤다. 빈 사람들은 그의 행동이 비겁하다고 보았다. 4월 13일, 도시는 함락되었다.

그러나 쉬라흐는 멀리 가지 못했다. 그는 부관인 프리츠 비스호퍼와 함께 정체불명의 임무를 수행하기 위하여 폭스바겐-쿠벨바겐을 타고 인스부르크로 가는 중이었는데, 구동 장치 고장으로 인해 차량이 멈춰 서고 말았다. 5월 초, 오스트리아의 쉬바츠에 사는 선반 세공 기능장인 후버의 집을 누군가가 두드렸다. 현관문 앞에 두 명의 남자가 서 있었는데, 그들은 공손하게 잠자리를 청했다고 집 주인의 아들은 기억하고 있다. 그중 한 사람이 쉬라흐였다. 그의 얼굴 절반이 어두운 뿔테 안경으로 가려져 있었다. 그는 큰 체크무늬 셔츠와 니커보커[바지통이 약간 넓고 무릎 바로 아래에서 밴드로 여미는 스포츠용 바지: 옮긴이] 차림을 하고 있어서 "제3제국"의 주요 지명 수배자 중의 한 사람이라기보다는 사냥꾼이나 도보 여행을 즐기는 관광객으로 보였다. 쉬라흐는 자신을 리하르트 팔크라고 소개했다. 그는 작가이고, 지금 범죄 소설을 집필 중이라고 말했다. 책 제목은 "미라 로이의 비밀"이라고 했다. 그는 동행인을 자신의 시종이라고 소개했다.

쉬라흐와 비스호퍼는 선반 세공 기능장의 집에서 편하게 지내고 있었다. 비스호퍼는 두 사람의 신분증을 마련하는 데 성공했다. 그들은 자신들의 위장 신분이 감쪽같다고 생각했다. 쉬라흐는 기능장의 부인에게서 타자기를 빌렸다. 그리고 실제로 작가 활동을 하고 있는 것처럼 보이기 위해 즐겁게 타자기를 쳤다. 며칠 후에 미군이 쉬바츠에 진군했을 때, 쉬라흐는 당황하지 않았다. 미군 병사들이 그 집을 징발하려고 했을 때, 그는 친절하게 안주인을 도왔다. 그는 약간 미국 남부 억양이 섞인 유창한 영어로 병사들에게 이 집은 인원 초과 상태이며, 그들의 사용 목적에도 맞지 않는다고 설명했다. 과거 제국 청소년 지도자는 밤마다 이웃집 아이들과 정원에 앉아서 기타를 치고 놀았다.

쉬라흐가 어떻게 해서 미군 포로가 되었는지에 대해서는 설이 무성하다. 쉬라흐 자신은 6월 4일에 라디오에서 "소령 이상의 모든 히틀러 청소년단 지도자들은 '자동적으로 금고형'에 처해졌다"는 라디오 방송을 들었다고 주장한다. 사람들은 악스만은 실종된 것으로 간주했고, 쉬라흐는 빈의 폐허 더미에 묻혀 있을 것이라고 생각했다. 이 때문에 그는 책임을 지기 위해 청소년들 앞에 서기로 결정을 내렸다고 주장한다. 그는 비스호퍼와 함께 지역의 미군 사령부로 가서 미군 장교에게 "나는 국제 법정에서 책임을 질 기회를 얻기 위해서 스스로의 결정에 따라 미군의 포로가 된다. 발두어 폰 쉬라흐"라는 내용이 담긴 서한을 전달했다고 주장한다.

빈 지식인의 아들이고, 그 당시 미군 연락 장교였던 프리츠 몰덴의 얘기는 매우 고상한 이 버전과는 사뭇 다르다. 그는 어느 날 쉬바츠 근교 알름에 고위급 나치 간부가 몇 명 숨어 있다는 첩보를 입수했다고 주장

나는 쉬라흐와 가장 많이 대화를 나누었다. 그는 두 번째로 나이 어린 죄수였지만, 지독하게 게으른 사람이었다. 그는 매일 가로세로 글자 맞추기 놀이를 했고, 물론 독서도 했다. 하지만 다른 죄수, 특히 헤쓰와 슈페어와는 달리 정신적인 역량이 안 되는 것처럼 보였다. 그는 항상 말하는 것을 좋아했다. 누구든 상관없이 쓸데없는 얘기들을 나누었다.

얀 본, 슈판다우 감옥의 네덜란드 출신 간병인

나는 발두어가 우리들 때문에 근심스러워 하는 것을 원하지 않았다. 그래서 당시 감방에 수감된 그에게 우리들이 생존을 위해 눈물겹게 노력하고 있다는 얘기를 거의 하지 않았다.

헨리에테 폰 쉬라흐, 『화려함의 대가』, 1975년

"다른 사람…"
석방된 뒤 아들들과 함께 있는 쉬라흐(1966년)

우리 죄는 대개의 경우 법적인 잣대를 들이대기 어렵다. 모든 사람들, 그리고 나처럼 책임 있는 위치에 있지 않은 사람들 또한 수백만 명에 대해 저지른 상상을 뛰어넘는 만행에 대해 도덕적으로 공동 책임이 있다.

쉬라흐의 자서전 『나는 히틀러를 믿었다』 중에서, 1967년

편지를 보내는 것이 불가능했듯이, 감옥에서의 면회도 어려웠다. 뉘른베르크에서 리하르트는 교도소 목사의 도움을 받아 그의 군용 외투를 입고 감방에 잠입할 수 있었다. 몇 년이 지난 뒤에야 비로소 그는 아버지와 재회할 수 있었다.

헨리에테 폰 쉬라흐, 『화려함의 대가』, 1975년

모든 사람은 자신의 운명을 타고난다. 나는 나의 운명을 타고난 것이다. 국민들의 눈에는 아마도 나의 운명이 다른 사람의 운명보다 모질게 보이겠지만, 나는 다른 운명을 갖기를 원하지 않는다.

쉬라흐, 요헨 폰 랑과의 인터뷰, 1966년

한다. 그는 부관과 함께 알름으로 출발했다고 한다. 그곳에서 그는 쉬라흐와 비스호퍼를 찾아냈고, 두 사람은 저항 없이 순순히 체포에 응했다고 한다. 몰덴은 그의 포로들을 밤새 심문한 뒤에, 다음 날 미군 관청으로 이송했다고 한다. 그것은 영웅 스스로가 지어낸 영웅 신화의 종말이었을까?

쉬라흐는 인스부르크 근교에 있는 룸 포로수용소에 수감되었다. 같은 해에 뉘른베르크 전범 재판소에서 그에 대한 재판이 열렸다. 그는 빈에서 집행한 유대인 추방으로 인해 "반인류 범죄 행위"로 유죄 선고를 받았다. 1946년 10월 1일에 20년 형을 언도받고, 슈판다우의 전범 형무소에서 모든 형기를 채웠다. 청소년단 지도자 시절에 대한 기소 항목은 기각되었다. 59살이 된 1966년, 반쯤 눈이 먼 쉬라흐는 다시 자유의 빛을 보게 되었고, 8년 뒤에 모젤 강에 위치한 크뢰프라는 작은 마을에서 심신이 쇠약해진 채 숨을 거두었다. 그의 비문에는 "나는 너희들 중 하나였다"는 말이 쓰여 있다. 하지만 그는 결코 그들 중 하나였던 적이 없었다.

그림자

슬라브인들은 우리를 위해 일해야만 한다. 우리가 그들을 필요로 하지 않는다면, 그들은 죽을지도 모른다.

나는 교회와 담판을 지을 것이다. 교회는 보고 듣는 기능을 상실했다.

실제 삶에서 부정직한 행위를 하지 않는다고 해서 그것이 정직하다는 것을 뜻하는 것은 분명 아니다. 혹독한 생존 경쟁에서는 굳건하고 무자비한 관철 능력이 매일 매일의 승리를 담보한다.

신학은 구속받지 않는 자유로운 학문이기보다 오히려 신앙이라는 목적을 따르는 분야이다.

당과 국가는 그들 외에 강력한 중앙 교회 권력이 부활하여 민족을 이끌고 돌보며 독자적인 노선을 취하는 것을 허용할 수 없다.

기독교는 무척이나 벗어나기 힘든, 아이들을 오염시키는 독과 같은 존재다.

보어만

나는 보어만이 잔인하다는 것을 알고 있다. 하지만 그가 일을 처리하는 방식은 흠잡을 데가 없으며, 나는 내 명령이 보어만에 의해서 즉각적으로 그리고 모든 난관을 헤치고 수행되고 있음을 무조건적으로 그리고 절대적으로 신뢰할 수 있다. 보어만이 올리는 상신 서류들은 내가 예나 아니오로만 답하면 될 정도로 꼼꼼하게 작성되어 있다. 나는 그와 함께 10분 만에 산더미 같이 쌓인 서류들을 처리했는데, 아마 다른 사람과 일했으면 몇 시간이 걸렸을지도 모른다.

히틀러

12명의 총독, 불평꾼, 그 외 상당수 대관구 관구장들을 전쟁 중에 될 수 있는 대로 아돌프 히틀러와 멀리 떨어지도록 한 것이 보어만이 이룬 가장 큰 성과였다. 보어만은 철저하게 다른 사람들이 총통 주위에 얼씬도 하지 못하게 만들었으며, 이로써 총통이 신경을 과도하게 쓰는 일이 없도록 했다.

한스 세베루스 치글러, 보어만의 바이마르 시절 스승, 당 간부로서 활동하기 시작할 즈음

나는 보어만과 아주 잘 지냈으며, 그는 내가 원하는 모든 것을 해주었다.

괴벨스의 일기, 1941년 5월 29일

거칠고 땅딸막한 보어만은 잔인함과 음험함의 화신이었다.

알브레흐트 폰 케셀, 당시 교황청의 독일인 사환

히틀러의 기분 상태를 교활하게 이용한 보어만은 자신의 독자노선을 추구하지 않고 항상 히틀러가 원하는 방향대로 움직여야 권력에 머무를 수 있음을 잘 알고 있었다.

한스 프랑크, 전 제국 법무지도자

보어만은 총통의 가장 은밀한 사적인 문제들에 대해서 알고 있었다.

괴링

점점 더 많은 법률가들이 보어만이 근무하는 청사의 참모진으로 들어왔고, 독자적인 법률 부서가 마련되었다. 법률 외에 다른 업무를 보는 당의 제국 기관들은 더 오랫동안 존속되었지만, 보어만 사무실에서 그 업무를 보기 시작하자 그들 기관 모두 거의 할 일이 없게 되었다.

한스 프랑크, 전 제국 법무지도자

보어만은 항상 명령에 복종했고, 책임감이 있었으며, 전문적 식견을 갖추고 있었다. 그는 정치에는 관여하지 않았다.

에른스트 한프슈텡글, 전 국가사회주의 독일노동당 외신대변인

무엇보다도 그가 쥐고 있는 권력의 요체는 그를 통해서만 히틀러에게 다가갈 수 있다는 데 있다.

빌헬름 회틀, 전 친위대 소령

히틀러가 어떤 생각을 말하자마자, 보어만은 그 생각을 명령으로 바꾸어 놓았다.

베르너 쾨펜, 로젠베르크 동부지역 제국장관의 과거 부하 직원

나와 보어만은 특별한 관계다. 나는 그가 질투심을 느끼고 있다는 것을 알았다. 왜냐하면 나는 쉬지 않고 말하고, 그는 본부에 앉아서 문서 작업을 하고 있기 때문이다.

로베르트 라이, "나치노동전선" 지도자

그는 우직한 사람이다. 하지만 다음의 사실을 모두가 알아야 한다. 보어만을 비방하는 사람은 나를 비방하는 것과 같다. 나는 이 사람에게 반항하는 모든 자들을 총살시킬 것이다.

히틀러

만약 캐리커처 화가들이 그의 생김새, 비곗살, 짧은 다리, 낯짝을 그렸다면, 언제나 돼지 모습으로 그려냈을 것이다.

쉬라흐

보어만은 십자가를 단 지구의[왕권의 상징: 옮긴이]에 기생하는 구더기다.

슈페어

19⁴⁵년 5월 1일에서 2일로 넘어가는 밤이었다. 밤이 깊어 청사에서 탈출할 시간이 점점 가까워지자, 그는 이 도주에서 살아남을 수 있을 거라는 확신이 점점 더 줄어들었다. 총통의 가장 가까운 하수인의 용기도 "총통"의 삶과 함께 사라져버린 것처럼 보였다. 아돌프 히틀러는 그 전날 권총으로 자살했고, 러시아의 전차들은 초토화된 베를린의 제국수상청사 코앞까지 밀어 닥친 상태였다. 히틀러 청소년단원들과 향토방위대원들이 청사를 지키기 위해 여전히 싸우고 있는 동안, 히틀러의 마지막 조력자는 "총통" 벙커에서 도주할 것인지 아니면 자살할 것인지에 대해 고민하고 있었다. 날이 어두워지자 탈출 준비를 마친 첫 번째 소그룹들 중 하나에 친위대 중장 제복을 입은 땅딸막한 남자가 합류했다. 그는 검은 제복 위에 가죽 외투를 걸치고 있었고, 주머니에는 아돌프 히틀러의 개인 유언장뿐만 아니라 자신의 개인 일기장도 들어 있었다. 마지막으로 기입한 일기에는 "5월 1일. 탈출 시도"라고 적혀 있었다. 그가 선택한 단어를 보면, 그는 탈출 성공에 대해 회의적이었던 것 같다. 23시 경에 그는 제국수상청사의 지하 창문을 통해 밖으로 나와 달리기 시작했다. 그는 "총통의 비서" 마르틴 보어만이었다.

뉘른베르크의 국제 군사 법정에서 행한 심문에서, 히틀러의 운전사인 에리히 켐프카는 자정 무렵에 벌어진 일에 대해서 진술했다. 마르틴 보어만은 "총통" 벙커를 둘러싸고 있던 러시아 군의 포위망을 몰래 뚫고 나가려고 시도했다. 한 발의 유탄이 명중하여 전차가 폭파되었다. 엄폐물을 찾고 있던 마르틴 보어만은 폭발 직전에 전차 뒤에 서 있었다. 폭발로 인한 화염이 그를 덮쳤고, 엄청난 진동이 그를 날려 버렸다.

바로 이 대목에서 "총통"의 조력자의 불가사의한 잠적과 관련된 수십 년 동안의 혼란이 시작된다. 그것은 히틀러의 운전사가 마르틴 보어만이 죽었다고 믿었기 때문이다. 하지만 그는 보어만의 시체를 보지 못했다. 그것이 터무니없는 억측을 낳게 했다. 마르틴 보어만이 달아날 수 있었을까? 그가 다른 신분으로, 더욱이 외국에서 살고 있는 게 가능할까? 실제로 "총통 비서"는 폭발에서 무사히 살아남았다. 아마도 다른 몇몇 사람들처럼 그도 탈출에 성공했을 수도 있다. 그렇지만 마르틴 보어만은 도주를 포기했다. 히틀러의 제국 청소년 지도자인 아르투어 악스만은 5월 2일 오전 3시 경에 레어터 반호프 기차역 근처에서 대단한 발견을 했다. 마침 동트기 시작한 어렴풋한 빛 속에서 그는 바이덴담 다리의 선로 위에 한 남자가 누워 있는 것을 보았다. 그는 그 남자 위로 몸을 숙여 그가 마르틴 보어만임을 확인했다. 악스만이 그를 착각할 가능성은 전혀 없었다. 보어만이 입고 있는 장교 제복에는 계급장이 달려 있지 않았다. 그는 계급장을 뜯어냄으로써 그를 암시할 수 있는 모든 정보를 없애버렸다. 죽은 자는 아무런 상처도 입지 않은 것처럼 보였다. 처음에 악스만은 그가 의식을 잃었다고 보았다. 하지만 미동도 없이 바닥에 누워 있는 보어만은 더 이상 숨을 쉬지 않았다. 악스만은 그의 심장 박동을 확인하기 위해 시간을 지체할 수 없었다. 소련군의 포화 아래 놓여 있는 사람에게 역사적인 확인은 무의미한 것이었다. 악스만은 이 벙커의 유명인사가 독이 든 앰플을 먹고 자살했다고 생각했다. 그는 마르틴 보어만이 청산 캡슐을 깨물고 죽었을 거라고 생각했다. 1945년 늦가을, 과거 히틀러 청소년단의 지휘자가 심문을 받았다. 그러나 어느 누구도 그가 하는 얘기를 들으려 하지 않았다.

당 파벌 간의 내부 싸움에서, 수많은 간계와 무자비함 그리고 불굴의 끈기를 통해 가장 높은 위치까지 치고 올라갔던 한 남자가 제3제국이 붕괴되던 시점에 벙커에서 사라지지 않고 있었다는 점은 쉽게 납득이 가지 않는다. 하지만 이 "비서는" 냉정함을 잃었다. 히틀러가 죽을 때까지 그는 의심도 불안감도 보이지 않았다. 히틀러가 최후에 그를 지칭했던 것처럼, 이 "가장 충직한 당원"은 그에게 명령을 내리는 권위 그 이상의 존재로서 "총통"을 필요로 했다. 총통이 없다면 복종하고자 하는 그의 욕구도 그 목표를 상실하게 되는 것이다. 언젠가 마르틴 보어만은 히틀러를 존경해 마지않는 눈빛으로 바라보며, 충성심에서 우러나온 표현으로서 "그는 에베레스트 산처럼 우리 위로 우뚝 솟아 있다"고 말했다. "그 없이 우리가 어디에서 존재할 수 있단 말인가?" 지휘 체계가 붕괴되고 있던 그 시점에 이 관리에게는 히틀러와 같이 강력하고 모든 것을 장악한 사람이 부재했다. 그는 일상의 직무를 제대로 수행하지 못했으며, 벙커도 안전하지 않았다. 그것은 그가 의지할 수 있었던 모든 것이었다. 그는 지도자를 잃고 방향감을 상실했다. 히틀러의 조력자는 모든 것을 잃었다.

마르틴 보어만의 생존과 관련된 유언비어가 이렇게 오래 지속될 수 있었던 것은 놀라운 일이 아닐 수 없다. 보어만은 살아 있는 사람이 되어야만 했다. 그는 뉘른베르크 전범 재판의 피고인으로 수배되었고, 지속적으로 세계 언론에 오르내리는 기삿거리가 되었다. 히틀러의 독재가 끝난 뒤 수십 년 동안 전 세계에서 가끔 무고한 사람들이 "보어만"으로 추정된다는 신고가 들어왔는데, 그때마다 늘 새롭고 기발한 이야기들로 포장되었다. 하지만 그 이야기들은 항상 네스 호의 괴물 이야기와 비슷하게 결말이 났다. 좀 더 자세히 조사해 보면, 그 놀라운 이야기들은 착오나 속임수인 것으로 판명이 났다. 한 번은 보어만이 이집트에서 살면서 아랍인들에게 이스라엘과의 전쟁에 관한 자문을 했다는 소문이 있었고, 그 다음에는 남아메리카에서 대지주로 살았다는 소문이 있었다. 다른 버전에서는 이 그림자 같은 심복이 소련의 톱 스파이로 둔갑했다는 주장이 있었다. 그런 폭로들은 특히 60년대와 70년대에 세계적인 센세이션을 불러일으켰다. 하지만 세간의 이목을 끈 사건들은 단지 오보에 불과하였다. 보어만과 관계된 이야기들은 허무맹랑한 이야기들이 계속 덧붙여지면서 살이 불어났다. 예를 들어, 독일 잠수함이 나치의 보물을 아르헨티나로 옮겼다는 얘기, 남아메리카의 기업가들 중에 공범자가 있다는 얘기, 또는 이탈리아 수도원에서 독재자 페론 장군의 부인인 에비타 페론과 비밀 회동을 가졌는데, 그가 소유한 보물의 4분의 3을 페론에게 넘겨주는 조건으로, 그녀가 보어만의 아르헨티나 망명을 주선했다는 얘기 등이 그것이다. 헤아릴 수 없는 많은 추측들 사이에서 지금까지 해결의 실마리를 찾는 데 성공한 사람은 아무도 없다. 마찬가지로, 수많은 명탐정들도 보어만의 생존을 믿고 싶어 한 사람들의 핵심 문제를 해결할 수 없었다. 그 핵심 문제는 히틀러가 신뢰하는 이 심복이 어떻게 1945년 5월 1일 밤에 베를린을 점령한 소련군 지역을 탈출할 수 있었는가 하는 것이다.

이 실종자는 그에 대한 수사로 인해 살아 있을 때보다 더 유명하게 되었다. 단지 소수의 사람만이 종전 뒤에 살아남아 1945년 이전에 그를 목격한 상황을 진술할 수 있었다. 독일인들은 뉘른베르크 재판에서 피고인으로 고소된 24명을 통해서 히틀러 폭력 정권의 단면을 어느 정도 볼 수 있었다. 하지만 이 마르틴 보어만은 어떤 사람이었는가?

그는 배후에서 영향력을 행사하던 사람이었고, 어둠을 추구하던 사람이었다. 그는 동시대 사람들을 피하여 "총통"의 그림자 속으로 숨어버렸다. 실제로 아돌프 히틀러의 최측근만이 그를 알고 있었다. 기소장에는 피고인의 이력 사항으로 단지 몇몇 보잘것없는 자료들만 포함되어 있었는데, 이런 자료들은 신문 문서고에서 모두 찾아볼 수 있는 것들이었다. 이력 사항으로 적시된 내용은 그가 소시민적인 가정환경에서 출생했으며, 아주 평범한 당원이 나치가 지배하는 동안에 "총통 비서"라는 지위에 오르게 되었다는 것이다. 이와는 달리 기소 내용에는 아무런 하자가 없었다. 마르틴 보어만은 나치 공모자들이 잡은 권력을 유지하는 데 도움을 주었고, 전쟁 준비에 관여했으며, 반인륜적인 범죄 행위를 저질렀다는 것이 그에 대한 기소 내용이었다. "히틀러 직속 당 청사의 수장으로서 마르틴 보어만은 매우 중요한 권력 요소였다"고 뉘른베르크 검찰 소속의 미 육군 대령 로버트 스토리는 평가했다. 재판 과정에서 그는 히틀러의 "사악한 정신"이라고 불렸다. 이 표현만 보면, 보어만이 히틀러를 처음으로 악의 마수에 빠뜨렸다고 추측할 수 있다. 하지만 이것은 핵심을 표현한 것이 아니다. "총통 비서"는 기껏해야 악마의 하수인에 불과했다.

뉘른베르크 재판이 시작되기 며칠 전에 검찰 당국은 마르틴 보어만을 찾는 데 완전히 실패했다고 보고해야만 했다. 그럼에도 불구하고 검찰은 보어만이 생존해 있을 가능성이 있다고 확신하였다. 그런 이유에서 소송 절차는 진행되어야 했다. 법정은 "피고인 보어만을 위한 변호인이 선임되어야 한다"고 공표했다. 프리드리히 베르골트라는 젊은 변호사가 국선 변호인으로 선임되었는데, 그는 선임 결과를 결코 행운이라고 생각하지 않았다. 그는 그 변호를 그의 동료 중 한 사람에게 기꺼이 넘겨주려고 했다. 세계의 이목이 집중된 재판에 나서는 것이 원래 모든 국선 변호인이 간절히 바라는 소망이다. 하지만 분명한 것은, 이 경우에는 어떠한 명성도 얻을 수 없다는 점이다. 피고인 자신이 기소를 반박할 수 있도록 도와줄 수 없다면, 누가 그 일을 해야 하는가? 누가 변호인 측 증인들을 선정할 수 있는가? 베르골트는 많은 증인들에게 질의를 했으며, 힘 닿는 대로 피고인의 혐의점을 풀기 위해 최선을 다했다. 하지만 기소된 히틀러의 충신들의 마음은 마르틴 보어만에 대한 앙심으로 가득 차 있었다. 혐의를 면하기 위해서 실종자에게 죄를 덮어씌우는 것보다 더 쉬운 방법이 있을까? 종전되고 전범 재판의 판결이 내려지기 전까지, 그들은 겉으로 보기에는 운명을 나눈 동지처럼 보였다. 하지만 그들은 히틀러 시대처럼 여전히 서로가 정적政敵이고 경쟁 상대였다. 그렇지만 어느 누구도 "총통 비서"만큼 증오의 대상이 된 사람은 없었다. 나치 정권 수뇌부 사이에서의 상호 불신은 수많은 정적들이 이 "갈색 막후 실력자"에 대해 가지고 있던 증오의 정도와는 비교할 수 없었다. 각기 다르겠지만, 자신의 상관에게 적어도 호의적인 말 몇 마디는 할 수 있었을 것 같은 직속 부하 직원들과 여비서들조차도 뉘른베르크 재판에서는 그에게 호의적으로 진술하지 않았다. 보어만은 권력을 쥐고 있을 때 미움을 많이 받았다. "히틀러가 보어만에게 몇 마디라도 비판적인 말을 했다면, 보어만의 모든 정적들이 그의 목을 비틀어버리려고 달려들었을 것이다"라고 알베르트 슈페어는 말했다. 그러나 마지막까지 히틀러는 보어만에 대해 단 한 마디도 비판적인 언급을 하지 않았다. 히틀러를 따르던 다른 모든 추종자들이 때때로 "총통"의 불같은 비판에 직면했음에도 불구하고, 그에게는 한 번도 그런 적이 없었다.

1946년 10월 1일, 뉘른베르크에서 발표된 선고문에서 법정은 12명의 피고인에게 사형 선고를 내렸다. 하지만 사형이 집행된 1946년 10월 15일 이른 아침, 12명의 피고인들 중에서 10명만이 사형 집행인에게 인도되었다. 피고인들 중 한 명인 괴링은 사형 집행 전날에 음독 자살했다. 다른 한 명은 결코 그 모습을 드러내지 않았다. 항상 배후에서 영향력을 행사했던 그는 그곳에서도 모습을 드러내지 않았다.

보어만의 경력. 어떻게 해서 그가 몇 년간 유럽에서 가장 막강한 권력을 가진 사람들 중에 한 사람이 되었는가? 무슨 이유로 단지 소수의 사람들만이 그를 알고 있었으며, 무엇 때문에 거의 모든 사람들이 그를 증오했는가? 그들은 그의 "나쁜 성격"에 대해 분개했다. 즉, 그의 "비굴함," "성적인 탐닉"과 "교활함"에 대해서 분개했다. 하지만 나치 당원 중에서 누구보다도 많은 권력을 가진 사람, "무명의 나치 돌격대원"에서 "총통"

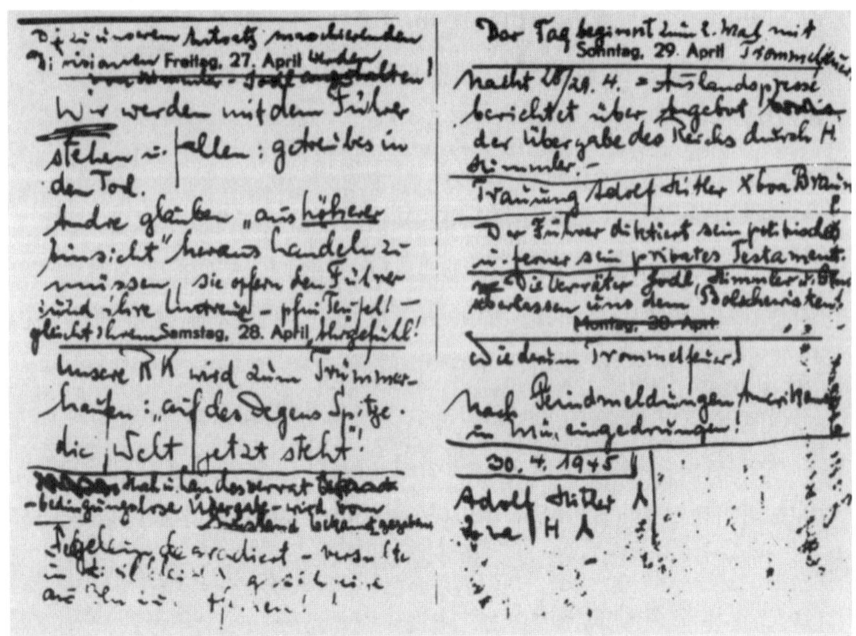

> "총통과 흥망을 같이했다…"
> "총통" 벙커에서 나온 보어만의 마지막 기록(1945년)

보어만 역시 이 시점에서 최선은 아니다. 무엇보다도 우리의 전쟁을 극단적으로 수행하는 문제에 있어서, 그는 내가 원래 그에게 기대했던 바를 해내지 못했다.

괴벨스의 일기, 1945년 3월 28일

그란 존재는 개인적인 야심, 권력욕, 조직상의 문제들과 재정 분야를 포함한 행정상의 문제들에 대한 실질적인 사무 능력과 지독한 열등의식이라는 전혀 균형을 이룰 수 없는 요소들이 합쳐진 존재였다. 그는 자신의 관심사를 추구하는 냉정한 도박사로서 스탈린과 같은 노선을 취했다. 즉, 그는 엄격하게 구성한 당 독재의 가치를 알고 있었고, 그에 준하여 당을 체계적으로 개조해 나갔다.

리하르트 발터 다레, 나치의 농민 지도자

보어만은 마지막 순간까지 그의 주군을 충성스럽게 따르는, 절제된 부하로서의 역할을 수행했다.

쉬라흐

보어만은 엄청난 에너지를 가지고 일하는 전형적인 황소 타입이었다.

볼프-뤼디거 헤쓰. 루돌프 헤쓰의 아들

보어만은 최악의 이기주의자이자 당의 적이다. 나는 심지어 그가 옛 동지들까지도 숙청할 수 있다고 생각한다.

프란츠 크사버 슈바르츠, 국가사회주의 독일노동당의 회계 책임자

외관상 보어만은 목이 굵고, 호감이 가지 않는 타입이었다. 사실, 누구도 그를 좋아한 적이 없었고, 가장 가까운 추종자들도 그를 좋아하지 않았다.

빌헬름 회틀, 전 친위대 소령

보어만은 사람들이 그에게 빈손임을 보여 주고 방문 목적을 자세히 설명할 때만 입실이 허용되었던 만리장성을 정말로 쌓았다. 이로써 그는 제국 전체 기관에 대한 절대적인 통제권을 갖게 되었다.

히틀러 방문객

의 오른팔에 오른 사람이라면 적어도 부차적인 미덕은 지니고 있어야 했다. 물론 그는 계산에 능하고, 객관적이었으며, 부지런한 사람이었지만, 그것만으로는 충분하지 않았다. 마르틴 보어만에게 숨겨진 비밀은 무엇이었을까?

외관상 이 그림자 같은 가신은 모든 면에서 사람들 눈에 띄지 않는 사람이었다. 그는 작고 땅딸막한 체구를 가지고 있었다. "제3제국"의 연회 음식들로 뚱뚱해진 170cm 크기의 그는 남의 말에 귀를 기울이며 깊은 생각에 잠긴 듯한 모습으로, 그리고 거친 얼굴에 가끔 무언가를 노리는 듯한 표정을 지으면서 독일 무대에 모습을 드러냈고, 곧 세계무대에도 모습을 드러냈다. 그런 그의 모습들은 쉽게 간과하기 마련이다. 하지만 그의 이런 모습은 눈치 채지 못하게 정치적 영향력이 막강한 자리에 오르기 위한 방법 중의 하나였던 것처럼 보인다. 그는 히틀러 정권에서 권력욕을 가진 이 무명인의 이미지를 구체화시켰다. 이로써 그는, 그가 가진 모든 평범함에도 불구하고, 히틀러의 무한한 신뢰뿐만 아니라 모든 경쟁자들보다 더 우월한 위치를 보장해 주는 자리에 오르게 되었다. 보어만은 없어서는 안 될 존재가 되었다.

1944년 8월, 히틀러의 비서는 "총통"사령부 늑대성채에서 그의 부인인 게르다에게 "나의 아버지는 훌륭한 사람이었음에 틀림없다"는 내용의 편지를 보냈다. 이런 숨김없는 찬사를 즉흥적으로 편지에 넣게 된 계기는 보어만 가족의 오랜 지인이 보어만에게 보낸 그의 아버지 사진 한 장 때문이었다. 그 사진에는 할버슈타트[독일 작센안할트 주 하르츠 산맥 북쪽 20km 지점에 위치한 도시: 옮긴이] 기마병 제복을 입고 있는 아버지 테어도르 보어만이 찍혀 있었다. 그의 아들 마르틴은 프로이센 군인 가족 출신이라는 것을 자랑스러워했다. 무엇보다도 과거 황실 군대 소령의 딸인 부인 게르다가 그다지 훌륭하지 않은 그의 과거 가족사에 대해 실망할지도 몰랐기 때문에, 자랑할 이유는 충분했다. 그 때문에 마르틴 보어만은 자신의 보잘것없는 출신 성분을 감추기 위하여 신경을 썼다. 부친은 우체국 직원으로 일했는데, 단지 잠시 동안만 황실 기마연대에서 트럼펫을 불었다.

마르틴 보어만이 성장한 가정환경은 조금 복잡했다. 젊어서 홀아비가 된 그의 부친 테오도르 보어만은 두 명의 아이들과 채무에 시달리는 가계 형편으로 인해 재혼을 망설이고 있었다. 그의 동료가 35살 된 그의 딸 안토니를 결혼시키려고 했기 때문에 결혼이 성사되었다. 그녀는 아름답지는 않았지만 생기발랄하고 정력적이었을 뿐만 아니라 약간의 상속 받은 재산도 있었다. 첫째 아들은 1900년 6월 17일에 태어났다. 그의 부모는 첫째 아들의 이름을 위대한 종교 개혁자의 이름을 따서 마르틴이라고 불렀다. 곧 이어서 둘째 아들 알베르트가 태어났다. 그 당시에 우체국 수석 보좌였던 테어도르 보어만은 이미 건강이 나빠진 상태였다. 아버지가 죽었을 때, 마르틴 보어만은 3살이었다. 아버지의 죽음으로 인해 아들은 이제 비로소 존경심을 가지게 되었던 그의 우상을 잃어버렸다. 마르틴 보어만이 이루지 못한 소망, 즉 영웅적인 인물을 숭배하고자 하는 그의 소망을 대체하는 인물이 나타나기까지 20년이란 세월이 걸렸다. 그에게는 죽은 아버지에 대한 기억이 없었다. 그는 그가 알고자 했던 것을 아버지가 첫 번째 결혼에서 낳은 이복형제들로부터 알게 되었다. 그렇게 해서 그는 아버지에 대한 이상적인 이미지를 만들어 냈는데, 그 이미지는 현실과는 많이 동떨어져 있었다.

그의 어머니는 남편의 죽음을 힘겹게 극복했다. 무엇보다도 경제적으로 어려운 시기가 시작되었다. 보어만 가족은 빚을 지고 있었고, 일찍 고인이 된 남편의 4자녀를 부양하기에는 미망인 연금으로는 부족했다. 하지만 안토니 보어만은 해결책을 찾았다. 그녀는 반년 뒤에 그녀의 형부와 결혼을 했다. 그녀의 언니가 죽으면서 형부에게 5명의 아이들을 남겨 놓았다. 이제 9명의 아이들로 새로 꾸려진 가족은 결코 제대로 합쳐지지 않았다. 마르틴 보어만은 일생 동안 이 가족과 많은 연관을 맺고 싶어 하지 않았다. 그는 은행 지점장이었던 의붓아버지 알베르트 폴보른에 대해 거부감을 갖고 있었다. 하지만 그에게는 의붓아버지를 비난할 이유가 전혀 없었다. 그는 교육에 돈을 아끼지 않았으며, 이로 인해 아이들은 상급 학교로 진학할 수 있었다. 그렇지만 마르틴 보어만은 좋은 학생이 아니었다. 그것은 그가 게을렀기 때문은 아니었다. 그는 추상적인 사고 과정을 따라갈 수 없었다. 이런 그의 학습 능력은 나중에도 마찬가지였다. 보어만과 같은 바이마르 출신인 발두어 폰 쉬라흐도 흡족한 평가를 내리지는 않았다. "그의 교양에 관해서는 실제로 부정적인 성적표만 언급될 뿐이다. 문학, 조형 예술, 음악에 재능이 전혀 없음."

그의 집안은 조국 독일의 중요성을 매우 강조했다. 그런 환경 속에서 김나지움 학생인 마르틴이 성장하고 자신의 이상을 추구했다. 폴보른 집안에서 무엇보다 중요한 것은 독일이었다. 세계는 그 어느 것도 아닌 독일적인 방식으로 치유되어야만 했다. 가족들은 독실한 독일 민족주의자였고, 부족한 환경에서도 노력을 통해 그럭저럭 풍요로운 가정을 이룬 것에 대해 자부심을 갖고 있었다.

마르틴의 14번째 생일을 얼마 지나지 않아 전쟁이 시작되었는데, 얼마나 끔찍한 전쟁이 될지 아무도 예상하지 못했다. 베를린, 빈, 파리 등지에서 대중들은 세계대전이 벌어질 것이라는 전망에 대해 환호성을 울렸다. 전쟁이 문제를 해결해 줄 것이라는 생각이 팽배했다. 전쟁은 활력을 잃고 지루하게 이어지던 시대의 강요에 의해 발발하였다. 바이마르에서도 낙관적인 생각을 가진 군중들이 무리를 지어 다니며 애국적인 노래를 불렀다. 그 군중 속에 마르틴 보어만도 끼어 있었다.

후에 그는 자신의 군인다운 용기에 대해 자랑스러워했는데, 유감스럽게도 그의 용기는 제대로 검증된 바가 없었다. 그는 전쟁 첫해에 계속해서 자발적으로 군복무를 지원했지만, 지원은 결코 받아들여지지 않았다.

실제로 전쟁 마지막 해에 막 18살이 된 그는 정식으로 신병 입대해야만 했다. 물론 보어만은 황제의 군대에서 많은 것을 이루지 못했다. 그의 군 경력은 장교의 당번병으로 끝났다.

전쟁이 끝난 뒤에 그는 결국 의붓아버지 가족들과 인연을 끊었다. 그는 농장에서 농업 보조원으로서 새로운 삶을 시작하였다. 사실 이 "도시인"은 농장에서 하는 일에 대해서는 아무것도 알지 못했다. 하지만 가족으로부터 도망친 자에게 더욱 중요했던 것은 보금자리를 마련하고 배고픔을 겪지 않는 것이었다. 그는 일생 동안 메클렌부르크의 한 농장에서 조용히 자신의 은퇴 생활을 보내기를 꿈꿨다. 그리고 그는 히틀러가 그의 봉사에 대한 대가로 근사한 농장을 하사할 것이라고 기대하고 있었다. 그렇기 때문에 그는 당 간부로서 오버잘츠베르크 지역 토지를 관리하는 일에 집착했던 것이다. 그는 그 일에 지나치게 열심이었고, 완전히 빠져 있었다. 아무런 방해와 통제도 받지 않은 채, 그는 그곳에서 마치 농장주 같은 역할을 했다. 비록 보어만이 경영상의 이윤을 창출하지 못해도, 히틀러는 그를 내버려두었다. 히틀러는 넉넉한 미소를 지으면서 "탁월하다"고 칭찬했다. "내가 생각했던 것보다 전혀 비싸지 않다. 우유 1리터가 겨우 5제국마르크밖에 안 된다." 보어만은 베르크호프를 경제적으로 내실 있게 경영하기보다 총통의 격에 맞게 운영했다. 그렇기 때문에 비용은 전혀 문제가 되지 않았다.

20년 전 19살이었던 보어만은 메클렌부르크 주에 자리한 한 농장의 관리 부서에 취직하게 되자 매우 기뻐했다. 농장주 헤르만 폰 트로이엔펠스는 이 젊은 신입 직원에 대해 만족스러워했다, 그는 곧 엄한 선임 관리인이 되어 자신이 가진 진짜 능력이 무엇인지 보여 주었다. 그는 선임 관리인 일을 통해 그가 언젠가 모범적인 비서 역할을 해낼 수 있는 충분한 자질이 있음을 미리 보여 주었다. 그는 상관의 의중을 미리 파악하고, 항상 그의 의지에 따라 움직였으며, 자신의 부하 직원에 대해서는 대단히 엄격했지만, 관리 분야에서 재능을 보여 주었다. 무뚝뚝하고 야심으로 가득 찬 마르틴 보어만은 헤르츠베르크의 농장 인부들 사이에서는 증오의 대상이었다. 무엇보다도 이익을 증대시키는 것이 그에게 가장 중요한 일이었다. 보어만은 정치적으로 귀족인 농장 주인의 노선을 따랐다. 농장 주인은 베를린에 있는 정치인들은 "빨갱이 반역자들"이고, 국가는 "유대인 공화국"이라고 욕을 하고 다녔다. 폰 트로이엔펠스 씨는 공화주의자를 독일의 질서를 바로 세울 능력이 없는 겁쟁이일 뿐이라고 생각했다. 그는 의용군에게 호감을 가지고 있었다. 다른 농장주들처럼, 트로이엔펠스 역시 의용군 전사들을 받아들여 그들에게 일자리와 음식을 제공했다. 일종의 회계 담당이 된 마르틴 보어만은 감독관 책상에 앉아 고향을 잃은 이 사람들을 관리했다. 그들이 모여 곧 국가사회주의 독일노동당을 만들었다.

엉망이 된 세상을 다시 정상화시키기 위해서는 강력한 인물 한 명이면 충분하다는 농장 주인의 생각이 권위에 복종하는 성향의 젊은 이 관리인의 마음에 들었다. 제국 대통령인 사회민주당의 프리드리히 에버트는 과거에 술집을 소유하고 있었다는 얘기가 들렸다. 수상인 필립 샤이데만은 "나약한 빨갱이 졸장부"처럼 보였다. 이들은 보어만에게 경외감을 불러일으킬 만한 인물들이 아니었다. 그는 강력한 국력을 자랑하던 제국에서 성장했다. 하지만 신생 공화국은 계속되는 위기를 간신히 넘기고 있었다. 보어만은 자신처럼 소시민 가정에서 태어난 사람들이 그들의 전 재산을 잃어버리는 과정을 지켜보았다. 그의 가족도 이런 상황에서 자유롭지 못했다. 그사이에 의붓아버지는 사망했고, 그가 유산으로 남겼던 금전상의 재산은 물가 상승으로 아무 쓸모도 없게 되었다. 어머니가 수령한 연금은 가계를 유지할 수도 없을 정도로 적었다.

질서가 붕괴된 시대에 사회적 안전망의 상실로 인해 방향 감각을 잃어버린 마르틴 보어만은 범죄자가 되었다. 그는 살인 사건에 연루되었다.

초등학교 교사인 발터 카도우가 농장에 있던 의용군으로부터 "볼셰비키 앞잡이"라는 의심을 받았다. 그를 처참하게 살해할, 그러니까 그의 머리를 무지막지하게 구타하고 거기에 권총 두 발을 발사할 근거는 충분했다. 살해에 필요한 권총은 보어만이 마련했다고 한다. 물론, 그 당시에 보어만이 범죄 행위에 가담했다는 사실은 증명할 수가 없었는데, 한 의용군이 그를 감싸주었기 때문이다. 그는 징역 1년형이라는 낮은 형량을 받았다.

이미 그때부터 그는 배후 조종자로서의 역할, 즉 다른 사람에게 일을 저지르게 하고 자신은 몸을 숨기는 그런 역할을 수행하고 있었다. 아무튼 그는 모반을 부추기고 순조롭게 일이 진행되도록 기술적인 수단을 마련해 주었다. 범행 뒤에 보어만과 일생 동안 관계를 맺었던 살인 공모자 중 한 사람이 나중에 아우슈비츠-비르케나우 집단 학살 수용소의 지휘관으로 일했던 루돌프 회쓰였다.

구금되었다가 풀려난 그는 좋은 일을 위해 희생한 애국자로 환영을 받았다. 농장 소유주는 그를 칭찬하면서 어깨를 두드려 주었다. 보어만이 범인 일당에게 범행 무기를 몰래 공급해 주었다고 하는 "루이젠호프"에서는 독일 소주와 맥주로 술잔치가 벌어졌다. 모두들 확신했다. 곧 일이 벌어질 것이다! 베를린으로의 행진, 공화국의 종말이 거의 임박한 것으로 보였다. 이런 분위기는 뮌헨에서 가장 강하게 느낄 수 있었다. 베를린 정부에 반대하는 것이라면 그곳 주 정부도 쿠데타에 참여할 것이라고들 했다. 펠트헤른할레로의 행진, 즉 히틀러의 반란은 실패했다. 보어만은 히틀러에 대한 재판 소식을 관심 있게 지켜봤지만, 개인적으로는 여전히 참여하지 않았다. 그가 보기에 남쪽의 국가사회주의자들은 지금까지 자신이 속했던 북쪽의 "독일민족자유당"과는 경쟁 관계에 있었다. 이제 국가사회주의 독일노동당의 활동은 금지되었고, 히틀러는 성에 구금 조치를 당했기 때문에, "민족주의자들"은 이런 상황을 자신들이 주도권을 잡을 수 있는 기회로 이용하려고 했다.

구금에서 풀려난 후에 보어만은 다시 헤르츠베르크 농장에 취직하려고 했지만, 그때는 자리가 없었다. 그는 야음을 틈타 농장에서 도망쳐야만 했다. 소문에 따르면, 25살의 농장 관리인인 그가 10살이나 많은 농장주의 부인 에렌가르트 폰 트로이엔펠스와 몰래 불륜 관계를 맺고 있었기 때문에 농장주가 그를 쫓아냈다는 것이다. 이런 소문을 뒷받침할 증거는 없다. 그러나 추측해 볼 수는 있을 것이다. 보어만은 돈 주앙 같은 사람이었다. 이제 그가 무엇을 할 수 있단 말인가? 그에게는 작은 규모의 농장이라도 구입할 수 있는 자금이 없었다. 그의 어머니도 그를 도울 형편은 아니었다. 마르틴 보어만은 어떻게 해야 할지 몰랐으며, 빈둥거리며 지내거나 선동가들과 깡패들로 구성된 극우 집단의 하나인 "프론트반 Frontbann"[히틀러의 봉기가 실패한 이후 활동이 금지된 극우 단체. 특히 돌격대 회원들을 주로 모집하는 조직으로, 1924년 4월 에른스트 룀이 설립하였음: 옮긴이]과 어울려 다녔다. 1926년, 그는 히틀러가 석방된 뒤에 극우파들의 힘겨루기에서 우위를 차지한 국가사회주의 독일노동당에 입당했다.

예전부터 한 사람에 의해 운영되고 있던 주간지 『국가사회주의자』에서 몇 푼 안 되는 봉급을 받으면서, 그는 신문사가 계속 운영될 수 있도록 도움을 주었다. 그는 경리이자 자동차 운전자로서 신문 판매를 담당했다. 그는 또한 연설가로서의 자신의 행운을 시험해 보았다. 국가사회주의 독일노동당은 원칙적으로 모든 연사에게 연설의 기회를 제공했다. 하지만 보어만에게는 대중의 마음을 사로잡았던 히틀러의 그런 재능이 없었다. 그는 연설가로서는 낙제였다. 사람들이 조금만 모여도 그를 당황하게 만들기에 충분했다. 그는 불안해져서 말을 더듬거리기 시작했고, 결국 문장 하나를 제대로 끝내지 못했다. 당시의 목격자들이 전하듯이, 보어만은 청중으로부터 야유를 받으면 화가 나서 얼굴이 붉어졌고, 더 이상 자신을 다스리질 못했다. 그가 단상에 올라설 때면 청중들은 이미

"혼외의 일탈 행동…"
결혼식 날 교회로 향하는 마르틴과 게르다 보어만. 결혼 입회인으로 같이한 히틀러

보어만에게 적대적인 사람은 국가에 적대적인 사람이다.

히틀러

당과 국가는 그들 외에 강력한 중앙 교회 권력이 부활하여 민족을 이끌고 돌보며 독자적인 노선을 취하는 것을 허용할 수 없다.

보어만

히틀러 자신은 종교계와 평화를 유지하는 데 매우 의욕적이었지만, "당내의 과격인사들" ― 히틀러는 이런 인사로 보어만과 괴벨스를 거명했다 ― 은 히틀러가 "종교 정책을 강력하게 펼치도록 계속 몰아붙였다."

폰 파펜

국가사회주의와 기독교는 양립할 수 없다.

보어만

웃음을 터뜨리기 시작했고, 결국 당에서는 그에게 연설하지 말 것을 지시했다. 마르틴 보어만은 피나는 노력에도 불구하고 여러 해 동안 청중 앞에서 자유로이 연설하는 데 성공해 본 적이 없었다. 문서 보관소에서는 보어만의 연설을 들을 수 있는 육성 자료를 찾을 수가 없다.

이런 불쾌한 경험들을 겪은 뒤에 그는 다른 자질, 즉 부지런함, 의지력, 빠른 이해력, 주저하지 않는 과감성 그리고 특히 적응력과 같은 자질을 통해서 사람들을 사로잡아야겠다는 생각을 확실하게 가지게 되었다. 게다가 그는 다른 사람의 비위를 맞추는 데 능숙했고, 교활했다. 이런 자질들은 그가 더 중요한 임무를 맡을 수 있는 간부가 될 수 있음을 증명해 주는 것이었다.

마르틴 보어만은 죽을 때까지 우상처럼 숭배했던 그 사람을 1926년 7월에 바이마르에서 열린 전당 대회에서 처음 만났다. 그 당시 찍은 한 장의 사진은 히틀러가 그의 메르세데스 콤프레서 차량에 서서 열병식을 거행하는 모습을 보여 주고 있다. 돌격대 제복을 입은 마르틴 보어만이 "총통"과 가까운 거리에 있는 것을 볼 수 있다. 2년 뒤에 그는 뮌헨에 있는 중앙당 사무실의 부름을 받았다. 그의 임무는 구제기금의 책임자로서 난투극과 시가전에서 부상을 입은 가난한 돌격대원들의 치료비를 지원하는 것이었다. 그는 짧은 시간 동안에 돌격대 깡패 집단의 재정 담당 전문가로 승진했다. 보어만은 곧 당내에서 재정 분야의 천재로 통하게 되었다. 자금 여유가 충분한 상황에서 당의 지도자에게 돈은 문제가 되지 않았다. 히틀러는 "예술가"로서 돈을 경멸하는 것처럼 행동했다. 그러나 수행원들과 함께 슈바벤 보헤미안의 방탕한 생활 방식을 유지하기 위해서라도 돈은 항상 필요했다. 보어만이 열심히 그리고 가차 없이 일을 처리한다는 것을 알았다면, 이 시기심 많은 패거리들은 히틀러가 매우 의욕적인 이 당원을 승진시킬 거라고 예측했을 것이다. "하지만 마르틴 보어만이 이렇게 출세하게 될지는 전혀 예상하지 못했다"라고 동부 점령 지역의 제국장관 알프레트 로젠베르크는 말했다. 여기서 히틀러의 과거 정치적 동지들은 거리나 장내에서의 소란스러운 난투극을 통해서가 아니라 수상청사에서 이루어낸 경력에 대해 놀랍게 생각하고 있음이 드러난다. 거만한 그들은 점점 커져 가는 구제기금의 관료적인 조직 체계를 가소롭게 보았다. 1932년 말, 보어만이 중앙 부서의 책임자로서 100명 규모의 부하 직원을 거느리고 있었을 때, 보어만을 비판하는 사람들은 바로 이런 점이 "총통"에게 매우 깊은 인상을 심어준다는 사실을 인식하지 못했다. 직무에 충실하지만 아래로는 잔인하고 위로는 헌신적인 이 젊은 관리자가 정치적인 역할을 하길 원한다고 암시하는 대목이 그 당시에는 전혀 없었다.

보어만은 이상주의와 이기주의가 뒤섞인 마음가짐으로 당에 봉사했다. 그는 정치적인 사건들에는 단지 목격자로만 관여했지 그 일에 직접 나서지는 않았다. 그는 갈색 셔츠를 입고 이를테면 돌격대 지도자나 대중 선동가로서 전선에서 투쟁하기를 바란다고 늘 말했지만, 실제로 그는 많은 금액의 돈을 관리하게 되면서 계속 불어나는 사무실 조직을 관리하는 데 매달렸다. 1932년에는 그 금액이 3백만 제국마르크 이상이었을 것이다. "나는 항상 그를 명령에 복종하고, 책임감과 전문적인 식견을 지닌 사람이라고 생각했다"고 외신 대변인 에른스트 한프슈텡글은 나치 투쟁 시기에 보어만의 활동에 대해 기술하고 있다. "그는 정치에는 관여하지 않았다. 그가 구제기금 운영을 정상화시켰을 때, 마침내 누군가가 이 돈을 잘 관리하고 있다고 생각하니 기뻤다. 이전에는 몇몇 사람들이 이 돈으로 자신의 주머니를 채웠는데, 괴링과 괴벨스도 그런 부류였다."

매사에 열심인 이 관리인은 또 다른 이유로 인해 히틀러의 호의를 얻게 되었다. 그는 국가사회주의 독일노동당의 초창기 동지였고, 히틀러가 당의 최고재판관으로 임명했던 사람의 딸인 게르다 부흐와 결혼했다. 뮌헨의 치르쿠스 크로네 건물에서 개최된 전당 대회에서, 당시 19살이었던 게르다의 시선은 갈색 유니폼을 입은 약간 땅딸막하지만 모든 면에서 이목을 끄는 당원을 향해 있었다. 이때부터 마르틴 보어만은 그녀의 삶에 강한 인상을 심어주었을 것이다. 그 부부는 모든 면에서 대조적이었다. 180cm의 키에 마르고 날씬한 허리를 가진 게르다에게 그녀가 선택한 사람이 자신보다 10cm나 작다는 사실은 전혀 문제가 되지 않았다. 그녀는 유치원 교사로 일했다. 다정다감한 이 소녀는 어린아이들 사이에서 가장 큰 행복을 느꼈다. 그녀는 결혼을 위해 주도적으로 나섰다. 치르쿠스 크로네의 행사가 끝난 뒤에 그녀는 이 젊은 남자를 집으로 한 번 초대하자고 아버지를 설득하는 데 성공했다. 하지만 마르틴 보어만은 결혼을 통해 자신의 인생에 변화를 주려고 생각하지 않았다. 그는 처음에는 양가 출신의 딸이 그에게 보여 주었던 호의를 전혀 알아채지 못했다. 그가 여성 편력이 심하다는 애기는 당 지도부에 널리 알려져 있었다. 이런 점이 신교도인 부흐 가족의 엄격한 원칙과 전혀 맞지 않았다. 그럼에도 불구하고 당의 재판관은 딸의 소원을 들어주었다. 부흐는 젊은 남자가 성숙하지 못하고 가끔 변덕스럽게 감정을 잘 폭발시킨다는 사실을 언젠가 그녀가 알게 된다면, 그녀의 감정이 저절로 사라질 것이라고 기대하고 있었다. 게르다는 외관만 마르틴 보어만과 대조적인 것이 아니었다. 수줍음이 많은 이 소녀는 그가 선택한 사람과는 전혀 다른 관심을 갖고 있었다. 그녀는 기타를 연주하고, 민요를 불렀으며, 책더미 속에 파묻혀 있는 것을 좋아했다.

처음에는 아버지의 계획이 성공하는 것처럼 보였다. 하지만 1929년 초에 야외로 소풍을 갔다온 뒤에 놀랍게도 보어만이 그녀에게 청혼을 했다. 이를 반겼던 부흐 부인은 장차 사위가 될 사람을 감싸주었다. 다가올 결혼식에 대해 "우리는 곧 마르틴이라는 사람을 우리 가족의 일원으로 맞이하게 될 것이다"라고 말하며 행복감을 표시했다. 아돌프 히틀러와 더불어 종교 개혁자 마르틴 루터가 그녀의 이상이었다. 하지만 사위가

될 이 사람은 나중에 교회에 광적으로 반대하는 사람으로서 본색을 드러
내게 된다.

히틀러와 헤쓰가 결혼 입회인으로 참석한 결혼식에 대해 "노전사들"
은 악의에 찬 말을 쏟아냈다. 게르다가 임신 중이었기 때문이다. 벼락출
세한 바이마르 출신의 이 친구가 결혼을 통해 "고위직에 오르기" 위한
기반을 다지려고 남을 쉽게 믿는 젊은 여인을 유혹했다는 얘기도 나왔
다. 실제로 부흐 가족과 관계를 맺음으로써 이 야심 찬 마르틴 보어만에
게 국가사회주의 독일노동당 내에서 출세할 수 있는 길이 더욱 많이 열
리게 되었다. 히틀러는 쿠데타를 일으키기 이전부터 이미 부흐 집안과
왕래가 있었고, 당의 재판관을 위해서 결혼식에도 참석했다. 부흐 가족
의 일원이 된 보어만은 "총통"에게 접근할 수 있는 기회도 가지게 되었
다. 그럼에도 불구하고, 그가 부드럽고 모든 점에서 매력적인 부인에게
무관심했던 것은 아니었다. 그 관계를 잘 알고 있는 사람에 따르면, 보어
만은 그의 부인을 매우 소중히 여겼고, 그의 방식대로 사랑했다고 한다.
더욱이 보어만은 결혼 생활에서 그녀가 원하는 남편의 역할에 전혀 문제
가 없도록 할 것이라고 다짐했으며, 그는 정말로 국가사회주의가 원하는
이상적인 여인을 자신의 아내로 얻었다고 확신했다. 결혼식에서 이미 그
녀는 ― 언젠가 그녀의 남편이 자랑했듯이 ― 어떤 변화에도 변하지 않
는 "골수 국가사회주의자"의 모습을 보여 주었다.

학생 시절부터 집에서 히틀러의 장황한 연설을 들어왔던 게르다는, 결
혼 적령기가 되었을 때, 독일 처녀로서 수행해야 할 역할들을 받아들여
철저하게 자신의 것으로 만들었다. 그 역할이란 남편의 반려자로서 그와
함께 동고동락하면서 충실하게 가정을 돌보고 화목한 가정이 되도록 노
력하는 부인이 되고, 많은 아이를 낳는 어머니가 되는 것이었다. 그것은
남편인 보어만의 생각과 맞았다. 가끔 그는 집에서 여자를 깔보는 사람
처럼 행동했다. 손으로 휘파람을 부는 것은 부인에게 서두르라고 독촉하

는 것이었다. 즉, 하던 일을 모두 중단하고 서둘러 그에게 와서 가능한 빨리 그의 지시를 받아가라는 뜻이었다. 슈페어의 말처럼, 남편이 주목할 만한 승진을 했음에도 불구하고, 게르다 보어만은 히틀러의 다른 충신들에게 "겸손하지만 무언가 위축되어 있는 가정주부"라는 인상을 주었다. 히틀러는 게르다 보어만에게 특별히 마음을 썼다. 매년 그는 그녀의 생일에 붉은 장미꽃 한 다발을 보냈다.

보어만은 아직 보잘것없는 직책을 맡고 있는 간부였다. 신뢰할 수 있는 무리에는 들어갔지만, 아직까지는 아이디어나 결정 사항에 대해 영향을 미칠 수 있는 위치는 아니었다. 그는 자신이 큰일을 할 적임자라고 생각하고 있던 소시민이었다. 히틀러는 때때로 대화중에 대충 던진 사소한 지시 사항을 맡길 수 있는 헌신적이고 자발적인 당원을 곁에 두는 것이 실용적이라고 생각했는데, 이 지시 사항들이 신속하고 믿을 수 있게 처리되어야 했기 때문이다. 하지만 그 이상은 아니었다. 보어만은 히틀러의 대화 상대가 아니었다. 그는 단지 집행인이였을 뿐이었다.

그를 반대하는 사람들조차도 보어만의 업무에 대한 대단한 열정은 항상 인정해 주었다. 관료적인 업무 방식에 능숙한 그는 거의 모든 일에서 자신의 상관과 보조를 맞추었다. 그는 히틀러가 가진 생각들을 자신의 것으로 만들 줄 알았고, 또한 자신의 의도에 맞게 해석해 넬 줄 알았다. 그는 이를 악물고 결연하게, 조용하지만 부단하게 자신 앞에 놓인 난관을 하나하나 헤쳐 나갔다. 알프레트 로젠베르크는 언젠가 마르틴 보어만이 자신의 승진을 도모하기 위해 사용했던 방법에 대해 기술한 적이 있었다. "내가 헤쓰를 만나러 갈 때면, 이따금 보어만이 그 자리에 있었는데, 나중에는 거의 매번 자리를 같이 했다. 요 몇 년간 나는 총통과 점심 식사를 같이 했는데, 나중에는 괴벨스 곁에 보어만도 규칙적으로 모습을 드러냈다. 헤쓰는 공공연히 총통의 심사를 건드렸고, 보어만은 필요한 질의와 지시 사항들을 처리했다. 이런 것에서부터 그가 '없어서는 안 될

“무엇보다도 없어서는 안 될 사람…”
오버잘츠베르크에서 히틀러, 보어만, 괴링 그리고 폰 쉬라흐(1936년)

나는 항상 그를 명령에 복종하고, 책임감과 전문적인 식견을 지닌 사람이라고 생각했다. 그는 정치에는 관여하지 않았다. 그가 구제기금 운영을 정상화시켰을 때, 마침내 누군가가 이 돈을 잘 관리하고 있다고 생각하니 기뻤다. 이전에는 몇몇 사람들이 이 돈으로 자신의 주머니를 채웠는데, 괴링과 괴벨스도 그런 부류였다.

에른스트 한프슈텡글, 전 국가사회주의 독일노동당 외신 대변인

보어만은 민족을 위해 적절하게 쓰일 사람이 아니다.

괴벨스

그는 헤쓰보다 더 지독한 사람이었다. 그는 당 지도부에 대해 고삐를 더욱 죄려고 했다.

루츠 슈베린 폰 크로지크 백작, 전 재무장관

보어만은 직접적으로 공격하지 않고, 사소한 사건들을 교묘하게 엮어서 간접적으로 공격했는데, 사소한 사건들이 모여 결국 큰 효과를 발휘했다.

슈페어, 1969년

존재'라는 인상을 심어주려는 작업이 시작되었다."

당의 고위 간부들 중에서 그를 밀어준 사람은 "총통"의 대리인인 루돌프 헤쓰뿐이었다. 뮌헨에 있는 당 중앙본부로 자리를 옮긴 지 겨우 5년밖에 지나지 않은 1933년 여름에 마르틴 보어만은 새로운 청사로 이사를 했다. 그는 구제기금 사무실에서 나와 루돌프 헤쓰의 사무실로 자리를 옮겼다. 이는 일반 직원 층에서 간부들이 있는 층으로 자리를 옮긴 것과 같은 가파른 신분 상승이었다. 그는 회계 관리자에서 비서실장으로 승진했다. 보어만이 헤쓰의 사무실을 맡았을 때, 이미 히틀러는 그의 권력을 확고히 다지고 있었으며, 새로 권력을 쥐게 된 지도층 인사들은 그들이 가진 큰 파이를 서로 나눠 영향력을 행사하고 있었다. 마르틴 보어만에게는 아무것도 남아 있지 않았다. 그에게 부여되었던 거창한 직위가 훌륭한 평판을 가져다주었지만, 실제로 이 직위가 중요한 자리는 아니었다. 우선, 그가 맡게 될 참모라는 직제가 만들어져야 했다. 히틀러는 의도적으로 헤쓰와 보어만이 맡게 될 새 직위의 과제와 결정 권한을 확정하지 않았다. 히틀러는 휘하의 충복들이 권력과 영향력을 놓고 서로 다투는 것을 즐겼다. 이를 통해 그의 절대적인 "총통"의 위치가 다시금 확고해졌다. 예나 지금이나 헤쓰는 당수가 의도적으로 계획했던 관할권 다툼이라는 게임에서 자신의 세력권을 얻어낸 적이 없었다. 사실 헤쓰는 "노전사"이기는 했지만, "총통"의 말을 고분고분 따르는 하수인은 더 이상 아니었다. 그렇기 때문에 총통이 헤쓰와 보어만에게 부여한 임무도 전혀 중요한 것이 아니었다. 그들은 점점 확대되고 있던 당 조직 내에서 개별 부서들 간의 협력 관계를 개선하는 임무를 부여 받았다.

또 하나의 임무는 솔직히 보잘것없어 보였다. 하지만 그 임무가 나중에 보어만이 막강한 자리를 차지하도록 만들어 주었으며, 보기와는 달리 결코 하찮은 임무가 아니었다. 국가 기관들이 새로 조직되고 점차 당원들로 채워지는 동안에, 헤쓰는 새로 임명된 관리들 간에 정보 교환이 순조롭게 이루어지도록 관리하는 일을 맡았다. 헤쓰와 보어만은 그들의 직권을 이용해서 예상되는 관할권 다툼을 사전에 예방해야 했다. 이 임무를 수행하면서 얻는 것이라고는 해당 기관들의 분노에 찬 원성이 대부분이어서, 헤쓰는 가끔 자기가 "움직이는 통곡의 벽" 처지가 되어버렸다고 불평을 하기도 했다. 이 업무 영역에서 영향력을 행사하고, 이 자리가 당 기관들에 우편물이나 분배하는 자리로 전락하는 것을 막으려는 사람은 교활하고, 실용적이고, 파렴치해야만 했다. 결국 이 자리를 히틀러가 마련한 무대 위에서 보잘것없는 세트 장식 이상의 역할을 하게 만든 것은 오로지 비서실장인 보어만의 업적이었다. 마르틴 보어만은 각 기관의 권한이 불확실하다는 점이 바로 그가 무슨 일에나 개입하는 것을 가능하게 만든다는 사실을 금방 알아챘다. 중재자로서 그는 권한을 다투는 당사자들로부터 정보를 얻게 되었고, 심지어 그들의 아첨을 받기도 했으며, 정적들의 책략을 간파하고 그들의 취약점을 알아보게 되었다. 그리고 이 정보의 문을 관리하는 사람이 무엇을 받아들이고 무엇을 거부해야 하는지를 결정할 수 있었다.

당의 통합을 확고히 한다는 구실로 마르틴 보어만은 정보를 제공하지 않으려는 간부들의 재량권을 차근차근 제한해 나갔다. 당시 이러한 권력 이동이 무분별하게 강행되고 있다는 생각에 격분하고 있던 국가사회주의 독일노동당의 회계 책임자 프란츠 크사버 슈바르츠는 "보어만은 최악의 이기주의자이자 당의 적이며, 그는 심지어 옛 동지들까지도 숙청할 것"이라고 판단했다.

마르틴 보어만은 히틀러의 "권력 장악" 이후에 "노전사들"이 벌인 바 있던 권력 투쟁이라는 시궁창에 발을 담근 "두 번째 세대"였다. 그는 감정이라고는 느낄 수 없는 권력 지향의 책략꾼이었고, 이념적인 것에 무관심한 냉정한 계산가였다. 괴벨스는 "보어만은 민족을 위해 적절하게 쓰일 사람이 아니다"라고 히틀러의 옛 추종자들을 진정시켰다. "그는 항상 행정 업무에만 관여했기 때문에 실제 지도 임무에 대해서는 적합한 능력을 갖추고 있지 않다." 하지만 그것은 잘못된 평가였다. 마르틴 보어만의 영향력이 지속적으로 확대되었기 때문이다. 이제 권력 장악의 시기는 지났고, 히틀러 정권의 상승 국면은 마무리되었다. 이제 히틀러는 "현 상황을 관리"할 수 있는 사람을 필요로 했다. 그 관리인이 그였고, 그는 언제나 관리인으로 남아 있었다.

마르틴 보어만은 그의 주인에게 순종하며 헌신적으로 업무를 도왔다. 그는 언제나 독재자의 성가신 과제를 덜어주는 데 신경을 썼다. 그는 베를린의 제국수상청사에 자신의 조그마한 사무실을 얻었다. 이제 그는 목표에 도달했다. 그는 "총통"과 아주 가까운 곳으로 자리를 옮겼다. 이는 그가 총통에게 없어서는 안 될 존재가 되도록 하는 기회를 제공했고, 그는 철저하게 이 기회를 이용했다. 그는 밤낮으로 히틀러를 위해 대기하고 있었다. 그는 불가능한 임무조차도 전력을 다해 처리할 준비를 언제나 하고 있었다. 그는 메모지와 연필을 휴대하고 다니면서 끊임없이 기록을 했다. "총통"의 아주 사소한 발언들도 그에게는 충분히 확인해야 할 중요한 것들이었다. 시간이 지날수록 보어만의 이런 메모 노트들이 산더미처럼 쌓여 갔다. 마침내 그는 "총통"의 발언들만으로도 자신의 서류함을 채울 수 있었다. 언젠가 발두어 폰 쉬라흐가 보어만에게 메모하는 의도가 무엇인지 물어보았을 때, 그 부지런한 조력자는 "총통"께서 의도하신 바를 언제나 따르기 위해서라고 대답했다. "총통이 이날 그와 같은 의견을 밝혔다는 것을 알게 되면, 그 다음에 우리는 총통의 의중을 올바르게 파악할 수 있습니다." 보어만은 그가 기록한 메모들을 통해 차츰 독자적인 재량권을 가지게 되었는데, 그 재량권은 계속 그 범위를 넓혀 갔다. 물론 히틀러의 진술들은 종종 모순되기도 했다. 표제어 순서에 따라 메모들을 정리한 보어만은 필요에 따라 지금 상황에 맞는 "총통"의 발언을 카드 목록에서 뽑아낼 수 있었다. 그리고 그는 이를 통해 자잘한

뉘른베르크 전당 대회에 참석한 보어만, 헤쓰, 히틀러와 독일노동전선 지도자 라이(1열 좌측부터, 1935년)

내가 보기에 보어만은 히틀러의 "사악한 정신" 이었다.

쉬라흐

내가 헤쓰를 만나러 갈 때면, 이따금 보어만이 그 자리에 있었는데, 나중에는 거의 매번 자리를 같이 했다. 헤쓰는 공공연히 총통의 심사를 건드렸고, 보어만은 필요한 질의와 지시 사항들을 처리했다. 이런 것에서부터 그가 '없어서는 안 될 존재' 라는 인상을 심어주려는 작업이 시작되었다.

알프레트 로젠베르크, 동부점령지역 제국장관

보어만은 위선자였다. 그가 헤쓰의 비서실장으로 일하던 초창기를 관찰해 볼 때, 그는 줄담배를 피웠고, 아주 독한 술을 마셨다.

쉬라흐

음모들을 진행시키거나 마음먹은 대로 일을 진척시킬 수 있었다. 당원들이 제기한 일련의 비판들은 오히려 반발에 부딪혔다. 왜냐하면 그가 이러한 경우를 대비해서 적당한 "총통"의 말을 준비해 두고 있었기 때문이다.

식사 중에 히틀러가 느닷없이 내뱉은 말들이 보어만에게는 충분히 중요해서, 때때로 말도 안 될 정도의 엄청난 에너지를 투자하여 히틀러가 요청한 정보를 제공해 주기도 했다. 그런 경우에 "비서"는 어쩔 수 없이 그의 직원들을 한밤중에 불러내어 그가 만족할 때까지 조사하게 만들었다. 필요하다면 열차 시간표도 무효로 만들었다. 힌덴부르크 전 대통령의 주치의인 페르디난트 자우어브루흐를 가능한 빨리 바이로이트로 불러오기 위하여 그는 다른 열차 노선을 우회하도록 만들었다. 그곳에서 총통이 그를 기다리고 있었는데, 히틀러는 언제쯤 중병에 걸린 제국 대통령이 죽음을 맞이하게 될지 알고 싶었던 것이다.

시간이 지나면서 보어만은 히틀러의 재정 문제도 모두 관리하게 되었다. 그리고 "총통"의 요청에 따라 그의 사생활에도 관여하게 되었다. 브라우나우에 있는 히틀러의 생가와 레온딩에 있는 그의 부모 가옥뿐만 아니라 오버잘츠베르크에 있는 건물 및 대지 전부를 보어만은 자신의 명의로 바꾸도록 했다.

배후에서 돈을 관리하는 사람이 권력을 소유한 사람이다. 그 점은 독일 최고 권력자의 새 재무 관리인에게 금방 분명해졌다. 볼렌과 할바흐의 콘체른 소유주인 구스타프 크룹의 발의로 "독일 경제 아돌프 히틀러 기부금"이 조성되었고, 히틀러는 용도를 밝힐 필요 없이 단번에 1억 제국마르크에 달하는 돈을 마음대로 사용할 수 있었다. "독일제국산업협회"는 이런 상당한 금액의 선물을 제공함으로써 신임 제국수상에게 국가사회주의 독일노동당이 계속해서 기부금을 받고자 한다면 경제 단체에 호의를 베풀어야 한다는 암시를 주려고 했다. 히틀러는 이런 엄청난 금액의 돈을 관리하기 위해 비공식 사무실을 운영했는데, 이로써 "겸손한 총통"이라는 명성은 손상 받지 않게 되었다. 이 "사심 없는 예술가"는 공식적으로는 돈과 관계가 없었다. 1933년부터 1945년까지 그의 예금 계좌로 적어도 3억 5백만 제국마르크가 흘러들어갔다. 권력을 탈취한 후에 히틀러는 부유한 사람이 되었다. 최고 권력자의 비서로서 원래 기부기금 관리를 맡을 예정이었던 헤쓰는 그렇게 많은 금액을 다룸에 있어 세상 물정에 어두운 사람임을 드러냈다. 다행스럽게도 그는 이미 금전 관리자로서의 능력을 입증해 보였던 비서실장 마르틴 보어만에게 전적으로 의지할 수 있었다. 그 자리는 이 비서에게 가장 어울리는 자리였다.

아무도 막대한 금액의 "아돌프 히틀러 기부금"이 어디로 흘러 나가는지 통제하지 못했다. "히틀러가 모종의 일을 하기 위해 돈이 필요하면, 비록 그것이 에바 브라운에게 줄 선물을 마련하는 데 드는 돈일지라도, 보어만은 돈을 지불했다"고 쉬라흐는 전하고 있다. 마르틴 보어만이 수백만 제국마르크의 돈을 어떤 식으로 자기 마음대로 사용했는지 잘 보여주는 사건이 모두가 세계 평화에 대해 우려하고 있던 1938년 9월 15일에 벌어졌다. "대독일제국"의 수상인 히틀러는 주데텐 지역에 대한 소유권을 세상에 주장하면서, 이를 통해 "어쨌든" 체코슬로바키아로부터 그 지역을 탈취하겠다고 협박했다. 영국 수상 네빌 체임벌린은 남자 대 남자의 대화를 통해서 임박한 전쟁을 피할 수 있다는 희망을 가지고 오버잘츠베르크로 서둘러 갔다. 히틀러와 보어만이 더 재미있는 일들에 열중해 있을 때, 체임벌린은 비행기 편으로 귀국하는 중이었다. 두 남자는 이날 오후에 마르틴 보어만이 "총통"을 위해 마련한 3천만 제국마르크짜리 뒤늦은 생일 선물을 둘러보며 즐거워하고 있었다. 생일 선물은 오버잘츠베르크에 있는 산 정상의 바위를 깎아 만든 켈슈타인하우스Kehlstein-Haus[1939년 히틀러의 50번째 생일을 축하하기 위하여 1834미터의 켈슈타인 산 정상 부근에 세운 별장: 옮긴이]였다. 히틀러와 보어만은 승강기를 타고 1분 만에 130미터 높이에 위치한, 소위 티하우스라고 불린 건물의 입구까지 올라갔다. 당연히 독일 신문들은 이런 도에 넘치는 선물에 대해 보도해서는 안 되었다.

"독일산업기부기금"은 독재자를 재정적으로 더 많이 뒷받침해 주었다. 알트아우스 호숫가에는 히틀러의 중앙 금고가 있었다. 전쟁이 끝날 무렵, 이곳에 위치한 암염 광산에는 가치를 매길 수 없는 값비싼 예술품들이 보관되어 있었다. 유럽의 유명한 박물관에서 가져온 대작들이 이 황량한 광산 갱도로 모아졌다. 미켈란젤로의 마돈나, 세계적으로 널리 알려진 겐트의 제단, 티치아노와 반다이크의 작품들이 그것이었다. "총통"의 경리인 마르틴 보어만이 모든 비용을 지불했다. 이 작품들은 히틀러의 옛 고향인 린츠를 문화의 중심 도시인 빈과 경쟁하도록 만들기 위해 수집한 것들이었다. "총통"은 어마어마하게 큰 규모의 박물관 전시실을 만들 계획이었다. 린츠는 히틀러의 개인적인 보물 창고가 될 예정이었다.

여러 해 전부터 마르틴 보어만은 히틀러의 개인 참모가 되었지만, 주도적인 사람들이 받는 주목을 전혀 받지 않았다. 괴벨스와 가까운 한 조력자는 일기장에 "보어만이라는 모 당원"이라는 표현을 썼다. 보어만을 "총통"의 전체 추종자들 중에서 최고의 위치로 오르게 만든 전혀 예기치 못한 사건이 발생하지 않았더라면, 히틀러 곁에서 그의 명성을 높이기 위해 엄청난 노력을 쏟아 붓고 도를 넘은 공명심을 부린다고 해도, 보어만의 위치가 결코 그렇게 많은 권력이 주어지는 자리가 되지는 않았을 것이다.

"제3제국"의 공복들에게 전쟁에서의 승리가 거의 손에 거머쥔 듯 보였던 1941년 봄에, 가장 헌신적인 국가사회주의자들에게조차도 깊은 충격으로 다가왔던 사건이 발생했다. 1941년 5월 11일 10시 경에 루돌프 헤쓰의 부관 두 명이 독재자가 묵고 있는 오버잘츠베르크의 대기실로 허둥지둥 달려와서는 즉시 히틀러를 만날 수 있게 해달라고 간청했다. 그들은 "총통"에게 전하는 상관의 편지를 갖고 있었는데, 거기에는 믿기지 않는 내용이 들어 있었다. 그 두 명의 부관을 앞서 들어가게 했던 알베르트 슈페어는 히틀러의 집무실 문 앞에 서 있었다. 그때 그는 문 너머에서 급작스럽게 들려오는 신경질적인 절규 소리를 들었다. 완전히 이성을 잃어버린 히틀러는 그의 측근을 불렀다. "보어만을 즉시 불러들여! 보어만은 어디에 있는 거야?" 이렇게 감정이 격하게 폭발한 이유는 루돌프 헤쓰의 편지 때문이었다. 그 편지에는 헤스 자신이 직접 협상을 벌여 영국과의 전쟁을 끝내겠다는 이해할 수 없는 목적을 갖고서 몇 시간 전에 직접 비행기를 몰고 영국으로 날아갔다는 내용이 들어 있었다. 몇 분 뒤에 보어만은 비행기를 타고 사라져버린 자신의 상관을 반역자라며 욕설을 퍼부었다. 그는 이전부터 헤쓰와 그의 "총통"에 대한 충성심을 신뢰하지 않았다. 마르틴 보어만은 헤쓰의 비서실장으로서 이 스캔들에 자신도 연루될 수 있다며 불안해했다. 왜냐하면 정적政敵인 "친구들"이 바로 그에게 물어 보았기 때문이다. 대리인의 대리인인 그는 헤쓰의 영국 비행에 대해서 무엇을 알고 있었는가?

하지만 보어만 역시 헤쓰의 영국으로의 비행에 대해 매우 놀라워했다. 얼마 지나지 않아 처음 가졌던 불안감은 만족과 기쁨의 감정으로 변했다. 마르틴 보어만은 지금 이 순간이 자신에게 중요한 기회라는 것을 예감했다. 그의 무죄가 입증되고 헤쓰가 히틀러의 총애를 잃어버렸을 때, 보어만은 "총통"이 헤쓰의 후임자로 자신을 추천하도록 만들기 위해 모든 조치를 취했다. 그는 매우 이해타산적인 사람이어서 루돌프와 일제 헤쓰의 이름을 따서 붙인 자기 아이들의 이름을 헤르베르트와 아이케로 즉시 바꾸어 버렸다. 베르크호프로 소환된 제국 지도자들과 대관구 관구장들은 이틀 뒤에 새로운 시대가 시작되었다는 사실을 알게 되었다. 그들은 기다리고 있던 마르틴 보어만에게 질문을 퍼부었다. 그러나 비서는 끝까지 침묵으로 일관했고, 그들의 호기심을 충족시켜 줄 시간을 좀처럼 낼 수 없다는 듯이 바쁜 모습을 보여 주었다. 보어만은 도착과 동시에 히틀러에게 쇄도해 들어간 괴링을 제지할 수 없었는데, 괴링은 "총통"에게 누구를 후임자로 정하려고 하는지 질문했다. 그는 당내에서 거의 모든 사람들의 증오의 대상인 보어만을 경계하도록 집요하게 주의를 환기시켰다. 히틀러는 어떠한 경우에도 보어만이 당에서 자신의 대리인이 되지는 않을 거라고 "제3제국"의 "2인자"를 진정시켰다. 신문에 헤쓰의 영국으로의 비행에 대한 보도가 있었던 그날, 독재자는 간략한 메모 내용을 발표하도록 했다. "총통의 대리인이 지금까지 이끌던 기관은 이제부터 당 사무국이라는 이름으로 운영된다. 이 사무실은 내 직속 기관이 될 것이다. 지금처럼, 이 사무국의 책임자는 제국 관리자 동지 마르틴 보어만이다. 서명 아돌프 히틀러."

보어만은 헤쓰와 동일한 권한을 갖게 되었다. 그에게 없었던 것이라고는 "총통의 대리인"이라는 칭호뿐이었다. 그러나 보어만은 훈장에 관심이 없었던 것처럼, 칭호에도 관심이 없었다. 그는 언제나 그런 권력의 상징들을 대수롭지 않은 것으로 평가절하했다. 그에게 그런 상징들은 외관에 너무나 많은 의미를 부여하는 공허한 갈망을 표현하는 것에 불과했다. 객관적이고 냉정한 계산가인 그에게는 오로지 권력 그 자체만이 중요했다. 그렇기 때문에 새 직무는 정확히 그의 성격에 맞게끔 개편되었다. 보어만은 품위 있고 훌륭한 임무 같은 것에는 관심이 없었다. 그는 언제나 하나의 사무실을 이끌고 싶어 했을 뿐이었다.

파장이 컸던 오버잘츠베르크에서의 회동에 참석했던 사람들에게 얼마 지나지 않아서 "친전"과 "비밀 엄수"로 분류된 회람이 도착했다. 마르틴 보어만이 발송인으로 되어 있었다. 이 교활한 전술가는 분명히 히틀러가 지지해 줄 것이라고 확신하고 있었다. 편지에서 보어만은 대관구 관구장들에게 자신은 언제나 "총통"을 보좌할 것이며, 각기 다른 사령부에서 "진행되고 있는 중요한 모든 사안들을" 히틀러에게 보고할 수 있는 유일한 위치에 있는 사람이라고 설명했다. 야심에 찬 이 관리는 "말[馬]처럼 일을 해왔다. 아니 말 이상으로 일을 해왔다. 왜냐하면 말은 일요일과 밤에는 휴식을 취하기 때문이다. 하지만 나는 종종 쉬는 것을 포기해야만 했다"고 강조하며 편지를 끝맺었다.

그의 반대자와 경쟁자들은 자신들이 마르틴 보어만을 너무 오랫동안 과소평가하고 있었다는 사실을 점차 깨닫게 되었다. 왜냐하면 "제3제국"의 권력은 자신의 권한을 공개적으로 자랑하는 것에 중요한 의미를 두지 않는 사람에 의해 행사되고 있었고, "총통"과 밀접한 관계에 있는 모든 추종자들 가운데 마르틴 보어만이 유일하게 이 불문율인 권력을 이해하는 것처럼 보였기 때문이다. 그런 식으로 그는 국가사회주의 독일노동당 지도부 내에서 "막후 실력자"가 되었다. 그는 배후에서 노련하게 처신했다. 그는 일련의 히틀러 추종자들이 계획하는 공격이나 음모에 거의 노출되지 않았다. 다른 측근들은 서로 공공연한 적수가 되어 싸웠다. 둘 혹은 그 이상의 측근들 사이에 맺은 동맹은 기껏해야 한시적인 것에 불과했다. 이런 동맹은 대부분의 경우 자신들의 위치를 강화시키는 것이 중요했기 때문에, 그들은 동맹을 통해 서로를 견제했다. 이와는 달리 지금까지 어느 누구도 마르틴 보어만의 음모를 감지하지 못했기 때문에 이를 제지하지 못했다. 이 음모는 그에게 해가 되는 것이 아니라, 그를 더 막강하게 만들어 주었다.

부인에게 보낸 한 편지에서 그는 자신이 어떤 입장을 취했는지 상세히 설명했다. 편지에 따르면, 그는 당의 다른 거물들이 선호하는 것과는 달리, 어떤 형태로든 간에 공개석상에 모습을 드러내는 것을 "의식적으로 피했다." 그리고 당의 다른 거물들의 호소가 언제나 직접 독일 민족을 향한 것이었던 반면에, 그의 지시 사항들은 당 수뇌부를 향한 것이었다. 그는 부인에게 "나는 더 많은 것을 겨냥했고, 더 많은 것을 주시했다"고 자랑스럽게 적었다. 이제 새로운 "당 사무국"이라는 이름 뒤에 숨어 남들

당신에게는 국가사회주의자의 피가 흐르고 있소. 당신은 말하자면 철저한 국가사회주의자의 자식이오.

1944년 보어만이 그의 부인 게르다 보어만에게 보낸 편지에서

나는 총통께서 당신 없이 일을 마무리 짓는다는 것을 상상할 수 없습니다.

게르다 보어만이 그녀의 남편에게 보낸 편지에서

마르틴 보어만은 무서운 사람이다. 나는 그가 권력의 정점에서 숨 막히는 상황을 견뎌내지 못했기 때문에 미쳐버렸다고 생각한다.

그의 사위에 대해 발터 부흐가

이 전쟁이 끝난 후에 건강하고 자질이 뛰어난 남자들이 두 명의 부인을 소유하는 권리를 인정하는 법이 제정된다면 좋을 겁니다. 그러면 당신이 필요로 하는 여자 한 명을 언제나 곁에 둘 수 있을 테지요.

게르다 보어만, 그의 남편에게 보낸 편지에서(1944)

보어만은 영화배우인 그의 연인을 오버잘츠베르크에 있는 자신의 집으로 초대했다. 그녀는 그의 가족과 함께 그곳에서 며칠을 보냈다.

슈페어, 1969년

당신은 한 해에는 만야가 아이를 갖고, 다음해에는 내가 아이를 갖도록 신경을 써야 합니다.

게르다 보어만, 그녀의 남편에게 보낸 편지에서(1944)

이 눈치 채지 못하게 히틀러에 이어 2인자가 되려고 전력을 기울인 간부가 있었다. 그는 히틀러를 위해 더 의욕적으로 일했으며, 그의 선임자보다 더 열심히 일했다. 그는 목표를 달성했다. 헤쓰가 영국으로 날아간 지 1년 뒤에 그는 공식적으로 "총통의 비서"로 임명되었다.

마르틴 보어만은 그사이에 히틀러가 정부 부처와 당 부서들이 서로 견제하도록 유도해서 어떤 기관도 너무 강해지지 않도록 만든다는 것을 알게 되었다. 만약 당 사무국에 모든 정부 부처를 감시할 수 있는 당의 감독 기관을 만든다면, 그는 좀 더 효과적으로 이 게임에 참여할 수 있다는 것을 깨달았다. 당연히 그는 이러한 계획을 비밀로 했다. 그가 짧은 시일 내에 주도면밀한 계획에 따라서 모든 요직을 자신의 사람들로 채웠다는 사실은 아무도 눈치 채지 못했다. 이들은 공적인 업적이 있거나 개인의 능력이 뛰어나서 발탁된 것이 아니라, 보어만이 뒤를 봐준 사람들이었다. 그에 대한 "감사의 표시"로 그들은 그가 의도한 대로 움직였다.

"총통" 외에는 당 조직도 그리고 마르틴 보어만도 독자적으로 행동할 수 있는 권리가 없었다. 히틀러의 지시만이 구속력이 있었다. 보다 좁은 범위의 추종자들에게 있어, 그들의 권력의 크기를 결정짓는 가장 중요한 요소는 히틀러와 맺고 있는 사적인 관계의 속성과 그 심도였다. 그때 마르틴 보어만은 매우 유리한 카드를 손에 쥐고 있었다. 왜냐하면 그의 장점은 한 발 앞서 상관의 의중을 파악하고, 종종 부정확한 히틀러의 발언을 적절하게 해석하는 능력에 있었기 때문이다. 곧 그는 권력을 추구함에 있어 더 이상 아무런 제한도 받지 않게 되었다. 그러는 사이에 그는 힘도 들이지 않고 괴링, 리벤트로프와 경쟁 관계를 형성하기 시작했고, 심지어 괴벨스와도 그랬으며, 마침내는 히믈러와 각축을 벌이게 되었다. 이들은 그와 경쟁 관계를 형성하기 이전부터 오랫동안 히틀러의 가장 가까운 조력자였던 가신들이었다.

히틀러는 자신의 가까운 측근들이 제기하는 경고들을 "나는 보어만이 잔인하다는 것을 알고 있다"며 계속해서 묵살했다. "하지만 그가 일을 처리하는 방식은 흠잡을 데가 없으며, 나는 내 명령이 보어만에 의해서 즉각적으로 그리고 모든 난관을 헤치고 수행되고 있음을 무조건적으로 그리고 절대적으로 신뢰할 수 있다. 보어만이 올리는 상신 서류들은 내가 '예'나 '아니오'로만 답하면 될 정도로 꼼꼼하게 작성되어 있다. 나는 그와 함께 10분 만에 산더미 같이 쌓인 서류들을 처리했는데, 아마 다른 사람과 일했으면 몇 시간이 걸렸을지도 모른다. 내가 그에게 반년 내에 일어난 이러저러한 건에 대해 상기시켜 줄 것을 요구하고 나면, 나는 그 일이 실제로 이루어지고 있다는 것을 확신하게 된다."

마음에서 우러나오는 그와 같은 복종심을 유지하기 위해서는 많은 에너지가 소요된다. "계속 책상에 앉아 있다 보니 등에 극심한 통증이 야기되었다"고 보어만은 부인에게 보내는 편지에서 하소연을 했다. "그리고 하루에 16시간을 일하고 나면 밤에는 끊임없이 이명 현상이 나타났다." "스트레스"라는 말이 당시에는 일반적으로 통용되던 말이 아니었다.

1941년 6월 첫 주에는 소련에 대한 기습 공격을 계획하면서 히틀러의 신경이 극도로 곤두섰다. 곧 그는 늑대성채의 철조망 울타리 뒤로 몸을 숨긴 채 당의 거의 모든 거물들과 접촉을 끊었는데, 마르틴 보어만은 예외였다. 하지만 오전에 열린 일일 전황 보고만은 비서가 문 앞에서 대기하고 있어야 했다. 장군들은 보어만이 전황 보고에 참석하는 것을 좋게 생각하지 않았다. 이 시간에 비서는 산더미처럼 쌓인 서류 작업에 몰두했다. 그리고 얼마 지나지 않아 그는 다시 "총통"과 점심식사를 같이 해야 했다. 그의 지정석은 히틀러와 대각선 방향에 있는 카이텔 원수의 옆자리였다.

히틀러가 짧은 기간 동안 사령부를 우크라이나로 두 차례 옮겼을 때, 마르틴 보어만은 비로소 동부전선 지역의 점령지를 보게 되었다. 하지만 보어만에게 거의 끝이 보이지 않는 삼림지, 습지, 지평선까지 뻗은 흑토

경작지는 단지 지도상의 표시에 불과했다. 그는 그것에 대해서는 관심이
없었다.

두꺼운 벽에 인공 환기 시설을 갖춘, 창문도 없는 벙커 안에 배치된 사
무용 책상들이 관리 보어만의 세상이었다. 그는 베를린, 뮌헨, 오버잘츠
베르크로의 일상적인 여행과 때때로 공적 임무를 위해서 잠시 들르는 여
행을 제외하고는 좀처럼 이 격리된 공간을 떠나지 않았다. 그러나 히틀
러가 오버잘츠베르크로 돌아오면, 보어만은 종종 한두 달 동안 산간 지
방으로 "총통"을 수행해 떠나야 했다.

오늘날까지도 오버잘츠베르크 주민들은 보어만의 무분별한 건축열에
대해 분개하고 있다. 오버바이에른에서 가장 아름다운 지역을 파괴한 행
위는 이 비서가 저지른 범죄 목록 중의 하나이다. 히틀러는 오버잘츠베
르크의 목가적 풍경을 새롭게 조성하는 작업을 전적으로 보어만의 손에
맡겼다. 그렇기 때문에 비서는 "오버잘츠베르크의 하느님"이 요청한 것
을 서둘러 진척시켰다. 보어만은 토지 보상비를 후하게 쳐주었지만, 그
것은 그에게 많은 돈도 아니었다. 보어만의 업무 태도와 상관의 의중을
한 발 앞서 파악하는 능력을 잘 보여 주는 사건이 1938년 7월에 있었다.
광활한 지역을 둘러보고 있을 때, 히틀러는 오버잘츠베르크 기슭에 있는
작은 농가가 훌륭한 풍경을 방해하고 있다며 불쾌해했다. 그러고 나서
그는 하루 일정으로 뮌헨으로 갔다. 그사이에 보어만은 그 농가 주인에
게 수표로 값을 치르고는, 즉시 집을 떠나라고 요구했다. 히틀러의 뜻대
로 일이 이루어졌다. 보어만은 즉시 건설 노동자와 불도저를 불러왔다.
다음 날 히틀러가 광활한 푸른 초원을 방해받지 않고 훑어볼 수 있도록
하기 위해서는 일분일초도 낭비할 수 없었다. 그것도 히틀러가 원하는
그대로 이루어져야 했다. 보어만의 "총통"에 대한 아첨은 끝이 없었다.
언젠가 한 번은 오버잘츠베르크에서 히틀러가 바라는 것을 그의 눈빛만
보고도 알아챈 적이 있었다. "총통"이 베르크호프 앞에서 열광하는 국가

사회주의자들과 악수를 하면서 서 있을 때면 눈부신 정오의 햇볕 아래 노출되곤 했는데, 보어만은 이를 방지하기 위해서 그의 측근에게 다 자란 나무 한 그루를 옮겨와 집 앞에 심도록 지시했다. 그 이후로 히틀러는 그늘 아래서 편하게 서 있게 되었다. 오버잘츠베르크의 직원들은 보어만을 빈정대듯 "나폴레옹"이라고 불렀다. 왜냐하면 그가 우파(Universum Film AG) 영화사가 제작한 〈나폴레옹이 모든 일에 책임이 있다〉라는 인기 영화의 주인공과 놀라울 정도로 닮았기 때문이었다.

드디어 마르틴 보어만도 오버잘츠베르크에 거주지를 갖게 되었는데, 대가족인 그의 식구들에게 충분한 공간을 제공해 줄 만큼 넓은 집이었다. 아이들의 수가 늘고 있었기 때문에 방이 많은 큰 집이어야 했다. 그 사이에 그는 여섯 아이의 아버지가 되어 있었다. 고상한 실내 인테리어에 드는 비용은 집주인에게 문제가 되지 않았다. 그것은 그가 자신에게 준 선물이었다. 발생한 비용은 "독일산업기부기금"에서 충당하였다. 이때부터 보어만 가족은 원래 살던 뮌헨 근교의 풀라흐에서 오버잘츠베르크로 주기적으로 거주지를 옮겼다. 이때에도 부인 게르다에게는 전혀 의견을 묻지 않았다. 거주지를 옮길 적절한 시점을 정해 주는 것은 남편의 몫이었기 때문에, 그녀는 그에 따라야만 했다. 마르틴 보어만은 "총통"의 의지에 맞추어 자신이 머물 장소를 정했다. 총통이 베르크호프에 머물고 있을 때에는, 보어만의 가족 전부도 그에 따라 오버잘츠베르크로 거처를 옮겼다.

마르틴 보어만은 오버잘츠베르크에서 매일의 일과를 어떤 식으로 처리하는지 보여줌으로써 자신의 조직 능력을 증명해 보였다. 야행성 인간인 히틀러가 잠을 자고 있는 동안에 이 비서는 하루 일과를 처리했고, 건설 작업에 신경을 썼으며, 당 사무국을 관리했다. "총통"이 충분히 숙면을 취한 후인 정오쯤에 이 조력자는 보고를 하기 위해 나타났다. 물론 그는 업무를 시작하기 위해서 "총통"을 꾀어내야 했다. 보어만은 이를 위해 속임수를 동원했다. 오버잘츠베르크의 건축 공사가 성공적으로 진행 중이라는 보고는 히틀러의 기분을 편안하게 해주었고, 게으른 독재자가 다른 서류들도 살펴보도록 자극하는 환경을 조성해 주었다. 그사이에 오찬에 초대받은 손님들이 도착했다. 부관, 의사, 비서, 이러저러한 당 고위직 인사들이 참석했고, 오버잘츠베르크로 거주지를 옮기고 거기서 설계 사무실을 운영하고 있던 알베르트 슈페어도 종종 참석했다.

대개는 에바 브라운도 오찬 자리에 동석했는데, 보어만과 브라운은 비록 서로에 대한 거부감을 공공연히 드러낸 적은 결코 없었지만 아주 호의적인 관계는 아니었다. 보어만은 그녀에게 항상 변함없이 자신을 낮추고 친절하게 대했다. 결국은 그녀가 "총통"의 연인이었기 때문이다. 에바 브라운은 처음에는 이 "비서"에게 무례하고 거만하게 대했지만, 그가 점점 더 후한 인심을 보여 주자, 그녀의 태도는 곧 상냥하게 바뀌었다. 보어만은 히틀러가 늘 그녀에게 해주었던 선물들, 예를 들어 뮌헨의 "옛 당원" 상점에서 구입한 금장식이 된 하켄크로이츠 브로치보다 더 세련되고 멋진 선물을 받길 좋아한다는 것을 알고 있었다. 그녀는 히틀러의 재정 관리자인 보어만을 통해 가끔 귀금속 상점에서 물건을 고를 수도 있었는데, 가격을 물어볼 필요조차 없었다. 그녀가 현금을 필요로 하면, 그가 확실하게 돈을 제공해 주었다. 하지만 보어만의 호의는 허사였다. 이 "비서"는 항상 보고 들을 수 있는 거리에 있었지만, 그녀는 그가 세련되지 못하고, 자신을 과시하려는 목적에서 부지런을 떨며, 여자 직원들에게 비위를 맞추려는 강박관념에 사로잡혀 있다고 조롱했다. 오찬의 좌석 배치는 미리 정해져 있었는데, 보어만은 에바 브라운과 히틀러 사이에 앉도록 되어 있었다. 보어만은 항상 초대를 받는 손님이긴 했지만, 그 자리가 자신의 평판에 어떤 영향을 끼치는지 알고 있었다. 보어만은 종종 그가 없어서는 안 되는 중요한 약속 때문에 갑작스럽게 오찬에 참석할 수 없게 되었다며 잘난 척하는 표정을 짓기도 했다. 그러나 젊은 연령

층의 여자 손님들이 식사에 초대받을 때면, 보어만은 식탁에 오래 머물러 있었다.

"총통"이 먹는 음식을 손님들이 모두 똑같이 먹을 필요는 없었다. 하지만 보어만은 언제나 그랬듯이 자신의 취향을 버리고 히틀러와 같은 야채 식단을 올리게 했다. 당연히 그는 히틀러의 취향이 그 무엇보다도 훌륭하다고 찬사를 보냈으며, 히틀러의 치료식이 훌륭한 에너지원이 된다고 치켜세웠다. 보어만은 집에서는 전혀 다른 음식을 선호했다. 그의 음식물 저장고에는 묵직한 소시지와 기름진 햄이 걸려 있었다.

티하우스로 가는 일상적인 소풍에도 보어만은 그림자처럼 히틀러를 수행했다. 이어지는 차 모임에도 그는 항상 자리를 같이 했다. "총통"이 안락의자에 앉아서 졸고 있을 때면, 그는 아주 조용히 움직였다. 보어만은 오버잘츠베르크에서 일하는 건설 노동자들에게 거의 휴식 시간을 주지 않았다. 그는 오후에는 건설 공사 현장 이곳저곳을 쫓아다녔다. 그는 자신의 사전에는 "안 된다"는 표현이 없다고 장담했다. 그는 인정사정없는 근로감독이었지만, 근로자들이 원하는 성적인 욕구에 대해서는 전적으로 이해해 주었다. 오버잘츠베르크의 건물 관리인 발터 되링이 회상한 바에 따르면, "보어만은 충적토 숲에 3개의 가건물을 짓고 오버잘츠베르크의 근로자들을 위해 유곽을 마련해 주라고 지시했다. 아가씨들은 그 당시 노동전선의 '즐거움을 통한 힘'이라는 부서로부터 일정한 보수를 받았다."

보어만은 전황 보고 시간을 히틀러가 자신에게 위임했던 것을 처리하고 전화하는 시간으로 활용했다. 밤 8시 경, 그는 다시 만찬 장소에 나타나 에바 브라운 옆자리에 앉아서 "총통"이 다음으로 어떤 일을 처리하길 원하는지 긴장하면서 들었다. 식사 후에 모임에 참석한 사람들은 거실 홀로 자리를 옮기거나 영화를 관람했다. 보어만은 그때면 피로에 지쳐 있는 상태였다. 그는 밤에 겨우 4시간 정도 수면을 취했다. 종종 그는 구

그의 부하들에게 그는 가장 예측할 수 없는 상관이었다. 그는 부하들에게 매우 친절하고 호의적으로 대하다가도 몇 분 뒤에는 완전히 사디스트처럼 심한 모욕감을 주는 사람으로 돌변할 수도 있었다. 종종 그는 미쳐 날뛰기도 했는데, 이 때문에 본의 아니게 돌았다는 인상을 주기도 했다.

에리히 켐프카, 히틀러의 운전기사

보어만은 총통의 가장 은밀한 사적인 문제들에 대해서 알고 있었다. 차를 마시는 시간에도 그와 여비서들만 자리를 같이할 수 있었으며, 그 시간에 종종 중요한 문제들이 결정되곤 했다.

괴링

보어만은 자신이 히틀러의 개인적인 재정 관리를 담당하는 것을 당연하게 생각
했다. 히틀러의 연인조차도 그에게 의존하고 있었다. 왜냐하면 히틀러가 그에
게 그녀가 필요한 자질구레한 것들을 처리하도록 위임했기 때문이다.

슈페어

히틀러가 모종의 일을 하기 위해 돈이 필요하면, 비록 그것이 에바 브라운에게
줄 선물을 마련하는 데 드는 돈일지라도, 보어만은 돈을 지불했다.

쉬라흐

석에 앉아 꾸벅꾸벅 졸았다. 사실 그는 영화를 감상한 뒤에 배우에 대해 나누는 대화에 참여할 필요가 없었지만, 그 시간에도 그가 신경을 써야 할 일이 충분히 벌어질 수 있었다. "총통"이 독백을 할 수도 있었고, 그 자리에 없는 사람에 관한 험담을 듣고 무릎을 치면서 웃을 수도 있었다. 보어만은 다시 정신을 바짝 차리고는 "총통" 어록을 정리한 표제어 목록 카드에 넣을 메모장을 기입하기 시작했다. 히틀러가 한밤중에, 가령 1910년 황제 치하 독일에서의 서적 수와 같은 정보를 필요로 하는 경우 가 발생할 수도 있었다. 그러면 설사 모든 사람이 잠든 시간이라 필요한 정보를 수집하는 것이 불가능해 보일지라도 보어만은 총통이 원하는 결 과를 전화와 텔렉스를 동원해서 얻어냈다. 그사이에 졸고 있던 독재자에 게 자신의 조사 결과를 짧은 시간 내에 보고할 수 있다는 것이 그에게는 가장 큰 만족이었다.

그는 아주 사소한 부분에까지 자기를 낮추는 모습을 보여 주었다. 그 는 줄담배를 피우는 사람이었지만, 히틀러 주위에 있을 때는 담배 피우 는 것을 철저하게 피했다. 그는 담배를 피우기 위해 종종 화장실에 가기 도 했다. 그는 술 마시는 것을 좋아했고, 독주를 적잖게 마셨다. 하지만 히틀러가 자신을 부를 것이라는 예감이 들면, 그는 술을 입에도 대지 않 았다. 히틀러를 위해 항상 대기하고 있는 조력자가 되는 것은 그가 가진 일종의 병적 욕망이었다. 히틀러의 총애를 받는 사람은 보어만과도 친구 가 되었다. 그는 최고위직에 있는 간부들에게 자신에 관한 나쁜 이야기 가 들리지 않도록 자신을 낮추었다. 다른 사람들에 대해 신경을 쓸 필요 가 없는 장소에서는 그는 자기 기분 내키는 대로 행동했다. 그는 값비싼 가구를 부셔버리기도 했지만, 자신의 상관이 한밤중에 오페레타가 듣고 싶다고 할 때는 어린 양처럼 부드럽게 변했다. 보어만이 직접 음반을 올 려놓기도 했다.

그것은 자신의 개성과 욕구를 다른 사람에게, 즉 더 "상위의 권력"에 완전히 종속시켜버린 한 사람의 눈물겨운 노력이었다. 마르틴 보어만에게 그것은 결코 성가신 의무가 아니었다. 독재자의 그림자가 되는 것이 그의 소망이었다. 그는 그것을 그 이전에 그 누구도 이룬 바 없을 정도로 "총통"과 가깝다는 것을 나타내는 징표로 생각했다. 그것만이 그의 목표였다. 그는 자신보다 강한 권력을 소유한 한 사람에게 자신을 내맡겼고 복종했다. 마르틴 보어만이 이렇게 한 데에는 단 하나의, 아주 개인적인 이유가 있었다. 중요한 사람을 위해 봉사함으로써 그가 가치 있는 사람이 되기 때문이었다. 보어만의 권력욕으로 인해 해를 입지 않았던 사람은 히틀러 단 한 사람뿐이었다. "지시된 모든 것이 실행되었다 하더라도, 총통은 여전히 총통으로 남아 있을 것이다! 그가 없다면 우리는 어떻게 될까?" 자신을 히틀러의 "가장 충실한 당원"으로 규정했던 충신이 한 발언이다. 아들 마르틴이 언젠가 그에게 국가사회주의가 무엇이냐고 물었을 때, 그는 "국가사회주의는 총통의 의지다!"라고 대답했다.

보어만은 문지기처럼 독재자를 찾아오는 사람들을 감독했다. 그는 방문록을 이용하여 히틀러가 외부 세계와 접촉하는 것을 통제했다. 히틀러를 만나려고 하는 사람들은 모두 보어만을 지나가야 했다. "장관 제복이 신분증은 아니다"라는 것이 그가 내세운 이유였다. 고위급 방문자들마저도 "비서"에게 방문 이유를 설명해야만 했다. 이로써 그는 제국의 전체 기관에 대한 통제권을 가지게 되었다. 차를 마시며 담소하는 시간에 히틀러는 "내게 그와 같은 문지기가 있어 기쁘다. 왜냐하면 보어만은 성가신 사람들로부터 나를 지켜주기 때문이다"라고 말했다. "비서"가 이 같은 상황을 자신의 이점으로 활용하지 않았다면, 그는 사리사욕이 없는 사람의 전형이 되었을 것이다. "보어만은 히틀러의 모든 감정 상태를 교묘하게 이용하는 사람이었다. 그는 독자적인 노선을 추구하지 않았고, 자신의 권력 풍향계를 언제나 히틀러가 원하는 쪽으로 맞출 줄 알았다"고 폴란드의 "총독" 한스 프랑크가 진술했다. 그런 식으로 이 보잘것없는 간부는 암암리에 독재자의 결정권을 행사하는 지위에까지 오르게 되었다. 이 "비서"가 종종 식탁에서 간략하게 언급된 사항을 정리하여 히틀러의 지시 사항이라고 하달한 적이 있다는 얘기는 소문 그 이상이었다. 보어만은 히틀러가 어떤 의도를 가지고 있는지 해석했다. 아니면 그가 어떻게 생각하는지 해석했다. 누가 이에 대해 이의를 제기할 수 있을까? 보어만은 거의 제한 없이 재량권을 행사할 수 있는 히틀러의 대변자였다. 유의해야 할 점은 히틀러에 관해서는 그의 지도자로서의 이미지를 영웅적인 것으로 만드는 데 유용한 얘기만 알려져야 한다는 것이었다. 언젠가 히틀러는 보어만에게 "사람들이 내가 누구이며, 어디서 왔고, 어떤 집안 출신인지 알아서는 안 된다"고 밝힌 적이 있다. 보어만만이 그에 관한 진실을 알고 있었다. 그는 히틀러가 원하지 않았던 과거의 흔적들을 지워버리고, 그의 태생, 과거, 친척 관계나 여자들과의 관계가 알려지지 않도록 힘썼다. 한번은 이 그림자 같은 가신이 부인에게 "침묵이 대개는 가장 현명한 방법이다. 그리고 어떤 경우에도 진실을 말해서는 안 되며, 정말 불가피한 충분한 근거가 있을 때만 말을 해야 한다"고 적었다.

언제나 남을 불신하는 것도 보어만의 성격과 맞아떨어졌다. 사무실에만 틀어박혀 있는 그에게, 관료적인 질서가 전부인 그에게, 서류와 명령 그리고 규정을 통해서 조직이 완벽하게 돌아가도록 만드는 그런 그에게 자기 생각을 가진 사람은 그의 통제에서 벗어날 수 있는 유일한 존재였다. 그리고 통제력 상실은 위험을 뜻했다. 그렇기 때문에 그는 그런 것에 대비하는 질서 체계를 찾아내야만 했다. 그래서 그는 사람을 두 가지 범주로 분류했다. 하나는 그가 이용할 수 있고 지배할 수 있는 범주의 사람들이고, 또 하나는 그에게 악의를 가지고 있어 그가 두려워해야 하는 범주의 사람들이다. 하지만 그는 모든 사람을 불신하고 있었다. 그는 비서실 직원들과 히틀러를 따르는 열성 추종자들에 대한 정보를 끊임없이 수집했다. 그는 그들의 사생활을 캐고 다녔으며, 자신이 만든 경쟁자들의

보어만은 총통을 타락시켰고, 국가사회주의의 이념을 손상시켰다. 그는 히틀러의 아첨꾼이자 비굴한 하인이었다.

한스 프랑크, 전 제국 법무지도자

보어만은 여기 상층부에서 확실하게 일하고 있다. 그의 위상은 확고하다.

괴벨스의 일기 1937년 1월 5일

전쟁에서 승리하기 위해 나는 보어만이 필요하다.

히틀러

히틀러는 항상 보어만을 비호했다.

쉬라흐

대개 히틀러는 "동의의 표시"로 짧게 고개를 끄덕였다. 보어만이 종종 긴 지시사항들을 작성하기에는 이 하나로 충분했다.

슈페어, 1969년

인사기록 카드에는 그들의 사적인 일탈 행동, 약점과 강점에 관련된 확실하지 않은 내용들로 채워 넣었다. 보어만은 경쟁자들과의 개인적인 관계에서는 차갑고 계산적이었으며, 살쾡이가 먹이를 노리듯 호시탐탐 기회를 노리고 있었다. 이것이 그가 다른 경쟁자를 능가하게 만든 요소였다. 친위대장 하인리히 히믈러도 교활한 이 간부가 계획한, 상대를 굴욕적이게 만드는 게임을 피할 수 없었던 많은 사람들 중의 한 명이었다. 보어만은 물불 안 가리고 공격에 나서지는 않았다. 치밀하게 계산된 그의 노림수가 실패한 적은 별로 없었다. 그는 반대자의 권위를 무력화시켰고, 자신에게 의지하도록 만드는 함정을 팠다. 친위대장과 "총통의 비서"는 친구처럼 보였다. 이런 과시적인 다정함은 실제로 사람들이 공갈 협박이라고 부를 수도 있는 "호의"에 근거하고 있었다. 보어만은 히믈러에게 돈을 빌려줌으로써 그를 자신에게 옭아맸다. 히믈러는 옛 연인과 사생아를 재정적으로 지원해야 했기 때문에, 보어만이 관리하는 기금에 의존할 수밖에 없을 정도로 사정이 절박했다. 보어만의 침묵이 아마도 히믈러의 경력에 치명타를 가져다줄 수도 있었던 스캔들로부터 그를 보호해 주었다. 알려진 바에 따르면, 히틀러는 정식 결혼에 의하지 않은 어떠한 관계도 용납하지 않았는데, 친위대장도 예외는 아니었다. 그래서 히믈러는 히틀러의 엄청난 재산을 관리하고 있던 "친애하는 마르틴"에게 융자를 부탁했다. 히믈러는 8만 제국마르크를 융자받았다. 두 가족을 책임졌던 채무자는 그의 장관 수입에도 불구하고 고리의 이자를 겨우 갚아낼 수 있었다.

당연히 보어만에게 도덕성은 문제가 되지 않았다. 히믈러처럼 보어만 자신도 애인이 있었지만, 부인 게르다는 이를 묵인하고 있었다. 보어만은 여배우 만야 베렌스와의 관계를 비밀로 하지 않았다. 그는 부인의 마음 같은 것에는 전혀 신경도 쓰지 않은 채, 자신의 유혹하는 기술에 만족을 표시하면서 그녀와의 관계에 대해 설명했다. 그는 만야가 아주 매력적인 여자라고 말했다. 그는 그녀가 무척 마음에 들어 키스로 그녀를 반하게 만들었으며, 이로 인해 그녀가 자신의 애인이 되었다고 말했다. "당신은 나의 강한 의지를 알고 있소. 그 의지에 만야는 오래 버티지 못했소. 지금은 그녀도 내 사람이 되었소. 때문에 나는 정말로 행복한 결혼을 했다는 느낌이 드오"라고 그는 게르다에게 자랑했다. 만야 베렌스는 오랜 세월이 지난 뒤에 이 관계에 대해 좀 더 냉정하게 판단을 내렸다. "그와 그의 가족과 함께 있으면 나는 보호받고 있다는 느낌을 받았다." 요제프 괴벨스도 대단히 매력적인 이 여배우의 호의를 얻으려고 했다. "내가 그에게 말했다. 차라리 집안일이나 하러 가겠다고!" 그러자 괴벨스는 그녀를 영화 출연 리스트에서 지워버렸다. 무엇보다도 연극을 좋아했던 만야 베렌스가 일을 할 수 없는 상황이 되었다. 이런 상황에서 힘있는 보어만과의 친분 관계가 유리하게 작용했다. 비서의 보호를 받음으로써 모든 위험이 저절로 없어졌다. "마르틴은 매력적인 남자는 아니었다. 그는 상당히 진지하고, 정력적이고, 꾸밈이 없었다. 그는 힘이 있는 사람인데도, 매우 재미있었다." 어찌되었든 그녀는 보어만의 부인 게르다와 우호적인 관계를 유지했다. 이 두 명의 여인은 사랑하는 남자에 대해 서로 의견을 교환할 만큼 가까운 사이가 되었다.

만야는 처음에는 양심의 가책으로 괴로워했다. 보어만은 아내에게 "하지만 그녀를 무조건 소유하고 싶었던 것은 바로 나였기 때문에 그녀가 양심의 가책을 느낄 필요는 없소"라고 편지에 쓴 다음, 덧붙여서 "아, 내 사랑! 당신들 두 여인과 함께 있어 내가 얼마나 행복한지 당신은 아마 상상도 할 수 없을 것이오"라고 썼다. 여러 명의 아이를 낳은 부인과 거기에 애인까지. 이렇게 운 좋은 사람이 세상에 또 있을까. "기력을 유지하려면, 나는 이제부터 두 배로 신경을 써야 한다." 이런 발언이 자신의 처지를 풍자적으로 표현한 것은 아니었다. 그는 자신의 건강을 아주 진지하게 챙겼다. 보어만은 그가 획득한 여인들 모두로부터 온전한 사랑을 받기를 기대했다. "사랑하는 자기야, 남자는 당연히 여러 여자를 거느릴 수 있지만, 여자는 단 한 사람의 남자만을 맞을 수 있다"고 그는 다른 애인 마리아 루바흐에게 보내는 편지에서 일깨워 주었다. 루바흐는 이 비서 외에 다른 애인을 사귀려고 했었다. 만일 그녀가 그 남자와 계속 즐기려고 했다면, 보어만은 그녀를 "거칠게 다루었을" 것이다.

실용주의자인 마르틴 보어만은 모든 당 이데올로기를 자신의 사적인 욕구에 맞게 해석했다. "총통 비서"의 애정 관계는 특이하게도 이런 정치적 의미도 띠고 있었다. 권력의 핵심에 도달한 당 사무국 책임자 마르틴 보어만은 이제 자신의 개인적인 상황을 존경할 만한 것으로 만들기 위해서 누구에게나 구속력을 갖춘 원칙을 구상했다. 그는 국가사회주의 이데올로기를 특히 자신의 욕정을 은폐하는 데 사용하였다. 그는 나치 이데올로기를 이용해 자신의 권력욕뿐만 아니라 연애 관계도 숨기고 싶어 했다. 게르다 보어만은 온순했다. 그녀는 만야 베렌스를 가계의 일원으로 받아들일 준비가 되어 있다고 밝혔다. 1944년 1월 말에 그녀는 남편이 누리는 갑절의 행복과 만야에 관한 이야기를 편지에 적었는데, "종전 후에 법을 제정하여 중요한 남자들은 두 명의 부인을 거느릴 수 있도록 허용해야 한다"는 생각을 시사하는 내용이었다. 게르다 보어만은 다음 편지에서 그녀의 생각을 계속 발전시켜 나갔다. 이 순종적인 부인이 그녀의 남편에게 조언하기를, "당신은 이 상황을 변화시킬 수 있는 위치에 있습니다. 당신은 한 해에는 만야가 아이를 갖고, 다음 해에는 내가 아이를 갖도록 신경을 써야 합니다. 그리하여 당신은 언제나 제대로 된 부인을 갖게 될 것입니다." 보어만은 특히 30년대 말에 주위에 있는 거의 모든 여자들의 꽁무니를 쫓아다니다 보니 여자들과 관련해서 매우 신중해야 한다는 사실을 망각했다. 과거에 히틀러의 수행원이었던 부관은, 오늘날까지도 짜릿한 전율을 느끼면서, 언젠가 그가 유람선 갑판 아래 있던 선실의 반쯤 열린 문을 통해서 마르틴 보어만이 "제3제국"의 저명

괴링은 보어만과 관련된 문제에서 그가 본래 의도한 바를 명확하게 알지 못했다. 하지만 그가 야심 찬 목표를 추구하고 있다는 것은 금방 알아챘을 것이다.

괴벨스의 일기, 1943년 3월 2일

보어만은 나의 불구대천의 원수이다. 그는 나를 무너뜨리기를 학수고대하고 있었다.

괴링

슈페어와 괴링은 괴벨스를 좋아하지 않는다. 나는 더 좋아하지 않는다.

보어만, 1944년

당 간부들과 대화를 나눌 때면 보어만에 대해 부정적으로 발언하는 것을 삼가야 했다. 내게 마음을 터놓고 아주 솔직하게 그에 대한 비판을 했던 사람들은 그런 위험을 무릅쓸 수도 있었다.

쉬라흐

한 여성과 관계를 맺고 있는 광경을 보았다고 전하고 있다. 그 광경을 목격한 이 사람의 기억에 따르면, 그는 바지를 무릎 뒤쪽에 걸치고 있었는데, "하지만 장화는 여전히 신고 있었다." 오늘날에는 이를 섹스 중독이라 진단하고, 해당자에게는 이런 습관을 고치기 위한 요양 치료 처방을 내렸을 것이다. 당시에는 이런 행위들을 나치 군상들 속에서 쉽게 발견할 수 있었다.

마르틴 보어만은 히틀러의 정치 강령에 대해서는 거의 관심을 두지 않았다. 그에게 이데올로기는 중요하지 않았다. 이데올로기에 대한 열광적인 자기 확신을 공공연하게 과시하고, 더구나 다른 사람을 감동시키는 강렬한 인상을 보여 주는 임무는 그에게 어울리지 않았다. 열정이나 감정의 고양은 그에게는 낯선 것이었으며, 그가 가진 단순함이 그런 감정을 불러일으키는 데 크게 방해가 되었다. 하인리히 히믈러의 정열이 그에게는 의아하게만 느껴졌다. 사실 그의 능력은 명령의 수행에 있지, 머리를 써서 계획을 입안하는 데 있지 않았다. 보어만이 부인 게르다에게 보낸 편지 곳곳에 적혀 있던 정치적인 생각들은 의미 있는 것이 아니었다. 오히려 그보다 그녀가 더 국가사회주의자라는 인상을 주었다. 그의 당 정책 프로그램에 관한 메모에서도 아마 부인의 영향이라고 볼 수 있는 격정적인 어조가 들린다. 그에게 "국가사회주의"는 신조이기보다 개념에 불과했다. 국가사회주의는 자신의 욕구 충족이라는 목적을 위해 이용된 수단이었다. 보어만은 거침없이 그의 권력욕을 충족시킬 수 있었고, 그의 공명심도 마음껏 발휘할 수 있었다. 교회에 대한 극단적인 행동은 그의 진면목을 보여 주었고, 그가 얼마나 권력욕에 사로잡혀 있는지 보여 주었다. 권력과 더 많은 권력, 이것이 그가 기독교인임을 밝힌 사람들을 괴롭힌 동기였다. 마르틴 보어만의 아들이 회상하기를, "기독교는 내 아버지에게 국민을 무지몽매하게 만드는 종교였다. 그에게는 히틀러가 유일한 신이었다. 그에게 국가사회주의와 기독교는 양립할 수 없는 것이었다." 마르틴 보어만이 반교회적인 부당한 간섭을 함에 있어서 당연히 전략적인 계산이 고려되었다. 그가 개입함으로써 반대자들에게 그도 당이 추구하는 바를 따르고 있으며, 정치 분야에서 확실하게 뭔가를 할 수 있음을 보여 주고자 했다. 이는 국가사회주의 독일노동당의 이데올로기 주창자들이 출세자 보어만은 국가사회주의 세계관에 이바지하는 생각을 단 하나도 내놓지 않았다고 이의를 제기했기 때문이었다.

국가사회주의자들의 전횡에 대한 도피처인 교회는 당의 추종 세력을 감소시킬 것이 틀림없었다. 보어만은 분명 "교회가 심리적 파급효과를 미칠 수 있는 모든 능력을 동원하여 국가에 맞서 싸움을 시작할 것"이라고 두려워했다. 이런 생각이 그로 하여금 1941년 6월 6일과 7일에 대관구 관구장들에게 지시를 내리도록 만들었다. 보어만이 직접 작성한 지시문에 적힌 미숙하고 서툰 문장들은 그가 교회와 적대적 관계를 맺게 된 원래 동기가 이기심, 즉 그의 권력 욕구임을 드러내고 있었다. "국가사회주의자인 우리가 신앙에 대해 논하게 되면, 소박한 기독교인들과 부당이득을 취하는 그들의 성직자들과 달리, 우리는 신을 지상 어딘가에 자리 잡고 있는 인간과 유사한 존재로 이해한다. 이 세상을 주관하는 힘이 모든 개별 존재의 운명과 지구상의 가장 작은 세균들의 운명을 모두 돌보고 있다는 주장은 그에 합당한 단순함이 아니면 사무적인 뻔뻔함에서 기인한다. 총통이 수행하는 국민의 지도자로서의 임무에 방해가 되거나 해를 끼칠 수 있는 모든 영향력은 배제되어야 한다."

마르틴 보어만은 히틀러와의 대화를 통해서 히틀러에게 종교란 결코 목적을 위한 수단 그 이상이 아니었음을 오래 전부터 알고 있었다. 교회가 히틀러의 목표대로 따랐다면, 모든 성직자들이 그의 친구가 됐을지도 모른다. 그들은 이를 거부했기 때문에 그의 적이 되었다. 그들이 그의 권력을 지지했다면, 그는 그들의 신앙을 용인해 주었을지도 모른다. 전쟁에서 승리한 뒤에 그는 그들을 제거할 계획을 세우고 있었다. 이런 내용을 담고 있는 "히틀러"의 발언 문건이 이미 당 사무국의 안전 금고에 보관되어 있었다. 그럼에도 불구하고 보어만의 반기독교적인 노선에 대해 장관들조차도 이 모든 일들이 히틀러 몰래 일어나고 있음을 확신하고 있었다. 과거 히틀러 정권에서 부수상을 지냈고 "대표적인 가톨릭 인사"였던 프란츠 폰 파펜은 뉘른베르크 재판에서 피고인으로서 다음과 같은 의견을 개진했다. "그 당시에 히틀러 자신은 종교계와 평화를 유지하는 데 매우 의욕적이었지만, 당내의 과격 인사들" ― 히틀러는 이런 인사로 보어만과 괴벨스를 거명했다 ― 은 히틀러가 "종교 정책을 강력하게 펼치도록 계속 몰아붙였다."

처음에 히틀러는 자신 몰래 일을 꾸미고 있는 보어만을 그대로 내버려두었다. 하지만 1941년에 보어만은, 전쟁이라는 긴박한 상황을 고려해볼 때, 그가 제기한 압력 수단이 적절하지 않다고 판단한 히틀러와 충돌하게 되었다. 하지만 "비서"는 그의 계획을 비밀리에 계속 추진했다. 처음으로 충성스러운 보어만이 "총통"을 속였다. 하지만 그것이 아마 그에 대한 유일한 항명이었을 것이다. 당시의 혼란스런 전시 상황은 그가 교회를 도발하는 데 유리하게 작용했다. 그는 "가혹한 모든 조치들을 지시한 인물"이었고, 여느 때와 같이 가장 극단적인 방법을 선택했다. 그는 어떤 일에 착수하면 목적을 이룰 때까지 그 일을 멈추지 않았다. 보어만의 당 사무국이 역점을 두고 수행한 것은 교회를 그들의 재정적 수입원으로부터 차단시키는 일이었다. 전시 중에 당 사무국은 엄청난 규모의 교회 재산을 압류했고, 더 많은 전쟁 부담금을 요구했다. 교회는 국가 기관의 협조 없이 세금을 징수해야만 했다. 따라서 교회의 법적 지위는 사적인 단체로 격하되었고, 종교 단체는 국가의 엄격한 통제를 받게 되었다.

종전되기 전 몇 해 동안 모든 결정 사항에는 항상 그의 이름이 포함되어 있었다. 특히 인종 정책과 관련된 입법과 동부 지역 민족들의 처리 방

안에 대한 결정에도 그의 이름이 있었다. 보어만은 "유대인은 우리의 불행이다"라는 전형적인 정치 선전 문구가 진실을 담고 있다고 확신하고 있었다. 1941년부터 그는 당 사무국의 책임자로서 거의 예외 없이 모든 반유대인 법에 공동 서명을 했다. 그는 인종차별법의 도입과 해외로 이주한 유대인의 재산 압류에 대한 법규 제정에 공동 책임을 졌다. 하지만 이 일을 처리함에 있어서 그는 비열하고 교활한 방식으로 눈에 띄었다기보다는 오히려 완벽한 관료주의적인 처리 방식으로 주목을 받았는데, 그는 이를 통해 히틀러의 반유대주의 목적을 이루는 데 있어 미흡한 법률을 보완해 나갔다.

괴벨스는 환상적인 연설로 증오의 불에 기름을 들이부었고, 계속해서 테러 행위를 부추겼다. 대량 학살이라는 메커니즘의 중요한 자리에는 히믈러, 하이드리히 그리고 아이히만이 있었다. 하지만 민족 학살에서 "총통의 비서"는 어떤 역할을 했는가? 보어만은 무엇을 알고 있었는가? 그는 어떤 식으로 행동했는가?

1942년, "총통"사령부 늑대성채에서 전화 교환수로 근무했던 발터 마이엔드레쉬는 이 제국 지도자의 전화 통화 내용을 엿들었는데, 이 대화 내용은 시사하는 바가 크다. 전화 상대는 "총통"을 위해 "아우슈비츠로부터의 기쁜 소식"을 보어만에게 전달하려고 했던 하인리히 히믈러였다. 통화 내용은 그곳에서 2만 명의 유대인이 다시 "살해"되었다는 것이었다. 히믈러는 곧바로 내용을 정정해서, "그러니까, 소개되었다"라고 말했다. 보어만은 자제력을 잃어버리고 말았다. 그는 친위대장에게 그러한 보고는 나치 친위대 장교를 통해 문서로만 전달되어야 한다고 훈계했다.

보어만이 언제나 최상의 정보를 제공받고 있었다는 사실은 1940년 가을에 발생한 또 하나의 사건이 입증해 주었다. 폴란드 "총독"인 한스 프랑크는 추방된 유대인의 수용 지역으로 활용되고 있는 폴란드 점령 지역에 대해 협의하기 위해 수상청사로 들어오라는 히틀러의 소환 명령을 받았다. 당연히 보어만도 그 회의에 참석하였다. 그는 히틀러의 말을 기록했고, 프랑크가 "유대인 없는 지역"에 대해서 자랑하는 것을 들었다. 그는 게토로 실어 나를 수 있는 유대인의 숫자가 점점 늘어나고 있다고 말했다. 하지만 프랑크는 다른 나라의 유대인을 폴란드에 수용하는 것에 대해서 거세게 반발했다. 그의 논거는 게토 지역이 수용 능력을 초과하는 일은 무조건 막아야 한다는 것이었다. 빈의 대관구 관구장인 발두어 폰 쉬라흐는 아직 빈에 남아 있는 6만 명의 유대인을 "총독부 지역"으로 추방해야 한다고 요구했다. 보어만은 그런 회의가 끝난 뒤에는 언제나 회의록으로 작성된 대화 내용을 실제로 실천에 옮기도록 신경을 썼는데, 자신의 성격에 맞게 아주 꼼꼼하게 처리했다. 다시 열심히 일하는 관리의 모습을 보이게 되면, 보어만은 "총통"이 아직 결정을 내리지 못하고 있는 사항들을 그가 믿을 수 있게끔 자신이 기재한 서류 메모와 함께 상신하는 것을 자신의 주 임무로 생각하였다. 보어만은 계속 이렇게 일을 처리하면서 히틀러의 메시지를 전달하는 역할을 했고, 실무자들이 일처리를 꼼꼼하게 하는지 감시했다. 그는 그런 식으로 독재자에게 "아직 제국 대관구 빈에 거주하고 있는 6만 명의 유대인"을 "총독부 지역"으로 신속하게 추방시키는 계획을 그가 세웠다고 상기시켜 주었다. 그리고 그 계획은 실행되었다. 보어만은 "유대인 문제를 해결하는" 방법을 물어보는 질문에 대해, 1942년 3월에 기록한 서류 메모에서 "매우 간단하다"라고 간결하게 답을 했다.

1943년 초에 히틀러는 마침내 그를 벌써 오래전부터 실제로 업무를 수행하고 있던 직책에 임명했다. 그는 보어만을 자신의 비서로 만들었다. 공식적인 발표는 간결했다. "제국 지도자 마르틴 보어만은 나의 개인 담당관으로서 '총통 비서'라는 칭호를 갖는다." 이런 내용을 전하는 문서에는 단어에 금박이 입혀지고 "총통"이라는 글자가 찍혀 있었는데, 이는 특별한 경우에만 사용되었다. 이제 보어만은 그가 권력을 통해서 추구했

그는 양치기가 데리고 있는 목양견이었다.

힐데가르트 파트, 헤쓰의 비서

대개는 침묵이 가장 현명한 방법이다.

보어만

당 사무국의 보어만과도 몇 년간 심각한 갈등이 빚어졌다. 그중에서도 가장 문제가 되었던 것은 교회 문제의 전개 과정과 해외 기관의 업무 등에 관한 것이었다. 교회 문제와 관련해서 제국 지도자인 보어만은 철저히 비타협적인 태도를 취하고 있었다. 그런 태도로 인해 바티칸과 매우 팽팽한 긴장 관계가 조성되었고, 개신교 국가들도 우리에 반대하기 위해 교회의 역량을 총동원하였다. 이는 외교상 매우 의미심장하고 불리한 전개 양상으로, 전쟁 중에 더욱더 악화일로로 치달았다.

리벤트로프, 뉘른베르크 재판 중에 기록한 메모

던 모든 것을 이루어냈다. 1943년 4월 12일은 또한 그가 이미 여러 해 동안 수행해 왔던 문지기라는 역할이 공식적으로 주어진 날이었다. 그것이 구체적으로 무엇을 의미하는지 당 수뇌부는 모두 알고 있었으나, 보어만은 자신이 직접 그 의미를 알려 주는 배려까지 했다. 그는 히틀러가 그에게 개인적인 용무를 위임했고, 아울러 그가 모든 회의에 참석할 수 있음을 문서로 알려 주었다. 그밖에도 히틀러가 "총통" 앞으로 보내진 모든 청원을 우선 보어만이 훑어보도록 보장했다는 내용이 적시되었다. 그것은 히틀러가 보어만을 통해서만 외부 세계와 접촉하겠다는 것을 분명히 한 내용이었다. 당의 주요 간부들은 당황해했다. 그렇다면 보어만이 이제 가신들 간의 권한 분쟁을 다루는 중재자가 된 것인가? 그것은 많은 사람들에게 모욕적인 일이었다. 이제 보어만은 거미줄을 친 거미처럼 모든 것을 손아귀에 넣었다. 그는 누구도 건드릴 수 없는 특별한 위치에 올랐다. "비서"는 권력의 정점에 서게 되었다. 히틀러와 조력자인 비서 간의 관계가 이때만큼 가까웠던 적이 없었다. 독재자는 최고의 찬사로 보어만을 띄웠다. "전쟁에 승리하기 위해서 나는 보어만이 필요하다. 보어만에 적대적인 사람은 국가에 적대적인 사람이다."

국민들에게 그는 여전히 무명이었고, 겉보기에 중요치 않은 간부였다. 하지만 히틀러를 그림자처럼 수행하는 보어만은 히틀러의 제국에서 거의 무제한의 권력을 소유하고 있었다. 보어만은 모든 국가 기관에서의 공직 임명과 승진에 대해 아주 당연하다는 듯이 발언권을 주장했다. 그가 이미 오래전부터 추구했던 것을 동부 점령 지역에서는 단숨에 이루어냈다. 마침내 그가 정치에 개입할 수 있게 된 것이다. 보어만은 소련을 침공하기 직전에 결단을 내리지 못하고 고민하고 있던 히틀러에게 하늘의 섭리에 따라 전쟁을 개시하도록 부추겼다. 히틀러는 그의 충실한 조력자의 말을 들었다. 보어만이 히틀러를 잘 설득할 수 있었던 것은 다름 아니라 히틀러가 거대한 동부 지역을 지배할 수 있다는 희망을 품고 있었기 때문이라는 소문이 순식간에 친위대 간부들 사이에서 나돌았다. 당연히 그 일은 경쟁자들의 시기와 그들도 그렇게 해보고 싶다는 욕심을 불러일으켰다. 히믈러 역시 자신의 요구를 개진했다. 제국 친위대장과 "총통 비서" 간에 결투가 벌어졌다. 둘 사이의 힘겨루기에서 보어만은 훨씬 더 유리한 고지를 차지하고 있었다. 히믈러는 결코 독재자의 최측근 그룹에 속한 적이 없었다. 히틀러에 대한 "보어만의 독식"을 중지시키고자 했던 히믈러는 자신의 진영으로부터 주의를 받았다. 그는 결국 성공하지 못했다.

보어만과 그가 임명한 대관구 관구장은 점령지 폴란드를 잔인하고 혹독하게 지배했다. 이곳에서는 제국 법이 통용되지 않았다. 보어만은 행정 기관을 구축하기 위하여 그의 인사기록 카드에서 열성적이고 행동에 주저함이 없는 당원들을 찾아냈다. 점령된 폴란드 지역에서는 그동안 추진해 왔던 "민족 신질서"가 급진적으로 실현되어야만 했다. 보어만의 무자비함, 도덕적 무관심은 동부 지역 장관인 알프레트 로젠베르크에게 보낸 잔인하고 전횡적인 명령들 속에 그대로 나타나 있는데, 로젠베르크 장관은 점령 지역에서 "어떤 경우에도 도시를 정돈하거나 꾸미지 않도록" 신경을 써야만 했다. 보어만은 1942년 8월 19일자 비망록에 다음과 같이 기록했다. "슬라브인들은 우리를 위해 일해야만 한다. 우리가 그들을 필요로 하지 않는다면, 그들은 죽을지도 모른다. 슬라브인의 강한 생식력은 원하지 않는다. 그들은 피임 용구를 이용해도 되고 낙태를 해도 좋다. 이런 것이 많으면 많을수록 좋다. 교육은 위험하다. 우리는 그들에게 종교를 기분 전환을 위한 수단으로 허용한다. 그들에게는 필요한 만큼의 양식만 지급될 것이다. 우리가 주인이고, 우리가 우선이다."

그의 경쟁자들은 결국 이 사람이 위험인물이라는 사실을 알게 되었다. 모든 사람들이 적어도 그의 호의를 얻도록 하라는 충고를 받았다. "비서"에 대한 음모는 애초부터 실패할 수밖에 없는 것처럼 보였다. 예를 들면, 보어만을 실각시키기 위한 괴벨스의 시도는 수포로 돌아갔다. 괴링, 슈페어, 라이와 함께 그는 "총력전"에 대한 촉구를 통해 전 국민이 최후의 노력을 기울이도록 만들고, 오래 전에 총력전에 대한 준비를 하지 않은 주된 책임을 보어만에게 전가할 수 있을 것이라고 믿었다. 왜냐하면 괴벨스가 벌써 반년 전에 전력을 다하여 단호하게 전쟁을 수행하자고 "총통"에게 제안을 했기 때문이다. 히틀러는 그 제안을 보어만이 처리하도록 위임했는데, 보어만은 그 제안 서류를 서류함 한쪽에 처박아 놓았다. 그러나 이번에는 히틀러가 곧 "총력전" 개시 명령을 내리겠다고 괴벨스에게 약속했다. 히틀러는 1942년 12월 27일에 총력전 개시 명령을 내렸다, 그것도 보어만에게. 음모를 꾸민 사람들은 사태가 이렇게 진행될 것이라고는 생각지도 못했다. 보어만의 입지는 이전보다 훨씬 확고해졌다. 하필이면 적수인 보어만이 괴벨스에게 "총력전"을 강행하라는 히틀러의 명령을 전달하게 되었다. 그것은 굴욕과도 같았다. 괴벨스는 굴욕을 감내하면서, 히틀러와 접촉하기 위해서는 항상 보어만을 통하고, 더 이상 어떤 결정도 독자적으로 내리지 않겠다는 약속을 했다. 괴벨스는 다시는 당 사무국 지도자에게 반항하려고 하지 않았다.

1943년 11월, 괴벨스는 40쪽에 달하는 정치 현황 보고서를 보어만을 통해서 히틀러에게 보냈다. 그는 스탈린과 평화 협정을 맺을 것을 권고했다. 하지만 회답이 계속 미루어졌다. 선전장관이 조심스럽게 재차 물어보았을 때, 보어만은 대놓고 그에게 "유감스럽게도 보고서는 전달하지 않았습니다. 왜냐하면 당신의 제안이 히틀러에게 채택될 가능성은 매우 적기 때문입니다"라고 말했다.

여러 해에 걸쳐서 "제3제국"의 지도층 인사들은 출세주의자 보어만을 함정에 빠뜨리려고 시도했다. 하지만 그들 모두 그를 과소평가했다. 괴벨스와 보어만, 두 사람이 "제3제국"의 마지막 시기에 다시 가까운 사이가 될 수 있었던 것은 무엇보다도 장관이 전술적으로 경험이 풍부하고

"무서운 사람…"
헤쓰 비서실의 "동료의 밤" 행사에 참석한 보어만(아래 열 오른쪽에 담배를 피우고 있는 사람)(1939년)

그는 당내에 친구가 없었다.

라우라 슈뢰델, 헤쓰의 여비서

그는 말수가 적었고, 누구와도 관계를 맺지 않았으며, 자신의 시간을 오직 히틀러를 위해 일하는 데 투자했다. 히틀러가 자신의 생각을 꺼내면, 보어만은 그것을 명령으로 작성했다. 그는 수상청사에서 벌어진 모든 일에 대해 알고 있었으며, 모든 사람들 사이에서 능숙하게 처신했다.

베르너 쾨펜, 동부지역 장관 로젠베르크의 옛 직원

그는 히틀러 곁에 앉자마자 흡연자는 환영받지 못하고 누군가 술을 마시면 과히 좋지 않은 인상을 준다는 것을 곧바로 알아챘다. 하지만 나는 보어만의 주변 사람들로부터 그가 중간에 간혹 자리를 비우고, 독주 병을 붙잡고는 엄청나게 들이키곤 한다는 이야기를 들었다.

쉬라흐

그는 단 한 번도 긴 출장이나 휴가를 떠나려고 하지 않았다. 그는 그의 영향력이 약화될 수 있다는 걱정을 달고 살았다.

슈페어, 1969년

현명했기 때문인데, 그동안에 그는 자신이 히틀러의 측근으로 있으려면 보어만의 양해가 있어야 한다는 것을 깨달았다.

그러는 동안에 "비서"는 확고한 입지를 구축했고, 극소수의 사람들만이 그에게 시비를 걸려고 했다. 점점 더 공격적이 된 그는 이제 권력의 핵심에서 모든 경쟁자들을 밀어낼 줄 알게 되었다. 그의 마지막 목표는 당 사무국을 모든 가신들 위에 군림하는 최상위 기관으로 격상시키는 것이었는데, 물론 예나 지금이나 아돌프 히틀러의 지휘를 받는 것은 변함이 없었다. 그것은 환상으로 남았다.

1944년 7월 20일, 히틀러 암살 시도가 있은 뒤에 보어만은 독일군 장교단 내에서 마녀 사냥을 하기 시작했다. 그는 이미 오래 전부터 그런 반역 행위의 기미를 눈치 채고 있었다고 설명했다. 암살 그룹의 계략을 처음으로 알아차렸던 사람이 바로 그였다. 왜냐하면 그의 요원들이 전화 교환 부대에도 있었기 때문이다. 그들은 그에게 암살과 관련된 결정적인 정보를 제공했다. 한 하사가 그에게 무슨 일이 일어났는지 상세하게 설명했다. 히틀러를 암살할 목적으로 설치된 폭탄이 점화되기 전에 육군 대령 클라우스 솅크 폰 슈타우펜베르크 백작이 "총통"사령부 늑대성채를 서둘러서 떠났다는 내용이었다. 히틀러가 이탈리아 독재자 무솔리니에게 폐허가 된 범행 장소를 보여준 그날 오후에 이미 "총통 비서"는 암살의 배후 인물을 알고 있었다. 마침내 보어만은 육군대장 프리드리히 프롬을 체포했다. 그에 대한 고발 논거가 분명하지 않았음에도 불구하고 보어만은 암살자 명단의 제일 앞에 그의 이름을 올려놓았다. 프롬은 암살에 참여하는 것을 거절했기 때문에 암살을 기도한 사람들에 의해 자신의 저택에 감금되어 있었다. 하지만 마지막 순간에 보어만은 육군 대장에 대한 사형 선고를 얻어내는 데 성공했다. "장교 당번병"으로 근무하면서 항상 프롬의 장화를 특별히 광이 나도록 닦는 데 신경을 써야 했던 그가 프롬 장군을 증오했기 때문일까?

하지만 히틀러 제국의 몰락이 이미 오래 전에 확실해진 마당에 그런 보복 행위는 아무 쓸모가 없는 것이었다. 마르틴 보어만이 의미 없이 성급하게 저지른 이런 행위들이 그래도 의미를 가지려면, 그는 "총통"의 천부적 재능을 신뢰하고 기적이 일어날 것을 믿으면서 그의 곁에 남아 있어야만 했다. 그는 중차대한 과제로부터 히틀러의 관심을 분산시키고, 그의 단호한 태도를 누그러뜨리게 만들거나 하늘의 섭리에 대한 그의 믿음을 해칠 수 있는 모든 것들로부터 "총통"을 보호해야만 했다.

1945년 3월 말, 보어만은 또 다른 목표에 도달했다. 나치의 지휘관들이 그의 지휘를 받게 되었다. 보어만의 확신에 따르면, 육군, 공군 그리고 무장 친위대도 실패했기 때문에, 오직 당만이 독일을 구해낼 수 있었다. 보어만이 독일군 조직 내에서 발견한 균열 사이로 당이 파고들었다. 보어만은 자신의 명령을 하달하면서 진부한 구호로 다시 한 번 당원들에게 경각심을 불어넣으려고 했다. "적의 공격을 받고 자신의 대관구를 이탈한 자, 최후의 순간까지 싸우지 아니한 자, 이 비열한 인간들은 탈영병으로 비난받게 될 것이다. 이제는 '승리 아니면 패배!'라는 구호만이 유효할 뿐이다." 하지만 그가 안전한 베를린의 콘크리트 벙커에서 보낸 "텔렉스 장군"의 촉구는 협박보다도 효력이 없었다. 말은 더 이상 소용이 없었지만, 그가 할 수 있는 것도 그 외에 다른 것이 없었다. 1945년 3월 9일, 마침내 그는 "낙오병 수의 파악을 통한 전선 강화"라는 그의 구상을 모든 당 지도급 인사들에게 보내는 회람을 통해서 유포시켰다. 보어만에게 낙오병이라는 것은 있을 수가 없었다. 자신의 부대와 연결이 끊긴 자는 전투하는 소리가 들리는 곳으로 가서 그곳에 있는 부대에 합류해야 하며, 그렇지 않을 경우에 그자는 탈영병으로 전시법에 따라 총살에 처해져야 했기 때문이다.

결국 이런 절망적인 상황은 그를 분노에 사로잡히게 만들었다. 그는 모든 수단을 동원해서 전 국민이 전투에 나서도록 강요했다. 보어만은 정말 마지막 병력 투입이었던 "향토방위대" 동원 계획을 실행시키는 데 성공했다. "오늘 총통께서는 수차례의 산고 끝에 향토방위대 투입 명령에 동의하셨다. 나는 마치 젊은 아기 엄마처럼 힘이 다 빠졌지만 행복하다"고 보어만은 1944년 9월에 아내에게 보내는 편지에 썼다. 비록 표현을 조심스럽게 했지만, 나중에 그는 편지에서, 적어도 그녀에게만은, 자신의 숙명을 피해갈 수 없을 것 같다는 의구심을 점점 더 많이 내비쳤다.

제국이 붕괴하기 전 마지막 몇 달 동안, 히틀러가 보어만처럼 신뢰한 사람은 없었다. "비서"는 수상청사 아래의 어두컴컴한 지하벙커에서 과거 어느 때보다도 "총통"과 밀접한 관계를 유지했다. 그의 권한이 늘어났음에도 불구하고 그에게 주어진 공간이 벙커로 줄어든 것은 관리 보어만이 맞이했던 그로테스크한 비극이었다. 이제 그는 가장 강력하고 이론의 여지가 없는 확고한 자리를 차지했다. 이 꿈이 단지 며칠 동안 유지될 운명이라는 것을 "비서"는 인정하려 들지 않았다. "제3제국"은 베를린의 1제곱평방미터 크기도 차지하지 못하고 있었다. 이 상황을 잊고 떨쳐버리기 위해서 보어만은 술로 마음을 진정시켰다. 하지만 정신이 멀쩡한 순간, 그는 최후의 승리를 위한 전사처럼 행동했다. "우리는 낙담해서는 안 된다"고 그는 부인에게 편지를 썼다. "어떠한 역경 속에서도 우리는 우리의 의무를 수행해 왔소. 일찍이 노회한 니벨룽들이 에첼 왕의 홀에서 몰락한 것처럼, 우리의 운명도 그러하다면, 우리는 당당하게 불굴의 투지로 맞서 나갈 것이오." 그의 부인이 마지막으로 받은 1945년 4월 2일자 편지에서, 그는 몇 달 전부터 벌어진 비참한 전황에 책임을 져야 하는 사람, 즉 헤르만 괴링을 여러 번 비난했다. 이제는 한 가지 생각만이 그의 머릿속을 가득 채우고 있었다. 그것은 제국 원수(괴링)에 대한 복수였다. 1945년 4월 23일 밤 10시가 조금 지난 시점에 그에게 기회가 주어졌다. 이날 괴링은 베를린의 히틀러 벙커로 심각한 결과를 불러올 전보를 쳤다. 전보의 첫 줄을 읽으면서 이미 히틀러의 얼굴은 노여움으로 인해 벌게졌다. 내용은 "총통 각하, 1941년 6월 29일에 공포한 규정에 따라 제가 당신의 대리인으로서 제국의 전권을 넘겨받고 대내외적으로 자유재량권을 행사하는 것에 동의하십니까?"라는 것이었다. 이미 이 질문만으로도 히틀러에 대한 모욕이었는데, 다음 문장은 괴링과의 최종 결별을 확정짓도록 만들어 주었다. "만약 오후 10시 30분까지 답이 도착하지 않으면, 나는 당신의 자유재량권이 박탈당한 것으로 알겠습니다. 나는 당신이 공포한 규정의 전제가 충족된 것으로 간주하고 민족과 국가의 안위를 위해 행동에 들어갈 것입니다."

보어만은 오랫동안 생각할 필요가 없었다. 그는 숙적을 쓰러트릴 마지막 기회가 왔음을 알고 있었다. 그는 "괴링이 반역을 했습니다!"라고 다시 한 번 히틀러에게 확인시켜 주었다. 그는 흥분해 얼굴이 벌게진 채 언성을 높였다. "저는 오래 전부터 그가 이럴 줄 알았습니다"라고 소리쳤다. "저는 괴링이 게으르다는 사실을 알고 있었습니다. 그는 공군을 못 쓰게 만들었습니다. 그는 썩었습니다. 그로 인해 이 나라는 부패하게 되었습니다. 더구나 그는 수년 전부터 모르핀 중독자였습니다. 저는 이 사실을 오래 전부터 알고 있었습니다."

얼마 뒤에 친위대 중령 베른하르트 프랑크는 보어만이 급히 자필로 작성한 명령서를 손에 쥐고 베르히테스가덴으로 출동했다. "즉시 괴링의 집을 포위하고 지금까지 제국 원수였던 헤르만 괴링을 어떤 저항이 있더라도 체포하라. 서명 아돌프 히틀러." 1945년 4월 23일 밤 10시 경에 프랑크는 오버잘츠베르크에 있는 으리으리한 괴링의 별장에서 정자세를 취하고는 이른바 반역자에게 "제국 원수 각하, 당신은 체포되었습니다!"라고 알려 주었다. 6일 후에 히틀러는 그의 "정치 유언장"을 통해 "나는 죽기 전에 전 제국 원수인 헤르만 괴링을 당에서 축출한다"라고 지시했다. 괴링이 배후에서 연합국과 협상을 했다는 그의 비난은 근거가 없었다. 하지만 보어만은 그의 목표를 달성했다.

4월 25일 오전, 연합국의 폭격기가 수차례에 걸쳐 오버잘츠베르크를 폭격했다. 보어만의 메모장에는 그날과 관련된 3개의 짧은 기록이 적혀 있다. 메모장의 첫 번째 줄은 괴링의 제명을 의기양양하게 기록하고 있다. 두 번째 줄의 내용은 "오버잘츠베르크에 대한 첫 번째 대공습"이다. 하지만 부인과 아이들의 운명, 파괴된 집에 대해서는 한마디도 언급하지 않았다. 세 번째 줄의 내용은 "베를린은 포위되었다!"이다. 그날 이후에 기록된 메모에도 가족에 관한 언급은 더 이상 나오지 않았다. 나중에 진행된 증인 심문에서, 보어만의 아들인 아돌프 마르틴 보어만은, 그가 알기로는, 그 시기에 아버지가 어머니에게 무선 통신문을 보냈는데, 그 통신문에는 아버지가 더 이상 가망이 없다고 알려 주는 즉시 어머니가 아이들과 함께 독을 먹고 자살할 것을 명령하는 내용이 적혀 있었다고 말했다. 하지만 보어만의 대리인인 헬무트 폰 훔멜은 그 메시지를 전달하지 않았다.

1945년 5월 1일에서 2일로 넘어가는 밤에 마르틴 보어만은 "총통" 벙커를 탈출하려고 시도했다. 제국 청소년 지도자 아르투어 악스만의 전령인 아르민 레만은 그 최후의 시간에 "총통" 벙커에서 보어만과 마주치고는 그를 꼼꼼히 살펴보았다. 그가 받은 인상에 따르면, "그 남자는 겁쟁이였고 살고 싶어 했다. 히틀러가 죽은 뒤에 그에게는 단 한 가지 생각밖에 없었다. '여기서 탈출할 수 있는 최선의 방법은 무엇일까?' 그는 술을 매우 많이 마셔서 비틀거렸고, 눈은 초점을 잃어버렸다. 우리가 탈출 계획을 논의하고 있을 때, 아르투어 악스만은 머리를 흔들며 '이 상황에서 우리가 그를 데리고 갈 수는 없다'고 말했다." 커피를 몇 잔 마신 다음 그는 자신의 몸을 어느 정도 곧추 세울 수 있었다. 그리고 그들은 탈출을 시작했다.

그렇지만 보어만은 멀리 가지 못했다. 1945년 5월 2일로 넘어가는 그

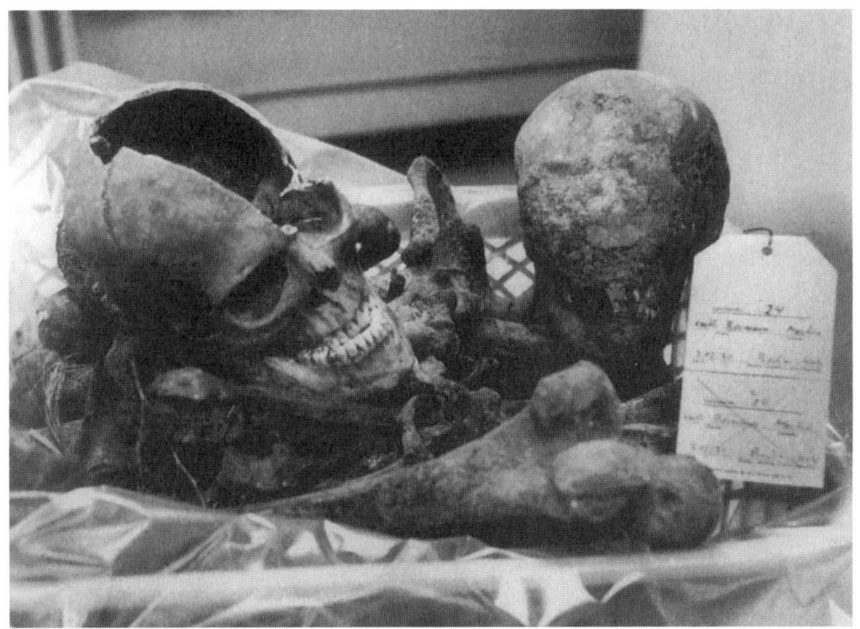

당신은 내가 다음과 같은 것들을 속속들이 배웠던 것을 알고 있소. 모든 추한 것들, 왜곡, 중상 모략, 역겹고 부정직한 감언이설, 아첨, 무능력, 광기, 바보 같은 행위, 공명심, 허영심, 금전욕 등등, 짧게 말해서 인간 본성의 모든 불쾌한 면들을!'

보어만이 그의 아내에게 보낸 마지막 편지에서

최후의 순간까지 싸우지 아니한 자는 탈영병으로 비난받게 될 것이다. 마음을 가다듬고 모든 허약함을 극복하라. 이제는 ‘승리 아니면 패배’ 라는 구호만이 유효할 뿐이다.

보어만이 1945년 4월 2일 당 간부에게 내린 명령

날 밤에 그는 목숨을 잃었다. "언젠가 내가 죽은 뒤에 추도식이 거행된다면, 어떤 경우에도 추서된 수많은 메달이 놓인 훈장 판을 보여 주는 싸구려 구경거리가 되어서는 안 되오. 이런 의식은 그릇된 인상을 심어주오"라고 보어만은 이미 1943년 가을에 부인에게 보내는 편지에서 썼다. 죽음에 이를 때까지 배후에서 그림자로 머물겠다던 그의 소망은 이루어졌다. 명부에 몸을 맡긴 그 사람을 따라 몇 시간 뒤에 보어만도 숨을 거두었다.

하수인

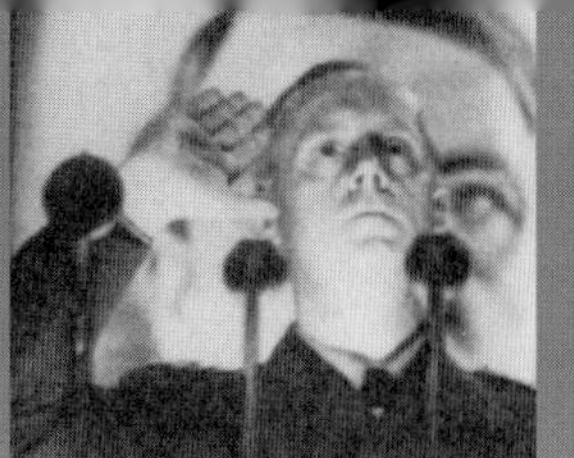

평화 시에도 전쟁을 치른다. 그것을 이해하지 못하는 사람은 어떤 외교 정책도 수행할 수 없다.

완전히 포위되기를 바라지 않는다면, 러시아와 화해하는 것이 지금 우리에게 남아 있는 유일한 해결책이다.

내가 체결한 강화 조약은 구닥다리 스타일의 모든 외교 정책을 불필요하게 만들어버릴 것이다.

나는 차관으로 임명되었지만, 총통에게 영국으로 보내 줄 것을 간청했다.

제국 외교장관으로 임명된 것은 내게 매우 뜻밖의 일이었다.

확실히 1933년 이전 독일에는 유대인 문제가 있었다.

히틀러는 1945년 4월 22일까지 유대인 학살에 대해 아무 말도 언급하지 않았다.

히틀러는 화가 치밀어 올라 자신을 제어할 수 없었다.

저는 당신에게 이런 박해와 잔혹한 행위가 우리 모두를 분노케 한다는 것을 확신시키고자 합니다! 그것은 결코 전형적인 독일적 특성이 아닙니다! 당신은 제가 누군가를 죽일 수 있다고 상상할 수 있으십니까?

물론 나는 모반을 꾀하지 않았으며, 마지막 순간까지 아돌프 히틀러에 대해 충성을 다했으며, 개인적인 신의를 지켰다.

리벤트로프

리벤트로프는 히틀러에게 예속되어 있었다.

한스 폰 헤어바르트, 과거 모스크바 주재 독일 대사관 직원

이 훌륭한 외모의 독일인에게는 저급한 욕구 외에는 전혀 인간적인 면모가 없다…

로베르 쿨롱드르, 전직 베를린 주재 프랑스 대사

나 역시 강력한 독일을 원했다. 하지만 나는 외교적 해결책이라는 수단을 통해 점진적으로 강력한 독일을 만들기를 희망했는데, 이런 외교적 해결책은 제국의 힘이 점점 강해짐으로써 가능하게 되는 것이었다.

리벤트로프

리벤트로프 동지의 이름은 제국 외교장관으로서 독일인과 독일 민족을 고양시킨 인물로 영원히 남을 것이다.

히틀러

리벤트로프는 전형적인 외교관이었다. 동시에 그는 히틀러의 마력에 흠뻑 빠져 있었다.

로마노 무솔리니, 베니토 무솔리니의 아들

리벤트로프가 대화의 주제가 되자, 괴벨스와 보어만은 예외적으로 그가 콧대가 높고, 어리석으며, 모든 것을 혼자 처리하려는 멍청이라는 데 의견 일치를 보았다. 전쟁 중에 전 제국 대통령의 대저택을 많은 비용을 들여서 개조한 외교부 청사 내의 거의 모든 공간에 새로운 히틀러 사진들이 총통에게 아부하는 장문의 헌사와 함께 폭이 넓은 은색 액자에 담겨 서랍장과 책상 혹은 사이드보드 위에 나뒹굴고 있는 것을 보았을 때, 나는 왜 사람들이 장관의 허영심에 대해 입방아를 찧는지 명확하게 알게 되었다. 좀 더 자세히 들여다보니 왜 그렇게 많은 액자가 있는지 그 수수께끼의 답이 보였다. 리벤트로프가 헌사를 적어 넣은 사진을 여러 장 복사해 만든 것이었다.

알베르트 슈페어의 일기, 1943년 11월 23일

노이라트 대신에 리벤트로프가 외교장관으로… 나는 노이라트에 대해 유감으로 생각한다. 나는 리벤트로프를 무능한 사람이라고 생각하고 있다. 나는 히틀러에게 그 점에 대해 솔직하게 얘기를 한다. 그는 말없이 모든 이야기를 경청한다. 그는 모든 것을 한 번 더 숙고해 보고 나서 오늘이나 내일 결정을 내리려고 한다.

괴벨스의 일기, 1938년 2월 1일

아돌프 히틀러는 이미 오래 전부터 특정 집단으로부터, 또한 당으로부터 독일과 러시아의 우호 정책이 결국 독일에게 불이익과 위험을 가져올 수도 있다는 취지의 생각을 주입받았다.

리벤트로프

만약 외교부가 반대 의사를 표명했다면, 외국에서 활동하는 보안경찰은 아무것도 할 수 없었을 것이다. 모든 중앙 기관은 자신의 관할권을 매우 정확하고 엄격하게 지켰다. 그 당시에는 직무 규정 지침에 따라 움직였다.

아이히만

리벤트로프는 총통의 신임을 엄청나게 잃었다. 그는 일련의 문제들을 매우 서투르게 다루었다.

괴벨스의 일기, 1941년 9월 24일

1944년, 히틀러는 자신이 행한 연설을 통해 점점 더 유대인 문제에 천착했다. 결국 여기서 그는 지나친 광신주의에 매몰되어 갔다. 그러나 내가 수상청사에서 그를 마지막으로 목격한 1945년 4월 22일까지 그는 유대인 학살에 대해 한마디도 언급하지 않았다. 그런 이유로 나는 오늘날까지도 총통이 유대인 학살을 지시했다고 믿을 수 없으며, 단지 히믈러가 그에게 이미 끝난 사실을 들이댄 것이라고 추측할 뿐이다.

리벤트로프

…유대인은 우리 국민들이 영위하는 공적인 생활의 많은 영역에서 심대한 영향을 끼쳐 왔다. 그들은 독일의 문화생활, 언론, 영화, 연극 그리고 특히 경제와 금융 활동 등 거의 모든 분야에서 중요한 역할을 해왔다. 유명한 프랑크푸르트 출신의 유대인이자 내 가족의 오랜 친구인 사람이 그 당시에 매우 우려 섞인 목소리로 내게 종종 이런 상황의 전개 과정에 대해 얘기하곤 했다. 그는 특정한 독일계 유대인과 특정한 이주 유대인의 등장이 조만간 엄청난 갈등으로 이어질 것이라는 생각을 가지고 있었다.

리벤트로프

계단을 내려가는 그 사람은 자신감과는 거리가 먼 사람처럼 보였다. 닳아빠진 서류 가방이 그의 얼굴을 가리고 있었다. 쏟아지는 카메라 플래시 세례로부터 몸을 숨기려고 했으나 소용없는 일이었다. 가끔 희미한 불빛이 그의 머리 위로 번쩍이고 있었다. 그는 어렵사리 뉘른베르크 지방법원 602호실로 들어설 수 있었다. 그곳에서 히틀러 정권의 외교장관인 요아힘 폰 리벤트로프에 대한 국제 군사 법정의 재판이 시작되었다. 법정에서 그가 앉은 자리는 맨 앞 열 "1번 피고인"인 헤르만 괴링과 과거 "총통"의 대리인인 루돌프 헤쓰 사이였다.

재판 첫날, 요아힘 폰 리벤트로프는 신경질적으로 머리를 계속 헤집고 있었다. 그는 법정의 방청객들이 보지 못하게 자신의 얼굴을 손으로 가리려고 하였다. 이런 모습은 그가 법정의 판결에 겁을 내고 있는 것처럼 보였다. 하지만 이날과 마찬가지로 다른 공판일에도 그는 참회하는 모습을 전혀 보이지 않았다. 리벤트로프는 자신이 유죄라고 생각하지 않았다. 검사가 그의 유죄를 주장하고 있었지만, 그는 마치 화석처럼 미동도 없이 이에 아랑곳하지 않았다. 어떠한 진술도, 어떠한 증거 자료와 필름도 예전에 막강한 권력을 행사했던 이 사람에게 동정심이나 죄책감을 불러일으키지 못하는 것처럼 보였다. 리벤트로프는 무엇에 대한 유죄냐고 물었다. 패전에 대한 총체적인 책임은 누가 져야 하는가? 그는 이에 대해 책임을 느끼지 않았다. 장군들이 실패했는데, 그가 무엇을 할 수 있었겠나? 제국의 입지를 강화시켜 줄 동맹 관계를 구축하지 못한 것이 죄인가? 법정이 히틀러의 조력자들의 잘못이라고 계속 비난하는 이 모든 범죄와 외교관인 그가 무슨 연관이 있는가? 리벤트로프는, 역사는 승자의 것이므로, 패자는 불행하다고 말했다. 그는 마지막 순간까지 히틀러의 열렬한 추종자로 남아 있었다.

그는 그에 대한 대가를 지불했다. 1946년 10월 16일 밤 1시 19분 정각에 뉘른베르크의 한 김나지움에 마련된 그의 감방 문이 열렸다. 그는 이날 아침에 처형될 첫 번째 죄수였다. 그는 미군 병사 두 명의 호위를 받으며 학교 체육관으로 향하는 자신의 마지막 길에 올랐다. 그곳에 설치된 3개의 교수대 중 하나 앞에 "뉘른베르크의 사형 집행인" 요제프 말타가 그를 기다리고 있었다. 그는 일곱 계단 위로 그를 안내했다. 그런 후에 그는 "제3제국"의 외교장관을 교수대 발판 위에 세우고 그의 목에 밧줄을 걸었다. 그러나 처형 전에 이 범법자는 마지막으로 독일 국민에게 유언을 남기고자 했다. "독일에 주어진 운명이 그대로 이루어지고 동서 간에 타협이 성사되는 것이 저의 소원입니다. 저는 세계 평화를 희망합니다." 교수대 발판이 꺼졌다. 사형을 목격한 몇몇 증인들은 다음 몇 분동안 아주 끔직한 광경을 체험했다. 요아힘 폰 리벤트로프는 곧바로 죽지 않았다. 그는 죽음과 싸우며 밧줄에 매달려 버둥거렸다. 그의 몸에서 경련이 일어났다. 그의 머리는 교수대의 판자벽에 부딪혔다. 리벤트로프가 여전히 죽음과 싸우고 있을 때, 다음 교수형 대상자인 빌헬름 카이텔 원수가 이미 교수대로 안내되고 있었다. 리벤트로프의 목뼈를 부러뜨리기 위해 요제프 말타에게 버둥거리는 그의 몸에 매달리라는 명령이 내려지기 전까지 10분이 소요되었다. 뉘른베르크의 사형 집행인은 당시의 상황을 생생하게 기억하고 있다. "나는 내 오른손으로 그의 왼쪽 귀 뒤를 내리눌렀다. '픽' 하는 소리가 났고 그는 죽었다."

이런 섬뜩한 광경은 9번이나 반복되었다. 처형된 나치 거물들을 찍은 사진들로 인해 뉘른베르크의 사형 집행인은 나중에 심한 비난을 받았다. 의도적으로 죽음과의 싸움을 연장시켰다는 비난이었다. 또한 그와 같은 비열한 짓은 제2차 세계대전 전승국이 주도한 국제 군사 재판에 어울리지 않는다는 비난이었다. 이런 비난에 대해, 오랜 공판 기간 동안 유죄 판결을 받은 사람들의 체중이 엄청나게 줄었다는 설명은 무의미하기 짝이 없었다. 물론 교수형에 쓸 밧줄 길이를 계산할 때 체중이 줄었다는 점이 무시되기는 했다.

울리히 프리드리히 빌리 요아힘 리벤트로프는 1893년 4월 30일에 라인 지역의 베젤에서 출생했다. 그의 부친 리하르트는 프로이센 포병 연대에서 근무했고, 중령까지 진급했다. 요아힘의 모친인 소피는 처녀 때의 성이 헤르트비히였으며, 작센 지방의 지주의 딸이었다. 리벤트로프 가家는 경제적으로 넉넉한 편이었으며, 가족의 생활 리듬은 이동하는 부친의 포병 부대 주둔지에 맞추어져 있었다. 부친의 군인 경력은 상관과의 정치적인 의견 불일치로 1908년에 갑작스럽게 끝을 맺게 된다. 요아힘은 특히 부친과 강한 유대 관계를 맺고 있었는데, 모친의 이른 죽음 이후로 부친 리하르트 리벤트로프가 이 젊은이의 삶에서 중심적인 인물이 되었다. 요아힘 리벤트로프는 7학년 과정을 마치고 학업을 중단했는데, 그 당시로서는 전혀 이례적인 것이 아니었다. 학급 동료들은 나중에 그를 "가장 생각이 없는" 학생으로 서술했다. 그의 두드러진 성격으로 언급할 수 있는 것은 공명심과 도가 지나친 자만심밖에 없다고도 했다. 요아힘 리벤트로프는 이 두 가지 특성을 평생 달고 다녔다. 그렇지만 이 젊은이는 특별한 언어 능력을 발휘했다. 그는 프랑스어와 영어를 열심히 공부했다. 이 외국어 실력이 그의 정치적 경력에 유리하게 작용했고, 외교관으로서 부족한 소양도 메워 주었다. 왜냐하면 그의 고용주인 히틀러가 프랑스어와 영어를 둘 다 잘 구사하지 못했고, 여러 나라 말을 할 수 있는 리벤트로프의 자질을 처세에 능하고 외교적 수완이 뛰어난 것을 증명하는 것으로 평가했기 때문이다.
　요아힘 리벤트로프와 그의 동생 로타는 수년간 베젤, 메츠 그리고 스

리벤트로프 씨, 반코민테른 협정에 영국을 끌어들이시오. 나는 가장 유능한 부하인 당신을 그곳으로 보내는 것이오. 당신이 무슨 일을 해낼 수 있는지를 잘 살펴보시오.

히틀러

"리벤트로프 씨, 내게 영국과의 동맹을 가져다주시오!" 이 말은 1936년에 아돌프 히틀러가 영국과의 타협을 이끌어낼 수 있는 모든 가능성을 다시 한 번 타진해 보기 위해서 그를 대사로 임명해 런던으로 보낼 때, 떠나는 우리 남편에게 한 작별 인사였다.

안네리스 폰 리벤트로프, 1953년

리벤트로프는 영국인의 심리에 대해 아는 바가 전혀 없었다.

헤르베르트 리히터, 외교부의 리벤트로프의 부하 직원

트라스부르를 편력한 뒤에, 앵글로색슨 언어권에 대해 특별한 관심을 나타내기 시작했다. 1910년에 캐나다로 출발하기 전에 그들은 영국에서 2년간 지내면서 영국인의 생활 습관을 배우고 그들의 장점을 알게 되었다. 캐나다는 요아힘 리벤트로프가 아마도 그의 생애에서 가장 인상에 남는 경험을 한 곳이기도 하지만, 또한 그를 결국 뉘른베르크 군사 법정의 피고인석으로 이끈 결정을 내린 곳이기도 했다. 그로부터 수십 년이 지난 뒤에 사형을 앞두고 가진 마지막 대화 기록에 따르면, 그는 "처음에는 단순히 방문 목적으로 갔다가 1차 세계대전이 발발하기 전까지 4년간 그곳에 머물렀다. 그 당시에 내가 캐나다에 있었다면, 복무 부적격자인 내가 무엇을 할 수 있었겠으며, 그랬다면 내 인생이 어떻게 전개되었을까?"라고 자문했다. 히틀러의 조력자 중 어느 누구도 전범자로 태어나지는 않았다. 상당수의 사람들은 스스로 전범자의 길을 택했다.

이 젊은이는 광활한 캐나다에서 행복감에 젖어 있었다. 그는 매우 빠르게 상류 사회의 일원이 되었다. 요아힘 리벤트로프는 영국 황실의 대리인인 코노트 공작의 후원을 받아 몬트리올과 오타와의 상류 사회로 곧바로 편입되었다. 화려하기 그지없는 영국 총독 관저인 리도 홀에서 열린 행사에 그가 불참한 적은 거의 없었다. 사형을 앞두고 리벤트로프가 기억해 낸 "어여쁜 총독의 딸 패트리샤"는 이 젊은 독일 청년에게 특별히 호감을 가졌던 것 같다. 리벤트로프는 "리도 스포츠 클럽"에 가입했고, 대내외적으로 유명한 아이스댄스 그룹 "민토 식스"의 회원이 되었다. 그리고 그는 골프 선수와 테니스 선수로서 확실한 실력을 보여 주었으며, 매력적인 댄서이자 "여성들의 인기를 독차지한 남자"라는 명성을 구가하며 몇몇 상류층 여식들의 마음을 설레게 만들었다.

하지만 이 젊은 재외 독일인은 파티의 황제로서뿐만 아니라 사업가로서도 성공했다. 폐결핵으로 숨진 그의 어머니가 남긴 유산의 일부로 그는 포도주를 수출입하는 사업을 시작했다. 1913년은 그가 캐나다에서 성공적인 사업가로서의 경력을 시작한 해였으나, 심한 신장염으로 인해 그는 병상에 드러눕게 되었다. 그는 요양을 위하여 독일로 떠나기로 결심했다. 그의 건강 상태는 계속 불안정했다. 그는 심각한 정치 상황에 직면해 있다는 것을 알게 되자 요양을 뒤로 미루었다. 요양을 위해 독일에 몇 주간 머문 뒤에 그는 다시 캐나다로 돌아왔다. 돌아온 지 얼마 되지 않은 1914년 8월에 제1차 세계대전 발발 소식을 듣고는 매우 놀랐다. 요아힘 리벤트로프는 앓고 있는 신장병 때문에 입대를 연기할 수 있었음에도 불구하고, 그는 나라의 부름에 따라 서둘러 캐나다를 떠났다. 하지만 수십 년이 지난 뒤에도 그는 그곳에서 받은 환대를 그리워했다. 출발 전날 밤, 그는 그동안 사교계에서 사귄 많은 친구들을 샤토 로리에르 호텔의 화려한 방에 마련한 마지막 저녁 식사에 초대했다. 다음 날 아침, 리벤트로프는 흔적도 없이 사라졌다. 그는 무모하게도 배를 이용해서 독일에 도착했다. 캐나다를 서둘러 떠난 것을 두고 오늘날까지도 그가 독일의 스파이였다는 소문이 무성하다. 동시대를 산 조디 휴슨은 그가 스파이였다고 여전히 확신하고 있다. "그 당시 우리 모두에게 '정말 그리운 리브'는 스파이였고, 그렇기 때문에 그가 그렇게 서둘러 캐나다를 떠날 수밖에 없었던 것이다. 다른 독일인들은 그가 떠난 그날 감금되어 있었다."

실제로 요아힘의 동생 로타 리벤트로프처럼 병에 걸린 독일인조차 체포되었다. 동생 로타는 1918년에 폐결핵으로 인해 사망했다. 캐나다 기관들은 이제 "적대 국민이 된" 외국인들의 여권을 압류했고, 그들이 자신들과 맞서 싸울 수 없도록 조치를 취했다. 캐나다 언론들도 계속해서 지난날 환영받던 손님 요아힘 리벤트로프가 정말로 독일 스파이였는지에 대한 의문을 기사로 다루었다. 1914년 10월 3일, 캐나다 주간지인 『벡스 위클리 *Beck's Weekly*』에 "우리들의 작은 스파이 이야기"라는 부제를 단 기사가 실렸다. 그 기사는 그의 짐 속에 "전략적인 장소를 다루고 있는 불리한 증거 자료들"이 들어 있었기 때문에, "성공적인 사업가이자 바이올린의 대가"인 리벤트로프는 체포당하는 것을 감내할 수밖에 없었을 것이라는 내용을 상세하게 다루었다.

스파이 혐의에 대한 비난은 그것이 사실임을 완전히 증명할 수도 없지만, 사실이 아님을 완전히 증명할 수도 없다. 그런 혐의를 반박하는 논거로는 다음과 같은 것이 있다. 스파이 활동을 관할하는 제국 담당 부처로부터 넘겨받은 문서에는 요아힘 리벤트로프에 대한 어떠한 힌트도 발견되지 않았다. 도대체 그가 캐나다에서 무슨 정보를 빼냈단 말인가? 왜 하필이면 황제의 스파이 조직이 캐나다에 도착했을 때 17살에 불과했던 소년을 발탁했단 말인가?

그런 혐의에 동의하는 논거는 다음과 같다. 왜 그런 소년을 뽑으면 안 되는가? 리벤트로프와 같이 여러 외국어에 능통한 애국자가 왜 황제 폐하를 위하여 믿을 만한 스파이 역할을 할 이상적인 후보자가 아니란 말인가? 캐나다에서 전혀 알려지지 않은 십대 청소년이 그렇게 빨리 힘들이지 않고 상류 사회로 진입했다는 사실이 눈에 띄지 않는가? 다른 독일인들과 달리 그가 1914년 8월 1일에 그렇게 민첩하게 캐나다를 떠날 수 있었던 이유가 그가 스파이였기 때문인 것으로 설명되지 않는가? 역사에 영향을 끼친 모든 것이 문서에 기록되지는 않는다.

리벤트로프는 전장으로 나가 20세기 최초로 벌어진 국가 간 전쟁을 모든 전선에서 체험했고, 1급 철십자훈장을 받았으며, 육군 중위로 진급했다. 1918년 4월, 부상으로 인해 군인 병원에서 몇 주간 치료를 받은 후에 그는 제국 전쟁부 소속으로 복귀하였고, 이후 전쟁부 대표로 콘스탄티노플의 독일 영사관으로 파견되었다. 다시금 다음과 같은 물음이 제기된다. "그는 그곳에서 무슨 임무를 수행했으며, 무엇 때문에 그리고 어떤 목적으로 하필이면 그가 선택되었는가?" 그는 어떤 외교관 교육도 받지 않았으며, 그런 "고급 임무"를 수행할 인물로 추천하기에는 그의 계급이 너무 낮았다. 캐나다에서처럼, 요아힘 리벤트로프에게 분열 획책 임무가 맡겨졌다는 추측을 할 수도 있다. 맹방 터키는 무조건 동맹국으로 남아 있어야 했고, 터키 영토는 영국에 적대적인 많은 아랍 지역 국가들을 선동하는 데 이용되어야 했다. 리벤트로프는 독일판 아라비아의 로렌스였다!

물론 터키인들은 자신들이 지배하고 있는 아랍인들이 영국의 지원을 받아 일으킨 반란을 막아내기에도 급급한 상황이었다. 그러나 제1차 세계대전에서는 실패했기 때문에, 이 계획은 수십 년 동안 이루어야 할 꿈으로 남아 있었고, 그래서 리벤트로프는 이 꿈을 제2차 세계대전에서 실행에 옮기려고 했다. 그 꿈은 근동 아시아에서 인도에 이르기까지 대영제국에 대항하는 "인티파다(민중항쟁)"를 조직하는 것이었다. 하지만 이번에도 그의 노력은 허사가 되었다.

콘스탄티노플에서 요아힘 리벤트로프는 한스 폰 제크트 장군을 알게 되었다. 1919년에 그의 부관으로 독일제국 평화사절단의 임무를 부여받고 베르사유에서 열린 협상에 참석했다. 그러나 협상에 참여해서 아무것도 얻어내지 못했다. "우리는 베를린에서 조약문을 받았는데, 나는 단 하룻밤 그 조약문을 훑어보고는 그렇게 서명할 독일 정부는 어디에도 없다는 성스러운 신념에서 그것을 내던져버렸다"고 그는 뉘른베르크의 감방에서 회상했다. 하지만 독일 정부는 그 조약문에 서명을 했다. 이는 리벤트로프가 군 생활뿐만 아니라 외교관 생활에서 물러나기에 충분한 근거가 되었다. 스파이 활동에 관해서는 아무런 언급도 없었다. 그런 의사 표시는 놀라운 게 아니었다. 리벤트로프와 같은 시민 계급 출신의 신분 상승자의 눈에 바이마르 공화국은 자부심 강한 대독일제국을 괴롭힌 연합국들이 바라는 바를 이행하는 나라에 지나지 않았다. 그는 그런 공화국과는 아무런 관계도 맺고 싶지 않았다.

1919년 여름, 그는 독일에서 가장 큰 샴페인 판매점을 소유한 오토 헹켈을 알게 되었다. 이 친분 관계로 인해 그는 직업상으로 그리고 개인적으로 전환점을 맞게 되었다. 일 년 후에 요아힘 리벤트로프는 헹켈의 딸인 안네리스와 결혼했다. 이 남자는 결혼과 함께, 이전에 캐나다에서 상 상했던 것과 같은, 경제적으로도 그리고 사회적으로도 주목받을 만한 경 력을 시작하게 되었다. 갓 결혼한 새 사위는 헹켈의 베를린 총대리점을 넘겨받았고, 다시 수출입업을 하는 자영업자가 되었다. 1925년부터 그는 "쉰베르크와 리벤트로프"라는 회사를 소유하고 있었는데, 이런 자격으 로 "포므리"[프랑스 샴페인 이름: 옮긴이]와 "조니워커" 같은 유명한 주류를 독 점 판매하게 되었다. 금세 부유해진 리벤트로프 가문은 같은 해에 정말 로 귀족 신분을 얻게 되었다. 그의 숙모인 게르트루트 폰 리벤트로프는 그를 양자로 받아들였고, 성에 "폰"[독일에서는 von이라는 단어가 프랑스어의 de 와 마찬가지로 귀족 출신을 의미함: 옮긴이]을 추가함으로써 더 내세울 수 있는 신 분을 가지게 된 조카에게 제국 수도의 상류 사회로 더욱 쉽고 빠르게 접 근하는 길을 터주었다. 리벤트로프는 그녀의 호의에 대한 대가로 일생 동안 소액의 연금을 지불해야만 했다. 그가 이 의무를 늘 잘 지킨 것은 아니어서, 이후 몇 년 동안 반복적으로 껄끄러운 상황이 연출되었다.

　이 졸부의 신분 상승에 옛 지인인 프란츠 폰 파펜이 도움을 주었다. 두 사람은 콘스탄티노플에서 서로 알게 되었고, 그 이후로 줄곧 연락을 하 고 지냈다. 여러 번의 실패를 거친 뒤에 이 새 귀족을 베를린의 회원 전 용 "유니온 클럽"에 가입시켜 준 사람이 파펜이었다. 파펜과 리벤트로프 는 정치적으로도 같은 의견을 갖고 있어서, 1933년 1월 30일 히틀러가 정권을 탈취할 때까지 자주 행동을 같이 했다. 요아힘 폰 리벤트로프에 게는 우선적으로 그의 경제적 성공에 걸맞은 사회적 명성을 얻는 것이 중요했다. 그는 이 목표를 베를린 "유니온 클럽"을 통해 훌륭하게 이루 어 냈다. 리벤트로프 가족은 드레스덴 은행의 대표 이사였던 구트만의 집에 손님으로 자주 초대받았다. 구트만의 딸 마리온 화이트호른은 20년 대 중반에 베를린 상류 사회에 얼굴을 내민 그 풋내기에 대해 기억하고 있다. "그는 주위에 있는 사람들과 매우 잘 어울렸다. 그는 그들에게 알

"리벤스놉(속물근성이 있는 것을 비꼰 별명)으로도 알려진…"
스코틀랜드에서 골프를 치는 리벤트로프(왼쪽 사진, 1936년)
그리고 영국에서 꿩 사냥을 하고 있는 리벤트로프(오른쪽 사진, 1936년)

리벤트로프는 영국에서 몇 가지 어려움을 겪고 있었다. 그는 지나치다 할 정도로 심하게 자신을 노출시켰다. 그것도 행동으로 그런 것이 아니라 말로만 그랬다. 그는 그의 일을 감당하지 못했다.

괴벨스의 일기, 1937년 2월 7일

우리는 항상 그를 별 볼일 없는 사람으로 보았다.

프랭크 로버츠 경, 영국 외교부 독일 전문가

그가 영국 주재 독일 대사로 런던에 머물던 1936년 당시에 사람들은 그를 "리벤스놉" 이라고 불렀다.

마리온 화이트호른, 당시 드레스덴 은행장인 구트만의 딸

저는 몇 년 전부터 영국과의 우호 관계를 위해 일해 왔기 때문에 우호 관계가 성사되는 것보다 더 기쁜 일은 없을 것입니다… 지금 저는 영국과의 합의가 더 이상 어렵다고 생각합니다. 섬나라 영국은 자국을 지속적으로 위협할지도 모르는 강력한 독일을 곁에 두고 싶어 하지 않습니다. 이를 위해서 영국은 싸울 것입니다. 그러나 사람들은 국가사회주의가 더 위험한 도박도 감행할 수 있다고 믿고 있습니다.

리벤트로프, 히틀러에게 쓴 보고서 1938년

랑거렸고, 가능한 많은 이들과 친분을 맺었다. 그는 샴페인을 더 많이 판매하기 위해서 가능한 많은 사람들과 사귀고 싶어 했다. 그러나 내게는 아무도 그를 좋아하지 않는다는 느낌이 들었다. 그는 호감이 가는 타입이 전혀 아니었다."

그럼에도 불구하고 제국 수도의 정치권에서는 리벤트로프라는 이름이 점차 좋은 평판을 얻고 있었다. 이 샴페인 판매상은 히얄마 샤흐트, 구스타프 슈트레제만, 프란츠 폰 파펜, 그리고 그 시기에 중요했던 인사들과 친분 관계를 맺고 있었다. 리벤트로프 부부는 재치 있고 개방적인 느낌을 주는 사교 방식을 택했다. 그래서 처음에는 그 두 사람으로부터 정치적 견해를 들을 수 없었다.

리벤트로프가 가입한 베를린 신사 사교 클럽에서는 모든 생각을 들을 수 있었는데, 이 생각들이 결국 바이마르 공화국의 종말을 가져왔다. 여기서는 독일이 공산화되는 것을 염려하는 목소리를 늘 들을 수 있었고, 베르사유 평화 조약에 대한 거부감은 일반적으로 공유하고 있던 생각이었다. 민족주의적이고 부분적으로 반유대주의적인 분위기가 형성되었고, 과거 식민지의 반환과 새 식민지의 획득에 대한 소망도 언급되었다. 그러나 가장 공감하고 있던 것은 바이마르 공화국에 대한 거부감이었다.

그 모든 것이 사업가 요아힘 폰 리벤트로프에게 영향을 끼쳤다. 그럼에도 불구하고 그는 오늘날에는 이상하다는 느낌을 주는 교제를 하고 있었는데, 그 당시에는 그런 만남이 가능했고, 그것이 또한 정상적이었다. 리벤트로프 자신은 바이마르 공화국의 버팀목으로 여겨지던 독일국민당에 유대감을 느끼고 있었다. 리벤트로프는 독일국민당의 창당 발기인이자 의장이며 독일 민주주의자들의 기대주였던 구스타프 슈트레제만과 친분 관계가 있었다. 현재의 관념으로는 그런 친분 관계를 이해하기 어렵지만, 그 만남은 사실이었다. 1929년 10월 초에 슈트레제만이 사망했다. 그의 죽음과 함께 민족주의 세력과 공화주의 세력 간의 의견 접근에 대한 마지막 희망은 수포로 돌아갔다. 며칠 뒤에 뉴욕 증시의 검은 금요일은 세계 경제에 대위기를 가져왔다. 독일은 이 경제 위기에서 최악의 결과를 겪게 되었다.

공화국은 나락으로 떨어지기 일보직전이었고, 베를린 거리에서는 독일 최초의 민주주의 정체였던 바이마르 공화국의 유산을 둘러싼 싸움이 험악하게 벌어지고 있었다. 나중에 리벤트로프가 감옥에서 메모한 것에 따르면, 1931년과 1932년 두 해가 지나는 동안 그에게 "독일은 공산주의자들이 차지하게 될 수밖에 없다는 점이 명확해졌다. 나는 공산주의를 저지할 수 있는 유일한 가능성은 국가사회주의자의 손에 달려 있다고 확신한다."

1932년 8월, 리벤트로프는 아돌프 히틀러를 처음으로 만났다. 그는 히틀러가 1945년에 자살할 때까지 그를 열렬히 숭배했다. 국가사회주의자들의 국정 참여 가능성을 논의한 프란츠 폰 파펜과 이 나치 지도자 간의 회담은 실패로 돌아갔다. 1932년 7월 선거에서 총 투표자 중 37퍼센트의 지지를 얻은 국가사회주의 독일노동당이 압도적인 승리를 거두고 보수 정당과 독일국민당은 비참한 패배를 감내해야만 했지만, 폰 파펜과의 회담에서는 이 승리가 충분히 존중받지 못했다. 히틀러는 선거전에서 센세이셔널한 승리를 거두었음에도 불구하고 "합법적인 정권 획득"에 실패했기 때문에 절망했고, 동시에 격분해 있었다. 나치 선전장관인 요제프 괴벨스는 그의 일기에 "당 전체가 이미 정권 획득에 대비하고 있었다"고 털어놓았다. 하지만 히틀러가 요구했던 수상 자리는 받아들여지지 않았고, 파펜 정부는 계속 권좌를 유지하고 있었다. 그때까지 히틀러와 마주친 적이 없었던 요아힘 폰 리벤트로프가 마침 이 순간에 나타났다. 리벤트로프는 프란츠 폰 파펜뿐만 아니라 야심 많은 쿠르트 폰 슐라이허 장군도 알고 있었고, 고령의 파울 폰 힌덴부르크 대통령의 주변 인물들과도 사교 관계를 맺고 있었다. 그리고 여러 해 전부터 그와 같은 상황에서 매우 중요한 역할을 한 사람들과 접촉하고 있었다. 그 모든 것을 히틀러는 갖고 있지 않았다! 또 그에게 없는 것이 있었으니, 그것은 리벤트로프의 자질이었다. 리벤트로프는 여러 언어를 능숙하게 구사했고, 프랑스와 영국과 연관이 있었다. 게다가 이런 엉망진창인 상황에서 중재 임무를 자임했다.

몇 시간에 걸친 대화를 통해 리벤트로프는 "총통"에게 자신의 전략을 설득시켰다. 히틀러가 우선 쿠르트 폰 슐라이허와 계속 협상하는 쪽으로 방향을 잡고 있었던 반면에, 리벤트로프는 그의 옛 친구인 프란츠 폰 파펜에게 주안점을 두는 전략을 가지고 있었다. 상황은 급박하게 돌아가고 있었다. 1932년 11월에 실시된 재선거에서 국가사회주의 독일노동당은 패배를 받아들여야만 했고, 정권 획득은 물 건너간 것처럼 보였다. 과중한 요구에 시달리던 제국 대통령, 그리고 파펜과 슐라이허는 계속되는 경제 위기로 인해 휘청대고 있던 나라를 긴급 조치와 법령의 도움을 받아 간신히 통치하고 있었다. 거리에서 독일공산당과 국가사회주의 독일노동당이 공동으로 베를린 운송조합의 파업을 조직했지만, 그 외에는 서로 치열한 싸움을 벌임으로써 민주주의의 종말이 다가옴을 알렸다. 점점더 많은 기업가들이 히틀러가 수상이 되는 것을 지지하였지만, 당 내부에서 촉발된 갈등으로 인해 국가사회주의 독일노동당은 그 힘이 약화되었다. 몇몇 예언자들은 히틀러의 운이 이미 다했다고 보았다.

그러나 요아힘 폰 리벤트로프는 막후에서 끊임없이 새로운 관계를 모색하며 자신의 인맥을 활용했다. 그 몇 주 동안 아돌프 히틀러의 권력 탈취를 위한 결정적 장소가 되었던 곳은 베를린 달렘에 있는 리벤트로프의 저택이었다. 거의 매일 사람을 바꾸어 가며 면담을 가졌다. 리벤트로프는 큰 도박을 감행하기로 하고는 국가사회주의 독일노동당의 당원이 되었으며, 히틀러를 자신의 사교 모임에 소개시켰다. 리벤트로프는 자신이 "독일의 구세주"로 지칭했던 그 사람의 안녕을 위하여 옛 인맥과 새로

맺은 인맥을 총 동원했다. 결국 리벤트로프는 거의 노예처럼 히틀러에게 의지하게 되었다. 그는 히틀러에게 예속되었다. 그의 우상인 히틀러는 새 동반자의 사회적 지위와 다방면에 걸친 인간관계를 높이 평가했다. 리벤트로프는 파펜과의 협상을 여러 번 주선했으나 모두 성과 없이 끝났다. 11월 선거 후에 파펜 정권은 물러났다. 쿠르트 폰 슐라이허 장군이 새 정부의 수반으로 임명되었다. 프란츠 폰 파펜은 더 이상 권력의 중심에 서 있지 않았다. 리벤트로프와의 관계가 이제 비로소 대단히 흥미롭게 작용하기 시작했다.

전前 정부 수반인 폰 파펜은 성탄절 직전에 베를린 크롤 오페라 극장에서 열린 "유니온 클럽"의 연례 식사 모임에 참석하여 행한 연설에서 "새로운 국가"에 대한 자신의 논지를 전개하면서, 히틀러와 협상을 갖고 그를 새 정부에 참여시키겠다는 의사를 확실하게 밝혔다. 청중들 가운데에는 히틀러의 후원자인 쾰른의 은행가 쿠르트 폰 슈뢰더뿐만 아니라 리벤트로프도 있었다. 다음 6주 동안 요아힘 폰 리벤트로프는 마침내 정치 무대에 발을 들여놓았고, 히틀러의 정권 획득에 착수했다. 그는 쉬지 않고 반대 세력을 무너뜨렸으며, 비난을 퍼붓는 사람들을 다시 설득하면서 히틀러가 수상이 되어야 한다고 선전했다.

안네리스 폰 리벤트로프는 남편의 분주한 활동을 다음과 같이 기록하고 있다. "1933년 1월 10일 화요일: 히틀러와 폰 파펜 간의 회담. 히틀러는 리페 주 의회 선거 이전의 협력은 원하지 않고 있다. 1월 15일 일요일: 요아힘은 윈하우젠으로 출발. 히틀러와 오랫동안 독대…. 히틀러와 약속한 협의는 월요일 저녁 슐체-나움부르크 집에서 하거나 화요일 할레에서 할 예정이다. 1월 18일 수요일 12시 달렘: 히틀러, 룀, 히믈러, 파펜이 모임. 히틀러는 수상 자리를 고집하고 있다. 파펜은 이런 그의 주장을 거듭 불가능한 것이라고 여기고 있다. 요아힘은 시험 삼아 힌덴부르크의 아들과 히틀러가 회합을 가질 것을 제안한다. 1월 20일 금요일: 저녁에 파펜과 오랜 시간 동안 상의함. 파펜은 힌덴부르크의 아들과 마이스너가 일요일에 달렘으로 올 것이라고 전달함. 1월 22일 일요일 저녁 10시: 달렘에서 회합. 참석자는 히틀러, 프리크, 괴링, 쾨르너, 마이스너, 힌덴부르크의 아들, 파펜과 요아힘. 히틀러는 두 시간 동안 단독으로 힌덴부르크의 아들과 얘기를 나눔. 뒤이어 파펜과 히틀러 간의 논의. 파펜은 지금 히틀러의 수상직 요구를 관철시키려고 함. 1월 24일 화요일: 달렘에서 차를 마시는 자리에 프리크, 괴링, 파펜, 요아힘 참석. 가능하다면 오늘 내로 민족전선에 대한 결정을 내리고, 밤 10시에 달렘에서 최종 논의를 위해서 파펜과 만나기로 함. 히틀러는 그렇게 하겠다고 약속함. 1월 28일 토요일: 파펜은 전환점이 마련되었고, 힌덴부르크와 오랫동안 논의한 결과, 히틀러가 수상직을 맡는 것이 가능하다고 판단했기 때문에 그[히틀러]를 즉시 데려와야만 한다고 설명함."

리벤트로프 자신이 마지막 이틀간에 일어난 일들을 기록했다. "1월 29일 일요일 11시, 히틀러와 파펜은 오랫동안 의견을 나눔. 히틀러는 이제 모든 것이 명확하다고 설명함. 하지만 재선거가 실시되어야 하고, 수권법이 수용되어야만 함. 재선거 문제가 논의될 것임. 힌덴부르크가 재선거를 원하지 않고 있기 때문에, 히틀러는 내게 이 선거가 마지막이 될 것이라고 힌덴부르크에게 말해 줄 것을 부탁함. 오후에 나와 괴링은 파펜에게 감. 파펜은 모든 장애가 제거되었고, 히틀러가 힌덴부르크를 내일 11시 경에 만날 수 있을 거라고 설명함. 1월 30일 월요일: 히틀러가 수상으로 임명됨."

동반자 관계가 제대로 기능을 했다. 리벤트로프와 처음에 망설였던 파펜은 히틀러가 제국 수상이 되는 데 방해가 되는 걸림돌을 제거했다. 히틀러는 조력자인 리벤트로프의 지속적인 도움이 없었더라면 수상이 되기까지 험난한 길을 헤쳐 나가야만 했을 것이다. 정신없이 바쁘게 지나간 1933년 1월, 이 시기에 히틀러는 처음으로 그의 새로운 추종자가 얼

오후에 히틀러는 체임벌린의 편지에 대한 답변을 준비하기 위해서 대략 한 시간
정도 혼자만의 시간을 가졌다… 다른 중요한 업무를 볼 때도 이런 일이 반복되
자 리벤트로프는 우울증이 생겼다. 이런 일 처리 방식으로 인해 히틀러가 외교
정책상 중요한 조치를 취할 때 그 자신은 아무런 영향력도 행사할 수 없다고 생
각했기 때문이었다.

알브레흐트 폰 케쎌, 당시 바티칸 주재 공사 참사관

당시에 독일과 영국 간에 합의가 이루어졌다면, 히틀러는 그의 생의 나머지를
사회 복지 국가의 평화로운 건설에 헌신했을 것이라고 나는 확신한다.

리벤트로프, 뉘른베르크 재판중의 메모

마나 능숙하고, 다양한 전략을 구사하며, 집요하게 협상을 진행할 수 있는지 직접 경험했다. 당연히 리벤트로프는 그에 대한 보상을 기대하고 있었지만, 처음에 그에게 주어진 것은 아무것도 없었다. 1933년 1월 30일, 히틀러의 수상 임명과 리벤트로프가 파펜의 "권고에 따라" 참여하지 않았던 "민족전선" 정부의 수립과 더불어 앞으로의 진로가 정해졌다. 히틀러는 리벤트로프를 계속 대변인으로 이용했고, 무엇보다도 그가 "총통"의 의지를 무조건 정치적 행위로 실천에 옮겼기 때문에, 현실적으로 매우 유용한 자원으로 생각하고 있었다. 리벤트로프는 히틀러와 마찬가지로 오랫동안 독백을 하는 버릇이 있었고, 단 둘이 있을 때에는 다른 의견을 개진했지만, 대외적으로는 언제나 히틀러의 생각을 대변했다. 그리고 이런 생각을 외교 구상서나 조약에 반영했다. 그는 항상 히틀러가 원하는 것에 맞추어 자신의 정치적인 구상을 짰다. 그는 단 한 번도 "총통"의 의견에서 벗어난 행동을 한 적이 없었다. 그렇게 함으로써 한편으로는 잠재적인 당내 비판으로부터 그를 보호해 주는 히틀러라는 보호막을 확보할 수 있었고, 다른 한편으로는 "제3제국" 안에서 찾아볼 수 없는 화려한 경력을 보장받을 수 있었다.

하지만 리벤트로프는 처음에는 잊혀진 사람처럼 보였다. 1933년 1월 30일, 그가 얻은 것은 전혀 없었으며, 그의 중재자 역할에 대한 보상도 받지 못했다. "권력 장악"을 하던 그날 밤에 그는 베를린의 "카이저 호프"에 축하하러 온 사람들의 긴 행렬 속에 점잖게 서 있었는데, 승리감에 도취된 국가사회주의자들 사이에서 그는 더 이상 이 승리를 가져온 공신처럼 보이지 않았다. 게다가 제국 대통령은 외교장관으로 그의 절친한 옛 친구인 콘스탄틴 폰 노이라트를 고집했고, 재외 공관장에 대한 어떠한 경질도 있어서는 안 된다고 지시했다. 그렇지만 자신의 단기적인 정치 목표로 제국 외교차관 자리를 노리고 있었던 리벤트로프는 그대로 물러나지 않았다. 조각이 마무리된 후 몇 주 동안 그는 히틀러가 구상하고 있는 대외 정책을 꼼꼼히 살펴보기 위하여 그와 자주 만났다. 그는 그의 생각들을 빠르게 자신의 것으로 만들었다.

대부분의 유럽 정부는 히틀러의 독일 수상 임명에 대해 회의적인 반응을 보였다. 외국 정부에 대해 새 정부가 문제 없음을 알리기 위해서 히틀러는 리벤트로프를 떠올렸다. 리벤트로프는 자신처럼 비교적 힘들이지 않고 유럽 국가들의 영향력 있는 부서에 자유롭게 드나들 수 있는 사람이 국가사회주의 독일노동당 내에는 없다고 생각했다. 그가 사업가로서의 야심을 추구하면서 틈틈이 히틀러를 위해 런던과 파리에서 "외교관 임무"를 수행하고 있는 동안에 히틀러는 그를 높은 서열의 자리로 끌어올렸다. 1934년, 히틀러는 리벤트로프를 "군축 문제에 관한 제국 정부 외교 정책 자문관 및 대리인"으로 임명했다. "리벤트로프 사무소"로 불리는 그의 사무실에는 1937년 말까지 70명 이상의 직원들이 근무했고, 그 이후에는 300명 이상이 근무했다. 1935년 6월에는 "특명 전권 독일제국 대사"로 임명되었다. 형식적인 면에서 보면, 리벤트로프는 이제 당 서열상 알프레트 로젠베르크의 "외교정책국"과 같은 반열에 오르게 되었다. "노전사"이자 이데올로기 주창자인 로젠베르크가 당내에서 확고한 지위와 조직을 가지고 있었던 반면에, 리벤트로프는 당내 기반이 매우 취약했다. 그는 괴벨스와 괴링이 자신을 "샴페인 업계의 귀족" 또는 "리벤스놉"이라고 비웃고, 자신이 당 내부에서 진행되는 음모에 노출되어 있음을 금세 알게 되었다. 그러나 히틀러가 의도적으로 만들어 낸 "계획적인 카오스" 원칙은 훌륭하게 작동되고 있었는데, 이 원칙은 잠재적인 경쟁자들 중 어느 누구도 자신에게 현실적인 위협이 되지 않도록 동급의 당 조직들 간에 상호 경쟁을 부추기는 것이었다. 리벤트로프는 히틀러와 직접 접촉하고 있었다. 히틀러는 외교부의 공식적인 외교 정책을 무시하고 자신의 정책을 펴나가기 위해서 논쟁의 여지가 많은 이 외교 정책가를 이용했다. 히틀러가 리벤트로프를 지원하고 있었기 때문에, 리벤트로프는 당 내부의 경쟁자들로부터 보호를 받았다. 그럼에도 불구하고 부분적으로 공개된 이 외부 인사에 대한 조소는 심각한 수준이었다. "그의 명성은 돈으로 매수한 것이며, 돈과 결혼했고, 관직도 사취한 것이다"라는 내용은 나치 고위층 사이에 널리 회자되던 농담이었다.

그의 거만함과 기회주의는 노골적인 비난을 받았다. 직업 외교관들은 그가 졸부이고 아무 생각 없는 히틀러의 시종에 불과하다고 보았으며, 빠른 시간 내에 다시 정치 무대를 떠나게 될 것이라고 생각했다. 이런 상황에서 리벤트로프는 나치 친위대에 가입하기로 결정했고, 이로써 그의 정치적인 운명을 하인리히 히믈러의 운명과 결부시켰는데, 당시에는 히믈러가 더욱 출세를 하게 될지 여전히 예측불허인 상태였다. 1933년 5월에 친위대 대령에서 시작해 1940년 4월 20일에 중장을 달 때까지, 그의 잇따른 승진은 이 결정이 현명한 판단이었음을 입증해 보이는 것이었다. 이를 통해서 그에 대한 반감이 사라진 것은 아니었지만, 리벤트로프에게 맞서는 자는 또한 히믈러와 맞서게 되는 것이라는 생각을 정적들도 하게 되었다.

이에 대한 보답으로, 훗날 제국 외교장관이 된 리벤트로프는 외교부의 모든 요직을 친위대 인사들로 채웠으며, 이런 방식으로 히믈러가 "제3제국"의 외교 정책과 직접적인 연관을 맺을 수 있도록 통로를 만들어 주었다. 이런 전략을 통해서 리벤트로프는 이후 몇 년 사이에 정부와 당내에서 확고한 지위를 차지하게 되었다. 그를 배척하려는 시도가 많이 있었지만, 친위대와의 긴밀한 유대감 속에 구축된 방어벽에 막혀 모두 무위로 끝났다. 그밖에도 히틀러가 친히 정적으로부터 그를 보호해 주었는데, 리벤트로프는 그에 따른 대가를 치러야 했다. "총통"이 그를 보호해 주긴 했지만, 그를 보호한 목적은 자신의 지시 사항이 정확하게 실행되도록 하기 위해서였다. 리벤트로프의 순종적인 태도와 하수인으로서 자신의 색깔을 거의 드러내지 않았던 정치적인 면모는 지도자의 기분 상태와 강권 정치라는 복잡한 구조 안에서 처신하며 치러야만 했던 대가의 일부였다. 그에게 순응하고, 정말 비굴할 정도로 몸을 낮춤으로써 확실하게 보호받을 수 있었고, 이 보호를 통해 굳건한 지위를 보장받게 되었다. 이제 리벤트로프에게, 사실 적임자는 아니지만, 무슨 일이 있어도 얻고자 열망했던 그 자리에 오를 수 있는 환경이 조성되었다. 그가 원했던 자리는 외교장관 자리였다.

하지만 야심 많은 이 주류 상인은 우선 외국에서 외교적 공적을 쌓아야만 했다. 공적을 쌓을 첫 번째 기회가 영국에서 생겼는데, 그는 히틀러의 지시에 따라 영국과 해군 협정 체결을 위한 교섭에 나서야 했다. 베르사유 조약에 따라서, 독일은 제대로 된 해군 함대를 보유할 수 없었다. 새 협정에 이르는 길은 험난했다. 런던, 베를린 그리고 때에 따라 파리를 오가며 진행된 리벤트로프의 방문 외교는 강력한 비판에 부딪혔는데, 특히 영국 정부가 부분적으로 경쟁적인 외교를 지향하는 독일의 구상을 다룰 가능성이 거의 없었기 때문이다. 이 협상에 참여하지 않았던 제국 외교부는 런던 주재 대사관의 격앙된 분위기를 전했는데, 그곳에서는 "리벤트로프 씨의 차별화되지 못한 생각 없는 외교"를 충격적으로 받아들이고 있었다. 특사를 보낸다면 교섭을 할 수 있는 사람이어야지 "하찮은 샴페인 상인"을 보내서는 안 된다는 식의 어느 정도 악의가 내포된 소문도 떠돌았다. 런던 주재 독일 대사인 레오폴트 폰 회쉬는 리벤트로프의 "미숙하고 현명치 못한" 방식에 대해 불평을 했는데, 리벤트로프는 몇 달 뒤에 그의 후임자로 발령이 났다. 폰 회쉬 대사는 특사와의 회담에서 "구체적인 문제가 전혀" 언급되지 않았기 때문에 영국 정부가 그와 같은 종류의 방문을 앞으로는 용인하지 않을 것이라고 터놓고 얘기했다. 리벤트로프가 점점 더 불편하게 느껴지던 차에 마침 이 경쟁자에게 쏟아진 매서운 비판들을 접한 프라이헤어 폰 노이라트 외교장관은 이 정보를 히틀러에게 전달했다. 그러나 히틀러는 이제 영국 전문가로 승격한 그의 중재자를 계속 고수했을 뿐만 아니라, 그를 "독일 해군 협정 대표단 대표"로 정식 임명했다.

리벤트로프는 당근과 채찍 전략을 이용해 한편으로는 독일의 군비 축소라는 유인책을 제시하면서, 다른 한편으로는 군비 확장을 강화하겠다고 노골적으로 위협했다. 끈질긴 협상 끝에 1935년 6월 18일에 드디어 독영 해군 협정이 체결되었고, 독일은 영국의 3분의 1 수준의 해군력을 갖출 수 있게 되었다. 이 협정 문서에 서명된 리벤트로프라는 이름이 그의 경력에 있어 이정표가 되었다. 그는 동유럽에서 위협을 가하고 있는 공산주의에 대항하여 장차 영국과 군사 동맹을 맺을 것을 꿈꾸고 있었다.

히틀러와 리벤트로프가 피력한 외교 정책 안에 나오는 반볼셰비즘적인 요소들은 해양을 지배하고 있는 영국과 대륙에서 헤게모니를 쥔 독일 간의 긴밀한 동맹을 염두에 둔 것이었다. 영국은 이미 이 안에서 제시된 지위를 점유하고 있었던 반면에, 독일은 여전히 그 지위에 도달하지 못하고 있었다. 이런 지위는 군사 행동이나 외교 정책상의 조약을 통해서 이루어질 수 있었다. 반볼셰비즘 문제에 있어 히틀러와 리벤트로프가 전체적으로 의견 일치를 보이고 있었지만, 근본적인 차이가 있었다. 히틀러의 "반볼셰비즘"이 인종차별주의에 기반을 두고 있었던 반면에, 리벤트로프는 이를 국가적인 이해관계를 관철시키는 용도로만 이용했다. "동부 지역에서 생존 공간을 정복하기" 위해서는 인종차별주의에 입각한 섬멸전을 수행해야 한다는 히틀러의 마지막 결론은 리벤트로프가 생각하지 않고 있던 것이었다. 설령 리벤트로프가 인종차별주의에 입각한 섬멸전이라는 "총통"의 관점을 무조건 따랐을지라도, 그에게 그것은 "인종 전쟁"을 뜻하지는 않았다. 그에게 이데올로기란, 그것이 어떤 기원을 가지고 있든 간에, 자신의 권력 구도 속에 편입시킬 수 있을 때만 중요했다. 더구나 "총통"이 피비린내 나는 반유대주의에 모든 것을 걸 준비가 되어 있었던 반면에, 리벤트로프는 그럴 생각이 없었다. 리벤트로프가 확고하게 "볼셰비즘의 세계적인 위험"에 대해 강조하긴 했지만, 동쪽으로 향하는 하켄크로이츠 열차에 대한 생각은 (처음에는) 잘 몰랐다. 그에게 우선적으로 중요했던 것은 강권 정치를 통해 중부 유럽에서 독일의 안전을 보장하는 것이었다.

리벤트로프와 히틀러 사이의 이런 시각 차이는 특히 영국에 대한 정책에서 분명하게 드러났다. 영국 정부가 어떤 경우에도 독일과의 군사 동맹에 서명할 준비가 되어 있지 않다는 정황이 드러났을 때, 리벤트로프의 외교 정책은 곧바로 영국에 반대하는 쪽으로 선회했다. 만약 대영제국이 반볼셰비즘 노선을 지향하는 동맹에 가입하기를 원하지 않는다면, 영국을 적으로 겨냥한 동맹 구도가 유럽에서 독일의 이해관계를 보장하도록 신경을 써야 했다. 그가 고안한 반코민테른 협정에 일본이 1936년에 참여했고, 그 1년 후에 이탈리아가 참여했다. 리벤트로프는 이 반코민테른 협정에서 형식상으로는 반볼셰비즘적 입장을 취하고 있었지만, 사실상 반영국적인 입장을 다루고 있었다. 동시에 리벤트로프는 이 협정으로 히틀러의 공상적인 영국 정책을 대체하고, 성공 가능성이 매우 높아 보이는 대안을 실행에 옮겼다. 그럼에도 불구하고 "총통"은 그를 그대로 내버려두었다.

리벤트로프는 이 시기에 모든 외교적 노력을 경주하면서도 머릿속에는 개인적인 승진에 대한 생각이 사라지지 않았다. 그사이에 다섯 아이의 아버지가 된 그는 자신의 베를린 빌라를 국고를 들여 개축 및 증축했다. 그는 브란덴부르크 주 오더브루흐에 있는 "존넨부르크 농장"을 사들였고, 그곳을 리벤트로프 가의 주 저택으로 삼았다. 근처에 위치한 알트란프트 기차역으로 바로 연결되는 도로뿐만 아니라 골프장과 테니스장도 빠지지 않았다. 여기 오더브루흐에 귀족 신분인 자신의 가족을 정착시킬 작정이었는데, 그가 직책을 수행하며 받은 보너스와 그사이에 늘어난 재산을 통해서 가족의 입지는 더욱 강화되었다. 그는 리벤트로프라는 이름이 장차 독일이 세계 강대국으로 복귀할 때 빠지지 않고 언급되기를 바라고 있었다.

가끔 그는 외국의 국빈을 자신의 사적인 공간에서 영접했는데, 가든파티와 대규모 리셉션은 그사이에 범접할 수 없는 지위로 출세한 요아힘 폰 리벤트로프의 위상을 보여 주는 행사들이었다. 이 모든 것의 배후에서 원동력으로 작용한 사람이 바로 부인 안네리스였다. 상당수의 동시대 사람들은 그녀가 남편에게 상당한 영향력을 행사하고 있었다고 한다. 엠마 푸어만은 그 당시에 리벤트로프 일가 소유의 농장에서 일한 고용인이었다. "그들은 매주 한 번 이곳에 왔는데, 리벤트로프라는 사람은 매우 조용한 남자였다. 그는 재능이 많고 친절한 사람이었다. 하지만 리벤트로프 부인은 그렇지 않았다. 그녀는 정력적인 사람이었다." 그 외에도 "유명 브랜드의 수입과 수출"을 특화한 가족 회사 "임페그로마"의 영업 실적은 매우 훌륭했다. 히틀러가 그의 충성스러운 가신들에게 분배해 주었던 기부금이 다른 용도로도 쓰인 것이다. 요아힘 폰 리벤트로프는 부유한 사람이었지만, 오랫동안 그의 정치적 꿈을 실현하지는 못했다.

1936년 중반, 외교부 보직 중에서 현직자가 사망함으로써 두 자리의 공석이 생겼다. 이때 리벤트로프는 자신의 경력에서 다음 상위 단계로 올라갈 수 있는 기회가 왔다고 생각했다. 7월 26일, 히틀러는 그를 런던 주재 독일 대사로 임명했는데, 다른 사람들이 보기에는, 역시 공석이었던 외교차관 자리에 비하면 실망스러운 인사였다. 그러나 리벤트로프 자신은 이를 약간 다르게 해석하고 있었다. 히틀러는 처음에는 베른하르트 폰 뷜로우의 후임자로 그를 차관으로 임명하려고 했었다. 그러나 런던 주재 대사였던 레오폴트 폰 회쉬의 후임자로 적합한 인물을 찾던 중에 두 사람은 그가, 즉 리벤트로프가 대영제국에 적격이라는 확신에 이르게 되었던 것이다. 어쨌든 히틀러는 이 제자의 자질에 대해 확신하고 있었다. 일련의 동시대 목격자들이 전하는 바에 따르면, 히틀러가 리벤트로프의 공식 환송 행사에서 요구한 사항을 들어보면 그에 대한 믿음을 확인할 수 있다는 것이다. "리벤트로프 씨, 반코민테른 협정에 영국을 끌어들이시오. 그것이 나의 가장 큰 소원이오. 나는 가장 유능한 부하인 당신을 그곳으로 보내는 것이오, 당신이 무슨 일을 해낼 수 있는지를 잘 살펴보시오."

이때까지도 "총통"은 "아리안 형제국"인 영국을 자기편으로 끌어들일 수 있다는 간절한 소망을 버리지 않고 있었다.

리벤트로프는 히틀러의 이 개인적인 지시를 받고 짐을 꾸려 가족과 함께 영국으로 떠났다. 하지만 이 신임 독일 대사는 그곳에서 파란 많은 2년간의 시간을 허송세월로 보내게 되었다. 대부분의 영국 정치가들이 그를 환영하지 않는다는 사실이 리벤트로프에게는 특히 실망스러운 점이었다. 언제나 그랬듯이, 그는 "상류 사회"에서만 친구들을 사귀었다. 그는 처음 3개월간 대사로서의 직분을 완전히 망각하고 생활했는데, 자신이 히틀러의 측근이고 권력의 중심에 서 있다는 것을 분명히 보여 주기 위해 빈번하게 베를린으로 떠났다. 한 풍자 신문은 그에게 "떠돌아다니는 아리아인"이라는 별명을 붙여 주었고, 영국 외교부 간부들은 이런 그의 태도에 분개하면서, 리벤트로프가 런던에서의 자기 직분을 파트타임 근무직으로 생각하고 있는 것이 아니냐고 추측하기도 했다. 조지 6세의 대관식을 축하하기 위해 개최된 리셉션에서, 그는 영국 국왕에게 나치식 경례를 함으로써 교양 없는 외교관의 전형을 보여 주었다. 당시 영국 외교부의 기대주였고 영국의 독일 정책을 담당하고 있던 프랭크 로버츠 경이 장차 외교장관이 될 리벤트로프를 상대하게 되었다. "리벤트로프는 세계를 영국과 독일로 양분하려는 히틀러의 생각을 실행하기 위한 도구였다. 우리가 리벤트로프의 '위대한' 사상에 동의하지 않았기 때문에, 그는 영국인의 반응에 실망했다. 그는 계속해서 베를린을 왔다 갔다 했다. 내 생각에, 그는 '총통' 곁에 상주하고 있지 않으면 그의 영향력을 상실할지도 모른다는 불안감을 갖고 있었던 것 같다."

리벤트로프는 영국을 반코민테른 협정으로 유인하려는 히틀러의 목표를 실현할 수 없었다. 오히려 그가 나타남으로써 정반대의 효과가 나타났다. 영국 외교관들은 그를 독일과 영국 간에 불화를 조장한 장본인으로 생각했다. 베를린 주재 영국 대사인 네빌 헨더슨은 나중에 리벤트로프에 대해 심하게 불평을 했다. "나는 기회가 있을 때마다 독일인들에게 말했다. 리벤트로프가 대사로서 불행한 2년을 보내는 동안 영국과 독일의 관계는 우리 앞세대의 누군가가 혹은 어떤 사건이 훼손시킬 수 있는 것보다 더 크게 훼손되었다고."

리벤트로프는 베를린으로 보낸 무수히 많은 메모에서 대영제국은 "힘의 균형"이라는 전통적인 유럽 정책에서 벗어날 준비가 되어 있지 않다고 불평을 늘어놓았다. 그는 또한 어떠한 경우에도 영국 정부는 유럽 대륙에서의 힘의 균형이라는 구상을 포기하지 않을 것이고, 바로 이런 힘의 균형을 깰지도 모르는 독일의 모든 군사적 행동은 영국의 군사적 대응을 초래할지도 모른다고 불평했다. 1937년 말에는 이런 입장이 리벤트로프의 정치적인 확신으로 굳어졌다. 수개월간의 심사숙고 끝에 그는 마침내 "총통"에게 그가 소망하던 독영 동맹 구상이 결국은 실패했음을 고백하기로 결심했다. 그런 결심으로 인해 애당초 독일 대사로서의 임무는 실패했지만, 그리고 그것이 그의 수많은 정적들에게 기쁨을 주었지만, 리벤트로프 자신은 무너지지 않았다.

며칠 뒤인 1938년 1월 2일, 그는 "총통"에게 보내는 개인적인 메모에서 독일이 소망하고 있는 "동유럽에서의 현상 유지 상태를 변화시키기" 위해서는 폭력적인 수단을 동원해야 한다고 적었다. 또한 프랑스는 동맹으로서의 의무를 다할 것이고, 불영 상호 군사 원조 조약에 따라 영국의 지원을 기대할 수 있을 것이라고 적었다. 그리고 그의, 즉 리벤트로프의

리벤트로프와의 오랜 토론… 그는 나중에 왜소하고 추해 보였다. 친구라고는 아무도 없는 역겨운 놈이다. 이제 그는 히믈러의 환심도 잃어버렸다.

괴벨스의 일기, 1940년 6월 6일

리벤트로프는 허영심으로 가득 찬 놈이다.

슈페어의 일기

그는[리벤트로프는] 예전에 국가사회주의자가 아니었다. 그리고 총통에 대해 꼭 필요한 배려도 한 적이 전혀 없다.

괴벨스의 일기, 1941년 8월 19일

노력에도 불구하고, 영국은 동유럽에서의 독일의 이해관계를 인정할 준
비가 되어 있지 않기 때문에, 의도적으로 영국을 약화시켜 간섭을 하지
않도록 만들어야 한다고 적었다. "예를 들면, 영국이 충분한 무장을 하
지 못하거나 우세한 세력 판도를 갖춘 강대국들(예를 들면, 독일-이탈리아-
일본)의 위협 때문에 그리고 이로 인해 영국의 군사력이 다른 곳에 발목
이 잡혀 있다면, 유럽에서 프랑스를 충분히 지원할 수 없게 될 것이다….
아직 무장이 충분하지 않은 상황에서 영국 홀로 앞서 언급한 세력 판도
에 맞선다면, 영국으로서는 불리할 것이다."

　히틀러에 대한 리벤트로프의 전략은 분명했다. 영국을 자기편으로 끌
어들이려는 히틀러의 계획은 실패했지만, 리벤트로프는 "동부 지역에서
생존 공간의 확보"라는 히틀러의 원래 목표는 계속 추진했다. 이제는 현
실 정치가 리벤트로프의 전략을 추진하는 데 도움을 주었다. 왜냐하면
원래 반볼셰비즘을 추구했던(물론 리벤트로프도 반볼셰비즘을 목표로 했다)
반코민테른 정책이 이제는 그의 바람대로 영국에 반대하는 협정으로 변
했기 때문이다. 리벤트로프의 이런 전략에는 자신의 영국 정책의 실패에
대한 히틀러의 분노를 가라앉히려는 의도도 깔려 있었다. 영국을 반코민
테른 협정에 가입시킨다는 히틀러의 원래 계획을 포기하고 리벤트로프
자신의 작품이라고 말할 수 있는 "반코민테른 전략"으로 선회함으로써,
확실히 그는 독일 외교·정치에서 중요한 사람이 되었다. 그리고 그것이
결국 그가 모든 노력을 기울여 추구한 목표였다. 그러나 아직도 해결해
야 할 문제가 하나 남아 있었다. 반코민테른 협정은 회원국들 간에 군사
개입에 대한 합의를 매듭지어야만 했다. 군사 개입에 대한 합의가 이루
어지지 않는 한, 영국은 독일과의 평화로운 타협이 여전히 가능할 것이
라는 생각을 그대로 유지할 것이다.

　리벤트로프의 외교 정책을 평가하는 데 있어서 그의 보고서가 상당히
유익한 역할을 하는데, 리벤트로프는 외교장관으로서 보고서에 간단히

기록해 놓은 정책을 크든 작든 간에 실행에 옮겼기 때문이다. 영국과의 타협 가능성에 대해 전반적으로 환멸을 느끼고 있던 리벤트로프의 유럽 비전은 그 자신과 스탈린이 1939년 8월 23일 모스크바에서 독소 상호 불가침 협정에 서명함으로써 정점에 이르렀다. 하지만 1938년 초까지만 해도 히틀러는 이 대사가 새로운 외교 정책으로 전환하는 것에 대해 전혀 관심을 보이지 않았다. 정치적인 의미를 상실함으로써 리벤트로프는 정치권에서 도태될 수도 있어 보였다. 이런 외교 노선을 주창한 리벤트로프는 정작 알지 못했지만, "총통에게 보낸 메모"는 1938년 초에 있었던 거의 모든 정치적 논쟁에서 가장 중요한 역할을 했다. 왜냐하면 독일 정치가 변화의 징후를 보였기 때문이다.

대대적인 세력 팽창을 겨냥한 정책은 1938년 3월 13일에 소위 오스트리아 "합병"을 통해 그 첫 결실을 맺었다. 하지만 히틀러의 전쟁 계획은 결정적인 순간에 문제에 봉착했다. 따라서 그는 당장 이 문제를 해결해야만 했다. 전쟁을 수행함에 있어서 그는 기존의 엘리트 정치 지도부를 신뢰할 수 있었을까? 아니면 그가 사전에 권력의 주요 요직에 자신에게 무조건 헌신한다고 확신할 수 있는 사람들로 채워야만 했을까? 그의 세력 팽창 의지에 대한 제국 전쟁부와 외교부 수장의 거부 태도는 히틀러로 하여금 그러한 사람들과 전쟁을 수행할 수 없다는 인식에 이르게 만들었다. 새해 시작과 더불어 공개된 사회적 스캔들이 그에게 도움이 되었다.

제국 전쟁부장관인 베르너 폰 블롬베르크는 외설적인 사진들이 나돌고 있던 나이 차가 꽤 나는 젊은 부인과의 결혼 때문에 여론의 비난을 받고 있었다. 육군 총사령관인 베르너 프라이헤어 폰 프리츠에게는 동성애 경향이 있다는 누명을 뒤집어씌었다. 이 모든 것이 때마침 정부의 귀에 들어왔다. 히틀러는 1938년 2월 4일에 개각을 발표했는데, 그는 이번 개각을 통해 전쟁을 치를 의사가 없던 외교장관 폰 노이라트도 물러나게 했다. 신임 외교장관으로 런던 주재 독일 대사인 요아힘 폰 리벤트로프가 임명되었고, 새로운 군 총사령관직은 히틀러 자신이 맡았다.

이로써 25년도 지나지 않아 유럽에서 두 번째 전쟁을 치를 길이 열리게 되었고, 여기서 결정적인 역할을 했던 두 사람은 히틀러와 리벤트로프였다. 구 엘리트들이 속한 정치 조직에서 제기한 심상치 않은 저항들은 제압되었다. 외교장관직은 무조건 "총통"의 뜻에 부응했던 한 남자에게 돌아갔다. 히틀러의 계산 속에서 리벤트로프의 외교적 역량은 중요한 부분이 아니었다. 사실 히틀러에게 더욱 중요했던 것은 이미 여러 번 도움이 되었던 그의 폭넓은 인맥이었다. 그런 인맥이 외교 정책상 장차 있을 차선책을 위해 계속 유지되어야만 했다. 히틀러가 리벤트로프를 선택한 것은 단순하게 보면 노이라트의 후임자가 필요했기 때문이고, 결정적으로는 리벤트로프가 헌신적인 추종자의 전형이었기 때문이다.

새로 지도부를 꾸리고 그에 상응하는 선전을 병행하면서 독일은 오스트리아를 합병했다. 이 "합병"에서 리벤트로프는 이렇다 할 역할을 하지 못했다. 그는 이 사건에 대한 제대로 된 윤곽도 잡지 못하고 있었다. 히틀러의 지시에 따라, 그는 합병 이전에 영국으로 갔다. 공식적으로는 대사로서 작별을 고하기 위한 것이라고 했다. 하지만 내막을 살펴보면, 히틀러가 오스트리아로 진군할 때 영국 정부의 분위기를 조기에 파악하기 위해 런던에 "그의 가장 유능한 부하"를 보낸 것이었다.

베를린에서 비밀리에 "빈에서의 작전"을 위한 마무리 준비가 진행되는 동안, 리벤트로프는 아무것도 모른 채 3월 8일에 영국으로 떠났다. 나흘 뒤에 영국 수상 네빌 체임벌린과 조찬을 갖던 도중에 오스트리아에 독일군이 진입했다는 전혀 예상치 못한 소식이 리벤트로프에게 전달되었다.

독일 외교장관은 수상이 보는 앞에서 곤혹스러운 처지가 되었다. "체임벌린은 내게 오스트리아에서 벌어지고 있는 사건의 전개 과정에 대해 어떤 정보라도 갖고 있는지 물었다"고, 나중에 리벤트로프는 그 당시 상황을 설명했다. "나는 그 사실을 몰랐다고, 정부와 연락을 취하기 전에는 유감스럽게도 내가 당장 무엇을 해야 하는지 아무런 말도 할 수 없다고 그에게 해명해야만 했다."

그러나 "총통"과 접촉하려는 리벤트로프의 시도는 24시간 동안 아무런 성과가 없었다. 히틀러는 영국에 있는 그의 외교장관을 곤경 속에 내버려두었다. 그는 아무 정보도 없이 자국의 정책으로부터 차단되어 있었다. 하루가 지난 뒤에 그의 굴욕감은 절정에 달했다. 히틀러가 아니라 괴링이 그에게 연락을 취했는데, 괴링이 가진 외교 정책상의 야심 때문에, 그는 리벤트로프에게 있어 눈엣가시 같은 존재였다. 괴링은 그가 자주 "보잘것없는 리벤트로프"라고 조롱했던 외교장관에게 전화를 걸어 의기양양하게 생색내듯 무례한 태도로 소식을 전해 주었는데, 이로 인해 리벤트로프는 심한 우울증을 앓게 되었다.

리벤트로프는 자신이 푸대접을 받고 있다고, 그러니까 누군가가 자신을 쫓아내려고 술수를 쓴 것이라고 생각했다. 괴링 외에도 자신의 옛 동지였고 빈 주재 독일 대사인 프란츠 폰 파펜이 이 음모의 배후에 있을 것이라는 생각이 며칠간 그의 뇌리에서 떠나지 않았다. 폰 파펜과 그의 관계는 이미 오래 전부터 냉각 상태에 빠져 있었다. 마침내 히틀러로부터 베를린으로 돌아와도 좋다는 허가를 받은 후에, 그는 이미 오래 전에 자기 없이 독일 국가 연맹에 오스트리아를 편입시키는 일이 완료되었다는 사실을 확인하고는 불쾌해했다. 독일의 영토 확장과 당연히 이와 결부된 독자적인 경제적 가능성의 개선은 외교상 어려운 문제없이 진행되었다. 영국은 "두 독일 국가"의 합병을 인정했는데, 히틀러와 리벤트로프는 이를 약화된 영국의 징표로 해석했다. 리벤트로프는 이후로도 영국에 반대하는 자신의 정책안을 계속 관철시키려고 끈질기게 노력했다. "총통"은 그동안 추진했던 영국과의 동맹에 대해서는 더 이상 매력을 느끼지 않았다. "영국을 제외하거나 영국에 반대하는" 리벤트로프의 정책안은 제안

우리가 완전히 고립되기를 원치 않는다면, 지금 우리에게 남아 있는 유일한 탈출구는 러시아와 합의하는 것뿐이다.

리벤트로프, 1938년

아돌프 히틀러는 이미 오래 전부터 특정 집단과 당으로부터 독일과 러시아의 우호 정책이 결국 독일에게 불이익과 위험을 가져올 수도 있다는 취지의 생각을 주입받았다.

리벤트로프, 뉘른베르크 재판중의 메모에서

공산주의를 저지할 수 있는 유일한 가능성은 국가사회주의자의 손에 달려 있다.

리벤트로프

폴란드로 진군한 후에 리벤트로프는 제국에서 자신의 맡은 바 소임을 해냈다.

헤르베르트 리히터, 외교부에 근무한 리벤트로프의 부하 직원

나는 이 첫 번째 만남부터 아돌프 히틀러에게서 강한 인상을 받아서, 당과 함께 그만이 독일을 공산주의로부터 구해낼 수 있다고 확신하게 되었다.

리벤트로프, 뉘른베르크 재판중의 메모에서

리벤트로프는 히틀러가 원하는 것을 항상 미리 알아내려고 했다.

한스 폰 헤르바르트, 전 모스크바 주재 독일 대사관 직원

자인 그가 더 이상 관여하지 않고도 잘 추진되어 갔다. 그럼에도 불구하고 이 정책 제안자의 마음은 편치 않았다.

오스트리아 진군 시에 그에게 주어진 역할이란 것이 기껏해야 안전을 보장하기 위한 엑스트라 역할에 불과했기 때문에, 리벤트로프는 최소한 "주데텐 위기" 문제에 있어서는 그에게 적합한 주도적인 역할을 하기를 원했다. 외교차관인 에른스트 폰 바이체커는 리벤트로프가 "체코 문제를 완전히 독점하고 있었다"고 확정적으로 말했다. 그러나 리벤트로프는 여전히 두 개의 전선에서 싸움을 벌이고 있었다. 한편으로 히틀러와 외교부 내에서 자신의 지위를 확고히 하기 위해서 그는 자신의 외교 정책상의 평판이 허울이 아님을 서둘러 증명해 보여야만 했다. 다른 한편으로 그는, 이것이 더 중요한 싸움이었는데, 이번 기회에 당 내부 비판자들의 콧대를 확실하게 꺾어 놓아야만 했다.

리벤트로프는 이때부터 진퇴양난에 몰리게 되었다. "노전사들" 사이에서 고립되어 있는 상황은 그를 완전히 "총통"의 총애에 목을 매게끔 만들었다. 능력을 발휘하여 그에게서 인정을 받아야 하는 필요성은 지나친 명예심과 거만한 태도로 이어졌고, 이는 그를 더욱 고립시키는 결과를 가져왔다.

그러나 1938년에 그는 마침내 그가 바라던 평판을 얻게 된다. 몇 달 전부터 계속된 "주데텐 위기"에서 리벤트로프는 사태를 더 악화시킬 수 있는 상황을 거의 놓치지 않고 활용했다. 이번에 그는 "총통"에게 그 지역을 넘겨주려고 했다. "오스트리아 합병" 뒤에 이제 "프라하로 진군"하는 것이 그의 의도였다. 히틀러의 후원을 받고 있는 리벤트로프의 외교 정책은 다른 나라의 외교적 반응에는 신경 쓰지 않고 전쟁으로 방향을 틀어잡았다. 1938년 5월 말, 히틀러는 몇몇 장군들에게 우선은 동부 유럽에서, 그 다음에는 서부 유럽에서 전쟁을 시작할 작정이라고 털어놓았다. 동부와 서부 유럽에서 정지 작업을 마무리 지은 뒤에, 이어서 소련과

거대한 "생존 공간 전쟁"을 시작하겠다는 것이었다. 히틀러는 독일을 둘러싸고 있는 적들을 단계적으로 섬멸하자는 리벤트로프의 생각을 받아들였다. 그렇지만 히틀러와 달리 리벤트로프는 체코슬로바키아와의 전쟁에서부터 영국의 군사 개입을 고려해야 할지도 모른다고 걱정했다. 반대로 히틀러는 자신이 추진한 영국 약화 정책이 효과를 나타낼 것이라고 생각했고, 그에 따라 영국으로부터 이렇다 할 저항이 없을 것이라고 기대했다.

유럽의 위기는 첨예화되었다. "체코"를 지도상에서 없애려는 히틀러의 의도는 유럽 각국 수도의 외교 무대를 바쁘게 돌아가게 만들었다. 체임벌린의 첫 번째 독일 방문은 결국 뮌헨 협정을 위한 길을 터주었는데, 이 협정은 유럽 국민들에게 의도적으로 초래된 전쟁이 가져올 대참사로부터 몇 달 동안 유예 기간을 가져다주었다. 뮌헨에서의 회동은 유럽 강대국들의 합의 능력을 마지막으로 입증해 주는 것처럼 보였다. 하지만 히틀러는 그 협정에 대해 분통을 터뜨렸다. 그의 눈에는 "피할 수 없는 전쟁을 적시에 수행할 수 있는" 호기를 놓쳐버린 것처럼 보였다. 히틀러 자신이 혈기왕성하고, 서부 유럽이 아직 무장하지 않았는데도 말이다. 이런 관점에서 보면, 체임벌린은 비겁한 "타협자"가 아니라 뮌헨에서 조국을 위하여 히틀러에 대항할 군비 확장에 필요한 시간을 번 능숙한 외교관이었다.

이번에는 리벤트로프가 이 사건의 승자로 드러났다. 그는 영국이 유럽 대륙에서 "힘의 균형"이라는 전략을 결코 포기하지 않을 것이라고 이미 끊임없이 경고했었다. 그러나 1938년 영국의 무장 상태는 독일보다 압도적으로 열세였기 때문에, 독일의 팽창 계획을 저지하기 위해서는 지연 전략을 추진해야만 했다. 그리고 바로 이것이 뮌헨에서 본래 합의한 내용이었다. 피상적으로 보면, 리벤트로프의 "반영" 정책은 실패했다. 하지만 히틀러의 반응은 그에게 이제부터 "총통"이 영국에 반대하는 자신의 구상에 결국 찬성할 것이라는 확신을 심어주었다.

섬나라 영국에 대한 리벤트로프의 힘의 정책은 장차 추진할 정책의 기준이 되었다. 그의 외교 정책의 목표는 1938년 말에 분명하게 드러났다. "유럽에서 독일 생존 공간의 확장과 영원한 생존 공간의 확보 그리고 대독일제국의 규모에 상응하는 식민지의 조성"이 그것이었다.

이로써 대영제국과의 갈등은 필연적이었다. 대영제국의 최소한의 동의나 희생이 없다면 어떻게 "대독일제국"이 그 규모에 걸맞은 "식민지"를 얻을 수 있겠는가? 영국 정부가, 독일의 과거 식민지를 전적으로 반환할 의도를 가지고 있다 하더라도, 그러한 무리한 요구를 받아들이지 않을 것은 자명한 일이었다. 그러나 리벤트로프는 더 많은 것을 생각하고 있었다. 그는 영국을 유럽 대륙의 힘의 정치로부터 몰아내고, 옛 세계 제국과 새로 떠오르는 강대국 독일 간에 결전을 벌이게 만든다는 생각을 가지고 있었다. 이 경우에 그는 전쟁이라는 위험을 감수하려고 했는데, 그 스승에 그 제자다운 생각이었다. 그의 대화 상대자들은 가끔 그가 바로 전쟁을 벌이려 한다는 인상을 받았다. 이탈리아 외교장관 갈레아초 치아노 백작은 이 시기에 적은 기록에서, "그는 전쟁에 대한 생각, 아니 전쟁을 염두에 두고 있다. 그는 정확히 어디로 진군할 것인지에 대해서는 모른다. 그리고 누가 적이 될지 또 어디를 목표로 할지도 제시하지 않고 있다. 그러나 그는 향후 3년 내지 4년 안에 전쟁을 할 생각이다."

1941년 6월 22일, 소련에 대한 독일군의 공격이 개시될 때까지 리벤트로프의 동맹 정책과 히틀러의 팽창 정책은 영국을 궁지에 몰아넣으려는 목적에 맞추어져 있었다. 체코슬로바키아는 점령되었고, 리투아니아는 메멜 지역을 독일에 넘겨주었고, 스페인은 반코민테른 협정에 가입했고, 독일과 이탈리아는 "철의 조약"[1939년 5월 22일에 체결된 동맹 조약: 옮긴이]을 맺었다. 폴란드는 군사적으로 독일에 예속되었다. 네덜란드, 벨기에, 프랑스, 덴마크와 노르웨이는 점령되었다. 독일, 일본과 이탈리아는 3국 동

리벤트로프는 훌륭한 배우였다.

알브레히트 폰 케셀, 당시 바티칸 주재 공사 참사관

리벤트로프는 심리적으로 노련하질 못하다. 그는 독일의 적들에게 더 가까이 다
가가야만 한다. 그리고 말은 적게 하고, 대신 행동을 더 많이 해야 한다.

괴벨스의 일기, 1937년 4월 13일

내가 추구하는 정책은… 나의 것이 아니라 총통의 것이다.

리벤트로프, 1939년

맹을 맺었다. 독일군은 아프리카로 진군했고, 그리스와 유고슬로비아는 항복했다. 영국은 독일에 대하여 전쟁을 선포했다. 하지만 섬나라에 맞서는 동맹 체제가 거의 결성된 상황이었고, 영국 정부는 유럽에서 고립되어 있었으며, 게다가 루즈벨트 대통령이 미국의 참전 요구를 우선 거부한 상태였다. 독일 공군의 일차 공습으로 끔찍한 피해가 발생했지만, 영국의 사기를 떨어트리는 데는 실패했다. 이 반항적인 섬나라는 리벤트로프에게는 트라우마와 같았다.

그는 이탈리아에 대해 점점 더 많은 기대를 하게 되었는데, 외교장관 치아노 백작은 그의 가장 중요한 대화 상대였다. 치아노 백작의 일기는 독일의 외교 정책이 궁극적으로는 소련을 목표로 삼고 있었지만 우선은 영국에 반대하는 모양새를 취하고 있었다는 것을 이탈리아 사람들이 정확히 알고 있었음을 보여 준다. 치아노는 무시하고 있었지만, 히틀러와 리벤트로프가 철저하게 이용했던 것은 이탈리아가 팽창주의 노선에 나서는 것을 그대로 놔두면 무솔리니를 확실하게 독일편으로 끌어들일 수 있다는 인식이었다. 이런 평가는 무솔리니를 터무니없는 과시욕에 사로잡혀 있는 인물로 보았다는 말인데, 키가 무척 작았던 "두체"[이탈리아어로 총통을 의미함: 옮긴이]는 이런 과시욕을 통해 자기를 돋보이게 만들었다.

선조의 로마제국으로부터 그의 제국에 이르기까지의 계보를 그리기 위하여 그는 커다란 칠판을 세우도록 시켰는데, 그 위에 모든 점령지가 정확하게 기입되었다. 이탈리아는 조약에 따라 독일 쪽으로 편입되었고, 인접국들은 점령 또는 합병되었다. 그렇지만 반영 동맹은 아직 완벽하게 구성되지 않았다.

1939년 3월 15일, 체코슬로바키아에 독일군이 진입할 때까지, 영국 정부는 6개월 전에 뮌헨에서 합의했던 협정을 준수하고 있었다. 그러나 체코를 분할하는 것은 "독일제국으로의 귀환"이라는 모토에 따른 민족주의적인 조치 이상의 것이었다. 이제부터 히틀러는 "독일로 독일인"을 불러오는 것을 더 이상 도발의 근거로 제시할 수 없게 되었다. 이번에는 독일군이 해방자로 환영받은 것이 아니라 점령자로 미움을 사게 되었다. 루비콘 강을 건넜다. "그 이후로 체임벌린은 전혀 딴 사람이 되었다"고 프랭크 로버츠는 기억한다. "그는 이제 히틀러와 싸워야 한다는 것을 알았다. 이를 위한 첫 번째 방법은 폴란드를 지원하기 위해 러시아를 영국과 프랑스의 동맹으로 끌어들이는 것이었다."

리벤트로프와 히틀러는 영국 수상의 분위기가 변한 것을 알아차리지 못했는데, 반년 후에 이것이 얼마나 큰 실수였는지 밝혀지게 되었다. 스탈린과 영국 간의 협상은 곧바로 시작되었고, 얼마 뒤에 동맹이 가능한 분야에서 영소 동맹이 체결되었는데, 심지어 가능성이 희박한 분야에서도 합의가 이루어졌다. 이런 사실이 모스크바 주재 독일 대사관에서는 비밀이 아니었다. 이에 따라 베를린에서는 전화 통화가 늘어났고, 외교활동이 부산하게 전개되었다. 리벤트로프는 두 개의 전선에서 전쟁을 치르게 되면 위험이 증대하리라는 것을 예측할 수 있었기 때문에, 이런 위험을 물리치기 위하여 히틀러에게 스탈린과 전략적 동맹을 맺도록 설득했다. 히틀러는 그에게 이를 허락했다. 이렇게 리벤트로프는 샴페인 상인에서 세계 정치가에 이르는 그의 화려한 경력의 정점에 오르게 되었다. 적어도 몇 시간 동안은 실제로 그러했다.

그리고 일을 진행시키기 위한 비공식 외교가 다시 추진되었다. 리벤트로프는 1939년 4월 7일에 "동부 지역 전문가"인 페터 클라이스트에게 동맹과 관련된 대화 가능성을 타진하기 위하여 베를린 주재 소련 대사관 직원과 개별적으로 접촉을 시도하라는 지시를 내렸다. 이 지시와 함께 몇 달 동안의 마라톤 협상이 시작되었는데, 리벤트로프는 환한 표정을 짓는 승자의 모습으로 그 협상을 마무리 짓게 되었다. 1939년 8월 23일, 그가 모스크바에서 서명함으로써 최종적으로 확정된 이 조약을 통해 서로 상반된 세계관을 가진 두 국가의 동유럽에서의 이해관계가 규정되었다. 스탈린은 자신의 세력 범위를 발트 해 지역과 폴란드로 확대했다. 독일은 동유럽 이웃 국가들의 다른 절반을 확보했으며, 유럽에서 전쟁이 발발할 때 소련이 중립을 지키도록 확실히 해두었다. 리벤트로프는 영국과는 협상을 제대로 할줄 몰랐지만, 소련과는 — 1933년 1월에 그의 베를린 빌라에서 많은 어려움과 저항에도 불구하고 "총통"을 제국 수상으로 만드는 데 일조했던 것처럼 — 단 몇 시간 만에 협상에 성공했다.

스탈린과 소련의 외교장관 몰로토프 그리고 리벤트로프는 아마도 이날 밤 모스크바에서 자신들이 얼마나 놀랄만한 외교 협상을 성공시켰는지 헤아리고 있었을 것이다. 첫 번째 전신을 통해 온 세계가 이 악마들 간의 협정에 대해 경악하고 있을 때, 스탈린의 집무실에서는 크림반도산 샴페인, 보드카와 시가가 포함된 호화로운 뷔페가 마련되었다. 참석자들은 모든 음식을 충분히 즐겼다. 스탈린은 자신이 직접 코르크마개를 뽑은 샴페인으로 독일인들과 히틀러를 위해 끊임없이 축배의 말을 건넸다. 나중에 리벤트로프는 당시 스탈린과 몰로토프가 아주 친절했다고 보고했다. 그는 "옛 동지들 가운데 있는 것과 같은 느낌"이 들었다고도 했는데, 이 표현은 나치 이념의 주창자인 로젠베르크가 분통을 터뜨리며 발언하도록 만들었다. 즉, 이 표현은 "매우 뻔뻔스럽고 모욕적인 언사로, 국가사회주의에 해를 끼칠 수도 있다는 것"이었다.

그가 독일에 도착하는 모습은 흡사 검투사가 입장하는 모습과 비슷했다. 쾨니히스베르크에서 주민들은 그를 열렬히 환영했으며, 리벤트로프는 환한 얼굴로 그들이 표하는 경의를 받아들였다.

똑같은 광경이 베를린의 수상청사에서도 연출되었는데, 그곳에서 히틀러는 감격에 찬 모습으로 그를 맞이했다. 리벤트로프는 이례적으로 긴장을 풀고 침착하게 이해관계의 중심에 서 있었으며, 이 순간 당과 국가에서 그의 인기는 헤아릴 수 없을 정도로 치솟았다. 그때가 그의 경력의 절정이었다. 리벤트로프는 놀랄만한 외교 협상 성과 때문만이 아니라,

리벤트로프 씨, 우리는 간발의 차이로 전쟁에서 승리할 것입니다.

히틀러

물론 내가 그(히틀러)와 함께 많은 일들을 경험했음에도 불구하고, 그와 같이 일한 지난 모든 세월 동안 우리가 서로 알게 된 첫날보다 인간적으로 그에게 더 가까이 다가가지 못했다는 것을 고백하지 않을 수 없다. 그는 기질상 뭔가 말로 표현할 수 없는 거리감을 가지고 있었다.

리벤트로프, 뉘른베르크 재판중의 메모

제2차 세계대전의 시작과 함께 히틀러의 외교 정책에 대한 리벤트로프의 영향력은 종지부를 찍었다.

헤르베르트 리히터, 외교부에서 근무한 리벤트로프의 부하 직원

리벤트로프는 전쟁 기간 중에 거의 대부분의 시간을 히틀러 가까이에 있었다. 그가 베를린에 머무른 적은 드물었다.

발터 슈미트, 당시 모스크바 주재 독일 대사관 직원

이를 통해서 결코 잊을 수 없는 자신의 직무 능력을 히틀러에게 입증해 보였다고 믿었기 때문에 열렬한 환영을 즐겼다. 그의 환상에 따르면, 소련과 체결한 불가침 협정이 폴란드 때문에 참전하려는 서방 국가들의 움직임을 저지하게 될지도 모를 일이었다. 어쩌면 두 개의 전선에서 전쟁을 치르지 않고도 전리품을 챙길 수 있을지도 모를 일이었다. 하지만 이제는 전리품을 획득하는 것이 지상명령이었다.

그렇지만 이 하수인의 행복한 기분도 오래 지속되지는 않았다. 영국은 히틀러-스탈린 협정을 계기로 지체 없이 폴란드와 상호 군사 원조 조약을 체결하였고, 이로써 폴란드에 대한 공격은 자동적으로 대영제국의 전쟁 개입이라는 결과를 초래할 것이라는 점을 분명히 했다. 이 소식보다도 저녁에 전령을 통해서 수상청사로 전달된 무솔리니의 편지가 더 중요한 비중을 차지했다. 편지에서 "두체"는 간결하게 이탈리아는 주어진 시점에 유럽 전쟁에 참여하지 못할 것이라고 전했다. 무솔리니와 로마의 파시즘 대평의회는 협상을 통해 해결책을 찾기를 기대하고 있었다. 수상청사에서는 "신뢰할 수 없는 추축국 파트너"에 대한 악평이 쏟아져 나왔다. 리벤트로프는 이러한 사태가 벌어지기 전에 히틀러에게 이탈리아가 동맹의 의무를 다할 것이라고 암시한 적이 있었다.

다음 날 아침에 공격을 개시하라는 명령을 이미 하달했던 이 독재자는 모든 전투 계획을 중지시켜야만 했기 때문에 외교장관에 대한 분노를 겨우 억누르고 있었다. 리벤트로프의 행복한 순간은 이제 날아가 버렸다. 그가 몇 시간 동안 세계 정치가 돌아가는 상황을 잘못 판단하고 세간의 주목을 받기도 했지만, 이제 그는 히틀러의 감사를 받기는 어렵다는 점을 받아들여야 했다. 게다가 서구 열강은, 비록 이로 인해 아무 상관없는 영국보다 프랑스가 더 어려운 상황에 놓이긴 했지만, 모스크바에서 체결한 협정 때문이라도 폴란드와의 연대를 더욱 공고히 하려고 했다.

이 마지막 평화의 시기에 믿기지 않는 상황이 발생한 가운데, 리벤트로프가 실제로 무엇을 하려고 했는지는 여러 가지 정황 증거를 통해 살펴볼 수 있다. 물론 그는 그의 스승처럼 폴란드와의 전쟁을 원했다. 만약 영국인과 프랑스인들이 마지막 순간까지 사태를 용인하고 있었다면, 당연히 상황은 그에게 유리하게 돌아갔을 것이다. 그러나 아무리 나치가 대담한 계획을 세웠다 하더라도, 영국과 프랑스의 움직임은 고려하지 않았다. 그래서 결국 두 개의 전선에서 전쟁을 치를 수밖에 없게 되었고, 그는 그 전쟁을 받아들였다. 그리고 러시아의 대규모 붉은군대가 아니라 폴란드의 소규모 군대만이 동부전선에 배치되었을 때는 용이하게 전쟁을 수행할 수 있었다.

하지만 그의 경쟁자 괴링은 악마가 성수聖水를 두려워하는 것처럼 두 개의 전선에서의 전쟁을 피하려고 했다. "우리는 사활을 건 모험을 감행하려 하고 있습니다!"라고 그가 히틀러에게 말했다. 이에 대해 히틀러는 "내 인생은 항상 그런 큰 모험의 한가운데에 놓여 있었다"라고 답했다. 친구인 스웨덴 상인 비르거 달레루스를 통해 마지막 순간에 영국과의 화해를 얻어 내려고 한 괴링의 소심한 시도는, 무엇보다도 히틀러의 속마음은 전혀 그럴 생각이 없었기 때문에, 실패로 돌아갔다. 결국 히틀러는 전쟁을 원했고, 그 전쟁은 빠르면 빠를수록 좋았다.

9월 3일 아침에 큰 일이 벌어졌다. 그 장면을 리벤트로프의 수석 통역관인 파울 슈미트가 제대로 묘사했다. 파울 슈미트는 독일이 폴란드를 침공한 뒤에 새 수상청사에 있는 히틀러의 집무실로 영국의 최후통첩을 들고 갔다. 히틀러는 돌처럼 굳은 자세로 앉아 있었다고 슈미트는 전하고 있다. 얼마 후에 그는 창가에 부동자세로 서 있던 리벤트로프에게로 몸을 돌렸다. 리벤트로프가 그에게 영국의 반응에 대해 잘못된 정보를 제공했다는 것을 표현하려는 듯이, 분노의 눈빛으로 외교장관을 쳐다보며 "이제 또 뭐가 있지?"라고 물었다. 외교장관은 낮은 목소리로 대답했다. "몇 시간 안에 프랑스인들이 우리에게 동일한 내용의 최후통첩을 전해 올 것이라고 생각됩니다." 그의 숙적인 괴링은 그에 대해 간결하게 의사를 표시했다. "우리가 이 전쟁에서 패한다면, 하늘이시여 우리에게 자비를 베푸소서."

"이 전쟁"으로 인해 리벤트로프는 이제 히틀러에게 중요한 사람들은 장군들이지 외교관이 아니라는 사실을 시간이 갈수록 뼈저리게 느끼게 되었다. 그는 "총통"용으로 개조된 특별 열차 "베스트팔렌"을 타고 끊임없이 히틀러를 따라다녔지만, 그의 영향력은 시간이 지날수록 줄어들고 있었다. "전격전"을 수행하는 동안 그가 필요한 경우는 조약을 통해 점령을 확실히 보장할 필요가 있거나 점령국 괴뢰 정부 간의 분쟁을 강대국의 우월한 지위를 이용하여 중재할 필요가 있을 때뿐이었다. 외교장관은 법적 대리인으로 전락해 버렸다.

한 번 더 그는 역사의 수레바퀴를 멈추어 보려고 애썼다. 1942년 12월과 1943년 여름에 소련은 스톡홀름 대표단을 통해서 히틀러와 단독 강화 협상을 할 준비가 되어 있음을 알려 주었다. 연합군이 비밀리에 동부전선에서 끝이 보이지 않는 소모전을 고려하고 있다는 두려움이 점점 더 커지고 있는 상황이었다. 아무튼 스탈린은 1941년에 획정된 독일과 러시아 간의 국경을 원상회복하자고 제안했다. 러시아의 제안이 단지 전략상의 술책이었는지 아니면 진지한 제안이었는지 여부와 관계없이, 리벤트로프는 히틀러에게 이 제안에 동의할 것을 집요하게 조언했다. 그는 이 제안이 다가오는 파멸로부터 히틀러 제국을 지킬 수 있는 현실적인 마지막 기회라고 생각했다. 하지만 "총통"은 이 제안을 받아들이지 않았다. "이봐요, 리벤트로프 씨, 내가 오늘 러시아와 합의한다면, 내일 다시 그 문제와 씨름해야 합니다. 나는 정말 어쩔 도리가 없습니다." 히틀러에게는 "승리 아니면 몰락"만이 있을 뿐이었는데, 리벤트로프도 그렇게 생각하고 있었다. 그리고 히틀러는 이미 오래 전부터 동부전선에서 더 이상 대승을 이루어낼 수 없다는 사실을 은밀히 감지하고 있었다. 그러나 그는 최소한 유대인과의 전쟁에서는 승리하고 싶어 했다. 이를 위해서 그는 외교관이 아니라 전사와 집행인이 필요했다. 전선을 유지하기 위해서는 군인이 필요했고, 전선의 보호 아래 민족 말살을 완성하기 위해서는 집행인이 필요했다. 결국 이런 상황에서 나온 답이 1945년 초에 "총통" 사령부에서 리벤트로프의 연락책 역할을 했던 헤벨 대사가 정치적 주도권을 행사할 마지막 기회를 활용하라고 권유한 데 대해 리벤트로프가 한 답변이었다. "정치? 나는 더 이상 정치를 하지 않을 것이오. 정치에 진저리가 나오."

전쟁 중에 리벤트로프가 할 수 있는 것이 무엇이었을까? 권한을 둘러싼 전쟁이 그것이었다. 외교부 직원들은 장관이 권한을 두고 어처구니없는 다툼을 벌이는 데 모든 시간을 허비하고 있다고 조롱했다. 직원이었던 한스 폰 헤어바르트는 아직도 상세하게 당시의 일을 기억하고 있다. "예를 들면, 그는 점령 지역을 관장하던 로젠베르크 휘하의 제국 부처와 격전을 치르고 있었다. 그것은 로젠베르크의 정책이 잘못되었다고 판단해서가 아니라 그가 '앞으로 소련에 대해 무엇을 할 것인지는 내가 결정하겠다'고 말했기 때문이었다."

이제 더 이상 밖에서 할 중요한 일이 없다면, 적어도 자기 "회사"에 자취는 남겨야만 했다. 1943년까지 외교부의 모든 요직은 친위대원들로 채워졌다. 그사이에 친위대 장군이 된 리벤트로프가 친위대 지도자인 히믈러에게 히틀러의 총애를 얻기 위한 경쟁에서 항상 자신을 지지한 것에 대해서 성의 표시를 한 것이었다. 말하자면 리벤트로프는 이런 식으로 전통적인 직업 외교관들과 담을 쌓게 되었는데, 아무튼 직업 외교관들은 어설프게 일을 처리하는 그를 엄청나게 회의적으로 평가하며 대립하고 있었다.

전쟁 중에 외교부에 지원했던 사람들 중의 한 명이 나중에 외교관이 된 발터 슈미트였다. 지원자들은 리벤트로프가 있는 베를린으로 초대를 받았고, 그곳에서 외교장관으로부터 형벌과 같은 호된 심문을 당했다. 마침내 그들은 외교부의 미래를 위한 리벤트로프의 계획이 실행되는 것을 목격할 증인이 되었다. 그에 따르면, 모든 것이 달라져야 했다. 그는 외교부를 위해 후진 양성소를 짓겠다고 했다. 그는 이미 친위대 고위 지휘관을 양성소 소장으로 결정했으며, 그 소장은 "담력 훈련, 복싱, 승마, 펜싱 등등을 통해서" 새로운 타입의 외교관을 양성할 것이라고 했다.

리벤트로프는 히틀러의 총애를 얻기 위한 경쟁에서 친위대장인 히믈러의 호의에 빚을 지고 있었다. 그래서 히믈러는 외교부에서 자신을 초대하는 것을 당연하게 받아들였다. 이런 상황이 더 진전되어 리벤트로프가 히믈러와 함께 인사 결정을 하는 지경에까지 이르렀다. 이런 인사상의 결합을 통해서 외교부는 친위대 및 친위대 제국보안본부와 긴밀하게 연결되었다. 그리고 친위대장은 외교 정책에 영향력을 행사함으로써, 유럽의 유대인을 학살하려는 그의 목표를 말하자면 "외교적"으로 보장할 수 있었다. 그때 새로 만들어진 국내 II팀은 히믈러가 특별히 관심을 둔 부서였다.

1940년 5월에 장관은 이 부서의 책임자로 그때까지 당 업무를 맡고 있던 "리벤트로프 사무소" 출신의 절친한 옛 친구를 임명했다. 마르틴 루터는 리벤트로프와 히믈러 아래에서 다음 3년 동안 차관보 자리까지 올랐고, 특별히 기밀을 요구받은 이 자리에서 그의 능력을 증명해 보였다. 루터는 II팀의 비어 있는 모든 자리를 당원들로 채웠다. 얼마 지나지 않아 이 부서는 외교관이 아니라, "친위대장 업무"와 "유대인 문제"를 다루었던 말 잘 듣는 조력자들에 의해서 운영되었다. 외교장관의 적극적인 후원과 양해 아래 외교부의 중요 부서들이 점차 홀로코스트에 관여하게 되었다. 그 외에도 빌헬름 거리에 있는 외교부의 베를린 사무실에서 "유대인 문제의 최종 해결책"을 수행하기 위해 독자적인 발의를 하기 시작했다.

그의 명성은 돈으로 매수한 것이며, 돈과 결혼했고, 관직도 사취한 것이다.

괴벨스

리벤트로프는 재능이 많고 친절한 사람이었다.

엠마 푸어만, 리벤트로프 집안의 관리인

1945년 1월, 나는 마지막으로 한 번 더 시도를 해봤다. 나는 총통에게 말했다. 스탈린에게 곧바로 우리의 의도가 진실하고 진지하다는 사실을 설득시키고, 나와 나의 가족을 일종의 담보로 제공하기 위하여 가족과 함께 모스크바로 떠날 준비가 되어 있다고. 그러나 히틀러는 그에 대해 "리벤트로프 씨, 헤쓰와 같은 짓을 벌이지 마시오"라고만 말했다.

리벤트로프, 뉘른베르크 군사 재판중의 메모

1940년 6월 3일, "유대인 부서"에서 "마다가스카르 계획"을 발표했다. 이 계획은 미국 유대인들의 독일에 대한 투쟁을 "무력화"시키기 위해 "생식 능력이 있고 탈무드 교리에 충실한" 젊은 세대들을 볼모로 독일의 수중에 잡아두는 반면에, 유럽에 사는 이른바 "서구 유대인들"은 "제거"하거나 마다가스카르로 "이주"시키는 것을 그 내용으로 하고 있었다. 이 계획의 발의자인 프란츠 라데마허 과장은 외교장관이 그의 계획에 찬성해 주었다며 의기양양해 했다. 그러나 "마다가스카르 계획"을 실행하기 위해서는 프랑스를 군사적으로 완전히 굴복시키고, 프랑스가 동부 아프리카 해안에 있는 섬들을 독일에 양도하는 것뿐만 아니라 해로를 확보하는 것, 즉 영국 함대를 제압하는 것이 선행되어야만 했다. 이 선행 조건들이 모두 충족되지 못했기 때문에 이 계획은 "군사적 상황"에 따라 다시 서랍 속으로 사라졌다.

"바바로사 작전"[나치가 동부전선에서 소련을 기습 공격한 작전명: 옮긴이]의 첫 승리에 따라 나치의 말살 정책은 새로운 성격을 띠게 되었고, 외교부가 상당부분 그 일에 다시 관여하게 되었다. 소련과의 전쟁은 "그사이에 유대인 문제의 최종 해결책을 실행하기 위해 다른 영토를 사용할 수 있는 가능성"을 제공해 주었고, 라데마허 과장은 아프리카를 담당하던, 그러니까 마다가스카르도 담당하고 있던 그의 동료들에게 이 소식을 전하며 환호했다. 동부 유럽의 점령 지역들도 고려되었는데, 학살자들이 그때부터 주시하기 시작한 지역이었다. 이런 얘기를 리벤트로프의 외교부를 통해서 발표하기 직전에, 유대인 학살의 실행을 위임받았던 제국보안본부 대장 라인하르트 하이드리히는 이미 "반제 회의"의 참석이 정해진 상태였다. 리벤트로프 자신은 참가 명단에 들어 있지 않았고, 그의 측근인 마르틴 루터가 그 명단에 포함되어 있었다. 원래 하이드리히는 에른스트 폰 바이체커 차관에게 이 회의 초대장을 보내야 했다. 하지만 폰 바이체커 차관이 리벤트로프를 점점 더 회의적으로 보고 있다는 사실은 널리 알려

저나 총통 휘하의 다른 직원들이 자발적으로 책임을 짊어짐으로써 책임 소재를 확정하려는 공공의 요구가 충족될 수 있고, 이를 통해 독일인을 대상으로 계획된 재판을 막을 수만 있다면, 아돌프 히틀러의 전직 외교장관으로서 저는 그런 조치를 취하는 것과 체포된 우리 정부 측 모든 남녀 인사들에 대한 책임을 저 혼자서 짊어질 준비가 되어 있습니다.

리벤트로프, 뉘른베르크 재판 전에 검찰 당국에 보낸 서한에서

져 있던 터라, 그는 이 회의에서 배제되었다. 장관의 승인을 받은 마르틴 루터가 1942년에 열린 "반제 회의"에 참가했다.

이 중요한 회의에서 유럽 내 1,100만 명에 대한 학살이 논의되었는데, 학살이란 용어는 "소개疎開"니 "추방"이니 "최종 해결책"이니 하는 살인자들의 위장 언어로 표현되었다. "우리가 점령 지역에서 진행하는 최종 해결책은 보안대의 보안경찰 담당자들과 외교부에서 생각하는 담당관들"이 보조를 맞추어 진행한다고 세부적으로 조율했다. 회의록에 따르면, 이 회의에 리벤트로프의 대리인으로 참가한 루터 차관보는 스칸디나비아에서는 외교적으로 어려움이 있으며, 따라서 이 지역에서는 잠정적으로 계획을 보류할 것을 제안했다. "여기서 논의되고 있는 미미한 유대인 수를 감안하면, 이런 보류 조치는 어쨌든 간에 전체 계획에 근본적인 제한을 가져오지는 않는다."

외교부는 "유럽의 동남부와 서부에서는 아무런 큰 어려움"이 없을 것으로 보았다. 그렇게 악마들의 회의가 계속되었다. 리벤트로프는 이미 명약관화해 보이는 유대인 학살의 결과에 대해 어떻게 반응했을까? 그는 전체 상황에 대한 윤곽은 파악하고 있었지만, 학살 방법 등 상세한 내용은 알려고 하지 않았다. 그러나 이 히틀러의 하수인은 충분히 잘 알고 있어서 더 이상 알려고 하지 않았는데, 이 일이 너무나도 끔찍했기 때문이다. 1941년 말에 투입 부대의 보고서가 그의 책상에 올라왔지만 그는 그 보고서를 읽으려 하지 않았다. 우울증 증세를 보이고 있던 이 사람에게 그 보고서는 너무나도 섬뜩한 내용을 담고 있었다. 동요하고 있는 이 당원에게 공문서를 통해 "소련에서 활동하고 있는 보안대와 보안경찰 소속 투입 부대의 활동 상황"을 알도록 강요한 사람은 바로 하이드리히였다. 리벤트로프는 섬멸 조치에 대해 공개적으로 보고한 이 보고서를 통해서 "소개 조치"가 아니라 섬멸 조치가 시행되고 있다는 사실을 알고 있었음이 분명하다. 이런 기밀문서의 내용을 인지한 장관은 1942년 9월

24일자 비밀 "메모"를 통해 "도처에서 유대인들이 우리들을 모함하고 사보타지와 암살 행위에 대한 책임을 우리에게 전가하려고 할 것이 분명하기 때문에 여러 나라에서 유대인의 소개"를 가속화하라는 지시를 내렸다.

유럽에서 수백만 유대인의 생명을 앗아간 학살에서 실제로 외교부가 얼마나 중요한 역할을 했는지가 1960년에 다시 한 번 입증되었다. 예루살렘의 군사 법정에 아르헨티나에서 극적으로 납치해 온 아돌프 아이히만이 서 있었다. 하이드리히의 유대인 학살 담당자인 아이히만은 지시 사항과 자기에게 부여된 권한을 철저하게 지켰기 때문에 분명 그 사실을 알았을 것이다. "만약 외교부가 반대 의사를 표명했다면, 외국에서 활동하는 보안경찰은 아무것도 할 수 없었을 것이다. 모든 중앙 기관은 자신의 관할권을 매우 정확하고 엄격하게 지켰다. 그 당시에는 직무 규정 지침에 따라 움직였다."

아이히만의 진술은 말 그대로 외교부의 동의 없이는 "외국에서" 어떤 행동도 취할 수 없었다는 점을 확인해 주는 발언이다. 다르게 표현하면, 자신을 보호할 수 없는 아이들, 여자와 남자들을 육체적으로 파괴하는 데 반대하는 외교장관이었다면, 모든 행위를 그리고 그 수많은 행위를 막아낼 수는 없었겠지만, 어느 정도는 막아낼 수 있었을 것이다. 그러나 그렇게 행동하기 위해서는 리벤트로프가 리벤트로프답지 않았어야 했을 것이다.

마르틴 루터는 리벤트로프의 "최종 해결자"이긴 했지만, 그럼에도 불구하고 꼼꼼한 국가 공무원이었다. 장관과 이 부하직원 간에 몇 달간 계속 그 수위가 높아진 반목이 1943년 1월에 최고조에 달했다. 루터는 외교부의 비밀 기금에 대한 장관의 막대한 요구를 더 이상 감당할 수 없다고 생각하고는, 이를 리벤트로프의 평판을 떨어뜨리는 계기로 삼았다. 그때까지 그는 장관의 사치스런 생활 방식을 덮어 주려고 했지만, 이제는 너무나 지나친 요구를 해대는 리벤트로프의 사고 능력을 의심하기 시작했다. 그중에서도 리벤트로프가 살고 있던 빌라의 벽지를 네 번이나 교체했는데, 이런 요구는 스탈린그라드 전투에서 제6군단이 패퇴하고 있던 상황을 차치하고서라도 참을 수 없는 것이었다. 리벤트로프는 히틀러와 대화를 갖고 격앙된 어조로 차관보를 없애라고 요구했다. 결국 이 다툼은 루터가 "특별 죄수"로 작센하우젠 집단 수용소로 사라지는 것으로써 마무리되었고, 다른 두 명의 "패배자"들은 전선에 투입되었다.

루터 사건은 외교장관의 정신 상태를 잘 보여 주는데, 이 시기에 그는 현실로부터 완전히 눈을 감아버렸다. "제3제국"의 마지막 몇 달 동안을 리벤트로프는 연합국들 간에 불화가 일어나기를 막연히 바라거나 동부 전선에서 공동의 적을 격퇴하기 위하여 서구 열강들과 함께 보조를 맞추는 헛된 환상을 품은 채 보냈다. 그러나 당시에 히틀러의 거의 모든 조력자들이 그러한 절망적인 생각들을 마음에 품고 있었다.

1945년 5월 1일, 되니츠 제독이 나치 독일의 청산 작업을 시작했을 때, 요아힘 폰 리벤트로프의 경력도 종지부를 찍었다. 히틀러의 후계자인 되니츠 제독이 첫 번째로 집행한 공무 중의 하나가 외교장관의 파면이었다. 리벤트로프와의 기나긴 논쟁을 피하기 위하여 되니츠는 그의 후임자로 적합한 사람을 천거할 경우에만 다시 전화를 걸도록 그에게 요구했다. 한 시간 뒤에 리벤트로프는 황당한 소식을 전하는 전화를 걸었는데, 내용인즉 그가 심사숙고한 뒤에 양심에 따라 한 사람을 천거하려고 하는데, 그게 바로 자기 자신이라는 것이었다. 되니츠는 전화를 끊었다. 리벤트로프는 함부르크 근처에서 모습을 감추었지만, 곧 그곳에서 체포되고 말았다. 자신은 리벤트로프와 비슷하게 생겼을 뿐이라고 주장하는 남자의 정체에 대해서 영국군 병사들은 확신을 못하고 있었다. 그들은 그에게 함정을 놓기로 하고는, 그의 신원을 확인할 목적으로 여동생을 그곳으로 데리고 왔다. 무슨 이유로 불려왔는지 모르던 잉게보르크 리벤트로프는 오빠 쪽으로 뛰어가서 그를 얼싸안고는 "어머나, 드디어 우리가 다

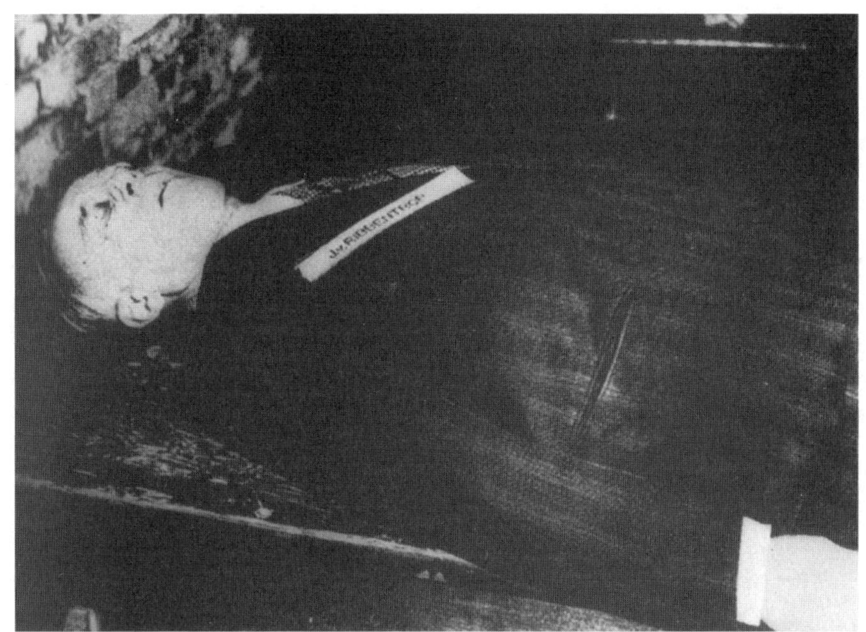

“…그러고 나서 픽 하는 소리가 났다.”
처형 후의 리벤트로프(1946년)

나는 강하고 융성하는 독일을 만들기 위하여 아돌프 히틀러를 돕고자 했다. 하지만 총통과 국민은 이에 실패했다. 수백만 명이 목숨을 잃었다. 제국은 파괴되었고, 우리 민족은 패배했다.

리벤트로프, 그의 부인 안네리스에게 보낸 편지에서 발췌, 1946년 10월

전쟁이 끝나면 나는 고급스럽게 조각한 내 관을 만들도록 시킬 것이다. 그 속에 내 재직 기간 중에 파기했거나 장차 파기할 모든 조약들과 정부 간 협정을 집어넣을 것이다.

리벤트로프, 1940년

시 만났네!"라고 말했다. 히틀러의 외교장관은 그 자리에서 체포되었다.

승자의 법정은 리벤트로프에게 4가지 기소 항목에 대해 모두 유죄를 선고했는데, 그 기소 항목은 범죄를 공모한 죄, 평화에 대한 범죄, 전쟁 범죄와 반인륜적 범죄이다.

　요아힘 폰 리벤트로프는 4가지 기소 항목 중 어느 한 가지에 대해서도 유죄를 인정하지 않았다. 그는 미동도 없이, 냉담한 얼굴로, 뉘른베르크 법정에서 진행된 218일간의 공판을 지켜보았다. 그는 설득을 하려고도 하지 않았는데, 이상하게도 설득하는 것에 대해 전혀 관심이 없는 것처럼 보였다. 그는 사람들의 호기심이나 심지어 동정심도 불러일으킬 수 없었다. 기껏해야 그와 같은 사람이 예전에 어떻게 권력을 가질 수 있었을까 하는 비아냥만 불러낼 뿐이었다. 전쟁 중에 그를 알았던 목격자들은 과거에 그렇게 우쭐대며 오만방자하게 굴던 이 충복이 어떻게 이렇게까지 변할 수 있었는지 모두 놀라워했다. 이제 그는 육체적으로나 정신적으로 편안했다. 이 히틀러의 조력자는 죽음의 순간이 다가와 있다는 것을 직감하고 있었다. 그리고 궁극적으로 그에게 죽는다는 것은 중요하지 않았다. 그와 같은 소수의 사람들만이 열광적으로 빠져들었던 영웅이 사라짐으로서, 그를 존재하게 했던 마법 같은 연결고리가 없어졌다. 히틀러가 없는 이상 조력자 리벤트로프는 쓸모없는 존재였다.

사형 집행인

우리는 사법부의 전차 부대이다.

단 한 가지 점에서 기독교와 우리는 똑같다. 기독교처럼 우리는 모든 사람을 요구한다!

형법은 민족의 정신을 비춰 주는 거울이다.

새 독일 법의 근간은 국가사회주의 혁명을 통해서 변화된 독일인의 인생관이다.

이 고소 사건은 이때까지 독일 민족의 역사에서 제기되었던 고소 사건 중에서 가장 소름끼치는 것이다. 즉, 그와 같은 끔찍한 반역 행위들로 인해 누군가 살면서 이뤄놓은 모든 것들이 물거품이 되어버릴 것이다.

우리는 후방에서 싸우는 군인이다.

법을 수호하는 사람은 민족의 삶에 대해 알아야만 한다.

독일 국민과 모든 개개 시민들의 의무는 인종 우생학을 실제로 적용하는 것이다. 의무의 위반은 반역이나 다름없다.

독일 법정은 엄격한 형벌을 통해서 독일 민족이 인종적으로 쇠퇴하는 것을 막아야만 한다.

7월 20일에 암살을 공모한 모든 반역자들에 대한 처벌 근거는 그들이 총통의 골머리를 아프게 했다는 것이다.

독일 민족의 안전을 위해서 가장 무거운 형벌이 요구된다.

프라이슬러

프라이슬러는 큰 소리만 쳤지, 실제로 행동에 옮기는 것을 보지 못했다.

괴벨스의 일기, 1936년 8월 26일

롤란트 동지는 러시아에서 볼세비키주의자들과 있으면서 빠르게 경력을 쌓아 나갔다.

소련 포로수용소에 같이 수감되었던 프라이슬러의 동료

히틀러의 단두대

헬무트 오르트너의 『사형 집행인』, 1993년

그러니까 나는 민족을 보호하고, 수천 년 동안 번영해 온 혈연공동체와 운명공동체를 보호하는 것을 생각하고 있다. 이런 혈연공동체, 즉 인종의 보호는 지금의 형법과는 맞지 않는다. 혈통을 이어 받은 신성한 이 운명공동체를 보호하는 내용이 독일 형법에는 없다.
민족 영웅들의 묘지, 독일군과 그 지도자들의 업적, 그들을 기념하고 그들의 명예를 기리는 것은 지금까지의 형법에서는 다루지 않고 방치하고 있었다.
우리가 살아왔던 시대는 살아 있는 총체적 존재로서의 민족의 개념을 잘 알지 못했고, 그 때문에 민족, 민족의 혈통, 민족의 역사, 민족의 영웅들은 특별하게 보호를 받을 필요가 있는 대상으로 생각할 수가 없었다.

프라이슬러

프라이슬러는 날카로운 지성을 소유하고 있었다. 아마도 제대로 된 정신적인 토대를 갖고 있지는 않았겠지만, 확실하고, 신속하고, 기지가 풍부했으며, 힘들이지 않고 능숙하게 말을 구사했고, 표정에서나 연설에서 거침없이 기쁜 감정과 거만함을 드러내 보였다.

오이겐 게르스텐마이어, 독일 저항 단체의 회원

프라이슬러, 일과 위선 그리고 열정을 특징으로 하는 얼굴…

오이겐 게르스텐마이어, 독일 저항 단체의 회원

프라이슬러는 역대 어느 재판관보다도 탁월하고, 빈틈없고, 흉악하다.

루돌프 딜스

지금도 감히 우리 민족공동체의 근간을 뒤흔들려고 시도하는 사람, 공산주의에 눈이 멀어 결집된 민족의 생명력을 와해시키려는 사람은 그릇된 방향으로 유혹받은 사람이 아니라 우리에게 해가 되지 않도록 제거해야만 하는 범죄자이다.

독일 민족의 혈통을 모욕하는 자는 우리가 섬멸해야만 하는 적이다. 평화와 단결 그리고 동시에 독일 작업장에서 작업 능력을 해치는 사람은 잠시 착각에 빠진 마르크스주의 이론가가 아니라 우리가 말살시켜야만 하는 범죄자이다. 독일 국민이 굶주림에 허덕이고 있는 시기에 배부르게 먹고자 하는 자는 우리가 섬멸시켜야만 하는 민족의 반역자이다. 독일 민족의 생존 경쟁의 싸움터에서 하이에나처럼 올바르지 않게 부자가 되고자 하는 사람, 가격을 올리는 사람들은 우리가 근절시켜야만 하는 민족의 반역자이다!

이것이 법을 수호하는 사람으로서 우리가 해야 할 사명이다…

오늘날 그 어느 때보다 중요한 원칙 — 법은 독일 민족을 이롭게 하는 것이다!

프라이슬러

그 고발의 근거가 되는 소위 범죄 구성 요건이나 조사 결과들이 재판소장에 의해 엄청나게 큰 목소리로 공표되었는데, 절대적으로 범죄를 확신한다는 내용이 담겨 있었고, 그 표현도 공격적이고 선동적이었다. 피고인들 중 어느 누구에게도 이와 관련해서 진술할 기회가 주어지지 않았다. 프라이슬러는 발언하려는 모든 시도를 즉각 중지시켰고, 때때로 거친 욕설을 퍼붓기도 했다. 공판의 어느 단계에서도 실제로 심문이 이루어진 적은 없었다. 대법원의 대강당에서 개최된 공판은 겉보기에도 여론 조작을 위한 재판처럼 진행되었다. 강당의 대부분은 초대 받은 손님들을 위한 자리로 배정되었는데, 그 가운데는 다수의 장교들, 친위대원과 비밀경찰 및 전상자들이 포함되어 있었다…

구스타프 다렌도르프

나는 대부분의 공판에서 공판이 시작되기도 전에 이미 프라이슬러가 원하는 방향으로 판결이 내려져 있었다는 인상을 받았다.

오이겐 게르스텐마이어, 독일 저항 단체의 회원

프라이슬러는 얼마나 많은 사람들이 생명을 잃을지는 전혀 고려하지 않고 악인의 길을 걸었던 히틀러의 조력자였다.

게오르크 W. 린데만, 저항 투사 프리츠 린데만의 아들

롤란트 프라이슬러처럼 자신의 범행 장소에서 상징적인 심판을 받은 사람도 드물다. 1945년 2월 3일, 법정에서 나와 지하 공습 대피소로 가는 도중에 폭탄 파편이 그의 목숨을 빼앗아갔다. 마지막 사형 선고 판결을 내린 지 채 24시간도 지나지 않아 다음 사형 선고를 내리기 위해 준비중 이던 이 재판소장은 벨뷔 가街 14번지에 위치한 나치 특별재판소 앞 거리 에서 피를 흘리며 죽어 갔다.

1945년 2월 2일, 나치 특별재판소장인 롤란트 프라이슬러 박사는 목사 인 디트리히 본회퍼의 형인 클라우스 본회퍼와 제국 항공부 심의관인 뤼 디거 슐라이허에 대한 그의 마지막 사형 선고 판결을 내렸다. 이들은 7 월 20일 아돌프 히틀러 암살 미수 사건에 연루된 사람들이었다.

그 다음 날, 뤼디거 슐라이허의 부인 우르줄라 슐라이허가 그녀의 딸 도로테와 함께 남편에 대한 사형 선고 때문에 라우츠 검찰총장을 면담하 기 위하여 시내로 출발했을 때는 아직 이른 아침이었다. 거의 같은 시각 에 슐라이허의 형인 의사 롤프 슐라이허도 길을 나섰다. 그는 동생에 대 한 사형 선고를 되돌리기 위해서 특별히 제국 법무장관인 티어라크 박사 까지 만날 목적으로 베를린에 왔다. 우연히 기차에서 조우한 슐라이허의 형과 부인이 포츠담 광장의 지하철 역에 도착했을 때, 아무도 출구 쪽으 로 나갈 수가 없었다. 바로 몇 분 전에 베를린에 대한 가장 심한 폭격이 시작되었는데, 전쟁 중에 제국의 수도가 이렇게 폭격에 노출되곤 했다. 이날 지하철 역에 갇혀 있던 사람들에게는 그 몇 분간이 몇 시간이나 되 는 것처럼 느껴졌다. 마지막 폭발음 소리가 사라져 갈 때, 의사를 찾는 소리가 들렸다. 롤프 슐라이허 박사는 자신이 의사임을 밝혔다. 몇몇 남자들이 그를 근처에 있는 나치 특별재판소의 안마당으로 데리고 갔다. 안마당을 지날 때, 도피하는 도중에 폭탄 파편을 맞은 "고위급 저명인사"에 관한 이야기가 들렸다. 이 의사만이 그 남자의 죽음을 확인할 수 있었다. 의사는 그 남자를 알아보았다. 그는 바로 전날 그의 동생인 뤼디거 슐라이허에게 사형 선고를 내렸던 롤란트 프라이슬러였다. 가슴 섬뜩한 대비가 아닐 수 없었다.

아직 판결은 집행되지 않았다. 집행을 막을 수 있는 기회가 아직 있을까? 롤프 슐라이허는 사망 진단서를 발급하려고 하지 않았다. 그는 제국 법무장관인 티어라크에게 안내해 달라고 요구했다. 완전히 기습을 당한 장관은 집행을 연기하고, 사면원을 제출하겠으며, 뤼디거 슐라이허에 대한 판결을 재검토할 수 있는 시간을 확보하겠다고 약속했다. 몇 시간 뒤에 롤프 슐라이허는 가족에게 그가 겪은 것을 이야기했다. "그 비열한 놈은 죽었어!" 그러나 롤란트 프라이슬러가 죽음으로써 그가 언도한 사형 선고 역시 무효가 되리라는 희망은 헛된 것이었다. 뤼디거 슐라이허의 생명을 구하기 위한 가족들의 노력은 3월을 지나 4월이 되어서도 계속되었다. 1945년 4월 22일 새벽, 나치 특별재판소에서 유죄 판결을 받은 16명의 죄수들이 제국보안본부 소속 사형 집행 부대에 의해 총살되었다. 그들 중에 뤼디거 슐라이허도 있었다.

갑작스러운 롤란트 프라이슬러의 죽음에 대해 나치 정권의 기관들은 이렇다 할 언급을 하지 않았다. 『순수 민족 관찰자』지의 눈에 잘 띄지 않는 난에 특별재판소장인 롤란트 프라이슬러 박사가 베를린 공습 시에 목숨을 잃었다는 내용이 실렸을 뿐이었다. 제국 법무부의 보도 지침에는 "앞서 보도된 내용에 대해 더 이상 논평하지 않으며, 다른 신문들이 독자적으로 게재한 추가 기사에 대해 대응하지 않는다"고 되어 있었다.

프라이슬러는 대중적인 인물은 아니었다. 히틀러에 의해 최고재판관 자리에 오른 그는 두려움과 미움의 대상이었다. 독재자에게 있어 그는 자신의 일을 잘 도와주는 하수인에 불과했다. 그러나 그는 "총통"에 대한 봉사를 통해 자신이 원하던 권력을 쟁취할 수 있었다. 나치 정권은 그에게 생사여탈권을 쥐어 주었다. 그 생사여탈권으로 인해 1945년까지 수많은 인명이 희생되었다.

그는 대가처럼 행동하면서, 다양한 형태의 부당한 일을 극악한 방법으로 처리했다. 그는 자신을 대가, 즉 죽음의 대가로 부각시켰다. 그는 자신이 맡은 재판에서 피고인들에게 굴욕을 주었다. 그 대미는 대개 사형 선고로 마무리되었다. 하지만 그에게는 그것으로 충분하지 않았다. 그는 희생자들의 존엄성을 유린하고자 했다. 그는 7월 20일 암살 미수 사건 관련 피고인 중 한 사람인 울리히 폰 슈베린 백작에게 "당신은 정말 보잘 것없는 비열한 놈이야!"라고 고함을 질렀다.

1942년 8월 20일, 프라이슬러가 나치 특별재판소장으로 임명되었을 때는 이미 오래 전부터 법 대신에 전횡이 공공연하게 자행되던 시기였다. 더구나 이런 전횡은 점점 더 확산되는 분위기였다. 프라이슬러는 재판소장으로 임명된 뒤에 히틀러에게 "특별재판소는 총통 각하께서 직접 사건을 판단하고 계신다 생각하면서 판결을 내리고자 항상 최선을 다하겠습니다"라는 서한을 보냈다.

"총통"의 총애를 얻기 위한 경쟁에서 한 발 앞서 복종하려는 태도를 보이는 것은 당연한 일이었다.

사형 집행인에게 있어 나치 특별재판소의 최고의 임무는 "법에 관해서 논하는 것이 아니라 국가사회주의의 적대자를 섬멸하는 것"이었다. 기존 소송 방법을 불신하고 있던 히틀러는 1934년 4월 24일에 정적들을 제거하기 위한 "피의 재판소"[민중들이 나치 특별재판소를 가리켜 일컫던 명칭: 옮긴이]를 만들었다. "총통"은 제국의사당 방화 사건에 대한 판결이 "너무 가볍다"고 생각하였는데, 라이프치히의 독일제국 대법원에서 "기각" 판결을 내리자 매우 화가 나 있었다. 그 때문에 그는 독일 최고 법원으로부터 국

한 사람은 잔악한 인간이 되어야만 한다.

프라이슬러

그는 자신의 악한 의도를 마음껏 실현할 수 있는 권력을 쥐고 있었기 때문에, 완전한 형태의 절대악이었다.

티자 그래핀 폰 데어 슐렌부르크

가반역죄에 관한 모든 소송 사건뿐만 아니라 정치와 관련된 모든 소송에 대한 재판 권한을 박탈했다. 이제 그런 사건들은 베를린에 있는 "특별재판소"에서 다루게 되었다. 새로운 권력 실세들은 이로써 오랫동안 품어 왔던 혁명 재판소라는 꿈을 성취했는데, 이는 나치 과격분자들의 보복 수단이었다. 이미 10년 전에 히틀러는 『나의 투쟁』에서 "언젠가 독일 국가재판소는 11월 반역 사건을 조직하고 동시에 그에 대한 책임이 있는 수만 명의 범죄자들과 그에 속하는 모든 것에 대하여 유죄 판결을 내리고 처형을 집행해야만 한다"고 예언한 바 있다. 1924년에는 망상이라고 생각되던 것이 이제 점차 현실이 되어 갔다.

나치 특별재판소 설립 기념식에서 제국 법무장관 귀르트너가 축사를 했는데, 그 축사를 마무리 지은 호소가 아주 냉소적으로 들렸다. "독립적인 재판관으로서 당신의 직무를 다하십시오, 오직 법에 따라 신과 양심 앞에서 책임을 다하십시오."

히틀러가 법이었다.

어떻게 롤란트 프라이슬러가 나치 특별재판소의 수장에 오르게 되었을까? 그는 타고난 조력자였을까? 신념이 투철한 "노전사들"마저도 프라이슬러를 전형적인 광신자로 보았다. 다른 이들은 그를 심지어 정신적 기형아라고 생각했다. 어쨌든 그는 파괴적인 창의력을 가지고 있었다. 그는 나치 재판관으로서 사람들이 그에게 위임한 법을 무조건 적용했을 뿐만 아니라, 그 자신이 직접 히틀러의 이름으로 법을 제정했다. 그리하여 그는 인간을 경멸하는 사법부와 살인적인 정권의 상징이 되었다.

이런 면은 태어나면서부터 그에게 부여된 것은 아니었다.

아버지 율리우스 프라이슬러는 그의 장남을 대견스러워했다.

1893년 10월 30일은 그의 가족에게는 기쁜 날이었다. 그런 아들 갖기를 간절히 바라고 있었던 것이다. 2년 후에 가족은 두 번째 자식을 얻었다. 사내아이인 오스발트였다. 롤란트의 아버지는 어느 정도 성공한 사람이었다. 젊은 가장이자 재능 있는 엔지니어였던 그는 아헨 소재의 왕립 건축학교에서 교수 자리를 제안 받았다. 건축학교로부터의 초빙은 율리우스 프라이슬러에게는 열망하던 사회적 신분을 얻게 된다는 것을 의미할 뿐만 아니라 그와 그의 가족에게 확실한 수입이 보장된다는 것을 의미하였다. 두 명의 아들은 상급 학교로 진학할 수 있었다. 김나지움 학생인 롤란트 프라이슬러는 배우려는 열의가 있었고 야심이 있었다. 그는 재치와 총명함으로 사람들을 사로잡았다. 그가 아비투어[인문계 고등학교 졸업 시험: 옮긴이]를 자신의 학급에서 가장 좋은 점수로 합격했다는 사실이 사람들에게는 전혀 놀라운 일이 아니었다. 근면과 품행에서 그는 최고 점수를 받았다. 그의 외모 또한 눈에 띄었다. 그는 곱슬곱슬한 검은 머리, 날씬한 몸과 자신감 있는 눈빛을 가지고 있었는데, 후에 바로 이 눈빛이 그렇게 많은 피고인들을 냉정하고 위압적으로 바라보게 된다.

롤란트 프라이슬러는 예나 대학에서 법학 공부를 시작했다. 하지만 그는 그의 야심찬 계획을 우선은 뒤로 미루어야만 했다. 1914년에 전쟁이 발발하자 그는 카셀에 있는 167보병연대에 기수병으로 입대했다. 대부분의 동시대인들처럼, 그도 세계대전 초반에 만연된 낙관적인 생각에 젖어 있었다. 그와 같은 세대의 젊은이들에게 국가를 위해서 전쟁에 나서는 것은 당연한 일이었다. 그들은 독일의 위대함이 그리고 제국과 민족의 미래가 중요하다고 믿고 있었다. 조국을 위해 희생한다는 것은 의무가 아니라 명예였다.

수십만 명이 전장에서 목숨을 잃었고, 신병 프라이슬러가 싸웠던 플랑드르에서도 전사자가 속출했다. 그는 운이 좋아서 부상만 입은 채 회복을 위해 후방의 야전 병원으로 이송되었다. 부상을 치료한 뒤에 그는 진군을 거듭하고 있던 전선으로 배치되었다. 동부전선에서 보여준 용맹함에 대한 보답으로 이 젊은 소위에게 "철십자훈장"이 수여되었다. 하지만 그도 결국 포로가 되었다. 모스크바 근교의 장교 포로수용소에서 그는 시대의 전환기를 경험했다. 러시아의 수도에서는 혁명이 일어났고, 조국에서는 혁명적인 사건들이 발생했다. 전쟁은 끝이 났고, 조국은 패전했다.

야심 많은 프라이슬러는 수용소에서 곧 그의 전우들보다 더 많은 인정을 받게 되었다. 새로운 볼셰비키 권력자들에 의해서 "수용소 위원"으로 임명된 그는 수용소의 식량을 관리하는 특권을 갖게 되었다. 나중에 프라이슬러가 포로 생활 동안에 무엇을 했었는가에 대한 추측이 난무했다. 어떤 사람들은 그가 "볼셰비키"로 봉사하기 위하여 러시아어를 배우고 마르크스주의 이론을 받아들였다고 수군거렸다. 다른 사람들은 그가 주어진 상황에 잘 적응하고 볼셰비즘이라는 대세에 편승한 전형적인 기회주의자라고 비난했다. 나중에 프라이슬러는 자신을 심증만으로 증오의 대상인 볼셰비키로 만들어버렸던 비난들을 모두 부인했다. 그렇지만 그는 "볼셰비키"라는 낙인에서 결코 자유로울 수가 없었다.

전쟁이 끝난 지 거의 2년 뒤에 롤란트 프라이슬러는 고향으로 돌아왔다. 하지만 고향은 그가 이해할 수 없을 정도로 다르게 변해 있었다. 그래서 그는 법학 공부에 매진했고, 그 결과는 성공적이었다. 28살에 벌써 그는 소위라는 자격과 "최우수"로 평가 받은 박사 학위 논문으로 박사 자격을 소지하게 되었다.

이 젊은 법학 박사는 베를린에서 시보 과정을 마쳤다. 1924년에 그는 다시 카셀로 되돌아갔다. 마찬가지로 변호사가 되기로 결정한 그의 동생과 함께 그는 잘 나가는 변호사 사무실을 개업했다. 무엇보다도 롤란트 프라이슬러는 형사 사건 변호사로서 매우 좋은 평판을 가지고 있었기 때문에, 재능 있는 두 법조인에게는 끊임없이 소송 의뢰인들이 찾아왔다. 그는 예리한 머리, 분명한 언어 표현과 능숙한 수사학적 능력을 갖춘 명민하고 약삭빠른 법조인이었다. 하지만 법조계에서 인기 있는 변호인이고 전문가인 그는 그의 경력을 시작할 때부터 야누스의 얼굴을 가진 사람으로 간주되었다. 그는 일반적인 형사소송의 경우에는 객관적이고 정확하며 사건에 전념하는 변호사의 면모를 보여 주는 반면에, 정치와 관련된 소송에서는 냉혹하며 중용을 잃고 편협하다는 인상을 주었다. 그는 법정에서의 격렬한 논쟁을 사랑했으며, 이곳에서 자신의 선동적인 재능을 증명하기 위한 무대를 찾았다. 재판관들과의 논쟁은 분명히 그에게 즐거움을 주었다.

하지만 프라이슬러는 법률가로서의 소명 이외에 다른 소명이 있음을 느끼고 있었다. 이 젊은 변호사는 "정치가가 되려고 했다." 종전 후에 귀환한 병사들은 누구나 그런 생각을 가지고 있었으며, 이런 귀환병들을 그는 무척 존경했다. 프라이슬러는 1924년에 소수 우파 정당인 "민족—사회주의 블록"을 대표하는 의원으로서 카셀 시의회에 들어갔다. "볼셰비키적인 사고 체계"를 "민족주의" 성향으로 바꾸는 것이 그에게 특별히 어려워 보이지는 않았다. 그러나 중점을 두어야 하는 부분은 약간 달라져야 했으며, 세계관과 연관된 몇몇 개념들과 슬로건을 바꾸어야만 했다. 그 외에는 모두 "체제" 투쟁에 관한 것이라 바꿀 필요가 없었다.

법률가 프라이슬러는 1923년의 히틀러 쿠데타 이후에 진행된 재판을 상당한 관심을 가지고 지켜보았다. 란츠베르크에 갇힌 죄수의 신비한 기운이 그를 완전히 사로잡았다. 프라이슬러는 9679번째 당원으로 국가사회주의 독일노동당에 입당했다.

그는 법정에서 입증해 보인 것을 정치 무대에서 시험해 보고자 했다. 이제 그의 소송 의뢰인은 당이었고, 국가사회주의 운동이었다. 이제 당은 모든 수단을 동원해서 "변호"하고, 이 변호사가 자신의 직업생활에서 이미 성공적으로 적용해 왔던, 온갖 술책과 속임수를 써서 발전을 이루도록 해야 하는 대상이 되었다. 이때 그가 그런 일을 하도록 만든 것은 개인적인 공명심이었다. 그에게 있어 당은 그의 경력을 쌓는 데 있어 매우 좋은 수단에 불과했다.

잘 알려진 것처럼 그는 나치 당원을 위한 변호사가 되었다. 바이마르 시절에는 무력 충돌이 많이 일어났다. 나치 난동자들이 계속 법정에 섰다. 프라이슬러는 앞으로 다가올 국가사회주의 독일의 변호사로서 명성을 쌓아 갔다.

광적이고 유별난 행동과 요란스럽다고 할 정도로 지나치게 열성적인 모습으로 인해 그는 당에서 친구를 얻기도 했지만 적을 만들기도 했다. 헤센-나사우의 대관구 관구장은 은밀하게 "그의 괴팍스러운 성격이 그가 간부직에 부적합함"을 입증하는 것이라며 불만을 털어놓았다. 시의원들, 시의 유지들 및 사업가들과 패를 만들고 음모를 꾸미는 행위는 그에게 사적인 이해관계와 정치적인 이해관계를 혼동한다는 평판을 가져다주었다.

프라이슬러는 그를 비판하는 사람들을 압도했다. 그는 논쟁을 통해서 헤센 주의 저명한 나치 인사 중의 한 사람이 되었다. 야심 많은 변호사로서 그는 카셀 시의회가 곧 자신이 활동하기에는 좁은 영역이 될 것이라고 굳게 믿고 있었다. 베를린에서 "새로운 시대의 징후"가 나타나고 있는 동안에 그는 인적 관계를 계속 유지하려고 했다. 그가 그렇게 간절하게 원했지만, 처음에 당 권력의 중심에 이르는 문은 굳게 닫혀 있었다.

"권력 장악"과 함께 상황이 바뀌었다. 아돌프 히틀러가 제국 수상이 되었을 때, 롤란트 프라이슬러는 이 상황을 타개할 수 있는 아주 좋은 기회가 생겼음을 알아차렸다.

히틀러는 모든 부서에서 조력자와 하수인을 필요로 했다. 즉, 롤란트 프라이슬러와 같은 사람들, 신뢰할 수 있는 나치 전문가들이 필요했다. 이미 1933년 2월에 이 법조인은 베를린으로부터 고대하던 편지를 받았다. 그를 프로이센 법무부의 국장에 임명한다는 편지였다.

그는 카셀에서의 마지막 나날들을 이제 변혁의 바람이 분다는 것을 다

프라이슬러는 음흉한 광대였다.

라인하르트 하이드리히

내게 프라이슬러는 무조건 자신의 명성을 쌓으려고 했던 옛 공산주의자였다.

라인하르트 슈피치, 리벤트로프의 전 고문

우리는 미사여구를 늘어놓는 그에게 "똑똑한 체 하는 사람"이라는 별명을 붙여 주었다.

빌리 벨츠, 카셀의 전 독일공산당원

시 한 번 각인시키는 데 활용했다. 3월 초에 그는 돌격대 수뇌부 자리에 올라 시청을 점령했다. 그는 이 승리의 순간을 만끽하고자 했다. 바로 다음 날, 그는 부하들과 함께 법원 건물 앞에 정렬하고는 이곳으로 몰려든 군중들의 우레 같은 갈채 속에서 건물 지붕에 하켄크로이츠 깃발을 게양했다. 이는 상징적 의미를 갖는 의식이었는데, 이제 사법부라는 배는 새로운 깃발 아래서 항해하기 시작한다는 의미였다.

카셀 고등법원장인 안츠 박사는 대담하게도 프라이슬러에게 저항하며 법원 건물이 점령되는 것을 저지했다. 그것은 "미치광이 롤란트"가 그의 권위에 저항하는 것을 눈감아 주었던 마지막 사례였다. 신문 보도에 따르면, 안츠의 용감한 행동은 프라이슬러에게 깊은 인상을 주었고, 프라이슬러는 그런 그를 대법원장으로 만들고 싶어 했다. 그래서 프라이슬러는 커피 타임에 안츠를 프로이센 법무부로 초대하기도 했다.

그는 카셀의 다른 적대자들에게는 호의를 보이지 않았다. 프라이슬러가 변호사로 있을 때, 경쟁자로서 그에게 눈엣가시 같은 존재였던 유대인 변호사 막스 플라우트 박사는 그의 첫 번째 희생양이 되었다. 1933년 3월, 플라우트는 프라이슬러의 지시를 받은 돌격대에 의해 집 밖으로 끌어내어졌고, 거리로 끌려다니며 욕을 보았다. 그는 일주일 뒤에 나치 깡패들이 그에게 가했던 가혹 행위의 후유증으로 인해 죽음에 이르렀다.

롤란트 프라이슬러는 2년 뒤에 카셀 시의 명예시민으로 천거되었다.

막 40살이 된 이 법조인은 베를린으로부터 부름을 받음으로써 그의 경력에서 결정적인 첫 번째 단계에 도달했다. 얼마 지나지 않아 그는 그 다음 단계에 도달했다. 겨우 4개월 후인 1933년 6월 1일에 프로이센 법무부는 그를 차관으로 임명했다.

이 출세자는 이 자리에서 뛰어난 법관으로서의 명성을 얻었을 뿐만 아니라, 또한 지나칠 정도로 감정적이고 예측 불가능한 사람이라는 평가를 받게 되었다. 사적인 인간관계에서 그는 친절하게 보이기도 했지만, 기분에 따라 변덕을 부리거나 줏대가 없고, 사람들의 감정을 상하게 만드는 오만함을 보이기도 했다. 그는 사람의 마음을 사로잡을 수도 있고, 무엇보다도 그의 관념과 생각에 저항했던 사람들을 불안하게 만들 수도 있는 그런 사람이었다. 프라이슬러와 부하들 간의 관계는 명확했다. 그와 국가사회주의 세계관을 공유하고 있는 사람은 그로부터 호의와 인정을 기대해도 좋았다. 그러나 생각이 다른 사람이나 심지어 반대파로 드러난 사람에게는 경멸과 박해가 뒤따랐다.

이제 막 취임한 차관은 그의 지휘 방식에 대한 어떤 의구심도 용납하지 않았다. 그래서 프라이슬러는 취임 첫날부터 베를린 지방법원장인 키르쉬슈타인 박사를 자극했다. 프라이슬러가 심문하는 말투로 그에게 국가사회주의 원칙에 대한 그의 입장을 물었을 때, 키르쉬슈타인은 당당하게 맞섰다. "저는 저의 인생에서 언제나 자유 민주주의적인 원칙을 대변해 왔습니다." 프라이슬러가 대꾸하기를, "그러면 법원장님, 당신이 우리와 함께 일하는 것을 중히 여기지 않는다고 받아들여도 좋겠습니까!" 키르쉬슈타인이 답하기를, "당신 말이 맞습니다. 저는 어떤 형태이든 간에 나치 정권과의 협력을 중요하게 생각하지 않습니다." 이런 대화가 끝난 뒤에 프라이슬러는 지방법원장에게 "앞으로 직무에 더 이상 관여하지 말 것"을 지시했다. 이로써 키르쉬슈타인의 경력은 종지부를 찍었다. 그는 즉시 은퇴하게 되었다. 아직은 롤란트 프라이슬러에게 맞서는 것이 생명의 위험을 의미하지는 않았다. 그렇지만 자리를 보존하길 원하는 사람은 조건 없는 충성에 대한 요구에 굴복했다. 대부분의 법관들은, 비록 자신의 품위를 상실했음에도 불구하고, 공직에 남아 있었다.

롤란트 프라이슬러의 가파른 승진은 그의 열정, 점점 커지는 권력에 대한 욕구와 무자비한 냉혹함의 산물이었다. 프라이슬러의 경력은 나치 정권의 법과 불가분의 관계를 맺고 있었고, 이와 결부된 독일 사법부의 도덕적인 타락과도 불가분하게 연결되어 있었다. 독일 사법부는 양심에 추호의 거리낌도 없이 스스로 자신의 권력 박탈에 동의했다. 독립적인 재판관에서 나치 권력에 순종하는 집행인이 되어버렸다.

히틀러의 조력자인 프라이슬러는 공범자들을 충분하게 찾을 수 있었다. 독일판사연맹 의장인 카를 린츠는 "모든 독일의 판사 이름으로" 새로운 노선에 따를 것을 맹세했다. "우리는 단결할 것이고, 정부가 세운 목표 달성을 위해 전력을 다하여 협력할 것이다." 나치 이데올로기는 또한 법률 용어에까지 영향을 끼쳤다. "민족, 인종, 지도자의 권위"와 같은 말들이 점점 더 법치 국가의 원칙들을 대체했다. 개인은 자신의 가치를 상실했으며, 중요한 것은 오직 전체, 집단으로서의 전체뿐이었다. "그대는 아무것도 아니다. 그대의 민족이 전부다"라는 것이 이런 생각을 대변하는 표현이었는데, 각 개인의 존엄성이 이런 생각의 희생물이 되었다. "하나의 민족, 하나의 제국, 한 명의 총통"이라는 정권의 구호는 전횡을 일삼는 사법부에 길을 터주었다. 판결은 "총통"의 의지를 표현해야만 했다. 즉, 하나의 민족, 한 명의 총통, 하나의 사법부여야 했다.

롤란트 프라이슬러는 처음부터 현행법을 나치 이데올로기의 의미로만 해석하지 않고, "시대의 전환"이라는 개념이 새로운 "법체계"를 만들 때 반영되도록 한다는 목표를 상정했다. 그는 보고서에서 자신을 "민족공동체의 공복"으로 표현했다. 법에 복종하지 않는 모든 사람은 "범법자이고, 모든 범법자는 국가의 적이다"라고 했다. 그 행위가 범죄의 성격을 띠는지, 정치적 성격을 띠는지는 전혀 상관이 없다고 했다. 국가는 범죄 행위와 전쟁을 치르고 있으며, 범법자들은 "열등한 인간"이고 "국가 반역자"라고 했다. 프라이슬러에게 반역은 모든 범죄 중에서 가장 나쁜 것이었다. 반역, 그것은 제1차 세계대전에서 프라이슬러가 얻은 트라우마였고, 1918년의 패전은 반역이었다. 다른 많은 독일인들과 마찬가지로, 그도 "사회주의자들의 배반으로 말미암아 독일이 제1차 세계대전에서 패전했다는 주장"을 믿고 있었다.

프라이슬러는 "범죄자"에 대한 명백하고 객관적인 판단에는 관심이 없었다. 범죄자들을 국가의 적으로 유죄 판결을 내리는 것만이 중요한 것은 아니었다. 프라이슬러가 그랬듯이, 그들을 제거해야만 했다.

1만 5천 부를 인쇄하여 독일 법관들에게 배포한 그의 보고서는 "평화를 저해하는 모든 세력들을 철저하게 섬멸하는 것"을 목표로 삼았다. 그가 생각한 평화의 개념은 독재 정권에게 묘지에서 느끼는 것과 같은 적막한 평온함을 제공하는 것이었다.

프라이슬러는 미친 듯이 글을 써서 발표했는데, 이 글쓰기가 그에게 "미치광이 롤란트"라는 평판을 가져다주었다. 그는 많은 저작물을 봇물처럼 쏟아냈는데, 이런 저작 활동은 법과 법률의 모든 영역을 전체주의 독재에 종속시키려는 그의 노력이 생각보다 더디게 진행되고 있다는 인상을 불러일으켰다. 그가 펴낸 저작물은 당시의 권위 있는 다른 법학자들의 저작물 발간 규모와 비교해 보면 거의 상대가 안 될 정도로 많은 양이었다. 하지만 프라이슬러의 광적인 글쓰기는 동료들 사이에서 내용은 피상적이고 문체는 세련되지 못하다는 비판을 종종 받았다.

롤란트 프라이슬러는 다수의 나치 지도자들로부터, 또한 아돌프 히틀러로부터도 "볼셰비키"로 추정된다는 의심을 받았다. 그렇기 때문에 그들로부터 인정받기 위해 그는 더욱더 전력을 다했다. 그래서 그는 자신이 아주 믿을 만한 "총통"의 추종자임을 증명하기 위해 계속 심혈을 기울였다. 무한한 복종, 열광적인 예찬이 그의 수단이었다. 프라이슬러는 1934년 룀의 총살 이후에 일어난 일련의 살인 행위를 "총통의 업적"으로 찬미했고, "문제를 해결하는 행위"라고 칭송했다. 곧 그 자신도 판결을 통해 살인을 저지르게 되었다.

전 수상인 쿠르트 폰 슐라이허 장군과 그의 부인이 "룀 쿠데타" 이후에 진행된 살인적인 분위기의 희생물이 되었다. 1934년 6월 30일, 이 부부는 자신의 집에서 총에 맞은 채 발견되었다. 법원 시보인 그뤼츠너 박사가 그 사건의 조사를 위임받았지만, 얼마 지나지 않아서 그는 모든 수사를 중단하고 비밀경찰에 수사권을 넘기라는 지시를 받았다. 새 지시 사항은 48시간 이내에 조치가 이루어져야 했다. 그뤼츠너는 그 난감한 사건을 떠맡기에는 적임자가 아닌 것처럼 보였지만, 그럼에도 불구하고 그는 그의 사무실과의 전화 통화에서 경솔하게도 "전 제국 수상인 폰 슐라이허는 정치적인 이유로 살해되었다"는 견해를 밝혔다.

프라이슬러 차관은 이 일에 적극적으로 개입했다. 3명의 게슈타포 요원들의 호위를 받으며, 그는 같은 날 밤에 그뤼츠너의 현관문을 두드렸다. 프라이슬러는 그에게 다음 날 아침에 서면으로 보고할 것을, 그러니까 "제대로 된" 보고서를 낼 것을 지시했다. 훗날 그뤼츠너는 프라이슬러의 협박 내용은 오해의 여지가 없었다고 회상했다. 제대로 된 보고서를 내든지 아니면 강제수용소로 이송되는 것이었다. '폰 슐라이허를 단지 체포하려고 했는데, 그가 폭력을 쓰며 저항했다'는 내용의 공식 수사 결과에 대해 이의가 제기되어서는 안 되었다.

프라이슬러는 자기 일에 열심인 사람이었다. 사람들은 그의 능력과 일에 대한 열정에 경의를 표했다. 그렇지만 법무부에서는 누구도 그를 좋아하지 않았고, 특히 재판관들과 당의 사람들이 그러했다. 그는 교활한 사람으로 간주되었다. 그가 갑자기 말을 꺼내기 전까지는, 그의 눈빛만 보고는 도무지 그가 무슨 생각을 하고 있는지 알 수가 없었다. "사람들이 전깃불을 켜듯이, 프라이슬러는 자기 안에 내재한 광기의 스위치를 켤 수 있었다"라고, 그를 잘 아는 한 법관이 말했다. 프라이슬러 자신도 동료들의 호감에 크게 의미를 두지 않았다. 그에게 중요했던 것은 "총통"의 총애였다. 위대한 공동의 목적을 위해서 외로운 투사가 되는 것은 그에게 아무것도 아니었다. 그의 세계상은 그만의 모습을 띠고 있었다.

그는 지도자 원칙을 두 가지 관점으로 받아들였다. 하나는 "총통"의 의지에 조건 없이 순응하는 것이었으며, 다른 하나는 히틀러가 『나의 투쟁』에서 이미 언급하였던 것으로서, 그 스스로 다수의 소지도자들 중의 한 사람처럼 처신하는 것이었다. 스스로를 예속시켜 지도자에게 복종하는 것이 일반적인 권력 원칙이었다. 프라이슬러는 스스로를 법정의 지도자라고 생각했다. 서류나 사실이 판결에 결정적인 영향을 끼쳤던 것이 아니라, 프라이슬러가 자신의 관점에서 옳지 않다고 정의 내린 것이 판결에 결정적인 영향을 끼쳤다. 그것은 법적 원칙들을 완전히 새롭게 평가한 것이었다.

1941년에 제국 법무장관인 귀르트너가 사망했을 때, 프라이슬러는 자신을 히틀러의 추종자들 중 제1그룹으로 끌어올릴 마지막 경력 단계로의 도약을 기대하고 있었다. 그는 귀르트너의 후임자로 취임하기를 열망하고 있었다.

그렇지만 이런 승리가 그에게 주어지지는 않았다. 그것은 롤란트 프라이슬러가 결코 극복할 수 없었던 패배였다. 히틀러의 최측근들은 지나치게 열성적인 이 예스맨을 혐오했다. 제국보안본부 대장인 라인하르트 하이드리히는 "음흉한 광대"에 관해 언급하고는, 프라이슬러의 친위대 가입 청원을 거절해 달라고 히믈러에게 부탁했다. 당 사무국의 책임자인 마르틴 보어만은 심지어 그를 "미친 사람"이라고 불렀다. 괴벨스만이 그에게 호의적이었다. 그러나 프라이슬러를 본질적으로 자신과 비슷한 동맹자라고 생각했던 선전장관이 "총통"사령부에서 열린 원탁 모임에서 그를 제국 법무장관으로 제안했지만, "총통"은 "그 옛 볼셰비키를? 안 되오!"라고 말하며 거부했다.

전쟁 포로 시기의 낙인이 여전히 프라이슬러의 발목을 잡고 있었다. 궁극적으로 장관이 되는 것에 차질이 생긴 이유는 그의 "볼셰비키" 전력 때문이 아니라 바로 그의 동생 때문이었다. 오스발트 프라이슬러는 1930년대에 자신의 변호사 사무실을 카셀에서 베를린으로 옮겼다. 그는 국가사회주의 독일노동당의 당원으로서 가톨릭 신도수사들에 대한 변호를 맡게 되었는데, 이는 형 롤란트를 아주 불쾌하게 만들었고, 그로부터 "돈은 냄새가 나지 않는다"(pecunia non olet: 깨끗하게 번 돈과 더럽게 번 돈을 구별할 수 없다는 뜻)는 핀잔을 들었다. 히틀러는 오스발트 프라이슬러의 소송 의뢰인이 어떤 사람들인지 알고는 즉시 그 변호사를 출당시키라고 명령했다. 물론 사법 당국은 그가 어느 날 한 은행장의 변호를 맡게 되고, 중요한 대월액 증서를 폐기하기 위하여 검찰청 직원 한 사람에게 뇌물을 줄 때까지 그에 대해 아무런 조치도 취하지 않았다. 스캔들이 갑자기 커졌다. 1939년 3월 4일, 경찰이 오스발트 프라이슬러 변호사 사무실에 나타났을 때, 그는 화장실에 간다는 핑계를 대고는 창문에서 뛰어내렸다고 한다. 하지만 다른 버전의 이야기가 은밀히 나돌았다. 그가 뛰어내려 죽은 것은 자의에 의한 것이 아니었다는 것이다. 게슈타포가 이 일에 관여했다고 한다. 다른 사람들은 당뇨병을 앓고 있던 오스발트 프라이슬러가 그날 인슐린을 과다 복용했다고 한다. 확실한 사실은 롤란트 프라이슬러의 동생이 1939년 3월 4일에 43살의 나이로 변사했다는 것이다.

미스터리한 "우발 사건"은 롤란트 프라이슬러가 제국 사법부의 최고 위직에 오르지 못하게 하는 데 일조했다. 나치 치하에서도 연좌제라는 것이 있었다.

전임 나치 특별재판소장이었던 게오르크 티어라크가 법무장관이 되었다. 그는 히믈러의 총애를 받던 사람이었다.

무시를 당한 프라이슬러는 이제 티어라크의 후임자로서 서열 제2위를 인정받기 위해 더욱더 분발했다. "총통 각하! 총통 각하, 당신이 제게 위임한 직책에 취임했고, 그동안 그 일에 익숙해졌음을 당신께 보고 드릴 수 있도록 허락하여 주십시오. 당신께서 제게 위임한 책임에 대해 감사 드리는 이유는 제가 재판관으로서 직접 본보기를 보임으로써 충실히 전력을 다해 제국의 안전과 독일 민족의 내적 결속을 다지는 일에 봉사할 수 있기 때문입니다."

하필이면 프라이슬러를 나치 특별재판소장으로 임명한 이유가 "총통"
에게는 있었다. 그의 상관인 티어라크가 이 임명에 반대했지만, 히틀러
는 이를 고집했다. 그는 무자비한 집행인을 필요로 했다. "아니오, 그 프
라이슬러가 당신의 후임자가 될 것이오"라고 그는 티어라크에게 말했
다. 그는 추가적으로 다음과 같이 말했다. "그것이 내가 옛 볼셰비키에
게 주는 마지막 기회요."

그 "옛 볼셰비키"는 스스로를 입증해야만 한다는 생각에 사로잡혀 있
었다. "노전사들"의 불신을 불식시키고, 자신이 모든 면에서 그들에게
뒤지지 않는다는 것을 보여줄 필요가 있었다.

1942년, 프라이슬러는 이제 법관으로서 나치의 광기에 가장 효과적으
로 봉사할 수 있는 지위를 차지하게 되었다. 롤란트 프라이슬러가 나치
특별재판소장이 되었다.

특별재판소는 정권에 반대하는 모든 형태의 행위들을 추적하고 응징
하는 일을 했는데, 권력자들은 그런 일을 기대하고 있었다. 무시무시한
동맹군인 게슈타포가 그의 편에서 활동하고 있었다. 나치 특별재판소에
서 다루고 있던 거의 모든 반역 행위에 대한 소송들이 게슈타포에 의해
서 조작된 것이었다. 게슈타포의 영향력은 대단해서, 특별재판소가 마치
그것의 연장선상에 있는 기관인 것처럼 업무를 수행했다. 수용자들은 종
종 수개월 동안 지속되는 수감 기간 동안 아주 끔찍한 학대를 당했다. 고
문은 다반사였는데, 전쟁 막바지에 특히 많은 고문이 이루어졌다. 특별
재판소의 재판관들은 이 사실을 알고 있었다. 하지만 피고인이 법정에서
자백을 철회하고 게슈타포의 잔인한 고문 때문에 자백할 수밖에 없었다
고 증언하더라도, 재판관들은 대부분 이 폭력적인 심문에 대해서 벌을
내리지 않았다.

프라이슬러는 재판소장에 임명되기 직전에 쓴 편지에서, 제국 국방장
관 구스타프 노스케가 말한 "한 사람은 정말 잔악한 인간이 되어야만 한

"사법부의 전차 부대…"
나치 소송 의뢰인과 변호사 프라이슬러(오른쪽에서 두 번째, 1932년)

나는 평화를 저해하는 모든 세력들을 철저하게 섬멸해 나갈 것이다.

프라이슬러

사람들이 전깃불을 켜듯이, 프라이슬러는 자기 안에 내재한 광기의 스위치를 켤 수 있었다.

한 법조인 동료의 발언

총통이 위기의 순간에 총통 직권으로 직접 법을 제정한다면, 그는 법을 최악의 남용으로부터 수호하게 될 것이다.

룀 사건 후 프라이슬러의 서한, 1934년

독일 국민과 모든 개개 시민들의 의무는 인종 우생학을 실제로 적용하는 것이다. 의무의 위반은 반역이나 다름없다.

프라이슬러

권력 분립이란 것은 나치 국가에서는 더 이상 존재하지 않는다. 절대 명령권은 분할되지 않은 채 총통이 쥐고 있다.

프라이슬러, 1933년

지금도 감히 우리 민족공동체의 근간을 뒤흔들려고 시도하는 사람, 공산주의에 눈이 멀어 결집된 민족의 생명력을 와해시키려는 사람은 그릇된 방향으로 인도되도록 유혹받은 사람이 아니라 우리에게 해가 되지 않도록 제거해야만 하는 범죄자이다.

프라이슬러, 1936년

프라이슬러는 큰 소리만 쳤지, 실제로 행동에 옮기는 것을 보지 못했다.

괴벨스의 일기, 1936년 8월 26일

민족에 유용한 것이 법이다!

프라이슬러, 1936년

다”는 구절을 인용했다. 그리고 프라이슬러는 잔악한 인간이 되고자 열망했다.

프라이슬러는 지도적 위치에 있는 나치 당원들이 신뢰하는 그룹에 속한 적이 없었다. 그는 슈페어나 리벤트로프 같은 사람들처럼 “노전사들”로부터 인정받는 행운을 누려본 적이 없었다. 프라이슬러 같은 사람들은 같이 얘기할 수 있는 자격조차 없었다. 그들은 복종하며 자신들의 임무를 수행하기만 하면 되었다. 말 잘 듣는 도구처럼 롤란트 프라이슬러는 “제3제국”의 인적 자원으로 적합한 인물이었다. 신임 소장은 임명된 지 얼마 지나지 않아서 개인적으로 자신이 취임한 것을 히틀러에게 보고하기 위하여 “총통”에게 접견 신청을 했다. 그러나 이 만남은 이루어지지 않았다. 히틀러는 프라이슬러와 대화를 나누는 것에 대해 눈곱만큼도 관심을 표명하지 않았다. 프라이슬러는 판결하고, 처형하고, 집행하면 되었다. 그 이상은 필요가 없었다.

요제프 괴벨스는 프라이슬러가 맡은 바 임무를 수행할 수 있도록 특별재판소 신임 소장을 거들었다. “전시 중에는 법률적인 잣대가 아니라 정치적인 합목적성이 특별재판소 판결의 기준이 되어야 한다. 피고인을 제거해야 하는 상황이 정치적으로 불가피해 보이면, 그것과 관련된 증거나 법 조항의 존재 여부와 상관없이 그는 제거되어야 한다.” 선전장관은 특별재판소 판사들이 모인 자리에서 이렇게 연설을 했고, 프라이슬러는 그의 연설에 고무되었다.

프라이슬러는 법무차관으로서 이미 1935년에 킬 소재 크리스티안 알브레히츠 대학 강당에서 다음과 같이 밝힌 바 있다. “생각만이라도 총통을 배신할 마음을 품고 있는 사람은 대역죄인이다. 총통의 목숨을 노리는 적들에게 대항하려는 생각을 조금이라도 주저하는 사람은 살인자이다.”

이 얼마나 대단한 자세인가! 당시에 사람들은 그를 “미친 사람”이라고 비웃었다. 이제 집행할 시간이 도래했다. 롤란트 프라이슬러는 죽음의 큰 낫을 흔들었다.

야심 많은 이 재판관의 책상에 올라온 사건들은 처음에는 세인들의 주목을 끌 만한 사건들이 없었다. 즉, 히틀러의 관심을 끌 만한 사건들이 없었던 것이다. 주로 "비중 없는 사건들"을 심리해야만 했다. "패배주의자," "군의 사기를 저해한 자," 공산주의자, 저항 운동가에 대한 심리가 그것이었다. 그는 그들을 처벌했다. 그렇지만 판에 박힌 재판을 계속하는 것이 그의 성에 찰 리 만무했다. 프라이슬러는 무시무시한 법정을 원했다. 그 앞에 서 있는 피고인이 낙담한 채 울먹거려야 비로소 그는 조용해졌다. 그가 선호한 희생자는 우선 공산주의자들이었다. 그들에게 모욕을 주면서 그는 자신의 과거로부터, 즉 자신에게 "빨갱이"라는 혐의를 두는 것으로부터 벗어나려 했다.

언젠가 한 번은 그가 피고인에게 국가사회주의와 "총통"으로 전향한 "전향자"의 아주 좋은 예로 자신을 든 적이 있었다. 피고인은 "내게 있어 그는 지도자가 아니오"라고 답변했다. 재판관의 기만적인 솔직함에 고무된 피고인은 "당신은 최후의 순간이 도래했다고 생각하지 않으십니까?"라고 덧붙였다. 그때 롤란트 프라이슬러가 그를 꾸짖었다. "우리가 당신을 교수형에 처하는 데는 3분이면 충분하오. 그러니까 당신은 어떠한 경우에도 12시를 살아서 맞이하지는 못할 것이오"['그 시기가 도래했다' 내지 '지금이 절호의 기회이다' 라는 표현을 독일어로는 '12시 5분전' 이라고 표현하는데, 프라이슬러는 자구 그대로 12시 전에 그가 죽을 것이라고 대구함: 옮긴이]. 프라이슬러는 사형을 언도했고, 자리에서 일어나 법정을 떠났다. 그런데도 그가 열렬히 사랑하는 "총통"은 그의 활동에 대해 거의 알지 못했다.

티어라크는 몇 주 전인 1942년 9월 9일에 그의 후임자인 프라이슬러에게 서면으로 나치 특별재판소의 중요성을 예를 들어 가며 설명했다. "이 최고 정치 법정의 판결은 국가 지도부와 같은 목소리를 내야 한다는 점을 특별재판소 외에 다른 어떤 법원에서도 명확하게 밝히지 않는다. 일

반적으로 특별재판소의 재판관은 국가 지도부의 이념과 의도를 최우선
적으로 고려하고, 재판관의 손에 달려 있는 인간의 운명은 부차적인 것
으로 생각하는 것에 익숙해져야만 한다.” 이런 설명이 프라이슬러에게
는 쓸데없는 것이었다. 그는 이미 오래 전부터 기본적으로 “민족에게 유
용한 것이 법”이라고 느끼고 있었다. 즉, “총통,” 민족과 제국이 주된 관
심사였다. 누구든지 방해가 되는 사람은 가차 없이 법의 심판을 받게 되
었다. 후방에서도 최후의 승리를 위한 싸움에 나서 있는 상황에서 어떤
판결도 가혹한 것이 아니었다.

과거에 소위로 근무했던 그의 눈에는 후방에서도 전쟁이 진행되고 있
었다. 전후방에서 수백만 명이 죽어 나가는 상황에서 회의적인 입장을
표명하는 사람은 민족의 반역자였다. “국민을 현혹하는 자,” “군의 사기
를 저하시키는 자,” “패배주의자”라는 말은 경멸적인 표현들이었는데,
수만 명이 그런 표현의 희생자가 되었다. 극소수의 사건만이 사형 선고
에서 강제 노역으로 감형되었다. 사형당한 대부분의 사람들은 경솔하게
도 “총통,” 독일군과 전쟁의 전개 상황에 대해 공개적으로 비판했다.

1943년 8월에 우편집배원인 게오르크 유르코우스키는 아무 생각 없이
한 여자에게 다음과 같이 말했다. “저는 당신에게 ‘두체’가 체포되었고,
히틀러의 상황도 별반 다르지 않을 것이라고 말할 수 있습니다.” 유르코
우스키는 국가사회주의에 반대하지는 않았다. 그렇지만 “총통”의 능력
에 대해 그저 의심을 품고 있던 사람도 자신의 발언으로 인해 생명이 위
태로울 수 있었다.

프라이슬러는 유르코우스키의 운명을 결정했다. “그는 적들을 위해 우
리의 분열을 획책하는 선전을 한 자로서 사형에 처한다.” “군의 사기 저
하”를 이유로 고소된 에렌가르트 프랑크-슐츠는 적십자 간호사에게 앵
글로색슨의 지배하에 있던 몇 년간이 “현재의 전제 정치”보다 낫다고
“뻔뻔스럽게” 주장했다는 죄를 뒤집어썼다. 이 때문에 그녀는 영원히 명

예를 회복할 수 없을 것이며, 아울러 사형에 처한다고 프라이슬러는 판결했다.

폴머라는 이름의 한 국장은 "더 이상 용인될 수 없고 그래서 죽어 마땅한" 발언들을 선별한 목록을 작성했다. 그 발언들 중에는 "패전했다," "독일이나 총통은 무의미하고 무가치한 전쟁을 시작했다," "그렇지만 볼세비즘의 위협이 결코 심각한 수준은 아니다"와 같은 것들이 있었다. 심지어 "총통은 아프다"라는 간결한 발언은 치명적일 수 있었다. 이런 발언 목록이 모자랐을까? 아니, 수많은 사형 집행의 근거가 될 이런 발언 목록은 차고도 넘쳤다.

"군의 사기를 저하시키는 자들"은 통상 "제국의 적"이고, 따라서 불구대천의 원수라고 프라이슬러는 말했다.

그런 발언이 사적인 자리에서 나온 것인지, 아니면 공적인 자리에서 나온 것인지는 상관이 없었다. 제국 대법원은 다른 손님들이 있는 식당에서 의견을 표명하는 것은 공적인 성격을 갖는다고 밝혔다.

하지만 몇몇 사건들의 경우에는 제국 법무부가 보기에도 특별재판소 재판관들의 자의적인 해석이 매우 심했다. 한 피고인이 아는 사람에게 지나가는 말로 내뱉었던 "총통"에 대한 부정적인 발언들이 특별재판소에 의해 "공적"인 것으로 선언되었다. 왜냐하면 "우리 국가사회주의 제국은 모든 국민들이 정치와 연관을 맺기를 원하고 있고, 이로써 정치적인 발언이 우리 국민의 정치적 사고 토대의 일부를 형성하기 때문이다." 법무장관인 티어라크는 프라이슬러에게 보낸 1943년 9월 11일자 편지에서 그와 같은 논거로는 "공공성이라는 개념이 모든 의미"를 상실하게 될 것이라고 경고했다. 하지만 그런 소심한 이의 제기는 피고인에게 전혀 도움이 되지 않았다. 프라이슬러는 그럼에도 불구하고 사형 선고를 내렸다.

특별재판소장은 게다가 이런 판결에 더 가속을 내기 시작했다. 그가 저지를 엄청난 테러 행위가 임박해 있었다.

"동료 여러분. 스탈린그라드의 군인들이 패퇴하는 상황 앞에 우리 민족은 충격을 받고 서 있습니다. 상병으로 세계대전에 참전한 히틀러의 탁월한 전략은 33만 명의 독일 군인들을 무책임하게도 어리석은 파멸로 내몰았습니다. 총통이시여, 우리는 당신에게 감사합니다. 독일 민족의 민심이 들끓고 있습니다. 우리가 계속해서 이 어설픈 사람에게 우리 독일군의 운명을 맡겨야 되겠습니까?"

한스와 소피 숄 남매가 전단지에 적은 마지막 문구는 프라이슬러에게는 분열을 획책하고 반역을 꾀하는 것 이상의 의미였다. 그렇게 노골적으로 정권의 잘못을 지적한 사람은 흔치 않았다.

"백장미"에 대한 재판은 프라이슬러가 오랫동안 고대해 왔던 기회, 즉 일반 대중 앞에 큰 목소리로 자신을 드러낼 수 있는 기회를 제공했다. 학생, 예술가, 학자와 성직자들로 구성된 저항 단체인 "백장미"는 오래 전부터 게슈타포에게는 눈엣가시였다. 1943년 2월 18일, 숄 남매는 뮌헨 대학에서 전단지를 배포하던 중에 관리인에게 발각되어 신고를 당했다. 남매가 검거된 뒤에 다른 백장미 회원들도 체포되었는데, 그 가운데는 크리스토프 프롭스트, 빌리 그라프, 알렉산더 슈모렐과 후버 교수도 끼어 있었다.

1943년 2월 22일, 뮌헨에서 소송 절차가 시작되었다. 롤란트 프라이슬러는 재판을 주재했다. 언제나처럼 피고인과 그 변호사에게 재판을 준비할 시간은 주어지지 않았다.

예전에 히스테리적인 행동을 보이던 것과는 달리 프라이슬러는 재판 과정 내내 자신의 기질을 억누르고 있었다. "당신은 거짓 이야기를 그럴듯하게 꾸며서 게슈타포를 속였기 때문에 하마터면 풀려날 뻔했소." 프라이슬러는 의기양양한 미소를 지으며 빌리 그라프에게 "하지만 우리는 당신보다 더 영리하오!"라고 덧붙였다. 사흘 후에 "소송"은 끝이 났다. 크리스토프 프롭스트는 자신의 아이들을 위해 목숨을 부지하고자 했다.

"반역은 가장 나쁜 범죄이다…"
새 법률을 공표하는 프라이슬러와 괴링(1933년)

생각만이라도 총통을 배신할 마음을 품고 있는 사람은 대역죄인이다. 총통의 목숨을 노리는 적들에게 대항하려는 생각을 조금이라도 주저하는 사람은 살인자이다.

프라이슬러, 1935년 학생들에게 행한 연설

내가 편파적인 판결을 내리고 있다는 사실을 나는 너무나도 잘 알고 있다. 하지만 이는 다만 정치적인 목적을 위해서일 뿐이다. 나의 재량권 하에 있는 모든 역량을 동원해서 1918년의 상황이 되풀이되는 것을 막는 것이 중요하다.

프라이슬러, 1943년 10월

지난 수년간의 전개 상황을 들여다보면, 나는 전 세계적인 유대인의 음모가 있다는 나의 믿음을 밝혀야만 한다는 생각이 든다. 이 믿음은, 관찰해 보면, 너무나 쉽게 알아낼 수 있다. 모든 독일인은 지금 한 배에 타고 있으며, 승리를 쟁취하기 위해 혹은 최악의 경우에 재도약을 보장하고 그것을 통해 마지막 위대한 승리를 누리기 위하여 우리 모두는 지금 똑같이 보조를 맞추어 노를 저어야 한다.

프라이슬러, 1944년 10월

한스 숄은 그의 친구를 위하여 몇 마디 하려고 했으나 프라이슬러가 이를 막았다. "당신 자신을 위해서 할 말이 없다면, 제발 좀 조용히 있으시오."

소피 숄은 붉은 법복을 입은 권력 앞잡이의 악마와 같은 비난에 굴하지 않았다. 그녀는 "당신도 저처럼 전쟁에서 패했다는 사실을 잘 알고 있습니다. 왜 당신은 그런 사실을 인정하지 않습니까?"라고 프라이슬러를 질책했다.

그러나 이미 오래 전에 "백장미" 회원들의 운명은 정해져 있었다. 소피 숄이 맨 먼저 처형되었다. 나중에 그녀의 사형 집행인조차 인정했듯이, 그녀는 당당하고 편안하게 죽음을 맞이했다. 한스 숄은 사형대에 오르기 전에 "자유 만세!"라고 외쳤다.

이제 특별재판소는 가혹한 사형 선고를 계속해서 내렸다. 프라이슬러 자신도 살기를 품고 있었다. 반년마다 아주 뿌듯하게 생각하며 제국 법무부에 보낸 그의 "활동 보고서"에는 그가 다룬 "소송 절차"의 끔찍한 성과가 기재되어 있었다. 1943년 상반기에만 804명에 대한 사형 선고가 집행되었다. 이 보고서에는 실제 사형 집행 건수가 은폐되어 있었는데, 이런 전횡을 통해서, 제국보안본부의 표현처럼, "국민들 사이에서 나타나는 붕괴 현상"을 방지했다. 무수히 많은 사건들의 피의자들에게 변론의 기회가 주어지지 않았다. "특별재판소 재판관"은 혐의가 있는 인물들에게 바로 강제수용소 행을 지시했다.

나치 사법부에서 법령을 만드는 사람들은 이와 같은 절차에 대해서도 그럴듯한 표현을 마련했다. 1941년 12월, 히틀러는 소위 "밤과 안개 법령"을 가결했는데, 이 법안이 가결됨으로써 정권에 반대하는 테러 행위나 사보타주에 동참했던 모든 사람들에게 사형 선고를 언도하는 것이 가능하게 되었다. 범법자들은 "야밤에 몰래" 체포되어 강제수용소로 이송되고 그곳에서 살해되었는데, 이는 프라이슬러의 취향에 맞는 법령이었

그런 행위를 사형이 아닌 다른 방식으로 처벌했다면, 상황이 패전으로 끝나버린 1918년처럼 전개되는 단초를 제공했을 것이다. 그래서 투쟁하고 있는 민족과 제국을 보호하기 위해 특별재판소로서는 당연하게 내려야 할 벌인 사형을 내렸을 뿐이었다… 우리 민족에 대한 반역으로 인해 피고인들은 그들의 시민권을 영원히 박탈당했다.

저항 단체 "백장미"에 대한 프라이슬러의 의견, 1943년

그는 법정에서 전권을 행사하고 있었기 때문에 법정의 전제 군주나 다름없었다.

프란츠 뮐러, "백장미"의 저항 투사

프라이슬러는 전체 독일 사법부에서 가장 음울하고 야만적이며 잔혹한 재판관들 중 한 명이었다. 그는 히믈러, 하이드리히, 티어라크와 더불어 세상에 알려진 가장 가증스러운 성격의 소유자였다.

뉘른베르크 재판의 기소 내용

정밀 기계 같이 정확하게 숙청 임무가 완수되었다.

프라이슬러

다. 이런 조치의 법적 권한을 둘러싼 논쟁에서 그는 적극적으로 발언에 나섰으며, 특별재판소가 "밤과 안개" 사건들을 다룸에 있어 아마도 최상의 판결을 내릴 수 있는 기관이라는 점을 환기시켜 주었다. 그리고 그대로 실행되었다.

1942년 말까지 1천 건이 넘는 사건들이 등록되었다. 이제 사형이 예외 없는 규칙처럼 되었다. 가족 누구에게도 알려주지 않았고, 한 통의 작별 편지도 전달되지 않았다. 어떤 일이 "제국의 비밀 사건"으로 다루어졌는지 알게 된 가족은 아무도 없었다. "야음을 틈타 몰래" 끌려간 사람들은 모두 24시간 이내에 숨겼다.

"밤과 안개 법령"이 북부와 서부 유럽 점령 지역의 "적들"에게도 적용되자, 프라이슬러는 이제 제국 도처에서 "패배주의자들"을 색출해 냈다. 그는 1943년에 한 편지에서 "나의 재량권 하에 있는 모든 역량을 동원해서 1918년의 상황이 되풀이되는 것을 막는 것이 중요하다"고 적었다. 법원의 소송 절차는 점점 가혹하고 무자비해졌다. 변호인을 입회시켜야 하는지 여부에 대한 결정은 일반적으로 재판관에게 일임되었다. 심지어 1942년 말 이후에 사형 선고를 받은 사람들에게는 성직자의 입회조차도 거부되었다. 피고인은 단지 무방비 상태의 목표물일 뿐이었다.

프라이슬러에게는 독일제국이 점점 더 파국으로 치닫는 상황이 전혀 보이지 않는 것 같았다. 히틀러처럼 그 역시 점점 더 깊이 자기 생각에 매몰되었고, 자기중심적이 되었다. 아직 심리가 시작되기도 전에 그는 다른 배석 판사들에게 그 사건에 대한 그의 관점을 밝혔다. 이런 식으로 완전히 엑스트라로 격하된 동료 판사들은 애초부터 그에 대한 이의 제기를 할 수 없었다. 명목상의 심리가 진행되었던 만큼 무엇보다도 고소 고발에 대한 피고인의 반응이 문제가 되었다. 아주 드문 경우였지만, 피고인이 사건의 범죄 구성 요건을 반박하려고 하면, 그에게 한바탕 증오의 말이 쏟아졌고, 고함, 모욕, 조롱이 퍼부어졌다. 몇 주 동안 고문을 당하고 잠을 자지 못했기 때문에, 피고인들 중에서 단지 소수만이 붉은 색 법복을 입은 악마에게 맞설 수 있었다. 그중 한 명이 저항 운동가인 프리츠-디틀로프 폰 데어 슐렌부르크 백작이었는데, 프라이슬러는 7월 20일에 열린 재판에서 그를 계속 "악당 슐렌부르크"라고 불렀다. 재판관이 한 번은 말실수를 해서 "폰 데어 슐렌부르크 백작"이라는 칭호를 사용하자, 피고인은 반어적인 표현으로 칭호를 수정해 줄 것을 요구했다. "부탁을 드려도 된다면, 제발 악당 슐렌부르크라고 불러주시오." 이와 비슷하게 가톨릭 교인인 변호사 요제프 비르머도 용기를 내어 프라이슬러에게 "내가 교수대에 매달리지 않는다면, 내가 아니라 당신이 불안할 것이오!"라고 퍼부어대자, 격분한 프라이슬러는 "지옥에나 떨어지시오!"라고 버럭 소리를 질렀다. 그에 대해 비르머는 "당신이 곧 뒤따라온다면 기쁠 것입니다, 재판소장님!"이라고 대꾸했다.

프라이슬러의 날카로운 시선만 보면, 그가 검찰 측에 얼마만큼의 형량을 요구하는지 알 수 있었다. 그리고 거의 매번 "국가의 대리인들"은 그의 기대에 부응했다. 그것은 민족이라는 이름을 내건 야만적인 사법부였다.

전 세계를 상대로 한 전쟁뿐만 아니라 개별적인 모든 사형 선고들도 한 민족이 적을 상대로 살아남기 위한 생존 투쟁의 일부였다. "우리"라는 감정이 자멸에 이르는 것이라고 문제 삼는 자에게 화가 있으라.

적대자들은 체포되었고, 살해되었으며, 도피를 하거나 망명을 떠났다. 아니면 그들은 강제수용소에서 죽음을 기다렸다. 프라이슬러가 그렇게 열렬하게 선전했던 "민족의 자기 정화"는 패전으로 끝난 그 쓰라린 최후의 순간까지 제 역할을 다했다.

판결을 내린 것이 아니라 완전히 섬멸하겠다는 횡포를 표현한 사법부의 언어는 결코 사형 집행인의 악마적인 본성으로만 설명할 수 있는 것이 아니었다. 그것은 개개인의 광포한 의사 표현이었을 뿐만 아니라 전제 정권의 언어였고, 프라이슬러를 포함한 법조계 지도부의 언어였다.

롤란트 프라이슬러는 근면하고, 부부간의 미덕을 지키며, 행실 바르고 당의 정책과 규율을 잘 지키는 사람의 전형이었다. 게다가 그는 용감했다. 그는 벨레뷔 가街에 있는 단순한 지하실 외에 다른 방공호는 이용하지 않았는데, 그곳은 공습경보가 울리면 특별재판소 직원들도 이용하던 곳이었다. 하지만 그는 역사책에 자신의 이름을 남길 수 있는 그날을 기다리고 있었다. 마침내 검증의 시간이 다가왔다.

육군 대령 클라우스 솅크 폰 슈타우펜베르크 백작 주위의 군 저항 세력은 1944년 7월 20일 암살을 통해 독재자를 제거하고, 이로써 국가사회주의의 광기를 종식시키려는 목표를 추구하고 있었다. 그렇지만 암살 계획은 성공하지 못했다. 아돌프 히틀러는 살아남았고, 그날 밤 독일 민족을 대상으로 라디오 연설을 했다. "야심 많고, 비양심적이며, 동시에 범죄적 성향의 멍청한 장교들로 이루어진 아주 작은 패거리가 나를 제거하고, 그와 동시에 나와 더불어 실질적으로 독일군을 이끄는 참모부를 절멸시키기 위해 모반을 꾀했다."

이 "불명예스러운 장교"들은 의지할 곳 없고 진가를 인정받지 못한 비극적인 영웅들이었는데, 그들의 거사는 민심을 등에 업고 한 것이 아니라 오로지 그들 자신의 의무감에서 행한 것이었다. 그들은 자신의 명예뿐만 아니라 거사에 참여한 민중의 명예도 함께 지키려고 했던 고독한 반역자들이었다. 이 애국자들의 대부분은 자신들이 신성시한 "제국"을 그에 걸맞게 온전히 보존할 수 있는 평화를 원했다. 하지만 이 제국은 그동안 온전하지도 신성하지도 않았다. 왜냐하면 독일군 또한 너무나 깊숙이 홀로코스트에 연루되었고, 너무나 많은 죽음이 독일이라는 이름으로 자행되었다. 이 음모의 브레인이었던 헤닝 폰 트레스코우는 독일 저항 세력이 역사의 시련을 견뎌내기 위해 단호한 모험을 감행하는 것이 매우 중요하다고 선언했다.

전황 지도가 놓인 테이블 아래에 의도적으로 설치된 폭발물이 목표물을 갈기갈기 찢어 놓는 것이 도대체 무슨 소용이 있느냐는 의문이 종종 제기되었다. 무조건 항복과 함께 제국이 여러 점령 지역으로 분할되고, 독일 동부 지역이 가혹할 정도로 해체되어 그곳 사람들이 추방당하는 것은 이미 오래 전부터 확정된 것이 아니었던가? 이 모든 것이 분명하게 정해져 있었다. 그럼에도 불구하고 — 그것이 괴르델러의 임시 정부이건, 군사 정권이건 간에 — 암살을 통해서 전쟁이 종식될 수는 있었을 것이다. 그러면 수백만 명의 군인이 유럽 전선에서 목숨을 잃을 필요는 없었을 것이다. 또한 수십만 명의 유대인이 더 이상 독가스실로 보내지지도 않았을 것이다. 뷔르츠부르크, 드레스덴, 브레슬라우나 쾨니히스베르크와 같은 아름다운 도시들이 더 이상 파괴되지도 않았을 것이다. 히틀러에 대한 암살 계획은 성공했다면 그 나름의 의미가 있었을 것이다.

하지만 살인 행위는 여전히 계속되었고, 반역자들에게도 살인이 자행되었다. 히틀러는 피를 보기를 원했다. "이번에는 재판을 짧게 끝낼 것. 이 범죄자들은 군법 회의가 아니라 특별재판소에 세워야 할 것이다. 그들에게 발언할 기회가 많이 주어져서는 안 된다. 그리고 선고 후 두 시간 이내에 즉각 형을 집행해야만 한다. 그들에게 자비를 베풀 필요도 없이 즉시 교수형에 처해야 한다."

범행 사실은 분명했다. 범법자들은 자신들의 죄를 인정했다. 어떤 군법 회의에서든 이것만으로도 핵심 피고인들에게 사형을 언도할 수 있었을 것이다. 사형을 언도하기 위해 자백이 필요하지도 않았을 것이다. 그리고 그때 히틀러는 정치적인 이유 때문에 처음부터 반역자 그룹을 가능한 한 소규모로 확정지으라는 지시를 내린 상태였기 때문에, 여러 갈래로 가지가 쳐진 음모를 일부러 만들어 내고 대단한 주목을 끌게 만드는 일은 쓸데없는 것처럼 보였다. 하지만 프라이슬러는 바로 이 점을 납득하지 못했다. 그는 도대체 무엇이 문제가 되는지 이해하지 못했다. 즉, 사건을 축소시키는 것이 중요하다는 것을 이해하지 못했다. 그는 단지 자신의 능력을 검증할 기회로 보았을 뿐이었다. 그는 재판 과정 내내 어느 누구보다도 자기 자신을 염두에 두었다.

"이 범죄자들은… 총살로 명예로운 죽음을 맞도록 해서는 안 되고, 비열한 반역자처럼 교수형에 처해야만 한다! 군법 회의는 그들의 군적을 박탈해야만 하고, 그렇게 되면 그들은 일반 시민으로 재판을 받을 수 있게 된다… 그리고 그들에게 많은 말을 할 시간적 여유를 주어서는 안 된다는 것이 가장 중요하다. 하지만 이 프라이슬러는 꼭 그렇게 하고 말 것이다."

마침내 프라이슬러는 그가 꿈꾸던 목표에 도달했다. 그는 히틀러의 개인적인 사형 집행인이 되었다. 드디어 이름 없는 "패배주의자들"을 더 이상 다루지 않아도 되었다. 그가 본때를 보일 수 있는 남자들이 프라이슬러 앞에 서 있었다. 그들을 무너뜨리고 굴복시키는 것이 그에게는 진실의 순간이었다. 물론 그에 대한 지원 사격이 있었다. "지금 이루어져야 할 단죄는 역사적인 의의를 가져야만 한다"고 선전장관은 요구했다.

큰 관심을 불러일으키는 전시용 공개 재판은 완전히 "미치광이 롤란트"의 취향에 따른 것이었다. 그리고 법정에서 다룬 모든 일이 후대에도 전해져야 했다. 프라이슬러는 그것을 기록하기 위하여 모든 수단을 다 동원했다.

법정 끝에 있던 하켄크로이츠 깃발 뒤에 숨겨진 카메라는 그 섬뜩한 광경을 면밀하게 기록하였다. 프라이슬러가 머리를 끄덕이면 카메라가 작동하도록 되어 있었다. 곧바로 카메라가 돌아갔고, 다음 세대를 위해서 그리고 특히 "총통"을 위해서 그들이 철저하게 굴욕감을 느끼도록 피고인들에게 야비한 고함을 계속해서 퍼부었다. 그렇지만 이 재판을 주도면밀하게 기획하여 선전장으로 활용하려던 생각은 수포로 돌아갔다. 녹화된 필름의 상당 부분은 나중에 금지 필름 보관소에서 나뒹굴게 되었다. 녹화된 필름 중에서 신중하게 선택한 것들조차도 의도했던 것과는

이 프라이슬러는 꼭 그렇게 하고 말 것이다. 그는 우리의 뷔쉰스키[스탈린의 숙청을 주도한 소련의 검사. 검찰총장과 외교장관 역임: 옮긴이]이다.

히틀러, 1944년

특별재판소는 총통 각하께서 직접 사건을 판단하고 계신다 생각하면서 판결을 내리고자 항상 최선을 다하겠습니다.

프라이슬러가 히틀러에게, 1942년

나는 대부분의 공판에서 공판이 시작되기도 전에 이미 프라이슬러가 원하는 방향으로 판결이 내려져 있었다는 인상을 받았다.

오이겐 게르스텐마이어, 독일 저항 단체의 회원

이 삼류 코미디 배우 같은 사람이 철저한 무능력자이자 실패한 암살범들을 순교자로 만들었다. 바로 그가 진행하고 있는 말도 안 되는 재판을 통해서 말이다.

에른스트 칼텐브루너, 제국보안본부 대장

다른 효과를 나타냈기 때문이다. 재판관의 광적인 모습에 비하여 희생자들의 강직한 기품이 더 분명하게 부각되었다.

"범행 뒤 2주 동안, 특별재판소는 지난 7월 20일의 범죄 행위에 주도적으로 가담했고 군에서 제명된 8명의 반역자에 대한 심리를 진행하고 있다!" 이런 소식으로 시작되는 〈주간 소식〉은 극장에서 전혀 상영되지 않았다. 제국 선전부는 프라이슬러가 진행하고 있는 재판에 대한 "달갑지 않은 토론"을 염려했다. 히믈러도 재판을 너무 공개하지 말라고 충고했다. "당신이 옳소, 히믈러"라고 히틀러도 결국 동의했다. "만약 소송을 공개적으로 한다면, 그 반역자 녀석들도 공개적으로 연설하도록 해야 한다. 어쩌면 연설을 잘하는 그들 중 하나가 스스로를 독일 민족에게 평화를 가져다주는 사람이라고 자칭할지도 모른다. 그렇게 되면 자칫 위험할 수도 있다."

1944년 8월 7일, 8명의 피고인들은 자신들을 헐뜯는 프라이슬러의 장황한 연설을 참고 견뎌낸 후에 수많은 소송 절차를 더 거쳐야 했다. 게슈타포와 사법부는 서로 협력해 가면서 실제 저항 투사로 드러난 사람과 저항 투사로 추정되는 사람들을 다달이 프라이슬러 앞에 세웠다. 가족, 지인, 임대인, 저항 투사들과의 접촉을 자백한 어느 누구도 이 박해로부터 안전하지 못했다.

헤닝 폰 트레스코우의 아이들은 어머니와 떨어져 고아원으로 보내졌다. "그때 셔츠에 있던 아이들의 이름이 잘려나갔다"고 트레스코우의 여비서는 회상했다.

몇몇 용기 있는 부인들은 그들의 남편을 구하려고 시도했다. 1945년 4월 23일에 프라이슬러의 판결에 따라 처형된 클라우스의 부인 에미 본회퍼는 남편이 체포된 직후에 프라이슬러에게 가서 남편의 진술이 고문에 의해 강요된 것이기 때문에 그의 진술을 진지하게 받아들이지 말 것을 요청했다고 나중에 밝혔다. 프라이슬러는 자신은 죄가 없다는 식으로 말했다고 한다. "도대체 어떻게 그런 생각을 하게 되었습니까?" "제가 피 묻은 옷을 가져왔습니다!" 그 때문에 소송 기록을 훑어본 프라이슬러는 간결하게 말을 꺼냈다. "예, 맞습니다. 그 말이 맞을 수 있습니다. 여기에 심문의 강도를 높였다는 기록이 있습니다."

원칙적으로, 반역자들은 군 소속이므로 제국 군법회의에 회부되어야 했다. 하지만 그렇게 하지 않았다. 전쟁이 막바지에 이른 몇 해 동안 군법회의에 대해서 갈수록 신뢰를 하지 않게 된 히틀러는 반역자들을 특별재판소로 보냈다. 그는 "에렌호프"[Ehrenhof: 1944년 7월 20일 히틀러 암살 계획에 가담한 군인들을 색출하기 위해 총통법령에 따라 1944년 8월 2일에 설립된 위원회: 옮긴이]를 소집했는데, 이는 군 최고 지휘관이자 히틀러의 충성스러운 하수인인 빌헬름 카이텔이 의장으로 있는 유령 재판소였다. "에렌호프"는 군에서 혐의자들을 제명한 다음, 그들을 정의의 여신이 완전히 눈을 감아버린 그 법정으로 넘겨주었다.

프라이슬러의 날카로운 목소리로 재판이 시작되었다. "이 고소 사건은 이때까지 독일 민족의 역사에서 제기되었던 고소 사건 중에서 가장 소름 끼치는 것이다. 즉, 그와 같은 끔찍한 반역 행위들로 인해 누군가 살면서 이뤄놓은 모든 것들이 물거품이 되어버릴 것이다. 당신들이 그런 행위를 저질렀다는 것이 밝혀진다면, 우리는 당신들이 가진 이전 경력에 더 이상 관심을 가지지 않을 것이다."

프라이슬러는 재판이 시작되고 얼마 지나지 않았을 때 피고인들에게 그들의 진술이 재판 진행에 어떤 영향도 끼치지 못할 것이라는 점을 분명히 했다. 운명을 벗어나려는 모든 시도는 실패로 돌아갔다.

재판소장이 독일제국 검찰총장에게 육군 원수 에르빈 폰 비츠레벤에 대해 고소할 것을 요구하고 난 뒤에 폰 비츠레벤이 프라이슬러 앞에 섰다. 그는 절망감과 죽음에 대한 불안 속에서 "독일식 경례"를 하기 위해 오른팔을 들었다.

프라이슬러는 그를 질책했다. "당신은 에르빈 폰 비츠레벤이오. 내가 당신이라면 독일식 경례를 더 이상 하지 않을 것이오. 명예로운 민족공동체의 일원들이 나치식 경례를 하는 것이오. 내가 당신이라면, 독일식 경례를 하는 걸 수치스럽게 생각할 것이오."

그는 과거 독일군의 영웅들에게 굴욕감을 주는 것을 매우 즐거워했다.

벨트와 바지 멜빵을 빼앗겼기 때문에 바지를 꽉 붙잡고 있어야만 했던 육군 원수 폰 비츠레벤에게 프라이슬러는 호통을 쳤다. "더럽고 늙은 양반아. 왜 당신은 항상 바지를 만지작거려야 합니까?"

에리히 회프너 장군은 다음과 같은 말을 들어야만 했다. "당신은 1938년부터 기갑부대 군단장이었소. 당신이 저지른 행위를 이곳 법정에서 동물의 특징과 비교한다면 어떤 동물이 될 것 같습니까? 당나귀[바보 멍청이를 의미: 옮긴이]는 지능과 관계되고, 돼지[야비한 사람을 의미: 옮긴이]는 성격과 관계됩니다."

그렇지만 프라이슬러의 의도는 제대로 실현되지 않았다. 제국보안본부 대장인 에른스트 칼텐브루너는 첫 번째 공판이 끝난 뒤에 완전히 격분한 목소리로 소리쳤다. "이 삼류 코미디 배우 같은 사람이 철저한 무능력자들이자 실패한 암살범들을 순교자로 만들었다. 바로 그가 진행하고 있는 말도 안 되는 재판을 통해서 말이다."

국가사회주의자들은 한정된 범위 내에서 보복을 기대했다. 하지만 이런 기대는 착각이었음이 드러났다. 프라이슬러는 히스테리적인 인신공격을 통해 그에게 자신이 이상적으로 여기는 '감정 없이 무자비하게 살인을 저지르는 능력'이 없음을 보여 주었다. 그 외에도 그는 히틀러가 연설을 통해 언급한 "소규모 패거리"에 대한 지시도 위반했다. 프라이슬러는 재판을 진행하면서 여러 갈래로 가지가 쳐진 음모를 만들어 냈다. 그래서 그는 본의 아니게 저항자들의 가치를 부각시켰다. 그러나 그는 이를 알지 못했다. 그는 검증의 기회만을 보았다. 그는 단지 자기 자신만을

우리는 프라이슬러로부터 권력에 미쳐 쾌감을 추구하는 사람이라는 인상을 받았다. 사람들이 두려움에 떨고 있는 모습을 보는 것과 사형 선고를 언도하는 것이 그에게 최고의 쾌감을 가져다 주는 것처럼 보였기 때문이다. 사람들은 그와 같은 정신병자의 행동을 이해할 수 없을 것이다.

오토 그리트쉬네더, 변호사

프라이슬러의 울부짖는 소리는 선전에는 적합하지 않다. 그것은 가담하지 않은 자들에게 오히려 반감을 불러일으킬 수도 있다.

괴벨스

우리는 재판소장인 프라이슬러에게 음향 전문가의 불만 사항을 전달해야만 했다. 그가 피고인 들에게 너무 큰 소리로 외쳐대다 보니 음향 전문가는 피고인의 낮은 목소리와 그의 큰 목소리 사이에서 음향을 조절하기가 불가능했기 때문이다.

에리히 슈톨, 1944년 7월 20일 사건 재판의 촬영 기사

프라이슬러는 법정에서 소리를 질러댔다. 국가사회주의는 영원할 것이다, 아니면 최후의 한 사 람까지 투쟁하다가 몰락해 갈 것이라고.

오이겐 게르스텐마이어, 독일 저항 단체 회원

생각했다.

재판이 진행되는 동안 이 벼락출세자는 옛 독일과 그리고 지금 그의 앞에 무력하게 서 있는 말하면 알 만한 유명인사들에 대한 증오를 여과없이 드러냈다. 프라이슬러는 원래 재판 진행 과정을 기록하기로 되어 있던 카메라 앞에서 자신을 위한 연출을 했다. 재판관을 제외한 다른 사람들은 장식품이 되어야만 했다. 그러나 그들은 그렇게 하지 않았다. 고문과 협박에도 불구하고 소신을 잃지 않았던 피고인들, 또한 프라이슬러의 부자연스런 자기 연출과 무표정한 모습으로 퍼붓는 신랄한 발언들을 때때로 이해하지 못하고 뒤따라갔던 선별된 관객들도 장식품으로 전락하지는 않았다. 법정에 있던 방청객들은 유감스럽게도 선전 필름을 찍기에 알맞은 반응을 보이지 않았다.

전체 길이가 약 5만 미터에 달하고 제국 선전부가 1만 5천 미터로 줄인 필름은 완성된 후에 정선된 나치 기관들과 대관구 관구장들에게만 상영되었다. 법정 조서에 따르면, 피고인, 검찰, 변호인보다 4배나 많은 발언을 했던 재판소장의 장황한 발언은 무슨 효과를 초래했을까?

원래 프라이슬러의 승리를 증명하는 기록이 되어야 했던 영화 촬영이 오히려 피고인들의 의연함을 보여 주는 기록이 되었다.

페터 요르크 폰 바르텐부르크 백작: "재판소장님, 저는 이미 심문을 받을 때 다음과 같이 진술한 바 있습니다. 국가사회주의 세계관을 받아들이면서…."

프라이슬러(발언을 중단시키면서): "…동의하지 않는다고요! 구체적으로 말하면, 당신은 슈타우펜베르크에게 유대인 문제에 있어서 유대인을 절멸시키는 일이 당신 마음에 들지 않고, 법에 대한 국가사회주의적인 견해가 당신 마음에 들지 않는다고 설명한 바 있소."

폰 바르텐부르크: "이 모든 문제들과 연결된 근본적인 문제점은 국민들에게 신에 대한 종교적·윤리적 의무감들을 배제시킨 채 국가가 전부

라고 주장하는 데 있습니다."

프라이슬러는 피고인들이 당황해서 말을 더듬으며 자백해 주기를 바랐다. 하지만 피고인들은 침착했다. 어떤 피고인도 프라이슬러가 쏟아부은 언어폭력에 무너지지 않았다.

울리히 빌헬름 슈베린 폰 슈바넨펠트 백작: "저는 폴란드에 대한 입장에 있어 실무적으로 여러 번 우왕좌왕 했습니다."

프라이슬러(중단시키면서): "그러니까 우왕좌왕이라 함은 국가사회주의가 잘못을 저질렀다고 하는 부분에 있어서 그랬단 말이죠."

슈베린 백작: "예, 사람들을 죽인 것 말입니다! 국내외에서 자행한 살인 말입니다…."

프라이슬러: "살인? 당신은 정말 보잘것없는 비열한 놈이야! 그렇게 야비하게 살아갈 수 있습니까? 그럴 수 있습니까, 아닙니까? 살아갈 수 없죠?

슈베린 백작: "재판소장님!"

프라이슬러: "긍정이오, 부정이오? 지금 내게 분명히 답하시오!"

슈베린 백작: "아닙니다!"

"당신은 당신이 유죄인 것을 알고 있습니까"라고 프라이슬러는 헬무트 제임스 폰 몰트케 백작에게 물었다.

"아닙니다"라고 폰 몰트케가 말했다.

"왜 당신은 총통에게 반기를 들었소?"라고 프라이슬러는 외교부 참사관인 젊은 한스 베른트 폰 해프텐에게 물었다.

"왜냐하면 히틀러에게서 모든 악마적인 것이 구체화되고 있는 것을 보았기 때문"이라고 그는 답변했다.

육군 중령 체자르 폰 호프아커는 "아니오, 나는 유죄라고 생각하지 않습니다. 나는 히틀러가 1923년 11월 9일[히틀러가 뮌헨에서 반란을 일으켰던 날: 옮긴이]에 요구했던 것과 같은 권리로 행동에 나섰습니다"라고 설명했다.

프라이슬러: "무엇이라고, 같은 권리로? 받아들일 수 없소! 그런 것에 나는 귀 기울이지 않겠소!"

예상했던 대로 라우츠 검찰총장은 마지막 발언을 통해 모든 피고인들에게 사형을 구형했다. 그는 전혀 감정 없이 간명하게 구형을 내렸다. 변호인의 의견 표명은 사족에 불과했다. 변론할 의무가 있었던 육군 원수 폰 비츠레벤의 변호사는 최후 변론에서 간결하게 "피고인은 범행을 저지른 상태이고, 유죄인 범인은 이로 인해 죽을 것입니다"라고 확정지었다. 그러고 나서 유죄 판결을 받은 클라우징, 베른나르디스와 슈티프가 다시 한 번 짧게 발언을 했다. 그들은 총살로 그들에 대한 판결을 집행해 줄 것을 부탁했다. 다음 날 진행된 재판에서 모반자들과 가까운 그룹에 속한 사람들도 이런 부탁을 했는데, 요르크 폰 바르텐부르크는 그러지 않았다. 그러나 프라이슬러는 선고를 내리기도 전에 이미 피고인들의 요청을 거부했다. 그들은 교수형에 처해져야만 했다.

같은 날에 판결이 집행되었다. 암살범들은 등뒤로 손이 묶인 채 베를린 플뢰첸 호수에 위치한 교도소의 사형 집행실로 이송되었고, 그곳에서 아주 잔인한 방식으로, 고기를 매달아 놓는 갈고리에 피아노 줄을 매달아 차례대로 교수형에 처했다. "그들은 도축용 가축처럼 목을 매달아야만 한다"라는 히틀러의 지시에 따라서 집행이 이루어졌다.

유죄 판결을 받은 암살범들의 고통스런 죽음의 순간은 "총통"의 개인적인 소원에 따라 촬영되었다. 7월 20일 사건을 모의한 사람들의 단말마의 고통이 단 한 사람을 위해 기록되었는데, 그의 병적인 비행이 도를 넘어 그 필름을 여러 번 틀도록 지시했다.

제국보안대 보고서에서 에른스트 칼텐브루너는 프라이슬러의 재판 진행이 국민 대다수에게 깊은 인상을 주었다고 밝혔다. "광범위한 노동자 계층 사람들이 재판장의 신랄하고, 대단히 재치 있으며, 때로는 빈정거리는 재판 운영 방식을 기쁘고 만족스럽게 받아들이고 있다. 피고인들의 범죄 계획에 대해 재판장이 행한 비판은 가증스런 범죄에 대한 국민들의 분노에 전적으로 상응하는 것이었다." 그렇지만 이는 단지 일면일 뿐이었다. 칼텐브루너는 다수의 비판적인 의견이 있다는 것을 인정해야만 했다. 그는 재판장이 피고인들을 욕하고 웃음거리로 만든 "유치한 방식"은 "독일 최고 법원의 품격에 전혀" 맞지 않았다고 했다. 계속된 기록에는 "특히 일련의 견해들은 재판장이 피고인 회프너에게 사용한 '당나귀' 또는 '돼지'라는 명칭이 적합한 것인지에 대해서 피고인과 논쟁한 것에 대해 비판하는 내용들이었다. 다른 비판적인 의견들로는 몇몇 피고인들의 경우에 그들의 공로와 유능함 때문에 바로 이 국가사회주의 국가로부터 최고의 명예를 얻고 훈장을 받았다는 점이다. 이 사람들은 최근에 총통 자신이 승진을 시켰고, 그들의 행위가 언론에서 영웅적 행위로 칭송받았는데, 그들이 지금은 어리석고, 멍청하고, 우유부단한 사람으로 묘사되는 것이 이상하게 생각된다는 것이다. 이 사람들이 오랫동안 고위 요직을 맡고 있었기 때문에, 최고위직에 대한 인사 정책이 의심을 받을 수밖에 없을 것이다"라고 되어 있었다.

칼텐브루너의 보고서가 광범위하게 수정되었다는 사실은 놀라운 일이 아니다. 왜냐하면 보고서는 마르틴 보어만에게로 전달되었고, 그를 통해서 아돌프 히틀러에게 보고되었기 때문이다. 히틀러는 결과에 매우 만족했다. 그는 어떠한 경우에도 피고인들에게 감형을 베풀지 말도록 주장하지 않았을까? 가장 가혹한 판결을, 반역자들의 죽음을 요구했던 사람은 그가 아니었던가? 프라이슬러는 히틀러가 그에게 부여한 임무를 완수했다. 그는 피의 재판관이었다.

재판은 아직 끝나지 않았다. 군의 저항 세력을 "근절시킨" 뒤에 일반 시민들과 정치권의 사람들이 프라이슬러의 법정에 서게 되었다.

전前 라이프치히 시장인 카를 괴르델러는 1944년 9월 7일까지 그의 "재판"을 기다려야만 했다. 저항 투사들은 히틀러 제거 후에 그의 조직 능력에 기대를 걸고 있었다. 그는 히틀러에 대한 암살이 성공했다는 내용을 전하고, 장차 독일의 앞날이 어떻게 전개될지 일반 대중에게 알려 주기 위한 라디오 강연 원고를 작성했다. 그와 함께 사회민주주의자인 빌헬름 로이쉬너와 과거 로마 주재 독일 대사로서 자신의 일기에 "다른 독일"에 관한 꿈을 적어 놓았던 울리히 폰 하쎌이 기소되었다. 이제 이 저항 투사는 "지금의 독일"의 실상을 체험해야만 했다.

울부짖듯 끝없이 이어지는 장황한 연설 그리고 거친 험담과 욕설들이 끝난 뒤에, 달리 기대하지도 않았지만, 국가 반역죄, 패배주의, 군의 사기 저하와 이적 행위 죄로 사형 선고가 내려졌다. 제국 법무장관인 티어라크 박사마저도 이제 프라이슬러의 인신공격이 도가 지나치다고 생각했다. 물론 박애주의에서 나온 생각이 아니라 단지 "재판에 대한 관심"에서 나온 생각이었다. 히틀러의 비서인 마르틴 보어만에게 보낸 편지에서 그는 불만을 토로했다. "재판소장의 재판 진행 방식은 피고인 괴르델러의 경우에는 아무 문제도 없었고 공정했다. 하지만 그는 로이쉬너와 폰 하쎌이 발언을 끝낼 수 있도록 해주지 않았다. 그는 그들에게 연이어 큰소리를 질러댔다. 특히 재판소장이 약 300명의 사람들에게 방청을 허용했기 때문에, 그것은 아주 나쁜 인상을 주었다. 어떤 사람들이 입장권을 얻었는지는 조금 더 조사를 해봐야 된다. 그런 재판에서 그와 같은 방식을 취한다는 것은 상당히 걱정스러운 일이다. 그 외 공판의 정치적인 운영 방식에 대해서는 비판을 제기할 수가 없었다. 유감스럽게도 프라이슬러는 카를 괴르델러를 보잘것없는 사람이라고 불렀고, 피고인들을 별볼일 없는 존재들이라고 말했다. 그 때문에 이 중요한 재판의 진지한 성격이 손상을 입었다. 길게 반복되고 선전 효과만을 노린 재판장의 연설이 이 재판에 참석한 사람들 사이에서 반감을 일으켰다. 또한 그 때문에 법원의 엄숙함과 위엄은 손상을 입었다. 냉정하고 철저하게 숙고하는 신중함이 재판소장에게는 전혀 없었다."

"죽음의
어두운 그림자…"
1944년 7월 20일
사건 재판에 출석한
율리우스 레버

…심문은 아마 한 시간 내지 두 시간쯤 계속되었던 것 같다. 시간이 쏜살처럼 지나가고 있다. 심장이 뛰는 소리가 느껴진다. 율리우스 레버에게 죽음의 그림자가 점점 더 분명하게 드리워지고 있다.

파울 제테, 저널리스트

당신은 독일 노동운동의 레닌이다.

프라이슬러가 율리우스 레버에게 한 말

불쌍한 인간 프라이슬러. 그는 우리에게서 거의 아무것도 앗아갈 수 없을 것이라는 생각을 한 번도 해보지 않았을 것이다.

헬무트 제임스 폰 몰트케 백작, 그의 부인에게 보낸 편지에서 폰 하쎌은 다른 피고인들과 같은 날 처형되었고, 로이쉬너는 죽기 직전까지 강제수용소에서 20일간의 수난을 더 참고 견뎌내야 했다. 괴르델러는 엄청나게 고통스런 운명을 참아내야 했다. 그에게서 저항 단체에 대한 더 많은 정보를 기대하고 있었기 때문에, 그의 처형은 연기되었다. 그가 지키기 위해 투쟁했던 독일이 이미 오래 전에 폐허가 되어버린 1945년 2월이 되어서야 괴르델러에 대한 처형이 집행되었다.

전선이 점점 더 베를린 가까이로 접근하는 동안, 프라이슬러가 이끄는 특별재판소는 더욱더 그 활동에 박차를 가했다. 이 죽음의 조직은 연이어 사형을 선고했다. 프라이슬러의 광신적 태도는 완전히 한계를 넘어선 것처럼 보였다. 전쟁이 개전 초기의 전격전과 공격전 양상에서 극적인 "최후의 결전" 양상으로 바뀌었고, 결국 1944년부터 파멸에 맞서 생존을 위해 사투를 벌이는 양상으로 전개되면서, 법원은 점점 더 병적으로 민족공동체의 일원들에게 충성심을 요구하기 시작했다. 이런 상황에서 프라이슬러의 원래 적은 진실이었고, 진실을 은폐하기 위해 민족의식에 대한 "흔들리지 않는 확고한 믿음"을 철저하게, 무조건적으로 찬양해야 했다. 프라이슬러는 눈앞에 닥친 최후를 믿으려 하지 않는 것처럼 보였으며, 이런 상황이 그로 하여금 눈앞에 닥친 파멸에 책임이 있다고 생각하는 모든 사람들에 대한 피비린내 나는 보복전을 자극하는 것처럼 보였다.

1944년 9월 11일 오후에 미군 병사 일진이 독일 땅인 트리어에 발을 들여놓았다. 9월 25일에 선포된 "총통" 법령의 내용은 마지막 부대인 독일 향토방위대를 소집하는 것이었다. 지금까지 군복무 기간 동안 부상을 입지 않은, 16세에서 60세 사이의 "전투 능력이 있는" 모든 남자들이 소집되었다. 이를 통해서 독일군이 완전히 끝장났다는 인상을 연합군에게 더 확실하게 심어 주게 되었다. 히틀러는 공개석상에 거의 모습을 보이지 않았다. 자신을 "늑대"라고 불렀던 이 남자는 1945년 1월부터 베를린 수상청사 아래에 있는 벙커에 외로이 숨어 있었고, 이미 오래 전부터 병에 걸려 광기 증상을 보이던 그는 전황을 기적적으로 반전시킬 수 있기를 기대하고 있었다.

하지만 프라이슬러는 여전히 싸우고 있었다. 전쟁이라는 혼돈 상황에도 불구하고 그는 언제나처럼 일에 대한 의욕이 강했으며, 인간에 적대적인 가혹 행위를 서슴없이 저지를 추진력을 그대로 가지고 있었다. "전선 후방의 고수"가 사법부에 더욱더 시종일관된 모습을 보여줄 것을 요구한다고 그는 확고히 믿었다. 실제로, 극단적으로 가혹해진 판결은 전시 상황의 악화와 더불어 나타난 결과였다. 그리하여 "군의 사기 저하" 사건들은 제대로 조사하려는 "노력"도 기울이지 않았다. 그렇지 않아도 사형 선고는 정해진 것이었다. 전시 상황은 재판 절차를 신속히 종결짓고 판결을 철저하게 집행할 것을 요구하는데, 프라이슬러도 이를 요구했다. 거의 날마다 "민족의 이름으로" 제국 전체에 게시된 빨간 새 벽보에는 사형 선고 목록이 공표되었다. 그리고 심지어 희생자가 죽은 뒤에도 특별재판소는 만행을 멈추지 않았다. 과거와 달리, 이제는 처형된 시신도 더 이상 친인척에게 인도되지 않고 소각되거나 대학 의학부에 넘겨졌다.

종전되기 전 마지막 가을에 "천년 제국의 꿈"은 폐허 속으로 사라지기 시작했다. 하지만 프라이슬러는 내면에서 생기는 의심을 애써 외면한 채 여전히 확고하게 히틀러를 지지했던 사람들 중의 하나로 남아 있었다. 그가 1944년 10월 26일자 편지에서 적기를, "내면 깊숙이에서 독일이 패전할 수도 있다는 사실을 인정해야만 한다. 보복 무기[제2차 세계대전 말기에 독일군이 사용한 무인 로켓 병기: 옮긴이]는 학수고대하던 성공을 가져다주지 못했다. 하지만 우리는 어떠한 희생을 치르더라도 견뎌내야 한다. 우리의 입장을 오래 견지하면 할수록 미국과 소련 사이의 부자연스러운 동맹은 더 빨리 파기될 것이다. 지난 수년간의 전개 상황을 들여다보면, 나는 전 세계적인 유대인의 음모가 있다는 나의 믿음을 밝혀야만 한다는 생각이

든다. 이 믿음은, 관찰해 보면, 너무나 쉽게 알아낼 수 있다. 모든 독일인은 지금 한 배에 타고 있으며, 승리를 쟁취하기 위해 혹은 최악의 경우에 재도약을 보장하고 그것을 통해 마지막 위대한 승리를 누리기 위하여 우리 모두는 지금 똑같이 보조를 맞추어 노를 저어야 한다.”

국가사회주의에 대한 프라이슬러의 믿음은 여전히 깨지지 않았다.

나치 사법부의 저주가 7월 20일 암살 기도에 가담한 저항 투사들에게 한 번 더 떨어졌다. 1945년 1월 9일, 헬무트 제임스 폰 몰트케 백작, 목사인 알프레트 델프 박사와 “크라이스아우어 지역” 저항 단체 소속의 다른 회원들에 대한 재판이 시작되었다. 몰트케 백작에 대한 “소송 과정” 중에 나온 한 광경은 특별재판소의 면모를 보여 주는 전형적인 장면이었다. 한 번은 실제로 형법전이 필요하게 되었는데, 법원 건물 전체를 다 뒤져도 단 한 권의 법전도 찾을 수가 없었다.

“롤란트 프라이슬러의 피고인은 그의 정신적 유희를 위한 장난감이었다”라고, 나중에 한 여자 방청객은 “크라이스아우어 지역” 저항 단체에 대한 재판을 주재했던 프라이슬러의 모습을 회상했다. “그는 인간의 운명을 가지고 장난을 쳤고, 그가 필요로 하는 설명과 색깔을 넣어 사건의 성질을 바꾸어 놓았다. 그래서 중요하지 않은 일이 효과 만점의 사건으로 둔갑했고, 그 사건은 이미 사전에 계획됐던 비극적인 결과로 끝을 맺었다.”

아주 드문 일이었지만, 기분에 따라 변덕스럽게도 한 피고인에게 재판관의 “은총”이 주어졌다. 남편들에 대한 선고가 있은 뒤에 프라이아 폰 몰트케 백작부인은 브리기테 게르스텐마이어에게 “7년형이야, 브리기테!”라고 외쳤다. 물론 이는 오이겐 게르스텐마이어에게 내려진 선고였다. 프라이아 폰 몰트케는 자신의 목소리가 기쁘게 들리도록 신경을 썼다. 자신의 남편은 방금 사형 선고를 받았다.

프라이슬러가 선고를 내릴 때까지 한 달 이상 걸린 적이 단 한 번도 없

판결을 내리는 것이 중요한 것이 아니라 국가사회주의의 적들을 제거하는 것이 중요하다.

프라이슬러

롤란트 프라이슬러의 피고인은 그의 정신적 유회를 위한 장난감이었다. 그는 인간의 운명을 가지고 장난을 쳤고, 그가 필요로 하는 설명과 색깔을 넣어 사건의 성질을 바꾸어 놓았다. 그래서 중요하지 않은 일이 효과 만점의 사건으로 둔갑했고, 그 사건은 이미 사전에 계획됐던 비극적인 결과로 끝을 맺었다.

1944년 7월 20일 사건 재판의 증인

재판장이 피고인들을 욕하고 웃음거리로 만든 "유치한 방식"은 독일 최고 법원의 품격에 전혀 맞지 않았다. 특히 일련의 견해들은 재판장이 피고인 회프너에게 사용한 '당나귀' 또는 '돼지'라는 명칭이 적합한 것인지에 대해서 피고인과 논쟁한 것에 대해 비판하는 내용들이었다.

에른스트 칼텐브루너, 제국보안본부 대장

당신은 더 이상 망가질 수 없을 것입니다. 당신은 더 이상 존경받지 못하는 보잘것없는 가련한 사람일 뿐입니다.

프라이슬러가 울리히 슈베린 백작에게 한 발언

었다고 한다. 1945년 2월 3일, 그는 저항 운동가 파비안 폰 슐라브렌도르프에 대한 심리를 하고 있었다. 그는 "그날 재판 일정" 중 다섯 번째로 심리와 판결을 받게 되어 있었다. 9시 경에 공습경보 사이렌이 울리자 법정에 있던 모든 사람들이 공습 대피소 방향으로 달려갔다. 슐라브렌도르프는 이 재판관이 죽었을 때 그 옆에 서 있었다. 프라이슬러는 슐라브렌도르프에게는 확실한 죽음을 의미하는 소송 기록을 여전히 겨드랑이에 끼고 있었다.

베를린에 퍼부어진 가장 강력한 공습 와중에 프라이슬러를 포함해서 2만 명이 목숨을 잃었다. 피의 재판관의 마지막을 진심으로 애도할 사람은 아무도 없었다.

프라이슬러의 장례식에 법무장관의 모습은 보이지 않았다. 롤란트 프라이슬러는 묘비도 없이 부인의 가족 묘지에 숨겨졌다. 부인과 아이들은 종전 뒤에 프라이슬러라는 이름을 버렸고, 오늘날까지 그와 연관되지 않고 살기를 바랐다.

롤란트 프라이슬러라는 이름은 지금까지도 나치 시대의 사법부 범죄의 상징으로 남아 있다. 뉘른베르크 군사 법정은 판결을 통해 그를 "전체 독일 사법부에서 가장 음울하고 야만적이며 잔혹한 재판관"이라고 명명했고, 하인리히 히믈러와 라인하르트 하이드리히와 더불어, "세상에 알려진 가장 가증스러운 성격의 소유자"로 평가했다.

그렇지만 프라이슬러는 국가 테러 행위의 원인이라기보다는 국가 테러 행위가 보여준 징후였다. 일반 법정과 특별 법정 그리고 군법회의도 "민족의 이름으로" 사형 선고를 내렸다. 전쟁이 막바지에 이르렀을 때에도 사법부에 의해 억압받던 그 민족의 이름으로 말이다. 특별재판소에서 근무한 258명의 재판관들과 검사들 중에서 95명이 독일연방공화국의 사법부에서 다시 자리를 얻었다. 이는 3분의 1이 넘는 숫자였다.

프라이슬러라는 이름이 1970년대에 다시 한 번 언론에 등장했다.

마리온 루세거는 연금 수령을 위한 소송을 신청했는데, 그녀는 프라이슬러의 미망인으로 처녀 때 이름을 되찾아 지금은 그렇게 불리고 있었다. 그리고 그녀는 연금을 수령할 권리를 갖게 되었다. 뮌헨의 연금국은 그녀에게 전쟁 희생자 연금과 더불어 매달 4백 마르크의 금액을 지급하도록 결정했는데, 이는 손해 배상 금액이라고 설명했다. 결국 프라이슬러가 빗발치는 폭탄 세례에 목숨을 잃지 않았다면 전후 독일에서 "변호사나 고위직 관료"로 일할 수도 있었을 것이라는 얘기다.

7월 20일 사건에 가담했던 사람들의 미망인들은 독일연방공화국의 판결에 따라 희생자 연금을 받지 못했다. 프라이슬러에게서 살아남은 몇 안 되는 희생자 중의 한 사람인 마고트 디스텔은 920마르크를 일시불로 지급받았다.

죽음의 의사

나는 어머니가 보는 앞에서는 결코 누군가를 괴롭혀 본 적이 없었다.

세상에는 재능 있는 두 민족, 즉 독일 민족과 유대 민족이 있다. 이 두 민족 중 하나가 세계를 지배해야만 한다.

나는 단지 명령을 수행했을 뿐이다. 안 그랬으면 나도 아우슈비츠 사람들 사이에 섞여 있었을지 모른다.

개인적으로 나는 아무도 죽이지 않았고, 상해를 가하거나 신체상으로 해를 입힌 적도 없었다.

친위대 의사들의 주요 과제는 차라리 죽겠다면서 게으름을 부리는 자들을 솎아 내는 것이다.

나는 수용소에서 많은 환자들을 도왔지만 나의 이런 선행에 대해서는 알려지지 않았다.

재판관은 없고, 오로지 복수하려는 자만이 있다.

몇 해 전부터 나에 대해 쏟아진 이런저런 불쾌한 얘기들은 실제로 내게 거의 영향을 주지 않았다.

1939년부터 1969년까지 지난 30년간을 뒤돌아보았다. 비교를 하다 보니 우울해진다.

신성한 조국이여, 당신은 수많은 당신의 자식들을 너무나 힘들게 만들고 있습니다. 하지만 우리는 당신을 그냥 가시게 내버려두지 않을 것이고, 언제나 사랑할 것입니다.

멩겔레

내 아버지 요제프 멩겔레는 내게 있어 언제나 동부전선에서 전사한 전쟁 영웅이었다. 그는 교양 있는 사람으로 그리스어와 라틴어에 정통했다. 하지만 이제 그는 아우슈비츠의 의사로 드러났다. 이런 사실이 내게 엄청난 영향을 미쳤다. 요제프 멩겔레의 아들이라는 사실이 그렇게 좋은 건 아니었다.

롤프 멩겔레, 요제프 멩겔레의 아들

어떻게 멩겔레가 단독으로 그렇게 많은 사람들을 죽일 수 있었을까? 실제로 그는 아우슈비츠에서 많은 사람들의 생명을 구해냈다…. 그가 했다고 비난하는 행위를 멩겔레는 하지 않았다. 그는 살아남을 사람과 죽을 사람을 선별하기 위해 그곳에 있었다. 목숨을 부지하기 위해 그가 그 일을 하지 않았을까?

에발트 크루크, 독일계 파라과이인 국가사회주의자

그는 훌륭한 전제 조건을 갖추고 있었다. 그의 앞에는 무궁한 가능성들이 놓여 있었다. 특히 그가 이런 가능성들을 놓쳐버린 것이 내게는 무척 가슴 아프다. 그는 자신의 삶을 내팽개쳐 버렸다.

롤프 멩겔레, 요제프 멩겔레의 아들

전선의 군의관도 선별을 해야만 한다. 그것은 불가피한 수술의 우선순위를 정하고, 이를 통해서 부상자들의 생과 사를 결정해야 하기 때문이다. 아우슈비츠에서는 노동력이 있는 사람을 골라내기 위하여 선별 작업을 했다.

멩겔레

매우 지적이고 교양을 갖춘 냉소주의자.

엘라 링엔스, 아우슈비츠-비르케나우 수용자 여의사

멩겔레에 대해 내가 처음 받은 인상은 예의 바르고 외모가 훌륭한 사람이라는 것이었는데, 그는 내게 존칭을 쓰며 앉기를 권했다.

베라 알렉산더, 아우슈비츠 수용자 간호사

내가 아우슈비츠에서 알게 되었던 모든 친위대원들 중에서 그는 다른 사람들보다 훨씬 인간적인 사람이었다. 다른 사람들은 전혀 독립적인 사람이라고 볼 수 없었다. 그들은 다만 명령을 받는 사람들일 뿐이었는데, 그들은 아우슈비츠에서 민족과 조국을 위해 자신의 의무를 수행할 수밖에 없다며 이를 위안으로 삼고 있었다.

한스 뮌히, 아우슈비츠 의사, 1947년 무죄 석방

멩겔레에게서 국가사회주의 이념이 매우 중요하다는 느낌을 받지 못했다. 그에게는 권력과 업적이 중요했다. 다른 모든 것에 대해서는 전혀 관심이 없었다.

그는 종종 매우 어려운 조건에서도 그에게 부여된 모든 임무를 신중하고, 끈기있게, 열과 성을 다하여 그의 상관이 확실히 만족할 수 있도록 수행해 냈으며, 모든 상황에 대처할 능력이 있음을 보여 주었다. 그밖에도 그는 인류학자로서 짧은 근무 외 시간을 활용하여 자신을 계발하는 데 열성이었으며, 업무를 보면서도 자신이 업무상 다룰 수 있는 학문적인 자료들을 이용해서 인류학 분야에 가치 있는 기여를 했다.

어느 나라든지 전시에는 그 나라에 위험이 되는 인사들, 태업 혐의를 받는 외국인들, 스파이 활동을 하는 것으로 보이는 쓸모없는 인간들, 창녀, 집시와 직업적 범죄자를 수용할 수 있는 시설을 운영하는 것이 불가피하다.

인간을 위해 학문을 촉진시켜야 한다고 믿었던 한 사람이 인간을 파멸로 이끈 학문의 편에 섰다는 점이 나를 답답하게 만들고 있다.

멩겔레는 대단히 야심이 많았다. 그는 확실한 반유대주의자였다.

나는 내 근무 기간 동안 나의 동의 여부와는 상관없이 여러 번 전임 및 파견 명령을 받았다. 그리고 임무를 마치고 돌아오자마자 마지막 전임 명령을 받았다. 그때 나는 어디로 가게 되는지, 어떤 부대로 배치되는지 알지 못했다….

아우슈비츠 생존자들에게 아우슈비츠 수용소의 그 의사를 찾는 것이 일생일대의 과제가 되어버렸다. 알렉스 데켈은 드디어 자신의 목표에 근접했다고 생각했다. 이스라엘의 한 고위 비밀 정보 요원이 데켈에게 강제수용소 의사인 요제프 멩겔레 박사의 오랜 도피 생활에 대해 모사드가 알고 있는 모든 것을 말해 주겠다고 약속했다. 그에게 아우슈비츠는 언제나 현재형이었다.

"그에게 아우슈비츠에 대한 기억은 이따금 현실의 삶보다 더 가깝게 느껴진다는 생각이 들었다"고 데켈의 부인 셰일라는 말했다. 그녀는 가끔 그에게 "현재를 살아요. 당신에게 항상 과거를 떠올리게 만드는 팔 문신을 없애 버려요"라고 간청을 했다.

"차라리 내 팔을 떼어 버리겠소"라고 그녀의 남편은 대답했다. 아우슈비츠는 데켈을 평생 동안 가만히 놓아두지 않았다. 그에게 아우슈비츠의 공포를 현실로 느끼게 만드는 것, 그것은 의사인 요제프 멩겔레 박사였다. 데켈은 강제수용소의 그 의사가 남아메리카로 도피함으로써 그가 저지른 범죄에 대한 책임에서 벗어났다는 점을 받아들일 수 없었고, 받아들이려고도 하지 않았다. 강제수용소에서 살아남은 이 사람은 뉴욕 주재 이스라엘 영사관의 문서실 직원으로 근무하면서, 멩겔레에 대한 아주 사소한 정보까지도 모두 수집했다. 그에 관한 실마리를 제공할 수 있는 사람들은 모두 데켈의 집에서 환대를 받았다. 1976년에 그는 정의를 실현하기 위해서 멩겔레를 무조건 찾아내야 한다고 『타임』지 편집부를 설득했다. 이 잡지는 그의 조사비용을 지원해 주었다. 폴란드의 문서 보관소에서 데켈은 아우슈비츠에서 멩겔레가 저지른 참혹한 짓들에 대한 새로운 증거들을 발견했다. 그는 그 참혹함을 몸소 겪고 참아내었다. 그 의사가 아우슈비츠-비르케나우 역의 화물 전용 플랫폼에서 그의 어머니를 가스실로 보냈다. 멩겔레는 그에게 지금 당장 죽일 필요가 없는 줄로 가라고 신호를 보냈다. 하지만 강제수용소의 그 의사는 그의 유년기를 지옥으로 만들었다. 1943년에 아우슈비츠로 강제 이송을 당했을 당시, 알렉스 데켈은 13살이었다.

40년 후인 1983년 6월의 어느 날, 그는 마침내 멩겔레가 머무르고 있는 곳에 대한 결정적인 실마리를 얻을 수 있다는 희망을 갖게 되었다. 흥분을 감추지 못하며 데켈은 뉴욕 케네디 공항으로 향했다. 그곳에서 이스라엘 비밀 정보기관인 모사드의 한 요원을 만나기로 되어 있었다. 요원과 헤어진 뒤 집으로 돌아왔을 때, 데켈은 매우 흥분하며 어찌할 바를 몰라 했다. 그의 부인은 남편으로부터 그가 모든 희망을 걸었던 비밀 요원과의 만남에 대해서 아무런 이야기도 듣지 못했다. 그의 왼팔에 통증이 왔다. 그의 부인은 병원에 가자고 그를 재촉했다. 그렇지만 그는 가려고 하지 않았다. "그는 언제나 시간과 운명이 자신을 갉아먹지 못할 것이라고 생각했다. 아우슈비츠 이후에 그에게 무슨 일이 일어났던 것일까?"라고 셰일라 데켈은 기억을 떠올렸다. 알렉스 데켈에게 심한 뇌졸중이 왔다. 이어서 심근경색이 뒤따랐다. 갑작스럽고 빠르게 죽음이 찾아왔다.

셰일라 데켈은 이스라엘 비밀 정보 요원이 남편에게 이스라엘 정부가 이미 오래 전부터 알고 있던 사실, 즉 멩겔레가 죽은 사실을 말했을 것이라는 생각을 나중에야 비로소 하게 되었다고 말했다. "나는 나도 모르게, 그러니까 쫓기는 자가 마지막에 가서는 쫓는 자를 잡게 되었다는 생각을 하지 않을 수 없었다. 알렉스를 상심케 하고 그의 삶의 의지를 앗아간 이유는 그가 바로 그 사실을 알게 되었기 때문이라고 나는 확신한다."

하지만 셰일라 데켈은 잘못 알고 있었다. 이스라엘은 멩겔레의 운명에 대해 전혀 아는 바가 없었다. 모사드의 그 사람은 전혀 다른 얘기, 즉 이스라엘의 전설적인 첩보 기관이 멩겔레에 관한 모든 흔적들을 잃어버렸다는 얘기를 했음이 분명하다. 그리고 어쩌면 이 소식이 데켈에게서 희망을 빼앗아 갔고, 그를 치명적인 충격으로 몰아넣었을 것이다.

멩겔레는 그의 오랜 도피 생활 동안에 전 세계적으로 신화적인 인물이 되어버렸다. 이 공포의 강제수용소 의사를 둘러싼 소문과 이야기들, 세인의 이목을 끄는 보고들과 추측들이 무성했다. 여러 해 동안 아무도 그에 관한 소식을 얻을 수 없었으며, 법 집행 기관들도 전혀 소식을 듣지 못했다. 그리고 60년대 초반 이후부터 그가 머문 장소에 대한 잘못된 제보들이 신문의 머리기사를 장식하게 되었다. 볼리비아와 그리스의 키트노스 섬에서 그가 목격되었다는 제보도 있었고, 물론 미국에서 보았다는 제보도 있었다. 멩겔레가 사망했다는 얘기도 여러 번 돌았다. 그리고 또다시 신문이나 잡지 혹은 나치 추적자 시몬 비젠탈을 통해서 그에 관한 새로운 단서가 발견되었다는 얘기가 나왔다. 멩겔레는 악마 같은 인물이 되었고, 아우슈비츠에서 벌어진 세기적인 범죄 행위의 화신이 되었다. 이 의사가 강제수용소에 근무한 유일한 친위대 의사는 아니었다. 많은 의사들이 그곳에서 히포크라테스 선서를 어겼고, 생명을 지키라는 계율을 날마다 위반했다. 모자에 해골 표식을 단 의사들이 아우슈비츠의 화물 전용 플랫폼에서 수십만 명을 가스실로 선별하여 보냈다. 그들은 가스로 독살시키는 장면을 "감독"했다. 그들은 야만적이고 사이비 학문적인 실험으로 수용자들에게 고통을 주었다.

산부인과 의사인 카를 클라우베르크는 강제수용소 수감 여성들의 자궁을 세균으로 감염시켰다. 그의 동료인 호르스트 슈만은 매우 질이 나쁜 불임 방법을 실험했는데, 남성의 고환과 여성의 난소에 강한 방사선을 쏘는 방법으로 실험 대상자들의 생식 능력을 파괴하였다. 이 모든 실험이 국가사회주의 인종 이데올로기의 정신에 따라 자행되었다. 나치는 "러시아인, 폴란드인, 유대인과 같은 독일제국의 적들에게 적용할 수 있

그가 이런 일들을 했다고는 생각하지 않는다. 나는 이를 확신한다. 그가 뭔가를 했다면, 명령에 따랐을 뿐일 것이다. 나는 멩겔레를 인간적인 사람으로만 생각했고, 인간으로서 그에 대해 호감을 갖고 있었다. 그는 겸손하고 매우 교양 있는 사람이었다.

베르너 슈비우스, 파라과이에서의 멩겔레의 지인

그는 진짜 친구였다. 내가 슬플 때면, 그는 내게 "왜 그렇게 슬퍼 보이냐? 도대체 무슨 일이야? 말 좀 해봐!" 라고 말했다. 내가 기쁠 때면, "어럽소, 오늘 무슨 일이 있길래, 그렇게 즐거워하는 거야?" 라고 물었다. 그는 나뿐만 아니라 내게 일어나는 일에도 관심을 보여준 사람이었다.

엘자 올리베이라, 브라질에서 멩겔레의 가정부이자 연인

는 값싸고 신속한 불임 방법을 찾는 것에 매우 큰 관심을 두고 있었다." 이는 친위대장 하인리히 히믈러의 참모장인 루돌프 브란트가 1947년에 뉘른베르크 재판에서 나치 의사들에 대해 한 진술 내용이었다. "이 불임 방법을 통해 적들을 제압할 수 있을 뿐만 아니라 그들을 절멸시킬 수도 있다는 희망을 갖고 있었다. 그리고 불임을 통해 생식 능력이 파괴된 사람들의 노동력을 독일이 활용할 수도 있었다."

아우슈비츠에서 멩겔레가 이룬 가장 무시무시한 성과, 즉 인체 실험은 집단 학살 수용소에서 일상적인 일과였다. 그의 많은 동료들은 고통스러운 실험을 위해 수용자들을 학대했다. 그럼에도 불구하고 요제프 멩겔레 박사의 경우는 다른 의사들과는 달랐다. 3가지 점에서 다른 양상을 보였는데, 하나는 그의 "실험 대상들"이고, 나머지는 아우슈비츠에서 그가 한 행동과 나치의 야만적 행위가 종식된 뒤에 수수께끼처럼 사라진 그의 행적이다.

요제프 멩겔레는 대부분 쌍둥이를 대상으로 실험을 했다. 부모들은 쌍둥이를 가진 것을 특히 자랑스러워했다. 일반적인 감정을 가진 사람이라면 모두 쌍둥이를 사랑스럽고 귀엽다고 생각한다. 하지만 멩겔레는 그들의 눈에 화학 약품을 주사했고, 그들로부터 많은 피를 뽑아내 쇠약해진 그들이 사망하기도 했으며, 그들에게 에비판과 페놀 주사를 놓아 죽이기도 했다. 그의 비정상적인 실험은 아우슈비츠 생존자들에게는 아주 혐오스러운 기억으로 남아 있다.

그렇지만 멩겔레는 자신의 뻔뻔한 잔혹성과 인간 경시 태도를 교양 있는 예의범절과 세련된 태도 속에 숨겼다. 1944년, 12살이었던 모셰 오퍼는 쌍둥이 형제 티비와 부모님과 함께 아우슈비츠에 도착한 날을 기억하고 있다. "멩겔레 박사는 선별 작업을 하고 있었다. 그는 그곳에 서 있었으며, 훌륭한 외모에 매우 세련된 옷차림을 하고 있었다." 항상 나무랄 데 없는 제복을 입고, 반질반질 광을 낸 긴 장화를 신고, 흰색 장갑을 긴 친위대 대위는 교양을 갖춘 완벽한 신사와 같은 인상을 불러일으켰다. 미국의 "전쟁범죄사무국Office of the Chief Counsel for War Crimes"에서 행한 증언에 따르면, 그는 "자기 집에 들어오는 손님들에게 인사를 건네는 주인처럼" 보였다고 한다. 수용소 여의사인 엘라 링엔스 박사는 그의 외모에 대해 "세련되고, 날씬한" 사람이었다고 기억하고 있다.

아우슈비츠에서 근무하는 다른 나치 의사들과는 달리 멩겔레는 선별 작업을 할 용기를 내기 위해 술을 마실 필요가 없었다. 잔학한 행위를 저지르기 위해서 그는 브람스와 베토벤의 선율로 분위기를 잡았으며, 여가 시간에는 즐겨 슈만의 〈트로이메라이〉를 들었다. 사람들로 꽉 들어찬 비좁은 가축용 화물 열차에 실린 채 마실 물과 음식도 없이 여러 날을 시달린 뒤에 도착한 아우슈비츠에서 불안에 떨며 질질 끌려나온 사람들에게 멩겔레는 무심하게 흰 장갑을 낀 손으로 오른쪽 또는 왼쪽으로 가라는 신호를 보냈다. 오른쪽 방향은 삶을 의미했다. 그것이 비록 강제수용소라는 지옥과 같은 조건일지라도 말이다. 왼쪽 방향은 가스실에서의 죽음을 뜻했다. 이 잔인한 행위를 하면서 멩겔레는 마치 생각에 잠긴 사람처럼 혼자 왈츠나 고전 음악의 멜로디를 휘파람으로 불곤 했다. 나중에 그는 "죽음의 천사"로 불리게 되었다.

1960년대부터 80년대까지 죽음의 천사를 쫓는 추적 작업이 세상의 이목을 끌었고, 별 성과를 내지는 못했지만, 그에 대한 소름끼치는 명성을 만들어 냈다. 그가 실제로 저질렀던 범죄 행위 외에 더 끔찍한 비행들에 대한 책임이 그에게 전가되었다. 희생자들은 수많은 비행에 대해, 아우슈비츠에서 자신들에게 행해졌던 이루 말로 형언할 수 없는 범죄 행위에 대해 책임져야 할 누군가의 이름을 대야 한다고 생각했는데, 그 이름이 바로 멩겔레였다. 남미 어디엔가 있을 것이라고 추측되는 그 멩겔레는 악마의 화신이 되었다.

그는 죽을 때까지 자신에 대한 재판 절차를 회피하는 데 성공했다. 법 집행 기관의 태만함과 관련 정부들의 무관심이 그의 도피 생활에 일조했다. 그는 남미 독재 정권 국가에 살면서 개선의 여지가 없는 현지인과 독일인 동지들, 순진한 재외 독일인들, 부패한 관료들뿐만 아니라 자신의 가족, 부유한 바이에른의 제조업자들의 비호를 받았다.

요제프 멩겔레는 1911년 3월 16일에 삼남 중 첫째 아들로 태어났다. 엔지니어였던 그의 아버지 카를 멩겔레는 도나우 강가에 있는 소도시 귄츠부르크에서 작은 작업장을 개조해 농기계 공장을 설립했다. 제1차 세계대전 중에 이 공장에서는 특히 공병 차량과 탄약 수레와 같은 군수 물자를 생산했다. 1920년대 초반에 카를 멩겔레는 귄츠부르크에서 가장 많은 직원을 거느린 고용주였다. 장남인 요제프는 기업을 이끌 후계자로 정해져 있었다. 그러나 고등학교 시절에 "베포Beppo"라는 별명을 갖고 있던 학생 멩겔레는 이미 다른 계획을 갖고 있었다. 그는 고향에서 상속받을 삶에 대해서는 별 의미를 부여하지 않았다. "그는 스스로 자신의 명성을 쌓길 원했고, 부모님이 이미 쌓아놓은 명성에 기대어 덕을 보고 싶어 하지 않았다"라고, 멩겔레의 학교 친구인 율리우스 디스마흐는 말하고 있다. "그는 단순히 성공하고 싶어 했을 뿐만 아니라 일반 대중들과 달리 두각을 나타내고 싶어 했다. 그에게는 유명해지고자 하는 열정이 있었다. 언젠가 한 번은 그가 내게 어느 날 백과사전에서 그의 이름을 발견하게 될 것이라고 얘기한 적이 있었다."

멩겔레의 어머니 발부르가는 단호하고 정력적인 사람으로 통했다. 멩겔레 공장의 노동자들은 강인하고 귀부인다운 이 여인이 나타나면 사장이 출현할 때보다 훨씬 더 두려워했다. 멩겔레 집안은 가톨릭이었고, 규칙적으로 성당에 다녔다. 아이들의 교육은 당시에 널리 퍼진 보수적인 가톨릭 규범을 따랐지만, 아이들은 기독교적인 사랑을 거의 받지 못했다. 멩겔레 집안에는 냉랭한 분위기가 감돌았다. 그의 부모님은 자주 다투었다. 화가 난 요제프는 아버지를 "냉정한 사람"이라고 불렀고, 어머니에 대해서는 "사랑에 관한 한 더 낫지도 않았다"고 말했다. 요제프는 교회에 대해 냉소적인 경멸감을 나타냈다. 그럼에도 불구하고 친위대 지망자로서 멩겔레는 가톨릭을 계속 믿어야만 했으며, 친위대 장교가 되고 난 뒤에도 가톨릭을 떠나지 않았다. 그것은 무엇보다도 그의 어머니에 대한 배려 때문이었을 것이다.

요제프는 유순하고 남의 마음에 들려고 노력하는 아이였다. 그의 어머니는 우람하고 모든 것을 위압하는 거구의 소유자였는데, 요제프에게 이런 큰 덩치 이상의 영향을 미쳤다. 그녀는 어머니의 본능을 보여 주기도 했지만, 또한 무서운 여인으로 돌변하기도 했다. 그녀는 완전히 예측할 수 없는 사람이었다. 멩겔레는 여러 해가 지난 뒤에 그의 자전적 수기에서, 어느 날 아버지가 가족에게 줄 매우 놀랄만한 선물을 들고 귀가한 적이 있었다고 회상했다. 그가 새 자동차를 사가지고 온 것이었다. 아들들은 굉장히 기뻐했다. 그리고 아버지는 곧바로 가족 모두를 태우고 시승을 하려고 했다. 그렇지만 발부르가는 남편이 사전에 허락도 받지 않고 너무나 많은 돈을 지출했기 때문에 고함을 질러댔다. 한동안 그녀를 진정시키려는 노력이 수포로 돌아가자, 아버지는 감정이 폭발해서 그녀를 떠나겠다고 위협했다. 멩겔레는 두려움 때문에 몸이 얼어붙은 채 부모의 싸움 소리를 듣고 있었다고 적었다. 아버지가 방을 나간 뒤, 멩겔레는 어머니에게 달려가서 자신은 언제나 그녀 곁에 머물러 있겠다고 약속을 했다고 한다.

멩겔레는 어릴 적에 겪은 병치레와 사고들을 가까스로 이겨냈다. 6살 때는 놀다가 깊은 빗물받이 통에 빠져서 거의 익사할 뻔 했다. 또 한 번은 패혈증에 걸려 고생한 적도 있었다. 15살 때는 골수염을 앓았다. 학교에서 물리학과 생물학은 그가 좋아하는 과목이었다. 성인이 되어서는 인류학이 "나를 가장 흥분시키는 과목이었다"고 기록했다.

전체적으로 평범한 학생이었던 그는 1930년 부활절에 고등학교 졸업 시험인 아비투어를 끝냈다. 처음에 그는 치과 의사가 되고자 했다. 그는 치과 의사가 벌이가 되는 직업이라고 확신하고 있었다. "내 고향에는 치과 의사가 단 한 명도 없었다." 나중에 아우슈비츠에서 보여준 극단적으로 왜곡된 그의 실용주의적 사고의 흔적이 그러니까 이미 고등학교 졸업 당시에도 엿보였다. 그는 점점 더 큰 야심을 품기 시작했다. 멩겔레는 소도시의 치과 의사가 되기를 원하지 않았다. 그는 자신의 이름을 백과사전에서 보기를 원했다.

그는 의학을 공부하기로, 그중에서도 인류학과 유전학에 중점을 두고 공부하기로 결정했다. 그의 목표는 학자로서의 명성을 얻는 것이었다. "내가 멩겔레 집안에서 첫 번째로 학자가 된다면 우리 집안은 사람들에게 아주 깊은 인상을 심어줄 것이다"라고, 그의 친구 율리우스 디스바흐에게 자랑했다.

요제프 멩겔레는 정치적인 성향에 있어서는 민족주의적이고 보수적인 아버지를 본보기로 삼았다. 카를 멩겔레는 독일국가국민당과 "철모단[1918년 12월에 설립된 우익 준군사 단체: 옮긴이]의 회원이었다. 요제프 멩겔레는 1927년에 대독일청소년연맹의 회원이 되었고, 1931년에는 "청년 철모단"에 입단했다. 이 방탕한 젊은이는 물론 정치보다 처녀들과 화려한 자동차들에 훨씬 더 많은 관심을 보였다. 1932년 11월, 독일국가국민당원인 카를 멩겔레는 국가사회주의당 후보인 아돌프 히틀러를 위해 호스트 역할을 했으며, "총통"이 도나우 강변의 이 작은 도시에서 선거전을 치를 수 있도록 공장 강당을 쓰게 해주었다. 그리고 "정권 장악" 이후에 이 공장주는 국가사회주의 독일노동당에 서둘러 입당했다. 그의 아들 요제프는 "철모단"이 돌격대에 흡수되면서 자동적으로 돌격대의 일원이 되었다. 하지만 1934년 말에 그는 이 나치 타격 부대에서 탈퇴했는데, 명목상으로는 신장병 때문이었다. 그렇지만 좀 더 개연성 있는 사유는 계급의식을 갖고 있는 공장주의 아들이 돌격대라는 프롤레타리아 소시민 계

멩겔레는 다른 학생들보다 훨씬 더 부지런했고 야심이 많았다.

쿠르트 람베르츠, 멩겔레의 동창

그는 유전학이나 인종학과 같은 가장 현대적인 학문을 연구하고 싶어 했다.

헤르만 랑바인, 아우슈비츠 주둔지 의사의 서기

나는 그가 정말 "유대인은 우리의 불행이다"라는 슬로건과 국가사회주의 사상의 요체를 믿고 있었다고 생각한다.

한스 뮌히, 아우슈비츠 수용소 의사, 1947년 무죄 석방

급의 난폭한 싸움꾼들과 같은 레벨이 되고 싶지는 않았기 때문이다. 또한 유대인에 대한 원시적인 복수심은 천성적으로 그에게 낯선 것이었다. 반유대주의와 광신적 인종 우월주의가 그에게 처음으로 깊은 인상을 심어준 곳은 이 사상들이 학문이라는 이름으로 포장되어 강의되던 뮌헨 대학 강의실에서였다. 그곳에서 멩겔레는 의학 공부를 시작했다. 그렇지만 그는 질병 치료보다는 오히려 인간의 문화적 기원과 발전에 대해 관심을 가지고 몰두했다.

멩겔레가 대학에 입학한 1930년은 히틀러의 광적인 망상이 투표에서 대승을 거둔 해였다. 1930년 9월, 제국의회 선거에서 국가사회주의 독일 노동당은 12석의 의석수를 107석으로 늘렸고, 독일 사민당에 이어 제2당이 되었다. 나치의 광적인 인종주의는 사회 진화론을 받아들였는데, 그 이론에 따르면, 생물학적 결함에 따라 생존할 가치가 없는 사람들이 존재한다. 사회 진화론자들은 생식 과정에서의 적극적인 개입을 지지했다. 가장 우수한 인간들만이 살아남아야 한다는 것이다. 건강상의 결함이 있는 사람들은 번식, 그러니까 생존을 놓고 봤을 때는 부적격이라는 것이다. "생존 가치가 없는 삶"에 관한 이 이론의 대표자는 멩겔레가 다니는 대학의 교수들이었다.

1932년, 멩겔레는 본에서 의사 예비 시험을 치렀으며, 빈과 뮌헨에서 계속 의학과 인류학을 공부했다. 이 과목들은 국가사회주의자들 사이에서 대유행이었다. 인류학은 아리안이 아닌 모든 인종은 열등하다는 것을 학문적으로 증명해야만 했는데, 이것이 전반적인 나치 이데올로기의 기본 교리였다. "생존 가치가 없는 삶"에 대한 광적인 생각이 "학문"이 되었다. 그리고 이 새로운 "연구 분야"에서 성공하는 것이 멩겔레가 가진 야심의 전부였다.

의학도인 멩겔레는 규칙적으로 에른스트 뤼딘 교수의 강의를 들었다. 에른스트 뤼딘은 인종 우생학의 선구자 중의 한 사람인 아우구스트 포렐의 제자였다. 포렐은 1904년에 "만약 최악의 인간들이 수많은 바보, 범죄자, 불구자, 결핵 환자와 그 밖의 기형들을 생산해 낸다면, 변종으로 인한 최악의 산물들을 우리 비용으로 치료하기 위해 도처에 정신 병원, 불치병 환자 치료 시설, 교정 시설, 정신박약아 치료 시설, 간질병 환자 치료 시설, 양로원과 교도소를 만들어야 할 것이다. 이런 방식의 인도주의 정신이 우리 문명인들을 점차 파멸로 이끌고 있다는 점을 우리는 깨닫지 못하고 있다"고 적었다. 30년 뒤에 스위스 태생의, 포렐의 제자 뤼딘은 "유전병이 있는 자녀를 예방하는 법"을 만든 사람들 중 한 사람으로서 "가치 없는 삶"의 "근절"에 관한 이론을 실제에 적용하는 작업을 주도적으로 이끌고 있었다. 그 법은 1934년 1월 1일에 발효되었고, 정신병 환자, 간질병 환자, 맹인, 농아, 신체장애인, "정신박약아"와 정도가 심한 알코올 중독자들에 대한 강제 불임을 규정했다. 가능한 한 모든 "유전병 환자들"을 수술대로 보내기 위해 경찰 서류와 사회복지기관 및 병원 기록이 체계적으로 조사되었고, 필요에 따라서는 경찰의 공권력도 동원되었다.

"새로운 시대"는 멩겔레의 야심 찬 계획을 더욱 부추겼다. 그는 공부에 열심인 학생이었다. "다른 학생들보다 훨씬 더 부지런했고 야심이 많았다"고 그의 옛 동료인 쿠르트 람베르츠는 회상하고 있다. 1935년, 멩겔레는 나치가 선호하는 인류학에서 박사 학위를 받았다. 그해는 뉘른베르크 법이 제정된 해였는데, 나치는 이 법을 통해서 유대인 근절을 위한 새로운 법체계를 확고히 했다. 사이비 학문적인 기준들에 따라서 누가 독일인이고 누가 아닌지가 규정되었다. 유대인은 더 이상 독일인으로 간주되지 않았다. 멩겔레의 박사 논문의 주제는 "4가지 인종 집단에 있어서 앞쪽 아래턱 부분의 인종 형태학적 연구"였다. 그의 목표는 "원시적 인종과 진보적 인종" 간의 차이점들을 증명하는 것이었다. 멩겔레는 정확히 시대에 부합하는 주제를 택했다. 따라서 그의 박사 논문은 "최우수"

라는 평점을 받았다.

라이프치히에서 4개월간의 병원 실습을 마친 뒤에 그는 학자로서의 명성을 얻는다는 자신의 목표에 상당히 근접했다. 뮌헨 대학에서 그의 지도 교수였던 몰리존의 추천으로 멩겔레는 프랑크푸르트 대학의 유전학및 인종 우생학 제국 연구소에 연구 조교 자리를 얻었다. 그 연구소의 책임자는 오트마 프라이헤어 폰 페어슈어 교수였다. 그는 멩겔레를 아우슈비츠로 가게 만든 장본인이었다. 연구소장으로 페어슈어가 임명되기 전에 국가사회주의 독일노동당 인종정책청의 책임자였던 발터 그로스 교수는 한 소견서에서 페어슈어를 정치적인 성향을 갖지 않은 사람으로 묘사했다. 하지만 그로스 교수는 페어슈어에 대해 국가사회주의에 대하여 "완전히 신뢰할 수 있는 충성심"을 보여 주고 있으며, "국가사회주의 사상의 강화"에 기여하고 있다고 적었다. "나는 이 외에도 전문적이고 학문적인 분야에서 비정치적인 페어슈어의 방식이 특히 일반 대중에게 확신을 심어주는 데 긍정적으로 작용할 수 있을 것이라고 생각하는데, 이로 인해 그를 소장으로 임명하는 것은 선전 선동이나 광고적인 의미에서보더라도 매우 효용 가치가 클 것이다." 국가사회주의자인 그로스는 명망 있는 이 유전학자를 정확하게 평가하고 있었다. 페어슈어는 자기 자신을 "학문이라는 순수 영역"의 옹호자로, 비정치적인 사람으로 여기고있었고, 따라서 당 정책과 연관되어 있지 않다고 생각했다. 하지만 그의경우에서 볼 수 있듯이, 그럼에도 불구하고 그런 점으로부터 나치 독재에 대한 무조건적 헌신이라는 결과가 나올 수 있었다.

페어슈어는 유전학이 믿을 수 없을 정도로 대유행하는 것에 고무되었다. 그는 열성을 다해 나치의 "유전인자와 인종의 보존"에 헌신했다. "쌍둥이 연구" 분야의 전문가인 그는 북 헤센 주 슈발름 지역에서 1,911쌍의쌍둥이와 쌍둥이 중 최소한 한 사람이라도 생존해 있는 사례를 등록해목록을 만들었으며, 질병과 육체적 결함 그리고 외관상 특징에 따라 분

나는 요제프 멩겔레를 매우 정직하고, 예의 바르고, 양심적이고, 매우 매력적이
고, 세련되고, 재미있는 사람으로 알고 있었다. 그렇지 않았다면 나는 그와 결혼
하지 않았을 것이다.

멩겔레의 첫 번째 부인 이레네

그의 야심이 그를 망쳐 놓았다.

멩겔레의 첫 번째 부인 이레네

류했다. 특히 관절 류머티즘, 심장 결함, 진폐증, 백혈병, 알레르기성 질환, 당뇨병과 발육 부진을 가진 "쌍"을 조사했다. 쌍둥이는 허황된 페어슈어의 실용화 연구를 위한 기본 모델이 되었다. 그의 생각에 따르면, 거의 모든 만성 질병은 유전적 요인에 의한 것이었다. 그래서 그는 "민족적 신체 조건의 회복"을 위한 나치의 총체적인 조치에 대해 완전히 동의했다. "독일에서의 유전학 연구 결과들은 이미 국민 보건 관리를 위한 조치 속에 포함되었다"고 페어슈어는 기뻐했다. "불임, 결혼 금지와 결혼 상담을 통한 유전병의 예방이 특별법에 규정되어 있다."

멩겔레는 이번에는 의학으로 페어슈어에게서 두 번째 박사 학위를 받았다. "입술-턱-구강 파열에서의 계보 연구"라는 주제 하에 그는 언청이 유전에 관한 논문을 썼다. "특별법"을 실제로 적용하는 문제에 있어서 페어슈어와 그의 조교인 멩겔레는 항상 앞장을 섰다. 법정에서 그들은 "인종 상간(나치 시대의 용어로 인종 간의 결합, 특히 유대인과 아리아인 간의 결합을 의미: 옮긴이) 재판"에서 감정인 역할을 했다. 아리아인과 유대인 간의 결혼과 성관계는 금지되어 있었다. 이를 위반하는 사람은 고소되었다. 그리고 유대인인지 아니면 "혈통의 일부가 유대인"인지 의심스러운 경우에는 언제나 페어슈어와 그의 조교가 감정을 해서 결정했다. 아우슈비츠로 유대인을 실은 첫 열차가 출발하기 이미 오래 전부터 멩겔레는 선별 작업에 투입되었다.

교수와 조교는 자신들이 구세주나 되는 듯한 사명감을 갖고 인종 감정서를 작성했다. 언젠가 한 재판관이 페어슈어의 감정서를 참작하지 않고 피고인에게 무죄 판결을 내렸을 때, 이 눈먼 유전학의 대가는 제국 법무 장관인 귀르트너에게 개인적으로 불만을 털어놓았다.

1942년, 멩겔레의 학위 지도 교수는 베를린 달렘 구에 위치한 나치 유전학 분야의 최고 연구 기관인 인간 유전학과 우생학 및 인류학을 위한 카이저 빌헬름 연구소의 소장이 되었다. 1927년에 연구소를 설립하였을 당시에 초대 소장은 『인간 유전학과 인종 우생학 개요』라는 책의 공동 저자이자 페어슈어의 스승이었던 오이겐 피셔였다. 아돌프 히틀러는 란츠베르크 성채에 구금되어 있는 동안에 이 책의 2판을 읽었다. 이미 1935년부터 카이저 빌헬름 연구소에서는 쌍둥이에 대한 약물 실험이 시행되었다. 이 실험에서 의사들은 쌍둥이에게 여러 가지 화학 약품과 호르몬제를 투약했다. 페어슈어는 "쌍둥이 연구"를 위한 대규모 보조금을 신청했다. 독일연구협회(DFG)의 페르디난트 자우어브루흐 교수는 이 보조금 신청 건을 승인하였다.

그사이에 멩겔레는 흰색 의사 가운을 검은색 친위대 제복으로 바꿔 입었다. 이 조치는 인류학자이자 유전학자인 그가 자신의 학자로서의 경력을 고려하여 상당히 의식적으로 행한 것이었다. 친위대는 민족의 "순수 혈통"을 지키는 수호자로 간주되었다. 1939년 1월 1일, 장차 친위대 장교가 될 그는 친위대의 인종 및 이주 본부에 금발에 키가 큰 상인의 딸인 이레네 쉰바인과 결혼하겠다는 신청서를 제출했다. 그녀가 전형적인 나치 아리안계의 여성상을 보여 주고 있었던 반면에, 그는 그렇지 않았다. 친위대 의사인 슈바르츠바일러 박사는 멩겔레의 조사 설문지에 녹갈색의 눈과 갈색머리를 가졌다고 기입했다. 인종 분포에 따르면, 아리아인 광신자인 그는 디나르족[독일 동남부, 티롤, 스위스에 사는 민족: 옮긴이] 계열이자 알프스 인종 계열이었다.

그렇지만 멩겔레의 결혼이 그의 "비아리안적"인 외형으로 인하여 난관에 봉착하지는 않았다. 그의 부인은 선조들 가운데 유대인이 없다는 점을 의심의 여지 없이 완벽하게 증명할 수 없었다. 그녀의 할아버지인 미국인 해리 라이언즈 더믈러에 관한 기록은 찾아내기가 어려웠다. 이레네의 "매우 북구적인 특성"을 칭찬했던 영향력 있는 증인들의 진술로 인해 비로소 결혼 허가가 가능했다. 그렇지만 나치 "족보"에 등재가 되지 않아 멩겔레는 화를 냈다. 조상이 적어도 1750년 이후로 순수 아리안이었다고 분명하게 증명할 수 있는 사람들에게만 나치 족보에 등재하는 것이 허용되었다. 관료주의적인 결혼 절차의 마지막에 종족 번식에 관한 질문이 이어졌다. 인종 및 이주 본부는 "민족주의적인 맥락에서 종족 번식이 바람직한 것입니까?"라는 질문에 대한 답변을 알고 싶어 했다. 친위대 의사는 확실하게 "예"라고 기록했다. 이제 결혼하는 데 더 이상의 장애물은 없었다.

그러나 소중한 둘만의 시간은 곧 중단되었다. 뭔가 하고자 하는 의욕으로 가득 찬 멩겔레는 친위대 지원병으로 전쟁에 참가했다. 처음에 그는 무장 친위대 위생 검열단에 배치되었다. 그 다음에 그는 포즈난에 있는 인종 및 이주 본부 지부로 자리를 옮겼으며, 그곳에서 새로 점령된 동부 지역에 이주민으로 적합한 인종에 대한 소견서를 작성했다. 1942년 1월, 멩겔레는 친위대 "바이킹" 사단의 일원으로 동부전선에 투입되었다. 라이프치히에서 "의학 조교"로서 실습 시간을 보낸 후에 멩겔레가 엄격한 의미에서 의사 직분을 수행한 두 번째 경우였다. 그러나 이번이 그가 의사로서 일할 마지막 기회였다.

동부전선에서 그는 최악의 조건에서 근무했다. 겨울은 견딜 수 없을 정도로 추웠다. 매일 수천 명이 죽었다. 부상자들의 목숨을 부지하는 데 필요한 붕대와 약품도 충분하지 않았다. 부족한 시간과 열악한 시설로 인하여 그는 신속하게 "선별 작업"을 할 수밖에 없었다. 그는 누구를 살려야 할지 결정해야만 했다. 멩겔레는 독일 장병들의 생사를 결정하는 일을 나쁜 임무라고 생각했다. 그는 자신의 상관이 완전히 만족하게끔 이 임무를 충실히 수행했다. 그의 진급 추천서에는 "뛰어난 군의관"으로 적혀 있었다. 멩겔레는 1급 "철십자훈장," 동부전선 메달 41/42[1941/42년 소련과의 동부전선 겨울 전투에 투입된 장병 중 최소한 14일간 전투 참가, 최소한 중단 없이 60일간 부대 근무, 1941.11.15~1942.4.26 사이에 전선에서 부상이나 동상을 입은 장병들에게 수여된 메달: 옮긴이]와 검을 하사받는 2급 무공훈장을 받았다.

1942년 여름에 부상을 입은 멩겔레는 전방에서 전출되어 인종 및 이주 본부로 복귀했다. 그는 친위대 및 경찰 의무대에서 근무했다. 그곳에서 그는 처음으로 아우슈비츠가 "근절," 절멸, 학살을 의미한다는 것을 알게 되었다. 그가 근무한 부서는 강제수용소에서 행해지는 의학 실험을 감독하는 업무를 담당했다.

그사이에 친위대 대위로 진급한 멩겔레는 베를린에서 다시 페어슈어 곁에 있게 되었다. 그리고 페어슈어는 카이저-빌헬름 연구소에서 자신의 전임자였던 피셔 교수에게 아주 만족을 표시하며, "나의 조교인 멩겔레가 베를린으로 근무지를 옮겼기 때문에, 그가 그 업무와 병행해서 연구소에서 뭔가를 할 수 있을 것이다"라고 전했다. 이 쌍둥이 학자는 멩겔레와 함께 "큰 일"을 계획하고 있었다. 그는 초인을 양성할 유전학 센터를 건립하기 위해서 그가 총애하는 조교가 필요했다. 멩겔레의 아들인 롤프는 지금까지도 나치 유전학의 대가인 페어슈어가 자기 아버지의 아우슈비츠로의 전출에 결정적인 동기를 부여했다고 확신하고 있다. 페어슈어의 개인적인 문서를 살펴볼 수 있었던 의학사가醫學史家 베노 뮐러-힐 역시 페어슈어가 멩겔레에게 그의 학자로서의 경력에 새롭고도 결정적인 계기를 마련할 필요가 있다고 설득했다는 점에 대해서는 의심의 여지가 없다고 생각했다. "그는 다음과 같이 말했을 것이다. 그곳에서는 학문을 위한 중요한 기회가 주어질 것이네. 수많은 인종과 인간들이 그곳에 있지. 그저 가기만 하게. 그것은 학문을 위해 중요한 일이네."

페어슈어는 멩겔레가 전 세계적으로 유일무이한 "연구 천국"에 들어갈 수 있도록 주선해 주었다. 아우슈비츠에서 이 친위대 의사는 법률의 보호 밖에 놓인 "인적 자원," 즉 수만 명의 잠재적인 실험 대상자들을 이용할 수 있었다. 살 만한 가치가 있다든지 생존권이라든지 하는 개념은 아우슈비츠라는 비인간적인 수용소 세계에서는 존재하지 않았다. 멩겔레는 1943년 5월 30일에 전입신고를 했다. 그는 활동 욕구와 출세욕으로 가득 차 있었으며, 도덕과 윤리 의식에도 전혀 구애받지 않았다. 왜냐하면 나치 제국에서는 그런 가치들이 더 이상 중요하지 않았기 때문이다.

아우슈비츠 강제수용소는 동부전선의 뒤쪽에 위치한 폴란드 남서부의 외곽 지역에 자리하고 있었다. 여름에는 햇볕이 대지를 달구었다. 대기는 시체를 소각할 때 나는 지독한 악취로 가득 차 있어 질식할 것만 같았다. 겨울에는 비스와 강으로부터 눈보라가 몰아쳤다. 목조 가건물과 난방이 되지 않는 벽돌 강당은 혹한을 전혀 막아낼 수 없었다. 1943년과 1944년에 이곳의 학살 체계가 최고로 가동되고 있을 때, 5곳의 시체 소각장과 독가스실이 운영되고 있었다. 날마다 그곳에서 9천 명 이상의 사람들을 가스로 죽여서 소각시켰다. 맑은 날에는 시체 소각장의 굴뚝에서 치솟아 오르는 화염과 검은 연기를 몇 킬로미터 떨어진 곳에서도 볼 수 있었다. 대량 학살, 그것이 아우슈비츠의 주목적이었다.

하지만 강제수용소는 근처에서 공장을 운영하고 있던 34개 독일 기업에 강제 노동자를 "공급하기도" 했다. 저녁에 수용자들이 고된 노역을 끝내고 강제수용소로 돌아올 때에는 종종 완전히 녹초가 된 상태였고, 가혹 행위를 당하거나 피투성이가 되도록 구타를 당한 상태였다. 그들은 초주검이 되어 있거나 고문당한 동료들을 질질 끌며 데리고 돌아왔다. 그것은 일종의 죽은 혼백들과 송장들의 행렬에 다름없었다. 수용소 수용자들로 구성된 오케스트라가 이들을 위해 연주를 했다. 죽은 사람들은 점호장소에 눕혀졌다. 이는 수용소 간부들이 수용자들의 수용소 복귀와 동시에 그 수가 카드에 기록된 것과 일치하는지 꼼꼼하게 살폈기 때문이다.

고된 노역, 인간 생체 실험, 대량 학살은 아우슈비츠가 행한 3가지 만행이었다. 멩겔레가 그곳에 도착했을 때, 강제수용소는 13만 명의 수용자들로 꽉 차 있었다. 피골이 상접하고 허약해진 나머지 제 발로 거의 서있을 수도 없었던 "무젤매너[생존 의욕을 상실하고 죽을 때까지 자신의 운명을 냉담하게 받아들이는 사람을 일컫는 말로 레마르크의 강제수용소 소설 『생명의 불꽃』에 나옴: 옮긴이들"은 친위대 의사들에 의해 "선별되어" 독가스실로 보내졌다. 임산부와 환자들도 가스실로 향했다. 하지만 날마다 유럽 전역에서 새로운 수용자들이 기차에 실려 왔다. 그들의 운명은 기차역 화물 전용 플랫폼에서 결정되었다. 바로 그곳에서 친위대 의사들이 우선 노예와 같은 강제 노동자로 계속 생명을 부지할 수 있는 사람들과 당장 독가스실로 보내져 죽게 될 사람들을 결정했다.

이런 선별 작업이 멩겔레의 주요 과제였다. 수일간의 고통스러운 여정 뒤에 도착한 수용자 수천 명이 아우슈비츠에서 처음으로 보았던 사람이 바로 제복을 훌륭하게 차려 입은 친위대 대위 멩겔레였다. "우리 모두는 기차에서 내려 길게 줄을 서야만 했고, 남자들은 여자와 아이들로부터 분리되었다"고 쌍둥이 이츠하크와 제라 타우브는 회상하고 있다. "그곳에 이 멩겔레가 나폴레옹처럼 꼿꼿한 자세로 우리 앞에 서 있었다. 좀 더 힘이 있는 사람들은 노동력으로 분류되어 한쪽으로 보내졌다. 죽어야 할 사람들은 다른 쪽으로 보내졌다. 우리와 같은 아이들은 노동력이 없었기 때문에 어머니와 함께 곧 죽음을 맞이할 사람들 쪽에 서야만 했다."

화물 전용 플랫폼에서 멩겔레는 인간 기니피그, 즉 생체 실험 대상자들이 오는 것을 지켜보고 있었다. 쌍둥이는 그가 가장 좋아하는 실험 대상이었다. 이츠하크와 제라 타우브가 전하듯이, 그는 쌍둥이들이 다른 친위대원들의 실수로 그들 어머니와 함께 죽음의 행렬로 보내진 뒤에도 이따금 마지막 순간에 그들을 알아보고는 도로 데려오기도 했다. 다른 경우로는, 어머니들이 자신은 죽음에서 벗어날 길이 없지만, 자신의 쌍둥이들은 아우슈비츠라는 지옥에서 뭔가 특별한 존재이기 때문에 살 기회가 있다고 깨닫게 된 경우였다. "우리 쌍둥이 형제는 어머니와 같이 독가스실로 가고 있는 중이었다. 그때 갑자기 어머니가 '애들아, 어서 독일인들에게로 돌아가거라. 그들이 쌍둥이를 찾고 있는 그곳으로 돌아가' 라고 말씀하셨다. 내 생각에는 어머니께서 만약 우리가 어머니로부

이 이송 작업이 시작되었을 때, 나는 비르케나우의 화물 전용 플랫폼에 멩겔레가 서 있는 것을 볼 수 있었고, 그가 "쌍둥이는 나오라"고 소리치는 것을 들었다. 그가 화물 전용 플랫폼에서 이리저리 돌아다니면서 쌍둥이를 찾고 있을 때면, 그는 마치 제정신이 아닌 사람처럼 보였다.

마티나 푸취나, 아우슈비츠 수용자 여의사

화물 전용 플랫폼에서 그는 한마디도 하지 않았고, 어떤 아리아를 조용히 휘파람으로 불고 있었다. 그는 마치 오케스트라를 지휘하듯이 오른쪽과 왼쪽 또 오른쪽과 왼쪽을 번갈아 가리키며 선별 작업을 하고 있었다.

베라 알렉산더, 아우슈비츠 수용자 간호사

그는 말쑥한 옷차림의 호리호리한 사람이었다. 그는 한 손에 가늘고 잘 휘어지는 막대기를 들고 있었고, 선별 작업을 하는 동안에 드보르작의 유머레스크를 휘파람으로 불고 있었다.

클로드 레만, 아우슈비츠 수용자 의사

사모님, 당신께서는 장거리 여행으로 지치고 병들어 있으니, 자식들을 이 여인에게 맡기십시오. 나중에 탁아소에서 다시 데려 오실 수 있습니다.

선별 작업 중에 멩겔레가 한 말

그는 내가 지금껏 만났던 사람들 중에 가장 철면피한 사람이었다.

엘라 링엔스, 아우슈비츠 수용자 여의사

우리 쌍둥이 형제는 어머니와 같이 독가스실로 가고 있는 중이었다. 그때 갑자기 어머니가 "얘들아, 어서 독일인들에게로 돌아가거라. 그들이 쌍둥이를 찾고 있는 그곳으로 돌아가" 라고 말씀하셨다. 어머니와 막내 동생이 시체 소각장 쪽으로 계속 걸어가고 있는 동안에 우리는 몸을 돌려 화물 전용 기차 플랫폼으로 뛰어갔다. 그곳에 멩겔레 박사가 서 있었다.

아우슈비츠 수용소 쌍둥이, 에바 쿠파스

그는 친절한 수용소 의사였다. 그 당시에 나는 그의 본래 정체를 알지 못했다.

베라 알렉산더, 아우슈비츠 수용자 간호사

터 떨어진다면 더 안전할 것이라고 본능적으로 생각한 것이 아니었을까 추측한다"고 에바 쿠파스는 회상하고 있다. "어머니와 막내 동생이 시체 소각장 쪽으로 계속 걸어가고 있는 동안에 우리는 몸을 돌려 화물 전용 플랫폼으로 뛰어갔다. 그곳에 멩겔레 박사가 서 있었다."

다른 어머니들은 쌍둥이들을 무조건 자신들 곁에 두기를 원했다. 1944년, 10살의 나이에 아우슈비츠로 이송되었던 메나셰 로린치는 "쌍둥이라는 것이 좋은 일인지, 아니면 나쁜 일인지를 어느 누구도 알지 못했다"고 전하고 있다. "친위대 감독관들이 이리저리 뛰어다니며 쌍둥이를 찾고 있었지만, 가족들은 불안해하며 아이들을 자발적으로 내주려고 하지 않았다. 많은 쌍둥이들은 부모가 그들과 떨어지는 것을 원치 않았기 때문에 죽고 말았다. 상당수의 어머니들은 쌍둥이들과 함께 가스실로 향했다."

어린아이들은 부모들로부터 강제로 떨어지게 되자 싫다며 소리를 질렀다. 멩겔레는 어머니들에게 웃으면서 공손하게 말을 건네며 그들을 진정시키고 달래려고 했다. 그는 그들에게 아이들이 안전하다고 믿게 만들려고 했다. 가끔은 어머니들이 자신들의 쌍둥이와 함께 살 수 있는 오른쪽으로 가는 것이 허락되기도 했다. 이 "죽음의 천사"는 순진무구한 표정을 지으며 흉악하고 위선적인 속임수를 부렸다. 그는 겁을 먹고 있는 어머니에게 "사모님, 당신께서는 장거리 여행으로 지치고 병들어 있으니, 자식들을 이 여인에게 맡기십시오. 나중에 탁아소에서 다시 데려오실 수 있습니다"라고 거짓말을 했다.

페어슈어의 전 연구 조교였던 그는 아우슈비츠에서 "탁월한 자료 수집가"였다고 수용자 의사인 엘라 링엔스는 기억하고 있다. 그가 가장 좋아하는 "자료"는 쌍둥이였다. 그렇지만 그는 또한 세쌍둥이, 난쟁이, 곱사등이 그리고 비정상적인 모든 자료들을 수집하려고 했다. 멩겔레 추적자인 알렉스 데켈은, 그의 갑작스러운 죽음에 앞서, 미국 저널리스트인 루세트 머텔런 래그내도에게 "심지어 나처럼 순수 아리아인처럼 보였던 유대인"들도 수집 대상이었다고 말했다.

화물 전용 플랫폼에서 선별 작업을 하면서 멩겔레는 어떤 때는 호탕한 면을 보이다가, 어떤 때는 침묵하고, 어떤 때는 혼자서 왈츠나 오페라의 멜로디를 휘파람으로 불기도 했다. 그는 결코 무례한 사람은 아니었다. 잘 교육받은 공장 경영인의 아들은 격식을 지키는 사람이었다. 그리고 그는 아마도 어머니 발부르가의 지배적인 성격을 그의 의식 속에서 여전히 떨쳐버리지 못하고 있었던 것 같다. 선별 작업을 할 때 말쑥하고 아주 세련된 옷차림을 하고 있던 멩겔레는 "조금은 응석받이처럼 보였다"고 엘라 링엔스는 기억하고 있다. "마치 그의 어머니가 일요일에만 입는 좋은 재킷에 얼룩을 묻히지 말라고 주의를 준 것처럼 보였다. 그리고 그는 어머니의 요구에 따랐다."

빈의 한 여의사가 "유대인을 비호"했다는 이유로 아우슈비츠로 보내졌다. 링엔스 박사는 오스트리아 유대인의 도피를 도와주려고 했다. 계급의식이 강한 멩겔레는 수용자로 잡혀 들어온 직업 동료들에 대해 항상 관심을 가지고 있었는데, 그는 그런 사실에 대해 전혀 이해하지 못하겠다는 반응을 보였다. "좋습니다, 도대체 당신은 그 일이 성공할 것이라고 생각했습니까?"라고 멩겔레가 물었다. 엘라 링엔스는 이 친위대 대위에게 대답했다. "글쎄, 뭐라 그럴까, 게슈타포에게 뇌물을 써서 성공한 사례들이 이미 있습니다." 멩겔레는 바로 화를 내지 않고 해명을 했다. "당연히 우리는 유대인을 팝니다. 그렇게 하지 않는다면 멍청한 짓이겠지요. 하지만 당신은 왜 그런 일에 관여하십니까? 당신은 그런 일을 함으로써 무엇을 얻나요? 지금 당신은 여기에 있지 않습니까."

멩겔레와 친위대 의사인 프리츠 클라인 박사는 완전히 맨 정신으로 선별 작업을 했다. 다른 수용소 의사들은 술로 용기를 내기도 했고, 각성제를 먹기도 했다. 선별 작업이 끝난 후에 이 작업에 참가한 친위대원들은

"특식"을 제공받았다. 5분의 1리터의 독일 소주, 5개피의 담배, 100그램의 소시지와 빵이 주어졌다. 멩겔레가 자연의 섭리에 위배되는 실험을 위해 무자비하게 자료를 모은 "자료 수집가"였다면, 클라인은 증오심으로 가득 찬 반유대주의자로서, 그의 개인적인 불행과 관련된 유대인 모두에게 복수를 하고자 했다. 대학생 시절에 한 유대인 학우가 클라인의 약혼자를 유혹한 적이 있었다. 하지만 멩겔레는 유대인을 절멸시키는 데 전적으로 동의했다. 물론 그가 유대인을 열등한 민족으로 본 것은 결코 아니었다. 그 반대였다. 멩겔레의 견해에 의하면, 독일 민족의 우월한 지위를 위협하는 가장 큰 위험 요소는 유대인으로부터 비롯되었다. "그는 언젠가 내게 세상에는 재능 있는 두 민족, 즉 독일 민족과 유대 민족이 있다고 하면서, 이 두 민족 중 하나가 세계를 지배해야만 한다고 말했다"고 엘라 링엔스는 전하고 있다. "멩겔레는 유대인이 아닌 독일인이 세계를 지배하기를 원했다." 그렇기 때문에 유대인은 절멸되어야만 했다. 멩겔레는 독일인이 "최고의 민족"이 되는 데 있어 유대인을 경쟁자라고 생각했다. 그는 "유대인 문제의 최종 해결책"에 대한 선전 내용을 굳게 믿은 추종자였는데, 이제 그 집행인 중의 한 사람이 되었다.

멩겔레는 박사 학위를 갖고 있는 그의 동료들보다 자신이 더 낫다고 생각했다. 왜냐하면 그는 러시아 전선에서 자신의 가치를 인정받았기 때문이다. 그는 자신이 받은 무공훈장에 대한 자부심이 상당했으며, 그리고 친위대 의사 한스 뮌히 박사가 기억하고 있는 것처럼, 다른 사람들이 다 볼 수 있도록 제복에 훈장을 달고 다녔다. 멩겔레는 종종 동부전선에서의 전투 경험에 관해 이야기하면서 자신을 특별한 사람으로 치장했다. 전쟁에 투입된 그의 경력은 사무 업무만 했던 수용소의 다른 의사들의 경력과는 현저히 대비되는 점이었다. 그리고 그는 그들이 그런 점을 느끼도록 만들었다. 출세할 수 있는 배경을 가진 이 엘리트 출신의 아는 체하는 의사는 수용소 간부들도 혹평했다. 뮌히는 멩겔레가 그들을 "아무

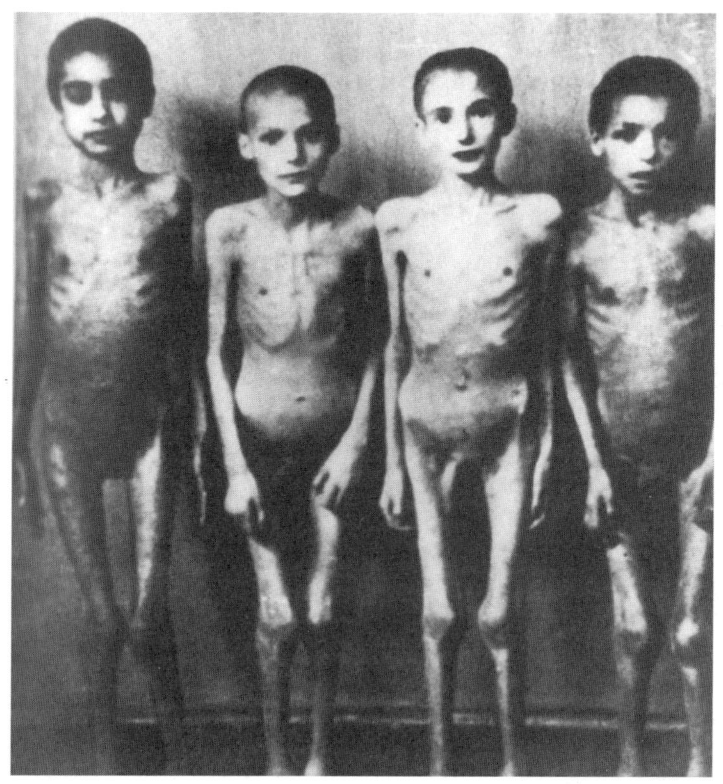

일주일에 두 번 내지 세 번, 그들은 우리를 병원 건물로 데리고 갔다. 그곳에서 우리는 6시간에서 8시간까지 발가벗고 서 있어야만 했고, 지속적으로 측정이 이루어졌다.

아우슈비츠 쌍둥이, 에바와 미리암 모제스

나는 한 쌍의 쌍둥이를 기억하는데, 그들은 한 방울의 피도 더 이상 뽑아낼 수 없을 때까지 피를 뽑아내야 했다. 그들은 빈 비닐봉지나 맥주병처럼 땅바닥에 쓰러졌다.

아우슈비츠 쌍둥이, 이츠하크와 체라흐 타우브

첫 번째 조사는 눈, 키, 코와 같은 신체 외부를 비교하는 것으로 이루어졌다. 이 검사는 여러 시간이 걸리기도 했고 여러 날이 걸리기도 했다. 나중에 우리는 수혈을 받으러 갔는데, 이를 통해서 한 쌍둥이의 피가 다른 쌍둥이의 피로 대체되었다.

아우슈비츠 쌍둥이, 일로나 락스

것도 모르는 무지몽매한 자들"로 불렀다고 기억하고 있다.

그의 상관들은 멩겔레가 그들을 어떻게 생각하고 있는지 분명히 알지 못했다. 주둔지 의사 에두아르트 비르트스는 어쨌든 근무 평가에서 그의 부하를 칭찬했다. "그는 종종 매우 어려운 조건에서도 그에게 부여된 모든 임무를 신중하고, 끈기 있게, 열과 성을 다하여 그의 상관이 확실히 만족할 수 있도록 수행해 냈으며, 모든 상황에 대처할 능력이 있음을 보여 주었다." 멩겔레의 인체 실험은 그 평가서에 여가를 선용한 것으로 기술되어 있었다. "그밖에도 그는 인류학자로서 짧은 근무 외 시간을 활용하여 자신을 계발하는 데 열성이었으며, 업무를 보면서 자신이 업무상 다룰 수 있는 학문적인 자료들을 이용해 인류학 분야에 가치 있는 기여를 했다. 그 때문에 그의 실적은 탁월하다고 볼 수 있다." 비르트스는 군인답게 "친위대 의사로서 그는 모든 곳에서 사랑받고 존경받았다"고 간결하게 평가를 마쳤다.

예전에 전선에 배치된 군인으로서 멩겔레는 의무를 매우 중하게 여겼다. 하지만 그는 아우슈비츠에서 그에게 주어진 "의무" 이상을 이행했다. 다른 강제수용소 의사들이 그들에게 요구되었던 것만큼 행동했던 반면에, 멩겔레는 아우슈비츠라는 악몽 같은 수용소에서 항상 새로운 임무를 떠맡았다. 그 때문에 오늘날까지도 몇몇 생존자들은 그를 강제수용소의 주임 의사로 생각하고 있다. 그렇지만 그곳의 주임 의사는 에두아르트 비르트스였다. 그에 의해 멩겔레는 아우슈비츠-비르케나우 여자 수용소의 주임 의사로 임명되었다.

비참함과 불결함, 고름과 질병으로 둘러싸인 환경에서도 훌륭하게 재단된 친위대 제복을 입은 멩겔레는 말끔하게 화장을 한 전형적인 여자처럼 행동했다. 그는 여자 수용소에서 증오와 두려움의 대상이었지만, 또한 경탄의 대상이기도 했다. 에바 코어의 기억에 의하면, 심지어 일부 여자들은 창피해하고 불쾌하게 생각하긴 했지만 그를 매력적인 남자로 느끼기도 했다는 점을 인정했다. 많은 여자들은 자포자기 상태에서 목숨을 부지하기 위해서 성적인 매력을 동원했다. 여자들은 그들의 닳아빠진 수용복을 다듬었고, 억지로 미소를 보이려고 애썼다. 그것은 그들에게 이제 과거가 되어버린 일로, 그 당시 순전히 생존을 위한 여성적인 몸부림이었을 뿐이다. 비르케나우 수용소의 선별 작업에서 여자들은 옷을 벗어야만 했다. 멩겔레 앞에서 발가벗은 채로 이리저리 걸어야만 했다. 그는 겉모습만 보고 누가 충분히 건강하고, 그래서 생명을 더 유지할 수 있는지를 결정했다.

멩겔레가 아우슈비츠에서 근무하고 있는 동안에 아내 이레네가 두 번 방문했다. 그들은 같이 수용소 주변을 산책했다. 이레네는 잼을 만들기 위해 나무딸기 열매를 땄다.

멩겔레는 특별한 임무, 즉 학자로서의 사명을 수행하고 있다고 생각했다. 그 때문에라도 그는 다른 수용소 의사들과 뚜렷하게 대조가 되었다. 한스 뮌히 박사는 그의 동료 의사들 가운데 유일하게 정기적으로 대화를 나누는 상대였다. 뮌히는 아우슈비츠 수용소의 지소인 라지스코에 있는 친위대 위생학 연구소에서 일하고 있었다. 멩겔레는 그의 의무에 대해서 매우 깊은 생각을 갖고 있었다고 뮌히는 기억하고 있다. 멩겔레는 유대인을 절멸시키는 것을 "의무"로 이해하고 있었다. 하지만 이 끔찍한 강제수용소 의사는 언제나 "아직도 고려해야만 하는 다른 측면들이 있는지"를 생각해 보았다고 한다. 뮌히는 이를 통해 멩겔레의 사고방식에 대한 실마리를 던져 주고자 했다. 한 가지는 확실하다. 멩겔레가 삶에 대한 권리와 같은 윤리적 원칙들은 전혀 고려하지 않았다는 것이다.

종종 이 아우슈비츠 의사는 쌍둥이 아이들에게, 특히 소녀들에게 즐거움을 선사하려고 했고, 그들을 차에 태워서 수용소 거리를 돌아다니기도 했다고 뮌히는 전하고 있다. 며칠 후에 그 아이들은 멩겔레의 해부대 위에 눕혀져서 "쌍둥이 연구"를 위해 살해되었다. 아이들의 시신에서 내장을 들어냈다. "도대체 그것을 이해할 수 없었다. 하지만 멩겔레는 당연하게 여겼다"고 뮌히는 말하고 있다. 많은 아이들이 멩겔레를 "아저씨"라고 불렀다. 그는 "그의" 쌍둥이들에게 단것을 선물해 주었고, 그들에게 미소를 지었다. 그러나 결국 그는 그들을 죽였고, 그들의 시체를 해부했다.

그는 때때로 "그의" 쌍둥이를 "나의 기니피그"라고 불렀다. 그와 아이들의 관계는 실험실 의사와 실험용 동물의 관계와 같았다. 그들은 죽어야만 하는 귀여운 생물에 불과했다. 그러나 그 생물이 살아 있는 동안에는 의사와 생물 사이에 어떤 모종의 관계가 있었다. 그렇다, 이 의사는 이따금 아이들을 쓰다듬어 주기도 했다. 그러나 결국 아이들은 단지 실험 대상에 불과했다. 멩겔레가 그의 쌍둥이에 대해 가졌던 동정심은 학자가 실험용 쥐에 대해 갖는 동정 정도였다. 이 "군주적 인간"은 자기 마음대로 인간 동물원의 인간들을 실험 대상으로 사용했다. 이에 필요한 수용자들을 그는 화물 전용 플랫폼에 도착한 화물 열차에서 직접 찾아냈다.

그의 규칙적인 대화 상대였던 뮌히 박사는 선별 작업에 협력하는 것을 거부했다. 그는 멩겔레가 얘기한다고 해서 생각을 바꿀 사람이 아니었다. 그것이 한스 뮌히가 크라카우어의 아우슈비츠 재판에서 친위대 의사로서 유일하게 무죄 판결을 받은 이유 중의 하나였다. 또 한 가지 이유는 뮌히가 "위생학 연구소"에서 허위로 꾸민 연구 작업에 몇 명의 수용자를 포함시켜서 독가스실에서 구해낸 것이었다.

뮌히의 동료인 한스 델모테 박사 역시 선별 작업에 처음 참가한 뒤에 더 이상 협력하려고 하지 않았다. 화물 전용 플랫폼에서 본 가슴이 찢어지는 듯한 광경들, 울고 있는 어머니들, 공포에 떨며 절규하는 아이들과 사람들을 구타하는 친위대원들의 모습이 델모테에게 너무나 깊은 충격을 던져 주었다. 발작성 울음이 그를 엄습했다. 강제수용소의 지휘관, 주둔지 의사와 멩겔레는 그를 설득했다. 멩겔레는 그에게 전선의 군의관도

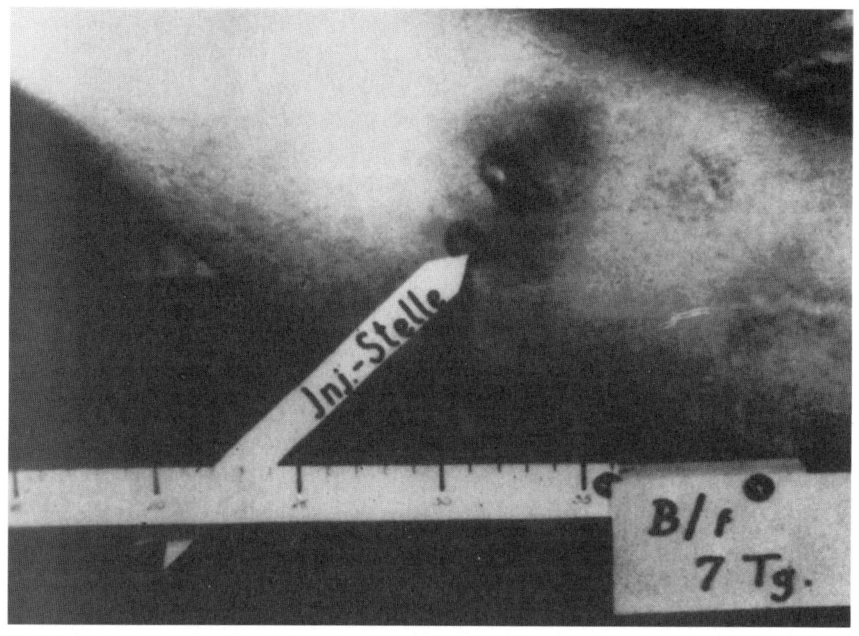

"지독한 통증…"
아래팔에 표시된 주사 자국

멩겔레 박사가 왔다. 그는 흰색 의사 가운을 입었지만, 나는 그 안의 친위대 제복과 장화를 보았다. 그는 내게 사탕을 선물하고 나서 주사를 놓았다. 주사는 엄청나게 아팠다. 멩겔레는 독일어로 "걱정하지 말라"고 내게 말했다.

아우슈비츠 쌍둥이, 모셰 오퍼

우리가 멩겔레의 실험대에 매여 있을 때, 다음에 우리에게 무슨 일이 일어날지 전혀 알 수 없었다. 우리는 등 뒤에서 차가운 손길과 청진기가 닿는 것을 느꼈고, 그리고 나서 지독히 아픈 주사를 맞았다. 우리는 엄청나게 두려움을 느끼고 있었다.

아우슈비츠 쌍둥이, 칼만 브라운

그 당시에 우리는 사형 선고를 언도 받은 사람들이었지만, 곧장 사형이 집행되지는 않았다. 우리를 곧바로 죽이는 대신에, 오늘날 실험실에서 고양이와 쥐를 가지고 하듯이, 우리를 실험 대상으로 삼았다.

아우슈비츠 쌍둥이, 메나셰 로린치

마찬가지로 선별을 해야 한다고 하면서, 불가피한 수술의 우선순위를 정하고 이를 통해서 부상자들의 생과 사를 결정해야 하기 때문이라고 말했다. 또한 아우슈비츠에서는 노동력이 있는 사람을 골라내기 위하여 선별 작업을 해야 한다고 말했다. 뮌히는 멩겔레가 보여준 끝을 알 수 없는 그 철면피한 태도를 기억하고 있다. 멩겔레는 설교하듯이, 나치 친위대 의사들의 주 과제는 노역을 기피하고 차라리 죽고 말겠다는 사람들을 골라내는 것이라고 말했다. 델모테는 계속해서 그 일을 했다.

그와 달리 뮌히는 발작성 울음 때문에 선별 작업에 불려 나가지 않은 것이 아니라 공식 절차를 통해 이의를 제기했기 때문에 동원에서 제외되었다. 그는 베를린에 있는 그의 상관에게 불만을 토로했다. 그는 "위생학 연구소"에서 그의 임무가 전염병 퇴치를 위해 매우 중요하다고 그의 상관에게 설명했다. 또한 선별 작업을 할 시간이 없다고도 했다. 선별 작업에 자신의 부하를 배치한 결정이 자신을 무시한 처사라고 생각한 베를린의 그 상관은 전화를 걸어서 아우슈비츠에 있는 "행정 업무 실력자들"을 몰아세웠다고 뮌히는 기억하고 있다. 나치의 공식 업무 절차는 죽음의 수용소에서도 제 기능을 발휘하고 있었다. 뮌히는 화물 전용 플랫폼에서의 선별 작업에서 벗어나게 되었다.

"위생학 연구소"가 설립된 이유는 발진티푸스, 장티푸스와 이질 같은 전염병이 친위대 장병들도 위협하였기 때문이다. 수용자들의 가건물에는 "전염병 퇴치"를 위한 방법이 오직 한 가지밖에 없었는데, 그것은 "박테리아와 함께 보균자인 인간도 전부 박멸하는 것"이었다고 유대인 의사인 아론 베지린 박사는 전하고 있다. 뮌히는 이런 일이 어떻게 진행되는지 설명했다. "새 블록에서 티푸스나 다른 종류의 전염병이 창궐했다는 사실이 알려지자마자 이 블록에 있는 모든 수용자는 독가스로 살해되었으며, 건물은 염화석회나 충분치는 않지만 유사 성분의 약품을 써서 소독을 시켰고, 다시 새로운 수용자들로 채워졌다." 발진티푸스를 "퇴치”하기 위해서 멩겔레는 600명의 여자들을 수용하고 있는 한 블록 전체를 한꺼번에 가스실로 보냈고, 그렇게 “텅 빈 블록” 하나가 생기게 되었다고 엘라 링엔스는 기억하고 있다. “그는 그 블록과 다음 블록 사이에 소독제를 채운 욕조를 설치했다. 다음 블록에 있던 수용자들은 옷을 완전히 벗고, 벌거벗은 채 욕조 안으로 들어갔다가 나와서, 그 전에 완전히 소독이 이루어진 빈 블록으로 들어가야 했다.”

수용자 여의사 엘라 링엔스는 혼자서 800명의 병자를 돌보아야 했다. 여자 수용소에 있던 총 1만 명의 병자들 중에서 1943/44년 겨울에 매일 350명씩 죽어 나갔다. “죽은 여자들은 내가 일하고 있던 블록과 다른 블록 사이에 온종일 첩첩이 쌓였다”고 링엔스 박사는 전하고 있다. “공식적인 약품 공급은 사실상 제로에 가까웠다. 모든 약품은 여성 수용자들이 스스로 비합법적인 경로를 통해서 마련해야만 했다. 이 약품들은 거의 예외 없이 가스실로 옮겨지는 과정에서 나온 것들이었다.” 이는 아우슈비츠에서 환자 치료를 위해 이루어지던 비정상적인 행위의 일례일 뿐이다. 화물 전용 플랫폼에서 곧바로 독가스실로 보내진 사람들로부터 빼앗은 약품들은 이가 들끓고 더러운 가건물 병동에서 죽음에 임박한 사람들에게 도움이 되었고, 그곳의 여러 사람들이 살아남을 수 있게 해주었다.

수용자들은 약품뿐만 아니라 가족사진, 시계, 보석, 이불 등 그들이 소지하고 있던 모든 것을 빼앗겼다. 그들은 옷과 신발을 벗어 주어야만 했고, 수용자복으로 갈아입고 나막신을 신었다. 머리는 삭발을 했으며, 그들 팔에 번호가 새겨졌다. 인간은 번호가 되었고, 인간의 운명은 기호가 되었다.

멩겔레의 쌍둥이들에게만 자신들의 옷을 갖는 것이 허용되었다. 그리고 그들은 머리도 삭발하지 않았다. 이는 그들의 운명이 처음부터 결정된 것은 아니라는 표면적인 상징이었다. 그들은 쌍둥이였기 때문에 약간의 생존 기회를 가지고 있었다. 그들은 멩겔레에게 “선택된 사람들”이었다. 다른 사람들처럼 그들 역시 처음부터 죽음을 선고 받았지만, 판결이 당장 집행되지는 않았다. 멩겔레는 쌍둥이를 "실험 대상"으로 악용하기 위하여 그들에게 유예 기간을 주었다. 실험이 없는 날에는, 그는 그들과 함께 산책을 나갔으며, 그들에게 장난감을 선물했다. 그는 "좋은 삼촌" 이었다.

그는 쌍둥이 아이들만을 돌보는 지비 슈피겔이라는 보호자를 두었는데, 역시 쌍둥이인 그가 아우슈비츠에 도착했을 때, 그의 나이는 28살이었다. 그는 체코슬로바키아군 장교였는데, 똑바르게 서 있으려는 습관 때문에 훈장을 받은 "전방 군인" 멩겔레의 눈에 띄었다. 아이들은 슈피겔을 "쌍둥이 아버지"라고 불렀다. "쌍둥이들이 쌍둥이 가건물에 새로 도착하면, 먼저 카이저 빌헬름 연구소의 설문지를 작성했는데, 질문들 중에는 특히 가족 배경에 대해 묻는 것이 있었다"고 지비 슈피겔은 기억하고 있다. 설문지에는 몸무게와 신장, 나이, 눈과 머리색, 건강 상태와 신체적 특이 사항이 기입되었다. "다 작성된 설문지는 베를린 달렘으로 보내졌다." 그곳에는 먼저 쌍둥이에 대한 통계 수치를 담고 있는 설문지가 도착했다. 그 다음에 그들의 혈액 검사 자료가 도착했다. 조금 더 지나서는 "긴급! 전쟁 물자!"라는 문구가 적힌 포장지에 싸인 유골과 신체 부위가 도착했다. 저명한 페어슈어의 연구소에서 다른 연구를 진행하기 위해 보내진 것이었다.

아우슈비츠에 있는 멩겔레가 어떤 식으로 카이저 빌헬름 연구소와 긴밀하게 공동 작업을 했는지를 페어슈어의 조교인 카린 마그누센 박사의 프로젝트가 잘 보여 준다. 그녀는 베를린에서 안구 이상에 대한 연구를 하고 있었다. 멩겔레는 연구 대상물을 아우슈비츠에서 직접 찾아서 그녀에게 보내 주었는데, 그것은 심장 주사를 통해 살해한 수용자의 안구였다. 헝가리 출신의 수용자 의사인 미클로스 니이즐리 박사가 시체를 해부해야만 했다. "베를린 달렘의 인류학 연구소가 관심을 기울일 만한 신

체 기관들을 알코올 속에 담근 다음, 특별 포장을 해 우편으로 발송하였
다"고 나중에 니이즐리가 기록했다.

멩겔레와 카이저 빌헬름 연구소 간의 심도 깊은 협력 관계는 "특수 단
백질" 프로젝트를 통해서도 찾아볼 수 있다. 이 계획은 독일연구협회로
부터 재정 지원을 받았다. 1944년 3월 20일, 페어슈어는 독일연구협회에
"나의 조교인 의학 박사이자 철학 박사인 멩겔레가 이 연구 분야의 공동
작업자로서 선임되었습니다. 그는 친위대 대위 겸 수용소 의사로서 아우
슈비츠 강제수용소에 배치되어 있습니다. 제국 나치 친위대장의 허가를
받아 이 수용소의 다양한 여러 인종 집단들에 대한 인류학적 연구가 수
행되고, 혈액 자료가 검사를 위해 내 실험실로 보내질 것입니다"라고 보
고했다. "빈 비닐 봉투처럼 땅바닥에 쓰러질 때까지" 쌍둥이들의 양 팔
에서 동시에 피를 뽑아내는 일이 빈번하게 일어났다고 이츠하크 타우브
는 기억하고 있다. 그렇게 얻어진 혈액은 페어슈어 연구소의 생화학자인
귄터 힐만의 실험실로 보내졌다. 그는 다른 연구 작업을 담당했다. "힐
만 박사는 단백질을 연구하는 생화학 전문가"라고 페어슈어는 보고했
다. 아우슈비츠 수용소는 이 시기에 독일 유전학 연구 분야의 엘리트 연
구소인 카이저 빌헬름 연구소의 분소 역할을 했다.

독일연구협회의 지원금으로 멩겔레는 아우슈비츠-비르케나우에 있는
시체 소각장 II 바로 옆에 병리학 실험실을 짓도록 했다. 해부용 탁자는
매끄럽게 마무리된 대리석으로 만들어졌다. "죽음의 천사"의 이 끔찍한
실험실에는 가장 최신 기술이 도입되었다. 폴란드 인류학자인 마티나 푸
지나 박사는 가장 현대적인 스위스산 정밀 측정 도구를 이용해 연구를
하고 있었다. 그녀는 멩겔레의 "쌍둥이 연구"를 위해 쌍둥이들의 머리를
정확하게 측정해야 했다. 머리 둘레, 코에서 귀까지의 간격, 한쪽 귀에서
다른 쪽 귀까지의 간격에 이르기까지 모든 세부 항목을 측정해야 했다.
멩겔레가 푸지나 박사에게 주목하게 된 것은 그녀가 티푸스에 걸려 수용

자 병동에 누워 있을 때였다. 그녀는 전쟁이 발발하기 전에 다양한 여러 인종 집단의 외적인 특징을 측정하는 방법을 발전시켰던 폴란드 인류학 교수 얀 체카노브스키의 조교로 일했다. 그 사실이 멩겔레의 귀에 들어갔다. 그는 푸지나 박사에게 지금까지 수용소에서 해 왔던 일이 무엇인지 물었다. 그녀는 "돌을 날랐다"고 대답했다. 멩겔레는 웃으면서 "그럼 이제 나를 위해 일을 해달라"고 말했다.

측정은 인체 실험을 위한 준비 단계에 불과했다. 1981년 1월 18일, 프랑크푸르트 암 마인 검찰청에서 발부한 멩겔레에 대한 마지막 체포 명령서에 그의 범죄 행위가 14쪽 분량으로 간단하게 요약되어 있다. 전문적인 법학 용어로 쓰여 있는 살인 목록이었다. "범행 기록: 의학 실험"에는 다음과 같은 내용이 들어 있었다. "1944년 여름에 에비판과 클로로포름 주사로 쌍둥이를 살해함." "원칙상 한 쌍둥이가 자연사하면 다른 쌍둥이도 비교 목적으로 살해함." "두부 수술"로 헝가리 태생 쌍둥이들의 죽음을 야기함, "수용소에서 출생한 한 쌍의 쌍둥이를 주사로 살해함," "1944년 말에 목격자 J.의 신생아에게 실험을 실시함. 이 실험으로 눈 자체를 더 이상 식별할 수 없었고, 단지 붉은 덩어리로 이루어진 눈을 볼 수 있었음." "살아 있는 수용자들에게 시험 삼아 골수 이식을 시도했다는 혐의가 유력함."

하지만 멩겔레는 의료 기구로만 살인을 저지른 것은 아니었다. 체포 명령서에 의하면, 그는 자신의 손으로 직접 사람들을 사살하기도 했다. 그러니까 그는 자신의 권총으로 쌍둥이 두 쌍을 "뒤에서 경부 사격으로 살해했다"고 한다. 또한 그는 독가스실에 대한 죽음의 공포로 인해 지붕으로 도망쳤던 16살 소녀를 사살했다고 한다.

멩겔레에 대한 목격자들의 모든 진술로부터 완전히 분열적이고, 서로 모순되는 범인의 모습이 드러난다. 한편으로, 그는 살인 명령의 수행을 부하들에게 떠넘긴 "결백한 살인자"였다. 다른 한편으로, 그는 고통을

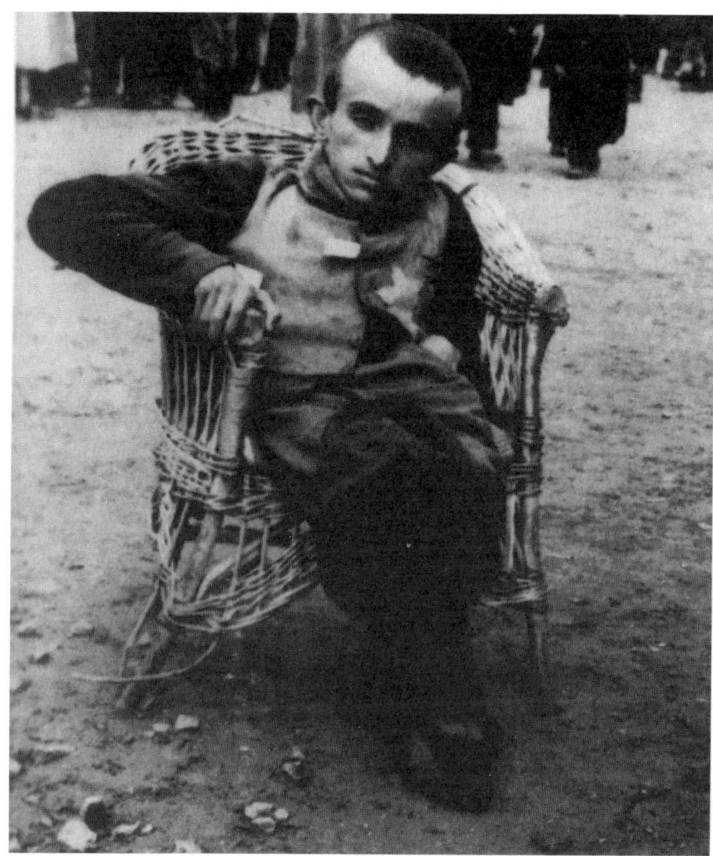

나는 단지 내 몸 안에 무엇을 집어넣었는지 알고 싶었다. 내게 독극물이 주입되었다. 오늘날까지도 그게 어떤 독극물인지 모른다. 실험의 후유증으로 내 몸의 3분의 2에 장애가 생겼다. 내 몸은 떨고 있다. 나는 간질로 인해 발작을 일으키고 있다. 도대체 이게 무슨 삶인가!

아우슈비츠 쌍둥이, 모셰 오퍼

… 수용자복을 입은 유대인들에게 "쌍둥이들은 나오라"고 소리치며 난쟁이와 기형인 사람들을 찾았다. 그들이 우리에게도 왔다. 내 형과 나는 쌍둥이는 아니었지만, 우리는 매우 닮았다. 그들은 우리를 열에서 빼내 끌고 가면서 우리에게 "너희들은 적어도 목숨은 부지하게 될 것" 이라고 말했다.

아우슈비츠 희생자, 에프라임 라이헨베르크

주는 행위와 살인에서 기쁨을 만끽했던 사디스트적이고 잔혹한 살인자로 나타난다. 수용자 의사 기젤라 페를 박사는 멩겔레가 여자 수용자의 목덜미를 움켜잡고는 "자신이 피범벅이 될 때까지" 그녀의 머리를 마구 때렸다고 전하고 있다. "나는 엄청나게 피를 흘리고 난 뒤에 그녀의 아름답고 총명한 두 눈이 사라지는 광경을 목격했다. 그녀의 귀는 더 이상 제자리에 있지 않았는데, 아마도 그가 그녀의 귀를 쥐어뜯은 것 같았다. 그리고 몇 초 뒤에 그녀의 똑바르고 뾰족한 코는 부러져서 평평한 피투성이 반죽처럼 되었다."

"멩겔레는 두 가지 측면을 자신 안에 가지고 있었고, 단순히 분열적인 인격을 소유하고 있던 그가 상이한 시기에 완전히 상이한 행동을 취했다고 생각해 볼 수 있지 않을까?"라고 나치 범죄자의 "유형학"을 썼던 역사학자 츠데네크 초프카는 묻고 있다. "아니면, 부분적으로 잘못되거나 과장된 증인들의 진술로 인해 범인의 모순된 모습이 나타나게 되었다고 설명할 수 있지 않을까?"

멩겔레에게 아이들을 사살한 것과 같은 사디스트적인 살인죄를 전가하는 다수의 진술들이 있다. 그와 반대로 멩겔레가 구타를 하거나 총으로 쏘는 것을 전혀 보지 못했으며, "그는 자신의 손을 더럽히지 않았다"고 말하는 간호 보조사 카치미에르츠 첼니와 같은 사람들의 진술도 있다. 또한 폴란드 출신의 수용자 의사인 타데우스 스니에스코는 "나는 멩겔레가 누군가를 직접 구타하거나 죽이는 것을 결코 본 적이 없다"고 증언하고 있다. 나치 의학이 행한 인체 실험과 다른 범죄 행위들을 증명한 역사학자 에른스트 클레는 수많은 아우슈비츠 보고서들의 문제점을 지적한 바 있다. "동시대의 증인들은 분명히 사실을 혼동하고 있고, 일련의 범죄 행위를 특정 범죄자의 짓으로 간주하고 있다. 그는 살인자인지도 모른다. 그러나 그는 바로 그 범죄를 저지르지는 않은 범죄자이다. 멩겔레의 경우는, 추가적으로 그가 유명한 나치 전범 중의 한 명이고, 1945

년 이후에 그를 잡아들일 수 없었기 때문에, 그가 다른 범죄도 저질렀다고 생각할 소지가 있다. 그래서 많은 사람들이 자신을, 유명한 나치 괴물이 저지른, 세상을 떠들썩하게 만든 행위의 희생자 내지 목격자라고 주장하면서, 이름 없는 그들의 주목받지 못한 운명에 관심에 갖도록 만들었는데, 이는 심리적으로 충분히 이해할 만한 일이다."

신중한 수용자 의사 엘라 링엔스는 멩겔레에게서 사디스트적인 면보다는 냉정한 냉소주의자의 면모를 보았다. "희생자의 고통에서 쾌감을 느끼는 것이 사디스트의 본성이다. 멩겔레에게서는 이런 고통에 관심이 없다는 느낌을 받았다. 그는 그 고통에 전혀 주의를 기울이지 않았다. 수용자들은 그에게 있어 정신생활이나 고통과는 전혀 상관없는 기니피그였고 쥐였다. 이렇게 완전히 거리를 두는 태도는 직업적으로 실험 재료를 대하는 태도였다. 이것이 내가 알고 있는 멩겔레의 모습이었다." 링엔스 박사는 그를 "악마 중의 악마"로 돋보이게 만들고, 어떤 분석 작업으로도 파악할 수 없는 사람으로 만드는 데 대해 경고했다. 멩겔레의 경우에도 악은 너무나도 평범하다는 명제가 유효하다. 멩겔레는 아우슈비츠의 살인자가 아니었고 학자였다. 그렇지만 의학이라는 학문에 의해서 "아우슈비츠 의사"는 뒤늦게 괴물로 만들어졌고, 이 때문에 자신의 본업에서 멀어지게 되었다. 여기서 사람들은 "연구에 장벽은 없다"는 카이저 빌헬름 연구소의 창립 소장이었던 오이겐 피셔 박사의 요구에 충실히 따라, 친위대원은 아니었지만, 아우슈비츠에서 인체 실험을 할 수 있도록 신청했던 의사들도 있었다는 점을 망각하고 있다. 피셔는 히틀러가 정열적으로 수용했던 인종 패러다임을 갖고서 아우슈비츠로 가는 길을 닦은 사람들 중의 하나였다. 그곳에서 이제 연구를 위한 "재료"가 공급되었다. 학문 윤리와 도덕은 여기서 아무런 역할도 하지 못했다.

학문적인 데이터로 선입견을 널리 퍼뜨린 사회 진화론적 우생학 운동은 독일뿐만 아니라 다른 유럽 국가들에도 있었으며, 1940년까지 미국에도 있었다. 뉴욕 올드스프링하버 연구소의 우생학과 과장인 해리 로플린은 1923년에 미국 의회에서 남부 및 동부 유럽 출신 사람들이 북부 유럽 사람들보다 범죄적 성향을 더 가지고 있다고 주장했다. 그리고 1938년에도 로플린은 나치 독일에서의 강제 불임을 모범적인 사례로 칭찬했다. 가톨릭 국가인 폴란드에서조차도 "유전 개량"에 대해 선전하고 있었다. 그래서 정신병 의사인 블라디슬라브 루니예브스키는 1935년에 "경제적인 이유가 정신병 환자의 운명을 결정하게 된다면, 모든 환자를 불임시키는 것보다 독살하거나 총살하는 것이 더욱 효과적인 방법"이라고 생각했다. 섬뜩할 정도로 앞날을 예견한 발언이 있은 지 4년 뒤에 폴란드에서 친위대 제복을 입은 독일 "유전 개량학자"들에 의해 병자들이 총살되었다.

1920년대와 1930년대에 많은 나라에서 무책임한 우생학자들이 인종적 광신주의와 최고 유전인자의 선택을 찬양하는 선전에 나서고 있었다. 하지만 언제나 법 규정이 제어되지 않은 학자들의 공명심을 제한하고 나섰다. 그러나 독일에서는 나치에 의해 "가치 없는 삶의 제거"라는 금기시된 문구가 공식적인 국가 원리로 격상되었다. 삶의 절대적 권리와 같은 전통적인 윤리 개념들은 왜곡되었으며, 인간성과 동정심은 "인도주의적 몽상"이라고 경시되었다. 학자들은 아무런 제한도 받지 않고 연구를 할 수 있게 되었다. "선택받은 민족에게 유용한 것이 좋은 것이다." 이는 의학 분야에도 유효했다. "연구에 제한을 두지 않는 것"이 잔인한 현실로 다가왔다. 개인적인 출세욕이 뒤따랐다. 그러고 나면 의사들은 어떤 일도 서슴지 않았다.

멩겔레는 자신의 "쌍둥이론"을 통해서 유전학의 역사에 큰 족적을 남기기를 원했고, 아울러 교수가 되길 바랐다. 그는 자신의 실험을 비밀에 부치지 않았다. 1944년 9월 1일에 강제수용소의 학술 강연회에서 한 것처럼, 그는 매우 자랑스럽게 자신의 "연구 결과"를 널리 알렸다. 이 죽음의 의사는 동료들이 보는 앞에서 "아우슈비츠 강제수용소에서의 인류학 및 유전학적 연구로부터 나온 예들"을 발표했다. 멩겔레는 완벽한 아리안 혈통의 인간을 유전학적으로 생산할 수 있다고 믿었다. 그는 자신의 "인간 동물원"에서 오로지 밝은 금발과 푸른 눈을 가진 아이들만을 길러내고자 했다. 그래서 멩겔레의 실험은 쌍둥이의 눈과 머리카락 색을 바꾸는 것에 주안점을 두었다. 모든 쌍둥이의 머리카락을 지속적으로 분석했으며, 다른 쌍둥이들의 머리카락과 비교하기도 했다. 어두운 색의 머리카락을 금발로 만들기 위해 두피 속에다 용제溶劑를 주입하였고, 갈색 눈을 푸른 눈으로 만들기 위해 눈에다 색소를 주사했다.

실험이 끝난 뒤에는 쌍둥이들도 독가스실로 보내졌다. 1945년 1월에 이미 살인 목록이 정식으로 타이핑되어 직인이 찍혀 있었다. 하지만 마지막 사람들은 살아남았다. 왜냐하면 소련의 붉은군대가 쉴 새 없이 서쪽으로 진격하고 있었기 때문이다. 스탈린의 군대가 수용소로 접근하고 있던 1945년 1월 17일에 6만 7,012명의 수용자들이 마지막 점호에 참석했다. 성인들 중에서 걸을 수 있는 사람들은 폴란드의 매서운 겨울 날씨를 뚫고 죽음의 행진을 하게 될 서쪽 방향으로 내몰렸다. 너무나 쇠약한 사람들은 총살되거나, 이제 유령이 나올 것만 같은 적막한 수용소에서 자신의 운명을 기다렸다.

친위대의 주력 부대는 도주할 계획을 짜고 있었다. "죽음의 천사" 역시 범행 장소를 떠났다. 1945년 1월 17일 차가운 겨울밤에 그는 자신이 행한 사이비 쌍둥이 연구에 관한 모든 기록 문서들을 가지고 도망쳤다. 또한 그는 쌍둥이들을 측정했던 푸지나 박사 사무실에서 두 개의 서류 상자를 가지고 갔다. 이미 밖에는 한 대의 자동차가 대기 중이었다. 멩겔레는 매우 서둘렀다. 그는 급하게 챙긴 기록 문서들 중 일부를 4개월 전인 1944년 9월에 수용자이자 그의 여성 동료였던 엘라 링엔스 박사에게 보여준 적이 있었다. "이봐요, 링엔스 부인, 내가 당신에게 내 학문 연구 결과들을 보여준 적이 있었던가요?" 링엔스 박사는 그가 자신에게 이렇게 물었다고 기억하고 있다. 신체 부위들을 인류학적으로 측량하고 스케치한 기록을 담고 있는 서류철이었다. 멩겔레는 스케치를 보며 "아름답지 않습니까?"라고 말했다. 그리고 마지막으로, "아, 이제 이 모든 파일들이 볼셰비키들의 손에 넘어가게 되는 것이 아쉽지 않습니까?"라고 물었다.

1945년 1월 27일, 소련군이 수용소에 진주했다. 드디어 해방된 것이다. 멩겔레의 3천 명의 쌍둥이들 중에서 180명만이 생존했다. 그 가운데 자매인 에바 코어와 슈베스터 미리암도 있었다. 그들의 부모와 두 명의 언니, 거의 모든 친척들이 아우슈비츠-비르케나우의 가스실에서 질식사했다. 에바와 미리암의 모습은 당시에 촬영한 유명한 사진에서 볼 수 있는데, 사진 첫 번째 줄에 그들이 보인다. 이 사진은 이들 쌍둥이가 수용소에서 해방된 뒤에 간호사들의 인도를 받아 수용소의 이중 전기 철조망 울타리를 따라 나오고 있는 모습을 보여 주고 있다. 에바와 미리암은 손을 맞잡고 있다. 그 광경을 더욱 실감나게 하기 위해 러시아 군인들이 그들에게 줄무늬가 쳐진 수용자복 상의를 입혀 주었다. 그 이상 더 "진짜" 같이 만들 수 없었던 것은 아이들의 팔에 새겨진 수용자 번호가 보여 주는 가슴 섬뜩한 신빙성 때문이었다. 러시아 촬영 감독은 쌍둥이들에게 소매를 걸어 올려서 수용자 번호를 내보이도록 했다. 아이들의 얼굴 표정을 보면, 아이들은 "군주적 인간"인 의사들이 자신들에게 무슨 짓을 했는지 알지 못했다는 것을 알 수 있다.

아우슈비츠에서 사진을 찍고 있을 때, 멩겔레는 북서쪽으로 300킬로미터 떨어진 곳에 위치한 다른 강제수용소인 슐레지엔의 그로스-로젠에 도착해 있었다. 그곳에 잡혀 있던 소련의 붉은군대 포로들은 세균전 수행 지역에서 실험용으로 이용되고 있었다. "전쟁 범죄 사무국"의 담당 수사관인 데이비드 마웰은 멩겔레가 그로스-로젠에서 다시 그에게 익숙

> "우리에게 유년 시절은 없었다…"
> 아우슈비츠에서 풀려난 뒤의 쌍둥이 에바와 미리암 모제스(사진 맨 앞 열)

나는 내가 고깃덩어리에 불과하다고 느꼈다.

아우슈비츠 쌍둥이 미리암 모제스

만약 사랑하는 사람이 죽으면, 그를 묘지에 묻고, 다시 그를 찾아 기리곤 한다. 하지만 미리암과 내게는, 그리고 아우슈비츠의 모든 쌍둥이들에게는 그런 묘지가 존재하지 않는다. 우리에게는 어머니, 아버지, 형제들을 보았던 마지막 순간에 대한 기억만이 있을 뿐이다.

아우슈비츠 쌍둥이 에바 모제스

멩겔레는 개인적으로 우리를 때리지는 않았고, 단지 우리에게 실험을 했을 뿐이다. 하지만 나는 그가 손짓 하나로 부모, 형제, 우리 가족 모두를 그리고 친척 모두를 죽였다고 생각하면 얼마나 고통스러운지! 그의 손은 수많은 피로 얼룩져 있다.

아우슈비츠 쌍둥이 중 한 사람

한 수용소 의사 역할을 해냈다는 점을 밝혀냈다. 그는 이제 거의 34살이 되었고, 죽음의 수용소에서 행해지는 의술과 관계된 일을 너무나 잘 아는 베테랑이었다. 하지만 멩겔레의 그로스-로젠에서의 체류는 길지 않았다. 소련의 붉은군대가 도착하기 일주일 전에 그는 강제수용소를 떠났고, 퇴각중인 독일군 부대의 지친 병사들 사이로 섞여 들어갔다. 그는 친위대 제복을 육군 장교가 입는 회록색 군복으로 갈아입었다. 이전에 삶과 죽음을 결정하던 주인이 패배한 히틀러 군대의 혼란스런 행렬 속에 몸을 숨긴 도망자가 되었다.

1945년 5월 2일, 그는 이동 야전 병원 2591에서 프랑크푸르트의 유전학 및 인종 우생학 제국 연구소의 옛 동료인 한스 오토 칼러 박사를 만났다. 그는 친위대 장교인 멩겔레가 입고 있던 독일군 제복을 문제 삼지 않았다. 오히려 칼러는 명령권을 쥐고 있는 장교에게 그의 과거 동료를 위해 말을 잘해 주었다. 멩겔레는 야전 병원에 머물 수 있게 되었다. 당시 그곳은 의사가 절실히 요구되는 상황이었다.

새로운 부대에서 그는 젊은 간호사를 알게 되었다. 연애를 통해 깊은 관계로 발전하게 되었다. 그리고 멩겔레는 아우슈비츠에서 가져와 잘 간수하고 있던 "연구 기록들"을 그녀에게 맡길 정도로 그 간호사를 절대적으로 신뢰했다. 멩겔레는 체포될 것을 염두에 두고 있었는데, 이 문서들로 인해 그가 강제수용소 의사였다는 사실이 밝혀질 수도 있었기 때문에 그녀에게 맡긴 것이었다. 전쟁이 끝난 뒤에 그는 그 문서들을 되찾아서 귄츠부르크에 있는 자기 가족의 집에 보관했다.

야전 병원은 소련군을 피해 서쪽으로 계속 이동했는데, 바이에른 주의 바이덴 근방에서 멩겔레는 결국 아주 "평범한" 군인으로 포로가 되었다. 그는 그의 실명으로 포로 명단에 등록되었다. 미군은 그가 전범과 관련되어 있다는 사실을 곧바로 알지 못했다. 그리고 그들은 멩겔레가 친위대 소속이라는 것도 단번에 인식하지 못했다. 별것 없어 보이는 그의 모습이 정체가 드러나는 것을 막아 주었다. 친위대원들은 속일 수 없는 표식을 몸에 지니고 있었는데, 왼쪽 상박 안쪽에 그들의 혈액형이 새겨져 있었다. 하지만 멩겔레에게는 그 문신이 없었다. 친위대에 입대할 때 그는 이 문신을 거부하며 그에 대한 논리를 폈는데, 모든 의사들은 수혈에 앞서 교차 검사를 실시하며, 단순히 문신으로 새겨진 혈액형 표시만을 신뢰하지는 않는다는 것이었다. 하지만 그의 부인 이레네는 그가 거부한 진짜 이유를 알고 있었다. 멩겔레에게는 몸을 씻고 난 후 전신 거울 앞에서 자신의 매끄러운 피부에 대해 감탄하는 습관이 있었다. 그는 이런 피부를 훼손하려고 하지 않았다. 강제수용소 수용자들에게 가축처럼 낙인을 찍는 일이 이 섬세한 사람을 성가시게 하지는 않았다.

그사이에 그의 범죄 행위들에 관한 소문이 퍼져 나갔다. 이미 1945년 4월 이후부터 멩겔레는 미국의 전범자 명단에 올라 있었다. 또한 그의 이름은 "안보에 위협이 되는 전범자와 혐의자 주요 목록"에도 올라가 있었는데, 이 목록은 모든 포로수용소로 배포하기 위해서 파리에 설치된 연합국 최고사령부에 의해 작성된 것이었다. 하지만 1945년 여름과 가을, 폐허밖에 남지 않은 이 시기에 발생한 절대적인 혼란 상태가 전범자들에 대한 정보의 빠른 전파를 자주 방해했다. 그 외에도 전쟁 포로수용소는 포로들로 가득 차 있었다. 미국인들은 포로들을 가능하면 빨리 석방시키고자 했다. 그리고 폐허로 변한 독일을 재건하는 데 남자들이 필요했다.

멩겔레는 수용소에서 동료 포로이자 의사인 프리츠 울만 대령에게 도움을 청했다. 멩겔레는 그에게 자신의 심각한 우울증에 대해 하소연했고, 그 원인에 대해서도 말을 해주었다. "닥터 아우슈비츠"라는 자신의 정체가 드러날까 봐 엄청나게 두려워한 것이 우울증의 원인이었다. 울만은 그의 상황을 이해하고는 멩겔레가 제2의 신분을 얻을 수 있도록 도와주었다. 그는 그 일을 하기에 딱 맞는 자리에 있었다. 미국인들은 울만에게 수용소 관리본부의 포로 참모라는 직책을 주었다. 그곳에서 멩겔레의 석방 서류가 작성되었다. 울만은 자신의 이름을 이용해 멩겔레를 위한 두 번째 석방 서류를 만들었다. 그는 울만이라는 이름을 어설프게도 "홀만"으로 변조했다.

"프리츠 홀만"이라는 이름으로 풀려난 전쟁 포로 멩겔레는 1945년 10월 30일 북바이에른의 로젠하임 인근에 위치한 작은 마을 망골딩에 사는 게오르크 피셔의 농장에서 일자리를 얻었다. 농부인 피셔는 감자와 곡물을 재배했고, 12마리가량의 젖소를 사육했다. "영시점"[전무의 상태에서 새롭게 시작한다는 뜻으로, 특히 제2차 세계대전 직후 독일의 상황을 일컫는 표현: 옮긴이]의 독일에서 일을 할 수 있었던 사람은 잠자리와 빵을 제공받았다. 그 이상은 멩겔레에게 필요가 없었다. 그래서 이 의사는 농장 일꾼이 되었다. 과거에 항상 번쩍번쩍 광이 나게 닦은 장화를 신고 다니던 친위대 대위였던 그가 지금은 감자를 "선별"하고 마구간을 청소하는 사람이 되었다. 언젠가 한번은 그가 수데텐 지역에서 피난 온 이웃 아이들을 위하여 마차를 만들고, 거기에 달걀색으로 칠을 했다. 때때로 매우 친절한 "아저씨"로 불렸던 그는 빗을 종이로 싸서 아이들에게 뭔가를 불러주기도 했다. 성탄절에는 산타클로스의 역할도 했다. 그는 자유 시간에는 사람들과 떨어져 있었고, 책을 많이 읽었다. 농부의 형제인 알로이스는 새 일꾼이 "뭔가 있는 사람"이라는 것을 금방 알아챘다. 왜냐하면 멩겔레는 자주 손을 씻었고 손톱을 손질했다. 그러나 아무도 그의 과거에 대해 자세하게 묻지는 않았다. 그는 괴얼리츠 출신의 군인으로 행세했다. 피셔 가족은 그것으로 만족해했다.

멩겔레는 농장에서의 중노동을 싫어했다. 그는 학자적인 철저함을 적용해 가벼운 사고 유희로 기분을 전환하곤 했다. 그는 나중에 피셔 농장에서 했던 감자 선별 작업에 관해 다음과 같이 기록했다. "사람들은 식용 감자, 사료용 감자와 씨감자의 분류를 학문적으로 접근해야 했다. 다양

내가 수용소에서 풀려 나올 때, 나는 더 이상 살고 싶지 않았다. 나는 내 가족 전부가 죽었다는 생각을 참고 견딜 수가 없었다.

아우슈비츠 쌍둥이, 모셰 오퍼

우리는 짐승처럼 대접받았고, 그리고 그렇게 행동했다.

아우슈비츠 수용자, 지비 클라인

1945년부터 1949년까지 나는 병원에 누워 있었다. 나는 다시 걷는 법을 배워야만 했다. 오늘날까지도 나는 아우슈비츠로 인해 고통을 겪고 있다. 나는 불구자이고, 조기 연금 수령자이다. 우리의 삶은 완전히 망가졌다.

아우슈비츠 쌍둥이 중 한 사람

한 크기를 가진 감자의 빈도수는 가우스 정리의 이항분포에 따랐다. 따라서 중간 크기가 대부분이고, 아주 작은 크기와 매우 큰 크기는 훨씬 적게 나타난다. 하지만 그들이 중간 크기의 감자를 더 많이 원했기 때문에, 나는 선별 기준을 식용 감자에 맞추어 옮겼고, 이로 인해 일반적인 양보다 더 많은 식용 감자를 얻을 수 있었다. 그런 식으로 나는 내 정신에 활기를 불어넣었다."

처음에 멩겔레는 거의 농장을 벗어나지 않았다. 하지만 시간이 좀 지나자 그는 종종 차를 타고 밖으로 나갔다. 그리고 그보다 시간이 더 흐른 뒤에는 자신의 아내 이레네를 로젠하임 근처에서 만났다. 하지만 만나면 만날수록 두 사람 사이의 서먹함은 더욱 커져 갔다. 이레네에게 망골딩의 일꾼으로 가장한 아우슈비츠의 전범자는 더 이상 전쟁 전에 결혼했던 그 사람이 아니었다. "나는 요제프 멩겔레를 매우 정직하고, 예의 바르고, 양심적이고, 매우 매력적이고, 세련되고, 재미있는 사람으로 알고 있었다. 그렇지 않았다면, 나는 그와 결혼하지 않았을 것이다. 나는 훌륭하고 유복한 가정에서 태어났기 때문에 다른 결혼 가능성도 많았다. 나는 그의 야심이 그를 망쳐 놓았다고 생각한다"고 그녀는 1984년에 쓴 편지에 적었다.

이레네에게 결혼 관계가 점점 더 부담으로 다가왔다. 전범인 남편을, 같이 살지 않고, 그녀가 고대하던 가족의 행복을 가져다주지 않는 한 남자를 보호하는 일이 그녀에게 점점 더 어렵게 느껴지고 있었다. 하지만 그녀는 멩겔레가 살아 있다는 사실을 알고 있었음에도 불구하고 어느 누구에게도 그에 대해 단 한마디도 하지 않은 채 공범의 일원으로 남아 있었다. 귄츠부르크에 살고 있는 멩겔레의 가족과 그사이에 농기계 공장의 지배인이 된 그의 학교 친구 한스 제들마이어가 그 공범이었다. 1946년 여름에 처음으로 미군 헌병의 방문을 받았을 때, 이레네는 초지일관 그에 대해서 함구했다. 1944년에 출생한 아들 롤프를 안고서, 이레네는 두 명의 미군 병사에게 그녀가 이미 널리 퍼트린 얘기를 전했다. 자신의 남편은 실종되었고, 아마도 사망했을 것이라고. 그녀는 심지어 검은 상복을 입고 교회를 찾아가서 신부에게 남편의 영혼을 구제할 수 있도록 기도해 줄 것을 부탁하기도 했다.

이 전범은 우선 『로젠하이머 안차이거』지에 실린 기사들을 통해서 뉘른베르크에서 진행된 주요 전범에 대한 재판 과정과 판결을 주시했다. 전범 재판에서는 그의 이름도 나왔는데, 멩겔레의 범죄 행위를 자세히 알고 있던 아우슈비츠 수용소 소장 루돌프 회쓰에 의해서 언급되었다. 회쓰는 제국보안본부 수장인 에른스트 칼텐브루너의 변론 증인으로서, 강제수용소에서 행한 실험에 대해 무엇을 알고 있었는가라는 물음에 답변했다. "예를 들면, 클라우버 교수와 슈만 박사가 불임에 관한 실험을 아우슈비츠에서 실시했다. 쌍둥이에 대한 실험 역시 친위대 위생 장교인 멩겔레 박사에 의해 이루어졌다."

주요 전범에 대한 유죄 판결에 이어 흰색 가운을 입은 친위대 앞잡이들에 대한 재판이 진행되었다. 1946년 12월 9일, 미군 군사 법정에서 뉘른베르크 의사 재판이 시작되었다. 23명의 의사, 의료 보조원과 의사 간부들이 고소되었다. 법정은 1947년 8월 20일에 7명의 피고인에게 사형을 선고했고, 5명에게는 무기 징역형, 4명에게는 10년에서 20년까지의 구류형, 7명의 피고인에게는 무죄 판결을 내렸다. 멩겔레는 궐석 재판조차 받지 않았다. 그리고 몇 달 뒤에 미국 주임 검사인 텔포드 테일러 장군은 멩겔레 사건을 종결시켰다. 그는 1948년 1월 19일에 "우리가 가진 서류에 따라 당신에게 멩게를레[원문 그대로] 박사는 1946년 10월 이후에 사망했다는 것을 알려주고자 합니다"라고 과거 아우슈비츠 수용자 여의사였던 기젤라 페를 박사에게 서한을 보냈다. 페를 박사는 미국 군정 당국에 멩겔레의 가혹 행위에 대해 주의를 계속 환기시키면서 강제수용소 의사를 체포해서 법정에 세울 것을 촉구했던 사람이었다.

남편이 사망한 것처럼 행동한 이레네의 연기가 성공을 거두었다. 그러나 가족의 비밀 유지 전략 외에도 미국의 새 정책이 멩겔레에게 도움이 되었다. 냉전 시대의 시작과 더불어 히틀러 독재 기간 동안의 학살자들이 세인들의 뇌리에서 점점 더 잊혀 갔다.

그럼에도 불구하고 일꾼으로 위장했던 멩겔레는 자신이 체포되고 법정에 세워질까 봐 항상 불안해했다. 1948년, 그는 자신을 도운 공범인 귄츠부르크의 가족들에게 남아메리카로 도피할 수 있도록 주선해 달라고 부탁했다. 반년 뒤에 도주 준비가 완료되었고, 1949년 부활제 전날 토요일에 멩겔레는 인스브루크로 가는 기차에 올랐다. 두둑하게 사례를 한 밀입국 커넥션에 의해 철저하게 준비된 도주 계획이 머릿속에 들어 있었다. 도주 중에 이 죽음의 의사는 인스브루크 기차역 근처의 한 집에서 하룻밤을 보냈다. 1949년 4월 17일, 부활절인 일요일 초저녁에 멩겔레는 브레너파스 방향으로 가는 지역 열차를 탔다. 이 대량 학살자는 이탈리아 국경에 이르기 직전의 마지막 정차 역인 그리스에서 내렸다. 밤에 국경 역과 안전한 거리를 유지하면서, 멩겔레는 "크사버"라는 산악 안내인의 도움을 받아 옛 밀수업자들의 길을 이용하여 이탈리아에 도착했다. "크사버"는 제들마이어가 고용한 도주 협력자들 중 그가 처음 만난 사람이었다. 멩겔레는 자신의 비망록에 비밀리에 감행한 월경을 목가적으로 묘사했다. 달이 4분의 1 정도 차 있었으며, 갓 나온 앵초들을 보았다고.

멩겔레는 국경 너머 첫 번째 기차역에서 그날의 첫차를 기다려도 안전하다고 생각했다. 어떤 순경도 그를 검문하지 않았다. 그는 기차로 그림 같은 알프스의 작은 도시, 슈테르칭으로 갔다. "황금 십자가" 여관에서 접선책인 "니노"가 멩겔레를 기다리고 있었는데, 그는 "로즈메리"라는 암호로 신분을 확인한 다음, 멩겔레에게 위조된 티롤 남부 지방의 신분증을 넘겨주었다. 요제프 멩겔레는 이제 "헬무트 그레고어"로 불리게 되었다. 그는 티롤 남부 지방을 거쳐 도주하겠다고 쉽게 결정을 내렸다. 그

지역을 훤히 알고 있는 친구들이 있었다. 멩겔레 회사는 이탈리아 메라노에 지사가 있었다. 며칠 후에 제들마이어도 "황금 십자가"에 나타났다. 그는 귄츠부르크에 있는 가족의 안부를 전하고, 목전에 다가온 장거리 여행을 위해 미국 달러로 준비한 현금을 전달했다. 그리고 그의 짐 속에 놀랄만한 물건이 들어 있었는데, 그것은 멩겔레가 강제수용소 실험실에서 촬영했던 슬라이드 필름과 아우슈비츠에서 가져온 "연구 기록들"이었다. 훗날 그것들이 어디에 보관되었는지 그것은 확실하지 않다. 새로운 신분을 가진 이 죽음의 의사는 유럽에서의 마지막 도주 장소인 이탈리아의 제노바로 그의 여행을 계속했다.

오스트리아와 이탈리아의 분쟁 지역이었던 티롤 남부 지방은 1943년에 독일군에 의해 점령되었다. 그곳 주민들은 자신들만의 신분증을 가지고 있었다. 종전 뒤에 티롤 남부 지방 사람들은 그들의 국적에 관한 지속적인 논쟁으로 인해 국제 적십자사로부터 무국적자로 분류되었다. 그런 상황이 멩겔레에게 아주 좋은 기회를 제공했다. 그는 제노바에서 자신의 티롤 남부 지방 신분증을 적십자사의 피난민 신분증으로 교환했다. 지문과 사진이 첨부된 멩겔레의 신청 서류는 제네바에 있는 국제 적십자사의 문서 보관소에 오늘날까지도 보관되어 있다. 멩겔레는 자신이 원하는 곳으로 떠날 수 있게 되었다.

이제 마지막 남은 장애물을 해결해야 했다. 즉, 이탈리아의 출국 비자를 입수해야 했다. 제노바에 사는 "쿠르트"라는 이름의 멩겔레 중개인이 부패한 공무원을 알고 있었다. 하지만 그 공무원은 휴가 중이었다. 그래서 멩겔레는 직접 비자 담당 부서의 다른 공무원을 매수하려고 시도했다. 그러나 그것은 그의 오산이었다. 뇌물 공여죄로 그는 즉시 감옥으로 보내지고 말았다. 멩겔레가 나중에 기록했듯이, 그곳에서 그는 "견디기 힘든 무기력 상태"에 빠졌다. 그렇게 게임이 끝난 것처럼 보였다. 그러나 3주 뒤에 수감되어 있던 이 대량 학살자에게 행운이 찾아왔다. "쿠르트"가 알고 있던 부패한 공무원이 휴가에서 돌아와서 그 문제를 처리한 것이다. 멩겔레는 "갑자기 그들이 자신들의 실수를 발견했다"며, 그 당시의 기쁜 감정을 나중에 자신의 비망록에 기록했다. 그는 경찰들이 "이상하리 만큼 친절"해졌다고도 적었다. 1949년 7월 18일, "헬무트 그레고어"는 아르헨티나로 가는 배에 승선했다. "노스 킹" 호의 갑판에서, 그는 이탈리아 해안이 시야에서 차츰 멀어져 가는 모습을 바라보고 있었다. 그는 일기장에 "파도 외에는 아무것도 안 보였다"는 평범한 느낌을 기록했다. 멩겔레는 자신을 마지못해 떠나는 "이주자"라고 생각했다. 그는 아무런 죄책감 없이 "이줏길에 올랐다." 아우슈비츠를 떠난 뒤 정확히 4년 반이라는 시간이 지난 시점이었다.

이레네 멩겔레는 남편을 따라가지 않기로 결정했다. "어머니는 아버지와 함께 그 거친 곳으로 가려고 하지 않았다. 그녀는 독일과 유럽에 애착을 느끼고 있었다. 그녀에게는 문화생활이 소중했고, 자신의 부모님 곁에 가까이 있고 싶어 했다"고 아들 롤프는 미국인 변호사이자 멩겔레 추적자인 제럴드 포스너에게 말했다. "그밖에도 그녀는 1948년에 나중에 그녀의 두 번째 남편이 된 알폰스 하켄요스를 알게 되었다. 그럼에도 불구하고 그것은 그녀에게 힘든 결정이었는데, 여전히 요제프에 대한 감정이 남아 있었기 때문이다. 이런 결정을 내림과 동시에 그녀는 의식적으로 그에 대한 모든 것을 지워버리고, 그에 대한 감정을 정리하려고 애썼다."

1949년 8월 26일, "노스 킹" 호는 부에노스아이레스에 도착했다. 유럽에서 온 이 "이민자"는 그곳에서 누군가 그를 기다리고 있을 것이라고 생각했다. 하지만 멩겔레가 그의 일기장에 "롤프 누케르트"라고 적었던 접선책은 나타나지 않았다. 일명 헬무트 그레고어라고 불리는 멩겔레는 그래서 혼자 항구에서 도시로 가는 길에 올랐다. 그는 3등급 수준의 "팔레르모" 호텔에 방을 잡았는데, 복도 끝에 화장실과 세면대가 있었다. 여기서부터 그는 일자리를 찾아 나섰다.

1950년대 초반에 아르헨티나는 유럽을 떠난 거의 모든 도피자들에게 피난처를 제공해 주었다. 친위대의 희생자들뿐만 아니라 친위대 앞잡이들도 독재자 후안 페론의 나라로 들어왔다. 나치 범죄자들은 그들의 옛 고향으로부터 도주한 것이고, 살아남은 유대인들은 그들의 빼앗긴 옛 고향을 대체할 새로운 고향을 찾고 있었다. 1945년부터 페론 정권이 몰락한 1955년 사이에 대략 6만 6천 명의 독일인과 1만 4천 명의 오스트리아인이 아르헨티나로 이주했다. 전쟁이 시작되기도 전에 이미 수많은 유대인이 아르헨티나로 쫓겨 왔으며, 아르헨티나는 그들을 받아들였던 몇 안 되는 나라들 중의 하나였다. 많은 독일인들이 이미 지난 세기에 그곳으로 이주를 했다. 그래서 그곳에는 독일인 클럽, 독일인 학교, 독일인 상점, 독일어 신문이 있었다.

실용주의자인 페론에게 이민자들의 과거는 중요하지 않았다. 그의 최우선 관심사는 자신의 나라가 그들로부터 취할 수 있는 이익이었다. 그래서 실용주의자인 그에게는 "제3제국"의 기술자와 학자들이 중요했다. 독일의 전쟁 무기 기술은 이 독재자를 열광케 만들었다. 독일 엔지니어들은 아르헨티나 최초의 제트 전투기를 개발했고, 독자적인 자동차 산업을 수립하는 데 도움을 주었다. 독재자 페론은 나치의 효율성에 찬사를 아끼지 않았다. 그래서 특별위원회가 나치 피난민의 수용에 관한 일을 다루었다. 특별위원회는 대통령 궁인 카사로사다에서 개최되었고, 독일계 아르헨티나인, 호르스트 풀드너가 주재했다.

멩겔레는 가짜 이름으로 아무런 문제 없이 아르헨티나 신분증을 얻었다. 하지만 부유한 아르헨티나인들과 과거 나치 사람들이 모이는 사교 클럽에는 바로 들어가지 못했다. 나치 성향만으로 충분하지 않았던 것이다. 자금뿐만 아니라 특히 영향력 있는 친구들이 필요했다. 멩겔레는 거의 무일푼으로 부에노스아이레스에 도착했다. 왜냐하면 그의 아버지가 제들마이어를 통해서 그에게 전달해 주었던 돈은 파란만장했던 제노바

체류 기간 동안에 분실했기 때문이다.

멩겔레는 우선 목수로 일하기 시작했다. 하지만 그는 상류 사회에 속해 있는 옛 동료들에게 서서히 접근했다. 그와 처음으로 친분 관계를 맺은 사람은 과거에 친위대원이었다가 부에노스아이레스에서 나치 접선책으로 활동했고, 나중에 파라과이 독재자 알프레도 스트로에스네르의 홍보 요원이 된 네덜란드 출신의 빌렘 자센이었다. 자센은 멩겔레에게 히틀러의 "유대인 문제의 최종 해결책"을 입안한 아돌프 아이히만을 소개했다. 멩겔레는 그러는 사이에 재정적 여건이 다시 나아졌다. 귄츠부르크에 있는 가족이 그에게 정기적으로 돈을 보내 주었기 때문이다. 그와 달리 아이히만은 완전히 무일푼 상태였다. 두 사람은 가끔 시내 중심가에 있는 카페 "ABC"에서 만났지만, 친구 사이로 발전하지는 않았다. 멩겔레는 아이히만의 잠재의식 속에 깔려 있던 불안한 분위기를 싫어했다. 이 죽음의 의사는 그 살인 배후 조종자를 망가지고 쇠약해진 사람이라고 생각했다.

멩겔레는 "옛 동료들이 있는" 클럽에 발을 들여놓은 뒤에 비로소 다른 사람들과도 접촉하게 되었다. 그는 그 클럽에서 히틀러의 최고 훈장을 받은 "에이스 조종사" 한스 울리히 루델을 알게 되었다. 그리고 건축가인 프레데리코 하제와 친분을 맺었는데, 그의 부인은 스트로에스네르 정권에서 재무장관을 맡고 있는 사람의 딸이었다. 멩겔레의 "파라과이 커넥션"은 여기서 시작되었다. 멩겔레는 부친의 농기계 회사의 대리인 자격으로 빈번히 아르헨티나에서 파라과이로 출장을 갔다. 루델이 그에게 이 힌트를 주었는데, 그는 파라과이를 멩겔레 농기구 공장에서 생산한 제품을 팔아서 이윤을 남기기에 좋은 시장이라고 추천했다.

1982년에 사망할 때까지 열성 나치였던 루델은 아르헨티나의 페론 정부에서 국립 항공연구소 고문으로 일했다. 그는 자신의 인간관계와 자금을 이용해서 "망명 중에 있는 동료들"이 방해받지 않고 과거의 "위대한

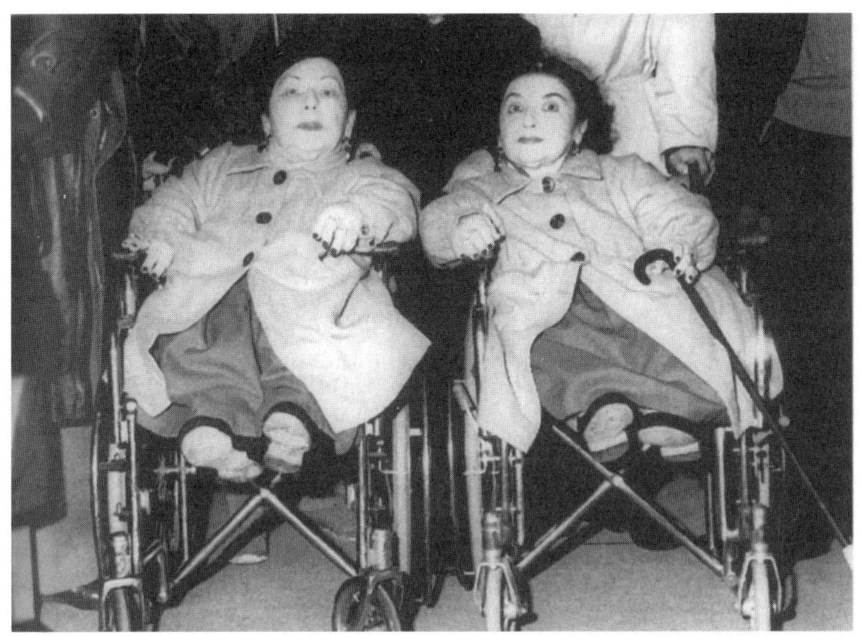

멩겔레가 며칠 뒤에 해부대 위에 올려놓을 것을 알면서도 아주 즐거워하며 수용소의 어린아이들을, 특히 어린 소녀들을 차에 태우고 드라이브하는 것을 보았다면… 그것은 도대체 이해할 수 없는 행동이었다.

한스 뮌히, 아우슈비츠 의사, 1947년 무죄 판결을 받음

그는 유대인이 이질적이고 비정상적이라는 것을 증명할 수 있다고 생각했다. 하지만 그는 그것을 확실하게 입증할 수는 없었다. 그의 논거의 대부분은 사회학적, 역사적, 또는 정치적인 성격을 갖고 있었다.

롤프 멩겔레, 1977년 아버지와의 만남 뒤에

우리 수용소에는 발육부진 쌍둥이를 포함해 100명에서 120명 정도의 쌍둥이가 있었다. 멩겔레는 우리에 대해서 중립적인 태도를 취했다. 그는 신체적으로 우리를 학대하지 않았다. 그는 우리를 검사했고, 우리는 여러 가지 움직임을 취해야 했다. 그의 조수들이 다른 검사들을 했었고, 멩겔레는 우리에게 주사를 놓지 않았다.

아우슈비츠 쌍둥이 중 한 사람

시대"에 대해 떠들고 다닐 수 있도록 돌봐 주었다.

남미에서는 나치의 야만적 행위가 종식된 뒤에도 오랫동안 국가사회주의 사상을 전파한 수많은 잡지들이 있었다. 그중의 하나가 『길 *Der Weg*』이라는 잡지였다. 1953년, 그 잡지에 「생물학적인 과정으로서 유전」이라는 제목으로 기사 하나가 실렸는데, 멩겔레의 가명인 헬무트 그레고어를 변형시킨 "G. 헬무트"라는 이름으로 투고가 이루어졌다. 학자로서 대단한 업적을 이루려고 했던 꿈이 허사가 되었다. 그렇지만 멩겔레는 설사 가명일지라도 그리고 반유대주의 성향의 선동적인 잡지일지라도 온전히 개인적으로 간직하고 있던 최고의 학문 지식을 다룬 "학술 논문"을 적어도 한 번만이라도 발표하겠다는 유혹을 뿌리칠 수가 없었다.

그러는 사이에 멩겔레의 후원자였던 박사 학위 지도 교수는 독일에서 다시 자신의 경력을 쌓아 나가기 시작했다. 몇 년간 오트마 폰 페어슈어는 굴욕을 감내해야만 했다. 하지만 1951년 그는 뮌스터 대학 교수로 초빙되었다. 물론 그는 "유전학"과 "우생학"에 관해 더 이상 관심을 두지 않았다. 그는 국가사회주의자들의 인종 우생학과 유사한 학문이라는 인식을 없애기 위해 자신이 연구하는 학문을 "인간 유전학"으로 바꿔 불렀다. 그는 "이제 끔찍한 일에 대해서는 이야기하지 맙시다. 그것은 이미 지난 일이오"라고 동료 한 사람에게 썼다. 무자비한 생명 파괴 행위인 인체 실험은 기억 저편의 일이 되었다. 그는 아우슈비츠의 친위대 대위이자 총애하는 조교였던 멩겔레와 함께 한 공동 연구 작업에 대한 집중 조사를 대비하여 예방 조치를 취했다. 그는 멩겔레와 교환했던 서신을 전부 없애 버렸다. 마찬가지로 그의 모든 연구 자료들, 예를 들어 카이저 빌헬름 연구소의 "특수 단백질" 프로젝트에 관한 자료들도 모두 없애 버렸는데, 멩겔레는 이 프로젝트를 위해 아우슈비츠에서 직접 혈액을 공급했었다. 나치 유전학자는 자신의 과거를 지우려고 무척이나 애를 썼다. 그래서 과거를 떠올리게 하는 일들을 그저 "비방," "음모," "중상모략"

으로 치부해 버렸다. 그는 모든 책임을 친위대 의사들에게 전가시켰다. 페어슈어는 검사의 심문을 한 번도 받은 적이 없었으며, 말할 것도 없이 법정에 서지도 않았다. 그렇지만 이 유전학 교수에 대한 간접 증거는 너무도 분명하게 그의 죄를 보여 주고 있다. 이 유명한 쌍둥이 학자는 1944년 10월 4일에 프랑크푸르트 대학 아동병원 원장인 베른하르트 드 루더 교수에게 서한을 보냈다. "다양한 인종, 쌍둥이 그리고 몇몇 혈족으로 구성된 2백 명이 넘는 사람들로부터 원형 물질이 만들어졌다… 우리의 이런 다양한 노력들이 추구하는 목표는 지금까지처럼 많은 전염병에서 유전적 영향이 중요하다는 것을 밝히는 것이 아니다. 이제는 어떤 식으로 영향을 끼치는지 밝혀야 한다." 1945년 1월 6일, 드 루더에게 보낸 다음 편지에서 페어슈어는 "마침내 특수 단백질에 대한 내[!] 연구가 결정적인 단계에 접어들었다"고 기뻐했다. 그의 연구를 위한 표본들을 죽음의 수용소에서 평온한 일상이 자리 잡고 있던 베를린 달렘의 페어슈어에게 보낸 친위대 의사는 11일 뒤에 소름끼치는 실험 현장에서 사라졌다.

지금은 다른 이름으로 살고 있는 롤프 멩겔레는 "나의 아버지를 아우슈비츠로 보낸 사람이, 그곳으로 가서 실험을 하도록 명령을 내렸던 그 사람이 전혀 벌을 받지 않았다는 사실에 나는 행복해질 수가 없다"라고 말했다. "전쟁 기간 중에 책상에 앉아 연구만 한 사람은 내 생각에는 다른 사람들보다 지내기가 편했을 것이다. 적어도 페어슈어에게는 도덕적 책임이 있다." 하지만 페어슈어는 결코 이런 책임을 받아들이지 않았다. 독일 의학계 또한 그런 그에게 책임을 요구하지 않았다. 그 반대였다. 1952년에 그는 독일인류학회 회장이 되었고, 1954년에 뮌스터 대학교 의과대 학장이 되었다. 종전 후에 그는 다음 세대 유전학자를 양성했다.

페어슈어가 뮌스터 대학 강단에서 강의를 했던 반면에, 멩겔레는 부에노스아이레스에서 소규모의 가구 작업장을 열었다. 아우슈비츠의 아이들에게 고통을 주었던 이 사람은 그곳에서 나무 장난감을 만들었다. 이

익금으로 그는 1954년에 보르크바르트 자동차 "이사벨라"를 한 대 구입할 수 있었다. 그는 이미 고등학생 때부터 자동차광이었다. 1938년에 그는 오펠 자동차로 귄츠부르크에서 프랑크푸르트까지 3시간 만에 주파한 것을 자랑하고 다녔었다.

멩겔레는 곧 나무 장난감에서 의약품으로 업종을 바꾸었는데, 이로써 그는 다시 자신의 "일"에 가까이 다가가게 되었다. 귄츠부르크에 있는 아버지 카를이 보내준 넉넉한 송금 덕분에 그는 결핵 약품을 생산하던 제약 회사 "파드로팜"의 주주가 되었다. 멩겔레의 출자금은 25만 페소였다. "그 사람은 이곳 아르헨티나에서는 안전하다고 생각했다"고 "파드로팜" 사에서 그의 파트너였던 하인츠 트뤼펠은 기억하고 있다. 그는 이 출자자로부터 어떤 이상한 점도 발견하지 못했다. 단 한 가지가 그의 눈에 띄었다. "그는 하루 종일 늘 피곤해 보였다." 이 죽음의 의사는 잠을 제대로 잘 수가 없었다. 아우슈비츠에 대한 악몽이 원인이었거나 밤마다 정체가 탄로 날지도 모른다는 불안감이 컸기 때문일까? 일찍 일어나는 그는 물론 아침마다 "항상 면도를 하고, 냄새가 좋은 향수를 뿌려 깨끗한 인상으로" 사무실로 들어왔다고 "파드로팜" 사의 비서인 엘자 하베리치는 기억한다.

멩겔레의 총각 신세와 다름없는 생활과는 달리, 여전히 그의 부인으로 남아 있던 이레네는 그사이에 다른 남자와 결혼을 하려고 거의 결정한 상태였다. 그녀는 이혼을 원했다. 멩겔레는 즉시 그녀의 이혼 요구에 동의했다.

그의 아버지는 멀리 떨어져 있는 아들을 위해 새 신붓감을 벌써 찾아 놓았다. 마르타 멩겔레는 가까운 친척 관계에 있는 여자로, 39살에 사망한 그의 아들 카를의 미망인이었다. 멩겔레의 아들 롤프가 묘사하고 있듯이, 숙모인 마르타는 "매력적이고 아름다운 여인"이었다. 아버지 카를은 자신이 중매인이 되어 주선한 결혼을 통해서 귄츠부르크에서 잘나가

나는 그를 훌륭한 사람이라고 생각했고, 오늘날에도 그렇게 생각한다.

요제프 쾰러, 아우슈비츠 수용소 구역 최고 연장자

그는 책을 많이 읽었고, 고전 음악을 즐겨 들었다.

기타 슈타머, 멩겔레의 애인

아이히만이 납치된 후에 그는 부에노스아이레스에서 도주했다. 그때 사람들이 그에게 "당신을 찾고 있다"고 말했다. 그리고 그 때문에 그는 그의 거처를 파라과이로 옮겼다.

하인츠 트뤼펠, 부에노스아이레스의 사업 파트너

나는 멩겔레를 최소한 1년 동안 남미에서 찾고 있었다. 몬테비데오, 칠레, 파라과이를 뒤졌다. 마침내 우리가 한 친위대원을 통해 얻은 정보로 그의 흔적을 찾아 브라질에 도착했을 때, 갑자기 우리 모두 이스라엘로 소환되었다.

지비 아하로니, 모사드 요원

고 있는 농기계 공장을 완전히 멩겔레 가족의 소유로 간직하려고 했다. 마르타는 "집안 외 사람"과 결혼해서는 안 되었다. 그런 이유로 멩겔레의 아버지는 결혼 중매인으로서 배후에서 영향력을 행사했고, 멩겔레는 그의 아버지의 재정적인 도움으로 평생 동안 이득을 보았다. 남편의 형제와 형제의 부인 간의 결혼은 스위스에서 스키 휴가 중에 치르기로 하였다.

여러 달에 걸친 여행 준비가 끝난 뒤, 멩겔레는 1956년 3월에 스위스로 날아갔다. 알프스의 목가적인 마을 엥엘베르크에서 그는 마르타를 만났다. 거기에는 그녀의 아들 카를-하인츠와 그녀의 조카이자 멩겔레의 아들인 롤프가 함께 있었다. 롤프에게 멩겔레는 항상 남미에서 편지를 보내주는 "프리츠 아저씨"였다. 롤프는 "프리츠 아저씨"를 좋아했다. 롤프는 "그는 매우 재미있는 사람이었고, 우리에게 전쟁에 대한 이야기를 들려주었는데, 당시에 어른들은 전쟁에 대해서는 아무 말도 하지 않았다. 나는 그를 아저씨로 좋아했다"고 기억하고 있다. 이 소년은 사람들로부터 그의 아버지가 러시아에서 전사했다고 들었다. "프리츠 아저씨"는 러시아에 관해서 그리고 게릴라와 맞선 영웅적인 싸움에 대해서 이야기를 들려주었다. 그는 아우슈비츠에 대해서는 한마디도 언급하지 않았다.

스위스에서 휴가를 보낸 후에 멩겔레는 큰 모험을 감행했다. 그는 자동차를 몰고 귄츠부르크로 향했는데, 공식적으로 아무런 제지도 받지 않고 국경을 통과했다. 경찰은 그를 수사하지 않았다. 살인자에 대한 어떠한 체포 명령도 발부되지 않았다. 멩겔레는 느긋하게 귄츠부르크에서 뮌헨으로 짧은 여행을 떠났다. 그곳에서 그는 가벼운 교통사고에 연루되었다. 멩겔레의 아버지 카를이 이 문제도 해결했다. 약간의 돈을 쥐어주자 경찰은 그 사건을 없었던 것으로 처리했다. 다음 날 멩겔레는 유럽을 떠났다. 1956년 10월 중순, 마르타의 살림이 멩겔레 공장 뜰에 부린 컨테이너에 넣어졌다. 10월 30일, 마르타와 카를-하인츠는 아르헨티나로 이민

길에 올랐다.

결혼한 이 강제수용소 의사는 "헬무트 그레고어"라는 이름으로 호적 사무소에 신고를 하려고 하지 않았다. 이 제조업자는 공식적으로 다시 멩겔레가 되고 싶어 했다. 1956년 11월 9일, 그는 부에노스아이레스에 있는 독일 대사관에 자신의 본명으로 독일 여권을 신청했다. 이 남자 앞에 아무런 장애물도 놓여 있지 않았다. 멩겔레는 아무런 문제없이 독일 여권을 받았다. 여권에 있는 사진이 "가장 최근에 찍은" 전범자의 유일한 사진이었기 때문에, 그 여권 사진은 25년 뒤에 멩겔레의 현상 수배 벽보에 사용되었다.

이 강제수용소 의사가 여권을 신청했다고 해서 수사가 시작된 것도 아니었다. 대사관에서는 단 한 번도 조사할 생각이 없었다. 1985년에 당시 독일 대사였던 베르너 융커스는 "나는 멩겔레가 누구인지 몰랐다"고 주장했다. 남미 주재 독일 대사관들은 독일연방공화국의 초대 법무장관인 토마스 델러의 말에 따라 나치 전범자들을 추적하는 일과 연관되지 않으려고 했는데, 델러 장관은 나치 시대를 "정말로 종결"지어야 한다고 했다.

하지만 그러는 사이에 아우슈비츠의 생존자 헤르만 랑바인이 멩겔레의 행적을 찾아냈다. 국제 아우슈비츠 위원회 사무총장으로서 랑바인은 다른 홀로코스트 희생자들과 연락을 주고받았고, 전범자들의 소재에 대해 조사했다. 그에게 멩겔레의 이혼은 이 강제수용소 의사가 아직 살아 있다는 결정적인 암시였다. 조사를 하면서 그는 우연히 독일 법원에서 보관하고 있던 이혼 서류들을 접하게 되었다. 그래서 그는 부에노스아이레스에 있는 멩겔레의 거주지에 대해 알게 되었다. 그는 전화 안내를 통해 그의 주소를 알아냈다. 랑바인은 관계 당국에 신고를 하고는 그에 대한 조사를 계속해 나갔다. 귄츠부르크에 한 번 찾아가고 나서, 그는 멩겔레 가족이 이 "실종자"에 대해 많은 비밀을 숨기고 있고, 이방인인 자신에게 그 비밀을 털어 놓지 않으리라는 점을 분명하게 알게 되었다.

1959년 6월 5일, 독일에서 처음으로 멩겔레에 대한 체포 명령이 내려졌다. 독일 정부는 그를 인도해 줄 것을 요청했다. 아르헨티나에 있던 멩겔레는 이미 오래 전부터 불안에 떨고 있었다. 어쩌면 귄츠부르크에서 랑바인이 조사를 했다는 사실이 그의 귀에 들어갔을 것이다. "파드로팜" 사의 그의 파트너인 하인츠 트뤼펠은 "그는 항상 독일로부터 소식을 듣고 있었다"고 알고 있었다. 또한 1958년 8월에 아르헨티나 경찰이 그를 짧게나마 체포한 것도 그를 불안하게 만들었다. 멩겔레는 몇 년 전에 부에노스아이레스에서 불법적인 낙태 수술에 관여했다는 이유로 고발된 상태였는데, 5백 달러의 뇌물을 주고 그 고발 건을 마무리지었다.

그럼에도 불구하고 멩겔레의 근심은 날마다 늘어만 갔다. 트뤼펠은 어느 날 그의 집을 방문했다. "그는 신경과민 상태에서 지칠 대로 지쳐 있었다. 그는 작은 소리만 나도 무슨 일이 일어났는지 밖을 내다보았다." 그러는 동안에 이스라엘 사람들도 아르헨티나에 멩겔레가 살아 있다는 사실을 알게 되었다. 그들은 아이히만과 함께 그를 예루살렘으로 데려가려고 했다. 그러나 1959년 5월에 멩겔레는 파라과이로 도망쳤다. 1958년에 결혼한 부인 마르타와 의붓아들 카를-하인츠는 부에노스아이레스에 잔류했다. 그는 아르헨티나에 있는 그녀를 계속 찾아왔다. 하지만 마르타는 남편을 따라 파라과이로 갈 준비가 되어 있지 않았다. 유럽의 영향을 받은 아르헨티나 수도에서의 삶은 그런 상황에 익숙한 마르타에게 편안함을 주었다. 하지만 훨씬 개발이 덜 된 파라과이는 그녀에게 너무나 열악해 보였다. 그녀는 유럽으로 돌아가기로 결정했다. 그녀는 요제프 멩겔레와 정상적인 생활이 불가능하다는 사실을 분명하게 알게 되었다.

그녀의 남편은 아버지의 농기계를 팔던 대리인 시절부터 파라과이를 잘 알고 있었다. 그리고 그는 그곳에 있는 "옛 동료들"도 잘 알고 있었다. 그는 파라과이에 도착하자마자 바로 파라과이 국적을 신청했다. 원칙적으로, 그는 파라과이 국적을 취득할 수가 없었다. 파라과이 국적 취득의 전제 조건이 5년 동안 그 나라에 계속 체류해야 하는 것이었기 때문이다. 하지만 멩겔레는 그곳에 5개월도 머무른 적이 없었다. 그러나 영향력 있는 친구들이 그에게 도움의 손길을 내밀었다. 나치에 우호적인 독일계 독재자 알프레도 스트로에스네르가 이끄는 군에서 근무하던 알레한드로 폰 에크슈타인 대위와 전시 중에 파라과이의 나치당 당수였던 베르너 융이 그를 도왔다.

1959년 11월 27일, 멩겔레는 파라과이 국적을 획득했다. 그의 시민권 부여 증서에는 "호세 멩겔레"라고 쓰여 있었다. 아르헨티나 정부에 대한 독일 정부의 범죄인 인도 요청은 무효가 되었다. 나중에 그 요청은 거부되었다. 거부의 근거는 인도 요청이 형식상 하자가 있고, 멩겔레에게 책임을 물은 범죄 행위가 "정치적인 성격"을 띠고 있다는 것이었다.

이스라엘 정부는 처음부터 남미의 독재자들이 나치 전범자들에 대한 인도 요청에 응할 것이라고 믿지 않았다. 이스라엘 정부는 모사드의 정예 요원들에게 그를 추적케 했다. 1960년 5월 11일, 모사드의 비밀 요원들이 아이히만을 부에노스아이레스에서 납치해 예루살렘으로 데려가는 데 성공했다. 남미에 "망명" 중이던 히틀러의 사형 집행인들에게는 충격적인 일이었다. 그들은 이제 이스라엘인들이 다음에는 자신들을 잡아들이지 않을까 두려워했다. 멩겔레는 아르헨티나와 접해 있는 파라과이 국경 지역에서 아이히만이 납치되었다는 소식을 들었다. "누에바 바바리아"라는 곳에서 그는 알반 크루크라는 나치 농부 집에 몸을 숨겼다. 그는 근심스러운 듯이, "사태가 더 심각해지고, 아마도 단호한 조치가 취해질 것처럼 보인다"라고 기록했다. 아이히만 납치 사건은 마침내 멩겔레에 대한 언론의 관심을 유발했다. 그의 범죄 행위에 대해 처음으로 상세한 보도가 이루어졌다.

야단법석을 떨던 대중 매체 때문에 초등학생인 롤프 멩겔레는 유쾌하지 않은 일들을 겪었다. 그의 성 때문에 그는 동급생들로부터 자주 놀림을 당했다. 그리하여 의붓아버지 알폰스 하켄요스는 이제 "프리츠 아저씨"가 실제로 누구인지 그에게 털어놓을 때가 왔다고 생각했다.

멩겔레도 그의 범죄를 다룬 신문 기사를 살펴볼 수 있었다. 농장 안의 은신처에서 그는 친구들로부터 신문 기사와 잡지 기사를 제공받았다. "독일 잡지에 이런 형편없는 기사들이 버젓이 실릴 수 있다는 사실을 도저히 믿을 수가 없다"고 그는 자신의 일기장에 분통을 터뜨렸다. "이 모든 것의 배후에는 숨겨진 의도가 하나 있다. 그것은 모든 독일적 의식, 영웅적인 것과 보다 뛰어난 인종(아리안족)에 대한 구시대적 증오를 드러내는 것이다." 멩겔레의 반유대주의 입장, 독일이 세계를 지배하기 위해서는 유대인을 절멸시켜야 한다는 고정 관념은 변하지 않은 채 그대로였다. 아우슈비츠 이후 15년이라는 세월이 흘렀지만 말이다.

아이히만 납치 성공에 도취되어 있던 이저 하렐 모사드 국장은 이제 멩겔레도 붙잡아 넣으려고 했다. 하렐은 아이히만을 잡은 지비 아하로니를 아우슈비츠 의사 전담 요원으로 투입했다. "아이히만 작전이 성공적으로 끝나고 그것이 하렐에게 대단한 선전 효과를 가져다주자, 그는 우리가 계속 이 일을 해야 한다고 생각하게 되었다"고 아하로니는 회상하고 있다. "일 년 동안 나는 남미에서 멩겔레를 찾는 일 외에는 아무것도 하지 않았다."

그는 어디에서도 멩겔레를 찾지 못했다. 멩겔레는 독재자 스트로에스네르 장군이 통치하는 나라를 아이히만이 납치된 뒤 5개월 후에 떠났다. 왜냐하면 파라과이 친구들이 국적 취득 과정에서는 그를 보증해 줄 수 있었지만, 모사드로부터 그를 보호해 줄 수는 없었기 때문이다. 멩겔레는 국경 지역에 있는 크루크의 농장에 마련된 별로 안전하지 않은 은신처에 몸을 맡기고 있었다. 이 도피처는 그에게 너무나 위험했다. "옛 동료"인 루델이 새로운 거처 찾는 것을 도와주었다. 이번에는 브라질이었다. "너의 전쟁은 아직 끝나지 않았다. 몸조심해라"라고 농부 크루크는 그에게 이별의 말을 건넸다.

멩겔레는 이미 4년 전부터 브라질에서 살고 있었지만, 독일인들은 1964년에도 여전히 파라과이에서 그를 찾고 있었다. 독일 대사 에크하르트 브리스트는 스트로에스네르 정부에 멩겔레의 파라과이 국적을 박탈할 것을 요청했다. 그 후 얼마 지나지 않아 대사관 건물은 "유대 대사관. 멩겔레에게서 손을 떼라. 이건 명령이다"라는 낙서 문구로 도배가 되었다. 1965년 말에 신임 대사 후베르트 크리어가 부임했다. 파라과이로 파견되기 전에 그는 본의 외교부에서 멩겔레 사건에 관여하지 말라는 지시를 받았다. 외무차관 두크비츠가 제시한 이유는 파라과이 국적자를 독일로 인도하라고 독일 정부가 파라과이 정부에 요구하는 것은 "우스꽝스럽고 무의미한" 일로 보인다는 것이었다. 1979년에 비로소 아순시온 고등법원은 그가 2년 내지 그전부터 나라 밖에서 살고 있다는 이유로 멩겔레의 국적을 박탈했다.

외교관들은 그 사건을 끝난 것으로 정리하고, 검찰은 마지못해 수사에 나서고 있던 반면에, 미디어에서는 멩겔레에 대한 추적을 시작했다. 그는 "아우슈비츠의 죽음의 의사"로 철저하게 상품화가 되었다. 영화 산업은 이 잔인한 의사를 소재로 발굴했다. 그레고리 펙이 멩겔레 역으로 나오는 〈브라질에서 온 소년들*Boys from Brazil*〉이라는 영화는 흥행에 성공했다. 신문과 잡지는 강제수용소 의사에 대한 매우 센세이셔널한, 하지만 허위로 꾸며진 이야기로 가득 채워졌다. 1962년, 남미의 신문들은 멩겔레가 이스라엘의 비밀 요원들에 의해 납치되어 바나나를 싣고 하이파로 가는 증기선에 실렸다고 보도했다. 기선이 도착했을 때, 모든 언론들이 그곳에 대기하고 있었다. 하지만 배에는 모사드 요원도, 멩겔레도 타고 있지 않았다. 그는 브라질에서 평온한 전원생활을 영위하고 있었다. 어떤 첩보 기관도, 검찰도, 방송 기자도 그의 흔적을 찾지 못했다.

루델은 멩겔레가 광적인 오스트리아인 나치 볼프강 게르하르트의 보호를 받도록 해주었다. 볼프강 게르하르트는 "억압적인 연합국의 점령을 더 이상 견딜 수가 없었기 때문에" 1948년에 유럽을 떠났다. 그라츠에서 히틀러 청소년단 지도자를 역임한 뒤로, 그는 그의 남은 인생을 나치로 살았다. 전쟁에서 능력을 발휘하기에는 너무나 어렸기에, 그는 "제3제국"의 가장 유명한 전범자들 중의 한 사람을 보호하는 역할이 자신의 능력을 발휘할 "기회"라고 생각했다. 그가 보호할 사람을 안전하게 수용하기 위한 게르하르트의 구상은 간단했다. 게르하르트가 생각하기에 "인종적으로 열등한 주민들이 거주하고 있는 지저분한 열대성 기후"의 브라질 환경과 거의 접촉하지 않고, "어울리는 친구들"이 적으면 적을수록 더 편안함을 느끼며, 아울러 돈이 필요한 사람들이 필요했다. 게르하르트는 그런 사람들을 알고 있었다. 1948년에 공산주의자들을 피해 헝가리에서 브라질로 도피해 온 게자와 기타 슈타머 부부가 그들이었다. 남자의 직업은 엔지니어로, 토지 측량사로 일하고 있었다. 부인이 수백만 명의 낯선 사람들이 사는 상파울루를 편하게 생각하지 않았기 때문에, 그들은 북쪽으로 250킬로미터 떨어진 노바 오이로파에 있는 농장으로 이사하려고 했다. 오스트리아-헝가리 출신의 동향 사람들이 고향의 밤 행사를 할 때, 게르하르트는 슈타머 내외에게 가축 사육에 경험이 있는 스위스 출신의 관리인을 고용할 생각이 없는지를 물었다. 노바 오이로파에서 비옥하지 않은 15헥타르의 토지를 유지하기 위해 관리인이 절대적으로 필요한 것은 아니었다. 하지만 게르하르트는 페터 호흐비힐러라는 이름의 스위스인이 토지 구매에 참여하게 될 것이라고 말했다. 슈타머 부부에게 이것은 매력적인 제안이었는데, 게자 슈타머가 토지 측량사로 일을 하기 위해 며칠 동안 집을 멀리 떠나 있을 경우에 그 공백을 이 스위스인이 채울 수 있었기 때문이다.

그리하여 페터 호흐비힐러라는 가명으로 멩겔레는 다시 한 번 농가에

브라질에서 아들 롤프와 같이한 멩겔레(1977년)

나는 그를 신고할 수 없었다.

롤프, 멩겔레의 아들

나의 유일한 아들아, 나에 관해서 쓴 내용을 네가 어느 정도 믿고 있다는 얘기는 하지 말아다오!
내 어머니에게 맹세컨대, 나는 결코 누군가에게 해를 끼친 적이 없다.

요제프 멩겔레가 그의 아들 롤프에게 보낸 글에서, 1977년

그는 언제나 독일과 가족 그리고 아들을 무척 그리워했다.

기타 슈타머, 멩겔레의 애인

다른 사람들에게는 질병이나 신체적 장애가 자신의 운명이듯이, 나는 요제프 멩겔레의 아들이
라는 사실을 운명으로 받아들였다.

롤프, 멩겔레의 아들

은신처를 마련했다. 2년 뒤에 그는 슈타머 가족과 함께 상파울루로부터 북서쪽으로 2백 킬로미터 떨어진 세라네그라에 있는 "산타루치아"라는 48헥타르 규모의 농장으로 이주했다. 그곳에서 그들은 커피를 경작했고, 소를 사육했다. 게자 슈타머는 계속해서 토지 측량사로 일했다.

숲과 완만한 산허리, 그것은 "페터 호흐비힐러"가 꿈꾸고 있던 환경이었다. 그는 "매우 외딴 이 장소"를 편안하게 생각했다. "외딴 장소이지만 이곳은 불안감에 떨고 있는 도망자에게 고향과 숙소를 제공할 수 있는 모든 것을 소유하고 있다"고 그는 일기장에 기록했다. 그렇지만 그를 만족스럽게 만든 것은 자연 경관이 주는 아름다움만이 아니었다. 멩겔레는 기타 슈타머와 사귀고 있었다. 일기장에 그는 "너무나 아름다운" 기타에 관해 적었고, 그녀에게 사랑의 시를 써서 바쳤다. 기타의 남편인 게자는 그런 사실을 전혀 알지 못했다. 그는 주말에만 집에 왔다. 기타가 신문에서 그의 사진을 보고 그가 실제로 누구인지 알게 되었을 때, 그녀가 "페터 호흐비힐러"를 쫓아 보내지 않은 이유는 아마도 이들의 애정 관계 때문이었을 것이다. 공산주의자들을 증오하는 게자도 처음에는 "돈 페드로"가 떠나야 할 이유는 없다고 생각했다. 하지만 그는 곧 이를 후회하게 되었다. 멩겔레가 도저히 견디기 힘든 동거인이라는 사실이 점차 드러났다. 고독한 그에게 슈타머 부부는 그의 인종 이론과 진화론, 세계 경제와 철학에 대한 끝없는 강연을 들어줄 유일한 청중이었다. 그에게 말을 하고 싶은 생각이 들 때마다 어느 누군가는 노동 윤리, 규율이나 가계 절약에 대한 그의 설교를 경청해야만 했다.

여기에다가 불안함에서 야기된 괴팍함이 덧붙여졌다. 멩겔레는 정체가 드러날지 모른다는 불안감을 이미 오래 전에 극복했다고 생각했는데, 1962년에 아이히만이 교수형에 처해졌다는 것을 알게 되었을 때, 그 불안감이 다시금 그를 엄습했기 때문이다. 그는 결코 불안감에서 벗어날 수 없었다. 그의 안전에 대한 생각은 고정 관념처럼 되어버렸다. 산책을 나갈 때마다 그는 15마리의 개를 데리고 나갔다. 농장 일꾼 페르난도 베나티는 "나쁜 개들"이라고 기억하고 있다. "처음에는 그 개들이 나를 공격했다. 그리고 나서 우리는 서로 잘 지냈다." 멩겔레의 명령에 따라 베나티는 6미터 높이의 망루를 설치했다. "그곳에서 그는 자주 망원경으로 주위를 관찰했다."

세라네그라는 두려움에 떨고 있는 멩겔레에게 초록빛 새장이나 다름없었다. "나는 그가 웃는 모습을 본 적이 없었다"고 베나티는 기억하고 있다. 멩겔레는 죽음을 예감하는 꿈을 꾸곤 했다. "때때로 나는 쌍날 기요틴에 대한 꿈을 꾼다"고 그는 일기장에 적었다. 이제 겨우 50대 초반임에도 불구하고, 과거에 앞날이 촉망되는 의사였던 그는 점점 더 변덕스러운 우울증 환자로 변했고, 매일 자신의 상태에 대해 기록하며 자신이 어떤 끔찍한 병에 걸렸을지도 모른다는 두려움에 떨고 있었다. 어린아이들에게 치명적인 병원체를 투여했던 이 강제수용소 의사는 이제 두통과 이통耳痛, 불면증을 호소했다.

게자 슈타머는 성가신 잔소리꾼을 오래 전부터 좋아하지 않았다. 그리고 연인에서 점점 더 지배욕에 찬 "돈 페드로"의 "신발털이"로 전락하게 된 기타 역시 더 이상 그와의 교제에 가치를 두지 않았다. 하지만 멩겔레는 남미에서 오랜 시간 동안 홀로 살아본 적이 한 번도 없었다. 그는 슈타머 가족이라는 방어막이 필요하다고 생각했다. 그리고 그는 그에 대한 대가도 치를 준비가 되어 있었다. 그렇기 때문에 슈타머 가족에게도 그가 필요했다. 꾸준히 귄츠부르크로부터 돈이 들어왔다. 그리고 슈타머 가족이 상파울루 주의 카에이라스 시 근교에 있는 새 집으로 이사했을 때, 멩겔레 역시 함께 갔다. 사랑받지 못하는 이 식객은 집값의 절반을 지불했다.

그러나 장소를 바꾸어도 불안감이 해소되지는 않았다. "멩겔레는 점점 더 참을 수 없는 사람으로 변해 갔다"고 기타 슈타머는 말하고 있다. 멩겔레와 계속 접촉하고 있던 볼프강 게르하르트는 처음에는 감언이설로 슈타머 가족에게 반갑지 않은 동거인을 데리고 있으라고 설득했다. 당신들은 집에 "그렇게 중요한 사람"을 모시고 있는 것을 영광스럽게 생각해야 한다고. 그 다음에 그는 위협을 했다. 만약 계속 그대로 하지 않으면 당신 아이들에게 무슨 일이 생길 수도 있다고. 하지만 슈타머 가족은 정면으로 대응해서 멩겔레를 경찰에 넘겨준다는 생각은 한 번도 해본 적이 없었다. 그들은 이제 전 세계적으로 수배중인 전범자를 비호해 주었다는 이유로 법정에 나갈 수도 있다는 점을 우려하고 있었다.

결국 게르하르트는 멩겔레를 위하여 다른 "보호자"를 찾아야 한다고 생각했다. 그는 1952년에 브라질로 이주해 온 오스트리아 출신의 동향인인 볼프람 보세르트를 선택했다. 보세르트는 독일군에서 하사관으로 근무했었고, 독일이 겪고 있는 "부당한 대우"에 대해 열변을 토하곤 했다. 독일 민족은 승자들 앞에 무릎을 꿇어서는 안 된다고 말했다. 또한 "러시아인, 미국인 그리고 프랑스인들도 자신들의 범죄자를 재판관 앞에 끌고 나온다면," 그때서야 전쟁 범죄가 공평한 원칙에 따라 다루어지는 것이라고 볼 수 있다고도 말했다. 그런 이야기들을 게르하르트는 즐겨 들었다. 하지만 또 다른 이유에서 그는 보세르트가 멩겔레에게 가장 어울리는 사람이라고 생각했다. 직업 교육을 받은 이 철물공은 동료들 사이에서 그의 예술적인 관심 때문에 "음악가"로 불렸다. 그는 문학, 철학과 정치에 관심을 갖고 있었고, 그리고 "대학 교육을 받은 사람"과 신뢰 관계를 맺는 것이 그에게 매우 매력적으로 보였다. 게르하르트의 예감은 정확했다. 그와 그의 부인 리제로테는 멩겔레를 정기적으로 방문했으며, 휴가를 갈 때도 그를 데리고 갔다.

슈타머 가족이 1974년에 상파울루로 이사하면서, 이 가족에게 드디어 멩겔레와 결별할 순간이 다가왔다. 멩겔레가 집값의 절반을 지불했던 카에이라스에 있는 집을 판 대금으로 그들은 이 노쇠한 아우슈비츠 의사에게 우중충한 침실, 보잘것없는 욕조와 아주 작은 부엌이 딸린 수수하고 자그마한 집 한 채를 사주었다. 그 집은 상파울루의 빈민 지역 중의 하나 인 알바렌가 거리 5555번지에 있었다. 보세르트는 몇 킬로미터 떨어진 곳에 살고 있었다. 멩겔레는 자신을 규칙적으로 방문하고 보호해 주는 것에 대해 대가를 지불할 수 있었다. 하지만 그는 이제 혼자서 지내게 되었다. 그리고 그의 충실한 보호자인 볼프강 게르하르트도 더 이상 그를 도와줄 수 없었다. 그의 부인과 아들이 암에 걸렸기 때문에, 그는 오스트리아로 되돌아갔다. 그는 525951이라는 번호가 매겨진 자신의 브라질 신분증을 피보호자에게 넘겨주었다. 지명 수배가 내려진 전범자에게는 귀중한 이별 선물이었다. 신분증 사진을 바꿔 넣었다. 그리하여 요제프 멩겔레는 볼프강 게르하르트가 되었다. 멩겔레는 자신의 허위 신분증을 "멍청이"라고 불렀다.

　과거에 그렇게 민첩했던 이 의사는 작은 집에 홀로 남게 되자 급속도로 쇠락해 갔다. 그는 마룻바닥이 무척 넓고 지붕에 비가 새는 볼품없는 숙소를 살 만한 공간으로 꾸미는 데 최선을 다했다. 그는 침실을 어두운 초록색으로 칠했고, 집 앞에 포석이 깔린 길을 냈다. 하지만 불안감과 우울증이 그를 고통스럽게 만들었다. 그 외에도 귄츠부르크에 있는 가족이 이젠 그를 재정적으로 넉넉하게 뒷받침해 주지 못하게 되었다. 그의 아버지는 오래 전에 돌아가셨다. 먼곳에 사는 요제프가 회사 정책과 가족 일에 간섭하는 것을 동생 알로이스는 달가워하지 않았다. 브라질에 있는 형이 짐스러웠다. 멩겔레는 귄츠부르크에서 자신의 생일을 축하하는 편지가 더 이상 오지 않는다는 내용을 씁쓸하게 기록했다. 이제 성인이 된 그의 아들 롤프는 마지못해 아버지에게 편지를 썼다. 그리고 롤프가 멩겔레에게 그를 경제적으로 지원해 줄 수 없다고 전했을 때, 무미건조한 답장이 왔다. "지금까지 해왔던 것처럼 계속 그렇게 행동하면, 나에 대해 걱정하는 마음도 줄일 수 있을 것이다. 어쨌든 예나 지금이나 네게 경제적인 부담이 생기지는 않을 것이다. 일 년에 한 번 내지 두 번 내게 편지를 보내 주면 될 것이다." 1977년, 롤프는 2주간 그를 방문했다. 그 만남은 부자간에 뿌리 깊게 자리 잡은 서먹서먹한 감정만을 확인해 주었을 뿐이었다. 하지만 롤프는 그의 아버지를 배신할 수 없다는 의무감을 계속 느끼고 있었다. "나는 그를 신고할 수 없었다"라고 그는 말하고 있다. 두 사람은 드문드문 서신 왕래를 계속했다. 멩겔레는 "아우슈비츠"라는 단어를 그의 편지에서 결코 언급한 적이 없었다.

그는 일기에다가 "뼈저리게 다가오는 고독한 처지"에 대해 서러운 심정을 하소연했다. 집을 손보는 작업 역시 그의 고독한 처지에 대한 위안거리가 되지는 못했다. 그는 오스트리아에 사는 볼프강 게르하르트에게 "그 새장 같던 집이 점점 더 쾌적하게 바뀌고 있다. 하지만 그 집에는 단한 사람만 살고 있다"고 편지를 썼다.

멩겔레보다 40살이나 어리고, 얼굴 윤곽이 날카로우며, 머리를 금발로 염색한 하녀 엘자 굴피안 데 올리베이라가 그의 삶에 약간의 즐거움을 가져다주었다. 그는 그녀와 연애를 했다. 멩겔레는 그녀를 극장과 레스토랑으로 데리고 갔다. 그녀는 그에게 천진난만하면서도 사랑스러운 글을 적어 주곤 했다. "나는 그를 위해 작은 쪽지를 베개 위에 올려놓았다. 그 쪽지에 '잘 자요' 또는 '나의 사랑하는 사람'이라고 써 놓았다"고 그녀는 기억하고 있다. 엘자 굴피안은 심지어 그와 결혼할 생각도 했다. 그렇지만 그는 그건 안 될 일이라는 것을 알고 있었다. 그는 그녀를 단지 곁에 두고 싶어 했을 뿐이었다. 마침내 그녀가 혼혈인 남성과 사귀고 그와 결혼하겠다고 했을 때, 이 노인은 엘자의 어머니에게 달려가서 하염없이 눈물을 흘렸다. "그는 흑인이고 그녀를 행복하게 할 수 없을 것이다. 그녀는 보다 나은 삶을 누릴 자격이 있다"고 하면서, 그가 그녀의 어머니에게 자신의 비통한 심정을 호소했다고 엘자 굴피안은 기억하고 있다. 그리고 계속해서 멩겔레는 "나는 그녀에게 보다 나은 삶을 제공해 줄

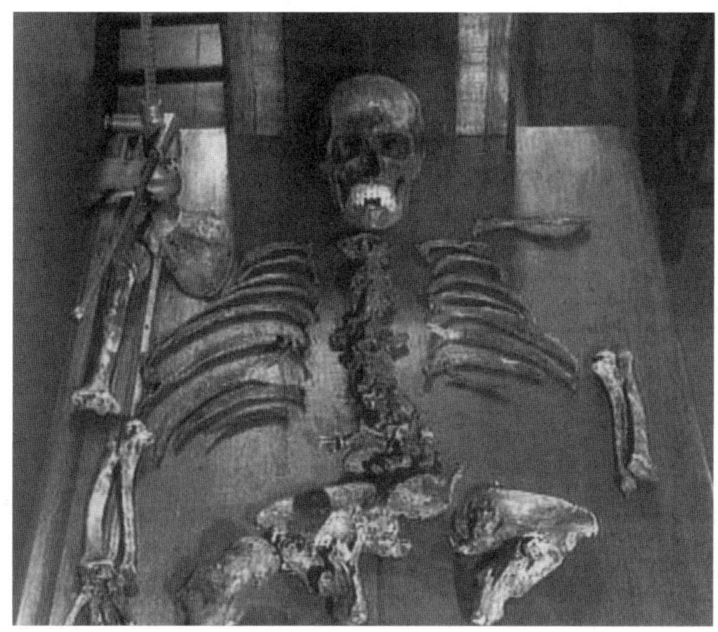

우리는 멩겔레를 사방으로 찾아다녔다. 우리는 그를 파라과이, 브라질, 아르헨티나에서 뒤쫓았다… 그는 자주 옮겨 다녔으며, 끊임없이 이 나라에서 저 나라로 국경을 넘나들었다. 우리는 항상 그의 꽁무니만 밟았다. 그가 있던 장소에 도착할 때마다 그는 이미 달아나고 없는 상태였다.

이저 하렐, 모사드 국장으로 아이히만 납치 멤버

정치적인 거짓말은 승리했고, 역사는 왜곡되고 곡해되었다.

멩겔레, 1960년

수 있다. 내가 그리 오래 살지 못할 것이기 때문에 내 집을 그녀에게 남겨주겠다"고 말했다. 그리고 나서 그는 비탄에 빠져 울음을 터뜨렸다고 엘자 굴피안은 전하고 있다. 그녀는 오늘날까지도 그녀의 연상의 애인이 전범자였다는 사실을 납득하지 못하고 있다. "나는 그를 완전히 다른 사람으로 알고 있었다. 달리 생각할 수가 없었다. 설령 내가 그렇게 생각하려고 해도 그렇게 할 수 없었을 것이다."

멩겔레의 마지막 남은 친구들은 보세르트 가족이었다. 그는 그들과 자신의 마지막 순간을 함께 보냈다. 그들은 상파울루에서 남쪽으로 40킬로미터 떨어진 곳에 위치한 베리오가 해변으로 휴가를 떠났다. 1979년 2월 7일, 멩겔레는 수영을 하던 중에 뇌졸중을 일으켰다. 보세르트가 그를 물 밖으로 끄집어냈다. 그를 소생시키려는 시도는 수포로 돌아갔다. 이 "죽음의 의사"는 숨을 거두었다. 아우슈비츠를 떠난 지 34년 만이었다.

멩겔레의 시신은 그의 신분증에 적힌 볼프강 게르하르트라는 이름으로 보세르트 가족에 의해 매장되었다. 상파울루에서 서쪽으로 20킬로미터 떨어진 엠부의 공동묘지에서 그의 장례가 치러졌다. 관을 옮길 때 보세르트 부부만이 동행했다. "그들은 관이 다시 열리지 않게 되기를 바랐다"고 무덤 파는 인부 체 루치아는 기억하고 있다. 관이 흙구덩이 안으로 내려갈 때, 아무도 울지 않았다. 장례를 마친 뒤에 볼프람 보세르트는 귄츠부르크에 사는 제들마이어에게 편지를 보냈다. "우리가 지금까지 해왔던 것처럼 계속해서 비밀을 유지하기를 원한다면, 우리는 당신과 뜻을 같이 할 생각입니다. 개인적으로 번거로운 일을 피하기 위해서일 뿐만 아니라, 추적자들이 이미 끝나 버린 일에 돈과 정력을 계속 낭비하도록 만들기 위해서입니다."

그 후로도 전범자에 대한 국제적인 수사가 계속 진행되었다. 그를 체포하는 대가로 그때까지 범죄 역사상 최고 금액인 총 1천만 마르크의 현상금이 걸렸다. 대략 40명 정도의 친한 친구들과 가족들은 그사이에 멩겔레의 운명에 대해 알게 되었다. 그들은 비밀을 지키기로 작당한 무리였다. 아무도 그의 죽음을 알리지 않았다. 하지만 가족 회사를 운영하고 있던 대리인 제들마이어가 무심코 발설을 하고 말았다. 언론 매체와 검찰은 이미 오래 전부터 한스 제들마이어가 멩겔레에 대한 정보를 갖고 있을 것이라고 의심하고 있었다. 그러나 그는 항상 모른다는 태도를 취했다. 제들마이어는 귄츠부르크에 있는 자신의 집 문지방에 서서 텔레비전 리포터에게 퇴짜를 놓았다. "매일 서너 명의 어중이떠중이들이 찾아와서 나와 얘기를 하자고 한다. 나는 어느 누구와도 얘기할 생각이 없다." 하지만 그는 말을 해버리고 말았다.

1984년 늦가을에 휴가 중이던 제들마이어 부부는 기센 대학의 교수 한 사람을 알게 되었다. 술을 마시고 기분이 좋아진 제들마이어는 자신이 멩겔레에게 해마다 돈을 보내 주었다고 얘기했다. 그 교수는 이 정보를 경찰에 전달했다. 그러나 1985년 3월 31일이 되어서야 제들마이어의 집에 대한 수색이 이루어졌다. 경찰은 멩겔레의 편지와 상파울루의 거리 이름, 그리고 그의 전화번호를 기록한 주소록을 찾아냈다. 브라질 경찰은 곧바로 슈타머 가족과 보세르트 가족을 추궁했다. 볼프람 보세르트는 멩겔레가 엠부의 공동묘지에 묻혀 있다고 자백했다. 1985년 6월 6일, 무덤 번호 321의 시체가 발굴되었다. 3백 명의 저널리스트가 증인이었다. 이제 멩겔레의 아들 롤프도 대중 앞에 서게 되었다. "나는 발굴된 시체가 숨진 내 아버지의 유골이라는 것에 대해 전혀 의심하지 않으며, 그리고 이 사실이 법의학적 조사를 통해 짧은 시간 내에 입증될 것이라고 확신한다. 나는 내 아버지가 지난 30년간 관계를 맺었던 사람들을 위험에 빠트리지 않게 하기 위하여 지금까지 침묵을 지켜왔다."

이 강제수용소 의사의 시신이 남긴 것은 뼈 한 무더기, 해골, 6개의 치아, 머리카락 뭉치, 썩은 바지, 문드러진 셔츠였다. 이 모든 것이 브라질, 독일, 이스라엘과 미국에서 온 18명의 저명한 법의학자들에 의해서 조사되었다. 1985년 6월 21일, 상파울루의 브라질 연방 경찰 본부에서 조사 결과가 발표되었다. 엠부의 공동묘지에 묻힌 시체가 "상당히 높은 개연성에 근거하여" 멩겔레의 시체가 분명하다는 내용이었다.

이로써 세계 여론을 떠들썩하게 했던 사건은 종결되었다. 하지만 이 사건을 조사하던 프랑크푸르트 지방법원의 한스-에버하르트 클라인 검사장은 마지막 남은 의혹을 해소하고 싶었다. 검찰은 영국 레스터 대학의 유전학 학자인 알렉 제프리 교수에게 유전자 분석을 의뢰했다. 엠부의 시신에서 뽑아낸 대퇴골 DNA 분자와 멩겔레의 아들과 그의 어머니 이레네의 혈액에서 얻은 DNA 분자를 비교했다. 비교해 본 결과 "99.99퍼센트 이상 확실하게" 요제프 멩겔레의 시신이라는 결과가 나왔다. 그가 남긴 것들은 오늘날 상파울루의 법의학 연구소에 보관돼 있다. 대량 학살자가 된 야심 찬 학자의 유골은 골판지 박스 두 곳에 담겨져 있다.

옮긴이의 글

히틀러와 그 조력자들은 그들의 거대한 야망을 실현하기 위해 주변국과 자국의 국민들을 고통으로 점철된 전쟁으로 내몰았다. 그들에게는 자신들의 야망이 중요했기 때문에 국민들이 감내해야 했던 고통은 안중에도 없었다. 거대한 선전구호와 감언이설로 국민을 호도하는 것은 당연한 과정이었다.

사람들은 꿈을 이루기 위해 삶을 영위한다. 아무리 하잘것없을 지라도 꿈이 없는 삶은 허망할 것이다. 그러나 그 꿈의 크기가 커지면 커질수록 오로지 자신만을 만족시키기 위한 꿈이 되어서는 안 될 것이다. 꿈이 거대해질수록 그것은 자신만의 것이 아니게 되며, 또한 그 실현에는 연관된 수많은 타인이 있기 때문이다.

주위를 살펴보면 자신의 꿈, 더 현실적으로 말하면 목적을 성취하기 위해 주변의 시선 정도는 아랑곳하지 않는 사람들을 어렵지 않게 볼 수 있다. 그들에게는 목적 달성이 더 중요하기 때문에, 남을 조금 더 이해하려는 노력은 사치로 느껴질 뿐이다. 그로 인해 발생하는 타인의 고통은 부차적인 문제에 불과하다.

역사는 경고하고 있다. 우리들 중 아무라도 히틀러의 조력자들과 같은 사람이 될 수 있다고. 그렇게 되지 않기 위해서는 주위를 둘러보고 가슴의 얘기에 귀 기울여야 한다고.

　이 책을 번역하면서 가족과 나를 아껴주는 사람들의 소중함을 다시 한 번 깨닫게 되었다. 자신들의 꿈을 나와 함께 공유할 수 있는 사람들, 언제라도 나의 입장을 고려해 주는 사람들. 그 사람들이 있어 그나마 행복할 수 있다는 사실에 다시 한 번 감사한다.

　아내와 재혁, 재호 두 아들에게 고마움을 전하며, 번역에 도움을 준 함부르크의 김무송 씨에게 감사의 말을 전한다. 번역 내용을 꼼꼼하게 보아주고 항상 나를 이해해 주는 친구 동호에게도 깊은 감사의 뜻을 전한다.

마닐라에서

참고 문헌

총론

Benz, Wolfgang (Hrsg.): Dimension des Völkermords. Die Zahl der jüdischen Opfer des Nationalsozialismus. München 1991.

Farago, Ladislav: Scheintot. Martin Bormann und andere NS-Größen in Südamerika. Hamburg 1975.

Fest, Joachim C: Das Gesicht des Dritten Reiches. Profile einer totalitären Herrschaft. München 1963.

Herbert, Ulrich: Best. Biographische Studien über Radikalismus, Weltanschauung und Vernunft 1903-1989. Bonn 1996.

Jochmann, Werner (Hrsg.): Adolf Hitler. Monologe im Führerhaupt − quartier 1941-1944. Die Aufzeichnungen Heinrich Heims. Hamburg 1980.

Maiski, I. M.: Wer half Hitler? Wuppertal 1992.

Peuschel, Harald: Die Männer um Hitler. Braune Biographien: Martin Bormann, Joseph Goebbels, Reinhard Heydrich, Heinrich Himmler u. a. Düsseldorf 1982.

Picker, Henry: Hitlers Tischgespräche im Führerhauptquartier 1941/42. Stuttgart 1965.

Poliakov, Leon/Wulf, Josef: Das Dritte Reich und seine Diener. Wiesbaden 1989.

Pool, James & Suzanne: Hitlers Wegbereiter zur Macht. München 1978.

Sereny, Gitta: Das Ringen mit der Wahrheit: Albert Speer und das deutsche

Trauma. München 1995.

Smelser, Ronald/Zitelmann, Rainer (Hrsg.): Die braune Elite. Darmstadt 1989.

Smelser, Ronald/Zitelmann, Rainer (Hrsg.): Die Militärelite des Dritten Reiches. Berlin 1995.

Speidel, Hans: Aus unserer Zeit. Berlin 1977.

아돌프 아이히만

Aharoni, Zvi/Dietl, Wilhelm: Der Jäger. Operation Eichmann. Was wirklich geschah. Stuttgart 1996.

Arendt, Hannah: Eichmann in Jerusalem. Ein Bericht über die Banalität des Bösen. 7. Aufl. 1997.

Bauer, Yehuda: Freikauf von Juden? Verhandlungen zwischen dem nationalsozialistischen Deutschland und jüdischen Repräsentanten von 1933 bis 1945. Frankfurt am Main 1995, 2. Aufl. 1996.

Hilberg, Raul: Sonderzüge nach Auschwitz. Mainz 1981.

Kempner, Robert M. W: Eichmann und Komplizen. Zürich u. a. 1961.

Lang, Jochen von (Hrsg.): Das Eichmann-Protokoll. Tonbandaufzeichnungen der israelischen Verhöre. Rastatt, 2. Aufl. 1991.

Lendvai, Paul: Auf schwarzen Listen. Erlebnisse eines Mitteleuro – päers. Hamburg 1996.

Less, Avner (Hrsg.): Schuldig. Das Urteil gegen Adolf Eichmann. Frankfurt, 2. Aufl. 1995.

Pätzold, Kurt/Schwarz, Elke: Tagesordnung: Judenmord. Die Wannsee-Konferenz am 20. Januar 1942. Eine Dokumentation zur Organisation der "Endlösung., Berlin 1992.

Safrian, Hans: Die Eichmann-Männer. Wien/Zürich 1993.

State of Israel Ministry of Justice (Hrsg.): The Trial of Adolf Eichmann. Record of Proceedings in the District Court of Jerusalem. 8 Bde., Jerusalem 1992ff.

Tschuy, Theo: Carl Lutz und die Juden von Budapest. Zürich 1995.

Weissberg, Alex: Die Geschichte von Joel Brand. Köln 1956.

Wiesenthal, Simon: Ich jagte Eichmann. Tatsachenbericht. Gütersloh 1961.

발두어 폰 쉬라흐

Borth, Fred: Nicht zu jung zum Sterben. Wien 1988.

Boberach, Heinz: Jugend unter Hitler. Düsseldorf 1982.

Glaser, Georg/Silenius, Axel (Hrsg.): Jugend im Dritten Reich. Frankfurt/Main
    1975.

Griesmayr/Würschinger: Idee und Gestalt der HJ. Leoni 1979.

Hellfeld, Matthias von/Klönne, Arno: Die betrogene Generation. Köln 1985.

Kaufmann, Günter: Ein Jugendführer in Deutschland: Baldur von Schirach.
    Richtigstellung und Vermächtnis. Füssen.

Klönne, Arno: Jugend im Dritten Reich: Die Hitlerjugend und ihre Gegner.
    Dokumente und Analysen. Köln 1982.

Lang, Jochen von: Der Hitler-Junge Baldur von Schirach. Der Mann, der
    Deutschlands Jugend erzog. Hamburg 1988.

Rüdiger, Jutta: Die HJ und ihr Selbstverständnis im Spiegel ihrer
    Aufgabengebiete. Lindhorst 1983.

Sternheim-Peters, Eva: Die Zeit der großen Täuschung. Eine Jugend im
    Nationalsozialismus. Köln 1992.

Schirach, Baldur von: Ich glaubte an Hitler. Hamburg 1967.

Schirach, Henriette von: Der Preis der Herrlichkeit. Berlin 1995.

Tigges, Paul: Jugendjahre unter Hitler. Auf der Suche nach einer verlorenen
    Zeit. Erinnerungen - Berichte - Dokumente. Iserlohn 1984.

Wortmann, Michael: Baldur von Schirach. Hitlers Jugendführer. Köln 1982.

마르틴 보어만

Besymenski, Lew: Die letzten Notizen von Martin Bormann. Stuttgart 1974.

Bormann, Martin: The Bormann letters. The private correspondence between Martin Bormann and his wife from January 1943 to April 1945. London 1954.

Creighton, Christopher: Operation James Bond. Düsseldorf 1996.

Fest, Joachim C.: Das Gesicht des Dritten Reiches. München 1963.

Gehlen, Reinhard: Der Dienst. Mainz 1971.

Goebbels, Joseph: Reden 1939-1945. Düsseldorf 1972.

Lang, Jochen von: Der Sekretär. Stuttgart 1977.

Longerich, Peter: Hitlers Stellvertreter. München/London 1992.

O' Donnell, James/Bahnsen, Uwe: Die Katakombe. Stuttgart 1975.

Reitlinger, Gerald: Die Endlösung. Berlin 1992.

Taylor, Telford: Die Nürnberger Prozesse. Kriegsverbrechen und Völkerrecht. Zürich 1950.

요아힘 폰 리벤트로프

Below, Nicolaus von: Als Hitlers Adjutant 1937 bis 1945. Mainz 1980.

Browning, Christopher: The final solution and the German Foreign Office. A study of Referat D III of Abteilung Deutschland. New York 1978.

Döscher, Hans-Jürgen: Das Auswärtige Amt im Dritten Reich. Diplomaten im Schatten der Endlösung. Berlin 1987.

Fest, Joachim C.: Das Gesicht des Dritten Reiches. München 1963.

Gilbert, Gustave M.: Nürnberger Tagebuch. Gespräche mit den Angeklagten. Frankfurt am Main 1962.

Glen, Douglas: Von Ribbentrop is still dangerous. London 1941.

Goebbels, Joseph: Vom Kaiserhof zur Reichskanzlei. München 1934.

Hanfstaengl, E.: Zwischen Weißem und Braunem Haus. Erinnerungen eines
   politischen Außenseiters. München 1970.

Henke, Josef: England in Hitlers politischem Kalkül 1935-1939. Boppard 1973.

Hill, Leonidas E. (Hrsg.): Die Weizsäcker-Papiere. Frankfurt am Main 1974.

Jacobsen, Hans Adolf: Nationalsozialistische Außenpolitik 1933-1938. Frankfurt
   am Main 1968.

Kley, Stefan: Hitler, Ribbentrop und die Entfesselung des Zweiten Weltkriegs.
   Paderborn 1996.

Lang, Jochen von (Hrsg.): Das Eichmann-Protokoll. Tonbandaufzeichnungen
   der israelischen Verhöre. Berlin 1982.

Michalka, Wolfgang: Ribbentrop und die deutsche Weltpoltik 1933-1940.
   Außenpolitische Konzeptionen und Entscheidungsprozesse im Dritten
   Reich. München 1980.

Niess, Wolfgang: Machtergreifung '33, Beginn einer Katastrophe. Stuttgart 1982.

Ribbentrop, Annelies von: Die Kriegsschuld des Widerstands. Aus britischen
   Geheimdokumenten 1938/39. Leoni 1975.

Ribbentrop, Joachim von: Zwischen London und Moskau. Erinnerungen und
   letzte Aufzeichnungen. Leoni 1954.

Rosenberg, Alfred: Der Mythos des 20. Jahrhunderts. München 1930.

Schellenberg, Walter: Aufzeichnungen. Die Memoiren des letzten
   Geheimdienstchefs unter Hitler, hrsg. von G. Petersen. Wiesbaden und
   München, 1979.

Semmler, Rudolf: Goebbels - the man next to Hitler. London 1947.

Sommer, Theo: Deutschland und Japan zwischen den Mächten. Tübingen 1962.

롤란트 프라이슬러

Buchheit, Gert: Richter in roter Robe. Freisler. Präsident des Volksgerichtshofes.
   München 1968.

Meding von, Dorothee: Mit dem Mut des Herzens. Die Frauen des 20. Juli.
Berlin 1992.

Ortner, Helmut: Der Hinrichter. Roland Freisler - Mörder im Dienste Hitlers.
Göttingen 1995.

Ritter, Gerhard: Carl Goerdeler und die Deutsche Widerstandsbewegung.
Stuttgart 1984.

Scholl, Inge: Die weiße Rose. Der Widerstand der Münchner Studenten.
Frankfurt am Main 1953.

Staff, Ilse (Hrsg.): Justiz im Dritten Reich. Eine Dokumentation. Frankfurt am
Main 1964.

요제프 멩겔레

Ärztekammer Berlin (Hrsg.): Der Wert des Menschen. Berlin 1989.

Baader, Gerhard/Schultz, Ulrich (Hrsg.): Medizin und Nationalsozialismus.
Frankfurt am Main 1989.

Bastian, Till: Furchtbare Ärzte. Medizinische Verbrechen im 3. Reich. München
1955.

Becker, Peter Emil: Zur Geschichte der Rassenhygiene. Wege ins Dritte Reich.
Stuttgart 1990.

Bleker, Johanna/Jachertz, Norbert (Hrsg.): Medizin im Dritten Reich. Köln 1993.

Finzen, Asmus: Massenmord ohne Schuldgefühl. Bonn 1996.

Grode, Walter: Nationalsozialistische Moderne. Frankfurt am Main 1994.

Jütte, Robert: Geschichte der deutschen Ärzteschaft. Köln 1997.

Kater, Michael H.: Doctors under Hitler. London 1989.

Klee, Ernst: Euthanasie im NS-Staat. Frankfurt am Main 1983.

Lifton, Robert J.: Ärzte im Dritten Reich. New York 1991.

Lagnado, Lucette M./Dekel, Sheila Cohn: Die Zwillinge des Dr. Mengele. Der
Arzt von Auschwitz und seine Opfer. Reinbek 1993.

Mozes Kor, Eva: Echoes from Auschwitz. Terre Haute 1995.

Nyiszli, Miklos: Im Jenseits der Menschlichkeit. Ein Gerichtsmediziner in Auschwitz. Berlin 1992.

Peter, Jürgen: Der Nürnberger Ärzteprozeß. Hamburg 1994.

Posner, Gerald L./Ware, John: Mengele. Die Jagd auf den Todesengel. Berlin 1993.

Posner, Gerald L.: Belastet. Meine Eltern im Dritten Reich. Berlin 1994.

찾아보기

로젠베르크, 발터Rosenberg, Walter 77
로젠베르크, 알프레트Rosenberg, Alfred 122, 217, 220, 225, 257, 287, 308, 313
로젠블룸Rosenblum, Jehoshua 77
로트쉴트Rothschild, Philippe de 42
로플린Laughlin, Harry 418
롬멜Rommel, Erwin 164
뢰벤헤르츠Löwenherz, Josef 44, 52
뢰스트Loest, Erich 158
뢰트케Röthke, Heinz 64, 65
룀Röhm, Ernst 131, 132, 133, 144, 214, 283, 339, 344
루니예브스키Luniewski, Wladyslaw 418
루더Rudder, Bernhard de 435
루덴도르프Ludendorff, Erich 114
루델Rudel, Ulrich 432, 442, 444
루바흐Rubach, Maria 248
루세거Russegger, Marion 375
루스트Rust, Bernhard 154, 156
루즈벨트Roosevelt, Franklin Delano 78, 168, 306
루츠Lutz, Carl 30, 70, 80, 82
루치아Luzia, Ze 452
루터Luther, Martin [국가사회주의자] 218, 314, 316, 318, 319, 320
뤼딘Rüdin, Ernst 390, 391
뤼어Lühr, Heinz 89
리벤트로프, 로타Ribbentrop, Lothar von 275
리벤트로프, 안네리스Ribbentrop, Annelies von 273, 278, 283, 292, 321
리벤트로프, 요아힘Ribbentrop, Joachim von 5, 9-12, 16, 28, 168, 175, 234, 255, 267-322
리에나우Lienau, Walter 126
리츠Lietz, Hermann 112
린츠Linz, Karl 338
링엔스Lingens, Ella 378, 379, 385, 401, 402, 403, 404, 411, 417, 419, 420

마그누센Magnussen, Karin 412
마리아 테레지아Maria Theresia [오스트리아 여왕] 111
마웰Marwell, David 420

숄, 소피Scholl, Sophie 350, 352, 353

숄, 한스Scholl, Hans 352, 353

쉬라흐, 발두어Schirach, Baldur von 5, 12-7, 28, 104-96, 198, 206, 210, 221, 225, 227, 241, 245, 249, 254, 259

쉬라흐, 헨리에테Schirach, Henriette von 16, 112, 132, 173, 178, 179, 181, 182, 194, 195

슈뢰더Schröder, Kurt von 283

슈만Schumann [아우슈비츠 의사] 382, 427

슈모렐Schmorell, Alexander 350

슈미트, 발터Schmidt, Walter 309, 313

슈미트, 파울Schmidt, Paul 311

슈바넨펠트Schwanenfeld, Ulrich Wilhelm Graf Schwerin von 365

슈바르츠바일러Schwarzweiler [나치 의사] 395

슈바르츠Schwarz, Franz Xaver 207, 223

슈베린Schwerin, Ulrich von 328, 365, 373

슈타머, 게자Stammer, Geza 444, 446

슈타머, 기타Stammer, Gitta 437, 444, 445, 446, 447

슈타우펜베르크Stauffenberg, Claus Schenk von 260, 356, 364

슈테른Stern, Willi 30, 44, 52

슈텔레히트Stellrecht, Helmut 162

슈트라써Strasser, Gregor 335

슈트라우스Strauss, Richard 174

슈트레제만Stresemann, Gustav 9, 280

슈티프Stieff, Hellmuth 366

슈페어Speer, Albert 182, 194, 199, 205, 220, 221, 229, 233, 238, 241, 245, 249, 258, 259, 268, 295, 346

슈피겔Spiegel, Zvi 412

슐라브렌도르프Schlabrendorff, Fabian von 374

슐라이허, 롤프Schleicher, Rolf 326, 327

슐라이허, 뤼디거Schleicher, Rüdiger 326, 327

슐라이허, 우르줄라Schleicher, Ursula 326

슐라이허, 쿠르트Schleicher, Kurt von 281, 282, 283, 339

슐렌부르크Schulenburg, Fritz-Dietloff Graf von der 329, 355

슐뢰써Schlösser, Rainer 127

슐체-나움부르크Schultze-Naumburg, Paul 283

스니에스코Sniesko, Tadeusz 416
스코르체니Skorzeny, Otto 191, 192
스탈린Stalin, Jossif 11, 206, 258, 297, 300, 301, 307, 308, 310, 312, 315, 350, 359, 419
스토리Storey, Robert G. 204
스트로에스네르Stroessner, Alfredo 432, 441, 442, 443

아렌트Arendt, Hannah 30, 37, 47, 81, 93, 99, 100
아이탄Eitan, Rafi 92, 94-5, 102, 103
아이히만, 베라Eichmann, Vera 92
아이히만, 아돌프Eichmann, Adolf 5, 13, 20-4, 28, 29-104, 111, 253, 269, 319, 432, 436, 440-2,
  446, 451
아타투르크Atatürk, Kemal 168
아하로니Aharoni, Zvi 32-4, 85, 91-2, 94-8, 437, 442
악스만Axmann, Artur 162, 164, 165, 170, 193, 201, 264
안츠Anz [카셀 고등법원장] 336
에버트Ebert, Friedrich 212
에크슈타인Eckstein, Alejandro von 441
엥드레Endre, Laszlo 68
예니쉬Jänisch, Rudolf 73, 86
오퍼Offer, Moshe 384, 409, 415, 425
울만Ulmann, Fritz 423-4
유르코우스키Jurkowski, Georg 348
융커스Junkers, Werner 439
융Jung, Werner 441

자센Sassen, Willem 34, 36, 47, 55, 56, 65-7, 85, 87, 101, 432
자우어브루흐Sauerbruch, Ferdinand 226, 395
제들마이어Sedlmeier, Hans 426, 428, 429, 431, 452, 453
제크트Seeckt, Hans von 277
제프리Jeffreys, Alec 454
젤테Seldte, Ingeborg 110
조지 6세Georg VI. 11, 293, 469
지비Zwi, Ben 102
지토야이Sztojay, Dome 68

사진 자료

Archiv für Kunst und Geschichte: 260

Archiv Simon Wiesenthal: 67

Auschwitz Museum: 357

Bayerische Staatsbibliothek: 101, 103, 176, 177, 185, 206, 207, 211, 215, 223,
    261, 269, 273

Bildarchiv Preussischer Kulturbesitz: 71, 159, 189, 247, 255, 275, 300, 317

Bundesarchiv: 83, 87, 108, 137, 165, 237, 279, 301, 305, 381.

Dokumentationsarchiv für den österreichischen Widerstand: 44, 45

dpa: 227, 377

Klaus von Schirach (Privatbesitz): 95

MAARIV, Tel Aviv: 31, 35

National Archives: 109, 121, 150, 151

Österreichisches Institut für Zeitgeschichte: 117, 129, 155, 158

Rijksinstituut voor Oorlogsdocumentatie, Amsterdam: 57

Schweizerisches Bundesarchiv: 49

Statni zidovske museum, Prag: 348, 349

Stern/Picture Press: 61, 335, 339, 343, 387

Süddeutscher Verlag, Bilderdienst: 39, 116, 200, 287, 307, 313, 321, 367, 371

Ullstein Bilderdienst: 79, 164, 193, 201, 219, 241, 265, 291, 325, 353

Yad Vashem:145, 363

ZDF-Archiv: 159, 393

올력의 책